Das Geheimnis heilsamer Kommunikation

Hans-Ulrich Schachtner

Hans-Ulrich Schachtner

Das Geheimnis heilsamer Kommunikation

Magisch-wohlwollender UmgangsStil

Harmonische Beziehungen

Konfliktlösung zum Wohle aller

Printed in Germany, broschierte Version, 1. Auflage Oktober 2012

ISBN 978-3-939924-18-0

Coverphoto: Orhideal © München

Danksagung

Durch das Schreiben an diesem Buch war ich auf Jahre hinaus eine Landplage, ein Muffel und Einsiedler. Ich danke deshalb allen Menschen, die mir nahe waren und mich ertragen, gestützt, ermuntert und an mich hin genörgelt haben. All das war sehr hilfreich und ich hoffe, das ich das in den kommenden Jahren wettmachen und zurück geben kann.

Ich danke auch den unsichtbaren Helfern, die mir immer wieder Inspirationen schickten, wenn ich zu zweifeln anfing oder alles hinwerfen wollte.

Besonderen Dank verdienen meine zwei wichtigsten Begleiter bei diesem Buch, Elisabeth Eberhard und Gerd Brunner, ohne die dieses Buch eine Lose-Blatt-Sammlung mit vielen Lücken und Fehlern geblieben wäre.

Unzählige Menschen, die mir im Laufe der letzten zehn Jahre begegnet sind, haben mich inspiriert und gelehrt. Ihnen allen danke ich hiermit. Dazu gehören auch all meine Fachkollegen und vor allem Milton H. Erickson, dem ich die Weisheit verdanke, die hoffentlich auch in diesem Buch zu spüren ist.

Inhalts-

Verzeichnis

Interview mit dem Autor

Das Buch des Diplompsychologen, Lehrtherapeuten und Coachs Hans-Ulrich Schachtner lehrt einen neuen Kommunikations-Stil, den er den „Magischen Stil" nennt. Was hat es damit auf sich?

Herr Schachtner, Sie haben mit Ihrem 500-Seiten-Werk nun ein weiteres Buch über Kommunikation geschrieben. Gibt es davon nicht schon längst genug?

Aber sicher! Über Kommunikation ist längst alles gesagt worden – aber halt noch nicht von jedem! Aber wir arbeiten dran. Ich frage mich manchmal, wie es kommt, dass trotz der Millionen von Bücher über Kommunikation und der unübersehbaren Flut von Ratgeberspalten so wenig Verbesserungen zu bemerken sind. Dass es so viele Singles gibt, so viel Ehen zerbrechen, das soziale Klima als kälter empfunden wird ...

Aber Sie wollten sicher wissen, wie ich auf diese Idee kam, nun ...

Kaum macht man mal 25 Jahre Psychotherapie und Krisenberatung, schon stellen sich Erkenntnisse ein, wie die Welt besser sein könnte. Wie die Menschen reibungsloser und freundlicher miteinander umgehen könnten, wie man die Businesswelt entspannter gestalten könnte und wie Paare sich das Leben miteinander so richtig schön machen könnten.

Ich sagte mir damals: „Da sollte man doch ein Buch darüber schreiben! Das Wissen hast Du, Du brauchst es nur noch hinzuschreiben!"
Es soll ja Autoren geben, die ein Buch in 14 Tagen schreiben. Ich wollte mich aber nicht hetzen und gab mir mehr Zeit, ich dachte so an etwa 14 Monate. Die Zeit verging schneller als ich dachte.

Endlich, nach 144 Monaten sind aus den 25 Jahren Praxis immerhin 37 geworden. Als meine Partnerin letztes Jahr vorschlug, doch 50 Jahre Praxis zusammen kommen zu lassen, bevor ich das Buch wirklich fertig schreibe, setzte ich zum Endspurt an. Ich glaube, sie sagte auch noch irgendwas über Perfektionismus als Sonderform einer Zwangsstörung oder so ähnlich. Jedenfalls hat sie *nicht* Recht behalten. Das Buch ist fertig geworden.

Haben Sie nicht schon einmal ein Buch über Kommunikation geschrieben... ?

Richtig, vor 13 Jahren war das, ein Buch über Humor und humorvolle Provokation in der Psychotherapie. Es entstand in Zusammenarbeit mit einer recht geschäftstüchtigen Kollegin. Schon damals war mir klar, dass das nur ein Anfang war, eine Art Starter-Kit fürs humorvolle Provozieren. Immerhin hat es etwas über eine Million Leser gefunden - wenn man davon ausgeht, dass jeder Käufer eine kleine Leihbibliothek betreibt und das Buch ca. 50 Mal verliehen hat ...

Das Thema Kommunikation hat mich von klein auf interessiert. Es ist für mich der Schlüssel zu allem Schönen und Erstrebenswerten in der Welt. Gute Kommunikation erhöht die Chancen dramatisch, den richtigen Partner zu finden, ihn anzuziehen und zu erziehen.

Ja, da stehe ich dazu! Ich bin überzeugt, dass Partner sich bis ans Lebensende gegenseitig erziehen, oder besser gesagt: einander helfen, sich selbst zu erziehen. In der Berufswelt entscheidet Kommunikation weit mehr über den Erfolg als fachliches Können. Und im Alltag, im Umgang mit mehr oder weniger schwierigen Menschen, ist diese Fertigkeit unerlässlich, wenn man seine Ruhe haben und mit allen gut auskommen will.

Warum hat es 12 Jahre gedauert, das Buch fertig zu stellen?

Das Folgebuch des ersten Buches („Das wäre doch gelacht!") sollte weiter gefasst sein, nicht auf Therapie bezogen, so eine Art Antwort auf sämtliche großen Fragen des Lebens, der Liebe und allem anderen. Ich glaube, dass alle Bücher so anfangen, auch wenn es zum Schluss nur um das Abdichten tropfender Wasserhähne geht. Ich habe ein paar Jahre gebraucht, um von einem allzu hohen Anspruch herunter zu kommen. Der zweite Grund war, dass mir ständig neue Dinge eingefallen sind, die unbedingt noch hinein sollten.

Was hat Sie bewogen, sich derart lange mit diesem Thema zu beschäftigen?

Begeisterung! Je mehr ich lernte und sah, wie manchmal ein einziger Satz, eine Geste, eine geschickte Interaktion, eine verfahrene Situation zum Guten wenden kann, wollte ich die Gesetzmäßigkeiten dieser „Glücksfälle" erkennen und lehrbar machen. Es hat etliche Jahre gedauert, bis ich die wesentlichen, gleichzeitig aber auch leicht verständlichen Konzepte und Modelle entwickelt und ausprobiert hatte. Und, als gründlicher Mensch, war es mir auch wichtig, sie an meine

Supervisanden, Ausbildungsteilnehmer und Klienten weiter zu geben, um mich davon zu überzeugen, dass sie auch in der Hand anderer hilfreich sind und dieselben Wirkungen hervorbringen konnten, wie bei mir selbst.

Was verändert sich grundsätzlich dadurch in den drei, im Untertitel genannten, Lebensbereichen?

Das können ganz unterschiedliche Ergebnisse sein. Im Alltag zum Beispiel kehrt Gelassenheit und Schalk ein, man nimmt nichts mehr tragisch, ist öfter zum Scherzen aufgelegt und verbreitet Lebensfreude und Heiterkeit.

Im beruflichen Bereich wächst die Fähigkeit zur Zusammenarbeit, zum entspannten „Miteinander-produktiv-sein". Dazu gehört auch weise Führung und die Fähigkeit ausgleichend zu wirken.
Im Bereich der Liebesbeziehungen steigt der eigene „Marktwert", die Attraktivität. Man „verkauft" sich dann nicht mehr unter Wert, geht keine faulen Kompromisse ein und kennt die speziellen Anforderungen an seine Geschlechterrolle.

Insgesamt wird der ernsthafte Anwender, nach kurzer Zeit schon, einen Zuwachs an Charisma, Autorität und Attraktivität bei sich feststellen. Das allein wäre schon genug Gewinn. Der größte Fortschritt aber liegt im veränderten Umgang mit anderen, der harmonischer, reibungsloser und befriedigender wird.

Hätten Sie auch Beispiele dafür?

Aber gern, wenn Sie schon so nett fragen ...

Der Alltag ist ein wunderschönes Territorium, um die neuen Fähigkeiten auszuprobieren und damit Spass zu haben. Ob sie jetzt mit einer Kassiererin ein kleines Spiel machen oder geschickt ein paar Jugendliche dazu bringen, in der U-Bahn ihre Füße wieder von der gegenüberliegenden Bank zu nehmen oder humorvoll zu verhindern wissen, dass man Ihre Ausfahrt zuparkt. All diese „Interventionen" machen auch anderen Spass, nie muss dabei eine ungute Stimmung entstehen. Dabei lernt man auch Kritik so zu verpacken, dass auch der Kritisierte darüber schmunzeln kann.

Genauso könnte es auch im Berufsleben sein. Manchmal kann eine treffende Bemerkung eine Situation völlig verändern. Worte können eine sehr grosse Macht haben. Das weiss jeder, der schon einmal mit etwas herausplatzte, was er lieber nicht gesagt hätte.

Diese „Macht der Worte" kann man sehr gut positiv einsetzen, wenn man sich traut, auch einmal ungewöhnlich und unvoraussagbar zu reagieren. Ich gebe Ihnen ein Beispiel:

Ein Chef liebt es, seine Sekretärin zu korrigieren. Jeden Fehler in ihren Briefen hält er ihr unter die Nase. Beim dritten Brief reicht es ihr und sie sagt mit einem unschuldigen Gesichtsausdruck: „Wenn ich gewusst hätte, Herr Schneider, dass Sie so auf Fehler erpicht sind, hätte ich ein paar mehr gemacht", und lächelt ihn entwaffnend an.

Sie können sich denken, dass ihr Chef darauf nichts zu sagen wusste. Dafür aber konnte er sich einer Spontan-Remission seines Fehlersuch-Tics erfreuen.

Auf solche Antworten zu kommen, kann man lernen. Sie bestehen aus drei unverzichtbaren Komponenten: Einer bestimmten Haltung, einer daraus abgeleiteten Verhaltensregel und einer gekonnten Verbalisation. Alles Komponenten, die man mit Hilfe genauer Anleitungen üben kann wie Tonleitern auf einer Flöte.

Im dritten Bereich, Liebe und Partnerschaft, wende ich mich in erster Linie an die Männer. Jeder gute Lehrer in der Schule wird sich in Stoff und Tempo immer nach den Schülern richten, die sich schwerer tun, mitzukommen. Die Erfahrung hat mir gezeigt, dass wir Männer hier einen grossen Nachholbedarf haben. Wie mir von Tausenden unserer Kabarettbesucherinnen durch Abstimmung glaubhaft bestätigt wurde, halten Frauen uns Männer im kommunikativen Bereich für begriffsstutzig und voraussagbar. So ein Feedback sollten wir nicht ignorieren! Und so ein bisschen Mysterium und Magie in der Liebesbeziehung würde uns Männern bestimmt nicht schaden. Frauen hätten uns eben gerne einfallsreich, interessant und unterhaltsam (Nebst 197 weiteren positiven Eigenschaften.). Dazu ist ein bisschen keck, charmant und herausfordernd zu sein ein erster und wesentlicher Schritt.

Wozu keck sein? Verliert man dabei nicht Sympathien?

Ich unterscheide zwei Arten von Kecksein. Beiden gemeinsam ist der mangelnde Respekt vor Autoritäten. Keck im Sinne von 'unverschämt' lehne ich ab, es wirkt zerstörerisch, weil es die Würde eines Menschen verletzen kann. Das freundschaftliche 'Kecksein' hat zum Ziel, konventionelle Regeln des „Wohlverhaltens" in Frage zu stellen oder einfältiges oder schädliches Sozialverhalten zu konfrontieren. Dazu gehört auch Mut und Zivilcourage.

Jede Gesellschaft braucht Regeln. Ein Zuwenig an Regeln bringt Unsicherheit, Ungerechtigkeit und gesellschaftlichen Verfall, ein Zuviel an Regeln bringt Erstarrung. Die Balance ist wichtig. Ich stelle mir gern vor, welche Art Gesellschaft wir hätten, wenn ein Großteil der darin lebenden Menschen die Methoden kennen würden, wie man Ordnung und Zusammenhalt fördert und gleichzeitig einer Erstarrung und unnötiger Maßregelung vorbeugt.

Kann das Kecke nicht auch verletzen?

Das lässt sich manchmal nicht vermeiden. Manche Leute haben ein Händchen dafür, auch ein freundliches „Guten Morgen" als verletzenden Seitenhieb zu verstehen. Niemand hat Macht über die Projektionen und Interpretationen anderer. Mit einiger Übung und mit den Methoden dieses Buches lernt man aber, solchen „Fettnäpfchen" auszuweichen.

Im Untertitel ist von Weisheit die Rede. Woran merkt man das?

Wahre Weisheit zeigt sich letztlich immer nur im Handeln. Viel verbreiteter ist allerdings die Fähigkeit, weise (daher) zu reden. Und nur wenigen ist es gegeben, so weise zu reden, dass wenigstens andere daraufhin weiser handeln (Gute Therapeuten schaffen sowas.).

Weise handeln heisst, mit Weitblick und Einfühlung so zu handeln, dass es auf lange Sicht möglichst vielen Menschen dient. Dazu gehört ein wacher, klarer Geist, viel gut verdautes Wissen, Einfühlung und die Kenntnis von natürlichen, sozialen und kosmischen Gesetzmäßigkeiten. Besonders hilfreich ist dafür ein bewegtes Leben mit vielen Enttäuschungen, Torheiten und gelernten Lektionen. Entgegen der verbreiteten Meinung verträgt sich Weisheit sehr gut mit gelegentlicher Albernheit und einem unzerstörbaren Optimismus.

Weise ist, gut für sich selbst zu sorgen, andere zu fördern und das Wohl zukünftiger Generationen im Auge zu haben. Genau das ist auch die Grundidee des »Magischen Kommunikations-Stils«.

Stammen diese Weisheiten alle von Ihnen?

Meine Bescheidenheit, welche nur eine meiner herausragendsten Eigenschaften ist, verbietet mir, diese Frage zu bejahen.

Vier Männern bin ich sehr zu Dank verpflichtet, weil ihre Inspirationen mir geholfen haben, zu verstehen, was Menschen bewegt und wie man „artgerecht" mit ihnen umgeht. Von Lao-Tse stammt die grundlegende Weltanschauung, von Schopenhauer habe ich das Verständnis vom Menschen, seiner Struktur und seiner Bestimmung. Von Milton Erickson stammen die ZEN-meisterlichen Denkweisen und Methoden für den ermächtigenden Einfluss auf andere. Und von Frank Farrelly ist das Gewürz in diesem Menü: Humor und eine Prise Provokation.

Welche Rolle spielt der Humor in Ihrem Buch?

Eine sehr zentrale Rolle: Da zum wirksamen Einfluss auf andere meist eine Haltung von Hochrangigkeit die Voraussetzung ist, braucht es den Humor, um deren Begleiterscheinungen abzumildern. Auch die Herausforderungen und das Kecke werden durch eine spielerisch-spaßige Tönung sympathisch.

Das Wichtigste am Humor jedoch ist die lebensanschauliche Komponente. Erst dadurch gewinnt man Lockerheit, eine Voraussetzung für den Magischen Stil. Ich widme diesem Thema im Buch ein langes Kapitel. Wer das voll aufnimmt und praktiziert, hat die größte Hürde schon genommen.

Was meinen Sie mit „unwiderstehlich" im Titel?

Es ist schwer, jemandem zu widerstehen, der keinen Druck ausübt. Vor allem, wenn er zugleich entwaffnend direkt und charmant ist. Eine wesentliche Einstellung beim Magischen Stil ist nämlich, die Menschen mit ihren Schwächen und Eigenarten anzunehmen und zu zeigen, dass sie genau so, wie sie nun mal sind, liebenswert sind. Warum sollte man sich sträuben gegen etwas, was gut für einen ist?

Sie haben das Buch zum größten Teil auf Koh Samui in Thailand geschrieben ...

Das stimmt. Diese Insel hat eine besondere Ausstrahlung und Wirkung auf Menschen. Viele kommen dorthin um wieder aufzutanken und zur Besinnung zu kommen. Dort war es auch, wo ich auf die Idee kam, Schopenhauer zu studieren und jede Zeile seines 6000-Seiten-Werkes zu lesen. Es hat viel Zeit gekostet, war aber jede Minute der investierten Zeit wert. Ich finde es unglaublich, dass so tiefe Einsichten, so wertvolles Wissensgut wegen „politischer Inkorrektheit" in Bausch und Bogen abgetan wird. Von seiner Weisheit kann die Menschheit enorm profitieren.

Ich habe einige seiner psychologischen Einsichten in die heutige Sprache übersetzt, weiterentwickelt und systematisiert. Sie sind zum Teil so einfach und einleuchtend, dass allein deren Kenntnis schon die eigene Selbst- und Weltsicht grundlegend verändern kann.

Wie kamen Sie auf die Idee, Schopenhauer mit Kommunikation zu verbinden?

Der „Großmeister" der therapeutischen Kommunikation, Milton Erickson war ein Naturtalent mit wenig Hang zum Philosophischen. Das heißt, dass er die weltanschaulichen Anteile seines Ansatzes nicht explizit lehrte. Aber gerade die zugrunde liegende Lebensphilosophie ist es, die den Hintergrund für alle Methoden bildet. Wenn dieser „Rahmen" nicht stimmt, wirken diese Methoden unnatürlich und aufgesetzt, was sie nahezu unwirksam macht. Diese Lücke konnte ich füllen, zum einen, weil ich Milton Erickson und einigen anderen meisterlichen Kommunikatoren über Jahre hinweg auch persönlich nahe stand und zum anderen, weil ich durch mein Studium von Schopenhauers Werk die nötigen Einsichten bekam.

Wieso stellen Sie so viele Konzepte und Modelle vor?

Allein durch Zuschauen zu lernen, liegt nicht jedem. Ich bin z.B. ein typischer Konzept-Lerner. Es reicht mir nicht, eine Vorgehensweise nur gesehen zu haben. Ich will auch noch wissen, wie man denken und fühlen muss, um so zu handeln. Wenn ich die Prinzipien einer Verhaltensabfolge und seine Ziele kenne, kann ich selbst solche Abfolgen entwerfen und bin nicht darauf angewiesen, das gesehene Verhalten stur nachzumachen. Die Kenntnis der Prinzipien hilft mir, dieser Vorgehensweise meinen eigenen Stil aufzuprägen.

Konzepte und Modelle helfen einem, das Wesentliche, das, worauf es ankommt, zu erkennen. So kann man das Beiwerk weglassen und seine eigenen Variationen finden. In einem Bild dargestellt: Wenn ich ein Tal gut kenne und es vielleicht auch einmal von oben gesehen habe, dann komme ich auf vielen Wegen von einer Seite auf die andere und muss nicht immer den einen Weg gehen, den mir jemand gezeigt hat. Dieser eine Weg könnte nämlich auch mal unbegehbar oder gefährlich sein.

In welcher Absicht haben Sie das Buch geschrieben?

In eindeutig eigennütziger Absicht! Ich fühle mich halt nur dann richtig wohl, wenn es den Menschen um mich herum ebenfalls gut geht. Und ich weiß, dass ich dazu vieles beitragen kann. Ich hoffe, dass dieses Buch viele Menschen „auf die Seite der Engel" zieht. Das ist die Seite, die sich für Vernunft, Gerechtigkeit und Liebe stark macht. Ich bin davon überzeugt, dass ein Impuls zur Aufwärtsentwicklung weder von aussen noch schlagartig kommt, sondern von innen, von uns selbst und allmählich.

Ich sehe eine Verbesserung unserer gesellschaftlichen Situation als das Ergebnis einer allmählichen Verdrängung: Je mehr Akte von Wohlwollen und Vertrauen zwischen den Menschen stattfinden, um so mehr Akte von Misstrauen und Feindseligkeit werden verdrängt.

Was erhoffen Sie sich für eine Wirkung?

Ich erhoffe mir von der Verbreitung des Magischen Kommunikations-Stils einen Schritt in Richtung auf eine Gesellschaft, in der Lockerheit statt Verbissenheit regiert, Vertrauen statt Neid und Argwohn, in welcher Kooperation und nicht Konkurrenz vorherrscht.

Kann das jeder lernen mit ihrem Buch?

Ich schätze, dass ein Gutteil der Leser schon allein durch das Buch erfassen, worum es geht und dies dann umsetzen können. Die Mehrzahl braucht aber noch mehr Anschauungsmaterial, wie etwa Audio-CDs oder Video-DVD's, die ich am Vorbereiten bin. Der sicherste Weg, etwas zu lernen, ist sicherlich auch bei diesem, dem Magischen Stil, einen Kurs oder noch besser, eine Ausbildung zu absolvieren.

Für den „Learning-by-doing-Typ" biete ich das Flatrate-Mentoring an: Der Klient kann mich einen Monat lang nahezu immer erreichen, wenn etwas Kniffliges ansteht, das er/sie mit mir besprechen möchte.

Für welche Leute ist Ihr Buch gedacht?

Ich könnte mir es leicht machen und antworten: „Jeder, der Humor und ein bisschen Grips hat!" Das würde mir breite Zustimmung sichern, denn jeder sieht sich als humorvoll und klug. Man braucht aber nicht unbedingt „Versteckte Kamera" geguckt zu haben, um zu wissen, dass dem eben nicht so ist.

Nicht jeder hat einen flexiblen Geist und die Fähigkeit zum „Drüberstehen", die so wichtig für den Humor und den Magischen Stil ist. Um herauszufinden, ob einem das, was ich anbiete, auch liegt, zählt man am besten die Fettnäpfchen, die man so rumstehen hat. Je mehr es sind, um so weiter ist der Weg.

Was haben Sie selbst davon profitiert?

Ich verdanke diesen Haltungen und Fertigkeiten vieles, eigentlich alles Wesentliche: Ich habe Freunde, die mich nicht im Stich lassen, eine Partnerin, die ich sehr verehre und liebe (und die mich zu schätzen weiß) und nicht zuletzt eine freundliche und kooperative Umwelt. Was will man mehr?

Haben Sie sich dadurch verändert?

Ja, ich bin gelassener geworden, lache und scherze oft, und weiß jetzt besser, was es heisst, das Leben jetzt zu leben und nicht erst, wenn/ ... erst, wenn/ ... erst, wenn ....
Ich bin allerdings nicht mehr so „pflegeleicht" wie früher und manchmal ausgesprochen unbequem. Aber die meisten Leute merken schnell, dass diese Offenheit und Ehrlichkeit, langfristig betrachtet, gut für alle Beteiligten ist. Und durch den Humor und das Scherzhafte lernt man auch bald, über sich selbst zu lachen. Und das ist anerkanntermaßen ein Kennzeichen für psychische Gesundheit und Wohlbefinden ...

Danke für das Interview, Herr Schachtner!

Einleitung

Frechheit siegt ...

sagt ein geflügeltes Wort. Warum hat man uns dann das „Frechsein" so systematisch aberzogen? Das erklärte Erziehungsziel war doch schon immer der „nette Mensch" mit einer Art „Schafs-Mentalität". Immer schön brav sein, nicht aus der Reihe tanzen, tun, was man von ihm erwartet und niemandem zur Last fallen. Dummerweise hat uns auch niemand gesagt, wann wir damit aufhören können, ab wann wir die Selbstbestimmung eines Erwachsenen leben dürfen. Und so gibt es viele, die das Bravsein nicht, oder wenigstens nicht vollständig, abgelegt haben.

Wie sieht's da bei Ihnen aus, gibt's da vielleicht doch noch ein paar klitzekleine Reste...???

- Wenn Sie absehen können, dass Sie zu spät zu einem Treffen kommen, sind Sie dann auf dem Hinweg schon am Überlegen, welche Ausrede wohl am ehesten durchgeht?

- Wenn jemand Sie (aus-)fragt, sind Sie dann auch vorschnell bereit zu antworten, obwohl Sie noch gar nicht wissen, ob Ihre Antwort womöglich gegen Sie verwendet werden kann?

- Sind Sie unter Menschen manchmal unsicher und versuchen, einen möglichst guten Eindruck zu machen?

- Tun Sie öfter mal etwas aus einem Verpflichtungsgefühl heraus, obwohl Sie eigentlich keine Lust dazu haben?

- In einer Versammlung schwafelt jemand dummes Zeug. Greifen Sie ein oder lassen Sie das schweigend über sich ergehen wie die anderen auch?

Das sind nur ein paar von den destruktiven Restwirkungen einer Erziehung, in der es Ihnen nicht möglich war, hin und wieder auch mal dominantes Auftreten an den Tag zu legen und einzuüben.

Vielleicht sind Sie aber schon eine Stufe weiter und lassen sich nicht mehr alles gefallen. Dann sind Sie, wie man das in den östlichen Weisheitslehren nennt, ein Krieger (und kein Schaf mehr). Sie wehren sich gegen ungerechte Behandlung und kämpfen für Ihre Rechte.

Diese Stufe ist schon viel besser als die erste. Sie sind kein sprichwörtliches „Opferlamm" mehr, sondern zeigen anderen unmissverständlich, dass Sie Ansprüche und Erwartungen haben. Und wenn andere diesen nicht nachkommen, werden Sie ungemütlich.

Diese Stufe hat allerdings auch einen Nachteil: Sie ist manchmal sehr anstrengend, bringt Stress, Auseinandersetzung und Spannungen. Das ständige Auf-der-Hut-sein und Sich-wehren-müssen dämpft die Lebensfreude und treibt nicht selten den Blutdruck in schwindelnde Höhen (was bekanntlich die Lebenszeit verkürzt und die Rentenkasse entlastet).

Ein weiterer Nachteil der Haltung des Kämpfers ist die Gefahr eines Teufelskreises. Wenn man nämlich im Vertreten seiner Rechte noch ungeübt ist und vielleicht auch noch *zu lange* gewartet hat mit dem Grenzen-setzen, kann es sein, dass die eigene Gegenwehr zu deftig ausfällt. So verständlich es ist heftig zu reagieren, wenn man angestaute Gefühle hat, die Folge davon ist häufig, dass sich das Gegenüber ungerecht behandelt fühlt und seinerseits pampig wird. Dann ist bei der Gegenwehr nicht nur nichts herausgekommen, sondern man muss dem anderen vielleicht sogar noch Abbitte leisten!

Das geht einem dann oft so sehr gegen den Strich, dass man sich entschließt, das nächste Mal lieber nichts zu sagen – womit wir dann wieder beim duldenden Schaf wären. Das schluckt dann wieder alles, bis es zu viel wird, „explodiert" dann beim nächsten kleinen Anlass, was einem der andere übel nimmt. Also wird wieder geschluckt, gestaut, explodiert usw. Das könnte ewig so weiter gehen, gäbe es nicht den Magischen Kommunikations-Stil ...

Der magische Umgangs-Stil

Was ich Ihnen in diesem Buch zeigen möchte, ist eine dritte Art dem Leben zu begegnen: Der Weg des Meisters oder Magiers, der sich den bestehenden Kräften nicht entgegenstellt, sondern sie in seinem, und hoffentlich auch dem göttlichen, Sinne zu nutzen weiss. Mit einem höheren Verständnis von den Kräfteverhältnissen weiß er zur richtigen Zeit mit einem geringen Aufwand an Bemühung genau an der richtigen Stelle anzusetzen und die Situation so zu lenken, dass sich der Gang der Geschicke in die richtige Richtung, zum Besten aller, bewegt. Aikido und auch andere, „martialischen Künste" haben dieses Grundmuster zu Eigen: Sich den Kräften nicht entgegenzustellen, sondern sie zum eigenen Vorteil (und möglichst auch des anderen) zu nutzen.

Das Gegenstück zu den martialischen Künsten, mit denen man die eigenen Interessen verteidigt, sind die venusischen[1] Künste. Wir wollen uns die Menschen ja nicht nur vom Leibe halten, wenn sie mal zu aufdringlich oder einengend sind, sondern auch die richtigen anziehen und für uns gewinnen! Je attraktiver Sie sich selbst gestaltet haben, um so größer ist die Auswahl an attraktiven Mitspielern.

Die Einstellungen und Techniken, die ich Ihnen in diesem Buch zeige, sollen Ihnen zum Magier- bzw. zum Meisterin-Status im zwischenmenschlichen Bereich verhelfen – Wirkungen, die Ihnen heute noch unmöglich schienen, sind mit diesen Techniken oft gar kein Problem. Was

---

1) Korrekt hieße es „venerische Künste", was aber ziemlich ungebräuchlich ist.

Magier beiden Geschlechts auszeichnet, ist ein großer Handlungsspielraum, Rollenvielfalt, Mut zur Herausforderung und Humor. Damit können sie die Menschen um sich herum so bewegen, dass sich größere Nähe, Ehrlichkeit und wohlwollende Zusammenarbeit ergeben. Kommunikations-Magier sind gern gesehen, weil sich in ihrer Gegenwart wohltuende Offenheit und Ehrlichkeit, Echtheit und Vertrauen zwischen den Menschen einstellen.

Diese Kombination von martialischen und venusischen Künsten, die zusammen eine magische Kombination ergeben, nenne ich den Magischen Stil, da seine Wirkungen einem Uneingeweihten oft magisch anmuten. Wenn man nicht erkennen kann, was da gerade ein Wirkung erzielt hat, kommt einem das magisch vor. Da wir dieses Wort noch recht oft gebrauchen, lassen Sie es uns zu »MagSt« verkürzen.

Das ist der Hauptgewinn, den Sie aus diesem Buch ziehen können: Das Beherrschen des MagSt. Aber das ist bei weitem nicht alles. Zuvor bekommen Sie noch diejenigen Methoden mit auf den Weg, mit denen Sie Schluss machen mit der oft so schädlichen Programmierung aus der Kindheit. Die verträgt sich nämlich nicht gut mit dem MagSt.

Charmant und authentisch = unwiderstehlich

Sie wissen selbst, wie erfrischend und wertvoll es ist, wenn jemand sagt, was er denkt. Auch wenn es manchmal unbequem ist, die Wahrheit gesagt zu bekommen,: Man weiss dann wenigstens, woran man bei diesem Menschen ist. Oft kann man von solchen Menschen und durch sie eine Menge über sich selbst erfahren und lernen.

Mit dieser Eigenschaft wirken Sie authentisch und sind für andere Menschen eine wertvolle Quelle für Rückmeldung.

Damit haben wir schon mal eines der Ziele dieses Buches definiert: Zu lernen, ehrlich und trotzdem charmant zu sagen, was man sieht, hört, fühlt und denkt. In einer Welt, in der die meisten nur das sagen, was ihnen nützt oder „was sich gehört" ist das allein schon eine wohltuende Abwechslung.

Es ist eine besondere Fähigkeit, seine Rückmeldung in Worte zu kleiden, die der andere verkraften kann. Oder noch besser – über die er lachen kann! Da ist es gut zu wissen, wie Sie entwaffnend und vielleicht sogar unwiderstehlich sind.

Jetzt verrate ich Ihnen auch noch das weniger vordergründige Ziel dieses Buches: Es will Ihnen wieder das Spannende, Abenteuerliche am Leben zurückbringen, das, was man auch den Zauber des Lebens, die Magie, nennt. Unser Blick ist oft so verstellt, so dass wir nicht mehr erkennen, was zu einem erfüllten Leben gehört.

Um das zu erkennen, hilft es, eine Anleihe zu machen auf die Weisheit, die Sie eines Tages mal haben werden – am Ende Ihres Lebens. Machen wir ein Experiment: Versetzen Sie sich mal da hinein...

Wenn Sie auf dem Sterbebett liegend zurückdenken und Ihr Leben noch einmal an sich vorüberziehen lassen .... Was zählt dann?
Geld bestimmt nicht, weil Sie alles, was Sie haben, ohnehin zurücklassen. Ihre Gesundheit ist auch nicht mehr wichtig, Sie verlassen Ihren Körper ohnehin gleich.

Was dann noch zählt (und was Sie mitnehmen in die nächste Ebene) ist das, was Sie aus sich selbst gemacht haben und was Sie anderen gegeben haben. Dann ist es keinen Pfifferling wert, wie oft andere Sie beneidet haben um Ihren Besitz, Ihre Schönheit oder Privilegien, sondern was dann zählt, ist, wie wertvoll der Austausch mit Ihnen war, ob Ihre Art und Ihr Verhalten Licht und Freude in das Leben anderer brachte.

Und wie erreicht man das? Mit Schöntun, Nachgiebigkeit und immer den Erwartungen anderer zu entsprechen? Das tut anderen nur kurzfristig gut, es verweichlicht sie und macht sie mitunter lebensuntüchtiger. Aber wenn Sie andere wohlwollend herausfordern, das Beste aus sich zu machen und andere ohne Lobhudelei ermuntern, dann haben Sie zu deren Lebenstüchtigkeit und Lebensfreude beigetragen. Gewusst haben Sie das längst – danach zu leben ist schon schwieriger.

Ein weiteres, wichtiges Ziel, das eng mit dem Letztgesagten zusammenhängt, ist Bewusstheit. Nur ein bewusster Mensch kann sein Leben gestalten. Ein unbewusster Mensch spult nur immer dieselben Routinen ab, die ihm im Laufe der Sozialisation eingepflanzt wurden. Er lebt nicht sein eigenes Leben, sondern eine gesellschaftliche Schablone.

Dieses Buch möchte auch Ihre Bewusstheit fördern. Nur wache Menschen können diese Welt so umgestalten, dass wir die Erde sorgsam behandeln, statt sie zu vermüllen und auszubeuten. Nur bewusste Menschen erheben sich über die falschen, verführerischen Werte, die uns eine Konsumindustrie und die von ihr abhängigen Medien predigen. Und nur sich selbstverwirklichende, zufriedene Menschen legen Knappheits- und Konkurrenzdenken ab, denken gemeinschaftlich und vorausschauend.

Ich weiß, ich weiß... hehre Ziele. Nur, wie soll ein Buch das bewirken können!?
Ich bin da zuversichtlich. Die Zeit ist reif. Ich treffe erstaunlich viele Menschen, die nach Alternativen zum „Hamsterlaufrad-Leben" suchen. Menschen, denen Bewusstsein und lebenslanges Lernen ein Bedürfnis ist. Von diesen Menschen wird eine Neuorientierung kommen.

An diese Menschen richtet sich dieses Buch. Es ist ein weiterer Mosaikstein zum Verstehen der Welt und der Menschen.

Und eine Anleitung dazu, an beidem Spass zu haben.

Worum geht es? Und lohnt sich der Einsatz?

Bevor Sie sich mit einer Sache intensiver beschäftigen, möchten Sie sicher wissen, was Sie davon haben, nicht wahr? Ihr Einsatz, Ihre Mühen und Ihre Zeit sind zu wertvoll um sie mit etwas Geringwertigem zu verplempern. Hier geht es allerdings um etwas, das Ihnen nicht gleichgültig sein kann: Ihr Erfolg im Leben!

Der ist nämlich fast immer abhängig von Ihrem Erfolg mit anderen. Ein Mitläufer, der sich bescheiden im Hintergrund hält, wird eben nur entsprechend bescheidene Erfolge haben. Allerdings zielt jede Erziehung, wie schon gesagt, genau darauf ab, „pflegeleichte" Mitmenschen hervorzubringen! Ob in der Kindheit zu Hause, in der Schule oder im Erwachsenenleben: Immer hat man Sie dazu bringen wollen, mit der Masse mitzutrotten, sich anzupassen und niemanden zur Last zu fallen. Wenn Sie also kein Mitläufer sein wollen, müssen Sie irgendwie herausragen. Wenn Sie nun aber keinem Adelsgeschlecht entstammen oder Ihre Eltern auch nicht Rothschild oder Hilton heissen?

Dann bleibt Ihnen nur, an Ihrer eigenen Persönlichkeit zu arbeiten. An Eigenschaften, die Sie als Kind noch hatten, täglich zeigten und die Sie klar von anderen unterschieden und unverwechselbar machten. Das waren positive, konstruktive Eigenschaften, nur leider wurden sie selten gefördert und entwickelt, so dass sie heute bei den meisten Menschen verschüttet sind.

Mit dem Magischen Stil erobern Sie drei Ihrer wesentlichsten Eigenschaften zurück: Ihre Autorität, Ihre Faszination und Ihr Charisma. Diese Eigenschaften hatten Sie schon einmal. Vielleicht wissen Sie gar nicht mehr, wie Sie als Kind waren. Dann beobachten Sie mal kleine Kinder in Ihrer Umgebung – wie schnell es ihnen gelingt, die Aufmerksamkeit und Sympathie auf sich zu ziehen und zu bekommen, was sie sich wünschen.

Solange Kinder noch echt und spontan sind, faszinieren sie ihre Umgebung. Wo wären Sie heute, wenn diese Fähigkeiten an Ihnen geschult worden wären…?

Warum Erziehung kein Schicksal sein muss

Als ich 20 Jahre alt war und als Student in die Großstadt kam, fand ich mich zunächst nicht zurecht. Als Bandleader einer renommierten Rockband im provinziellen Niederbayern war ich verwöhnt worden, was Kontakte anging. Ich brauchte nie auf andere zuzugehen, „man" ging fast immer auf mich zu!
Mit meiner Unfähigkeit Mädels anzusprechen und sie auch ohne mein Gitarrenspiel für mich zu gewinnen, war ich damals sehr unglücklich. Ich beneidete andere, die das konnten und fragte mich, warum mir das so schwer fiel. Und die Antwort war einfach: Ich hatte von zu Hause nicht das Zeug mitbekommen, selbstsicher und souverän aufzutreten, von mir selbst überzeugt zu sein und unbekümmert auf andere zuzugehen!

Also gut, der Schuldige war gefunden. Aber das brachte mich nicht weiter. Ich fragte mich, was meine Mutter und alle anderen Erziehungspersonen hätten tun müssen, damit ich mit all den begehrten Eigenschaften ausgestattet wäre. Ich stellte eine Liste davon zusammen.

Ich war aber immer noch nicht weiter gekommen – die Vergangenheit lässt sich nicht ändern. Der entscheidende Umschwung kam erst, als ich anfing zu akzeptieren, dass es nun einmal so war. Ich hatte eben nicht die ideale Kindheit gehabt, um diese Eigenschaften zu schulen (wenn sie auch sonst recht schön gewesen war).

Aber an diesem Punkt stehen zu bleiben, wäre ein noch größerer Fehler. Dann endlich hatte ich die genial einfache Idee: Was wäre denn, wenn ich zumindest von jetzt ab mich *selbst* so behandeln und „erziehen" würde, wie ich mir das von meinen Erziehungspersonen damals gewünscht hätte? Ich muss den alten „Stiefel" doch nicht genauso weitermachen!

Das war der Wendepunkt in meiner Entwicklung. Statt mich zu bemitleiden oder – noch schlimmer – mich dafür zu schelten, dass ich Schwächen und Fehler an mir fand, fing ich an, mich zu ermuntern, zu ermutigen und wertzuschätzen. Und noch etwas war neu: Statt mich zu bemühen, all die Punkte auszugleichen, in denen ich mich anderen unterlegen fühlte, fing ich an, die positiven Seiten an mir zu stärken und zu fördern. Dadurch erkannte ich, in welchen Bereichen ich „jemand besonderes" war und gewann an Selbstbewusstsein.

Sind Sie auch noch im Erziehungsmodell der Schule gefangen? Ich meine damit, ob Sie sich nach demselben, althergebrachten Modell erziehen: *Kein Tadel ist schon Lob genug*. Entgegen der landläufigen Meinung gestalten und erziehen wir uns selbst nämlich ein Leben lang.

Die Schulen haben das Ziel, Schwächen und Defizite der Schüler auszugleichen, damit sie tauglich werden für den Arbeitsprozess. Dass sie dabei alle auf ein Mittelmaß ausgerichtet werden, weil man auf die Stärken und Besonderheiten einzelner nicht eingehen kann, ist zwar bedauerlich, aber nicht anders zu machen.

Wenn ein Schüler zu sehr vom Mittelmaß abweicht, kann es auch sein, dass er „rausfliegt" oder psychisch zu Schaden kommt. Für den regen Nachschub an Klientel sind wir Psychotherapeuten den Schulen sehr zu Dank verpflichtet. In der Schule lief das mit Ihrer Erziehung ungefähr folgendermaßen: Sie fingen dort an mit einem ausgeprägten Profil von Stärken und Schwächen, etwa so:

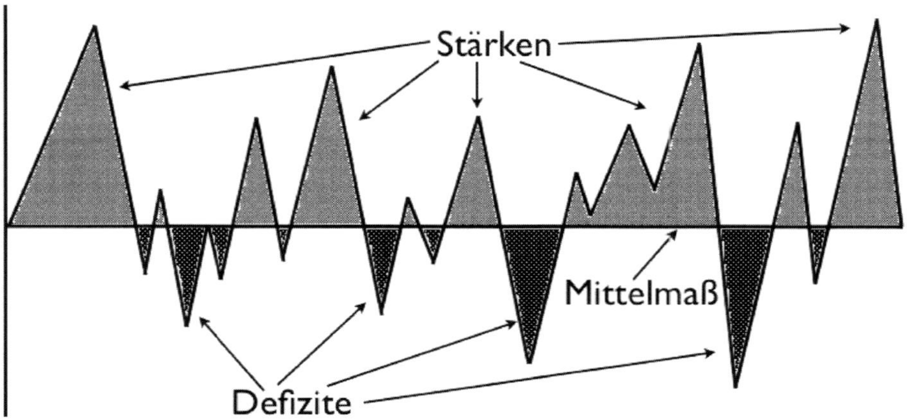

Es werden keine herausragenden Stärken gefördert, dazu bleibt keine Zeit und die Klassenstärken sind so groß, dass Lehrer damit überfordert wären. Dadurch schwächen sich diese Stärken langsam aber sicher ab. Was nicht gefördert und geübt wird, verkümmert nunmal.

Immerhin bringt man Ihre Defizite (z.B. im Lesen, Schreiben und Rechnen) einigermaßen auf normal, so dass das Profil dann etwa so aussieht:

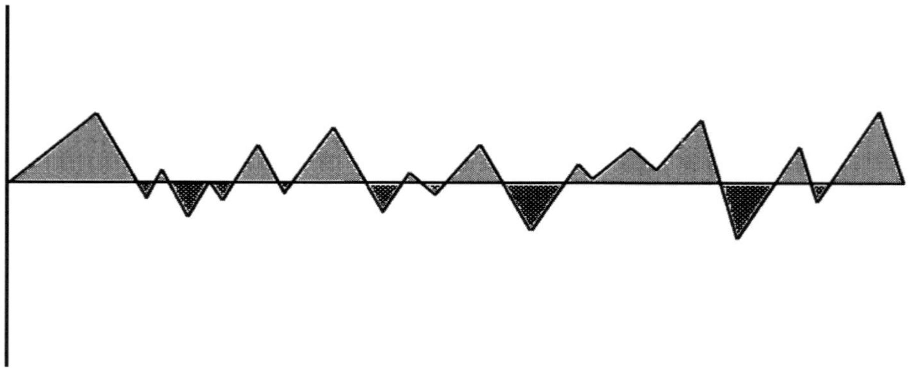

So verlassen die Schüler die Schule – auf Mittelmaß getrimmt und ohne Bewusstsein ihrer Stärken und Möglichkeiten. Ideal für die meisten

Durchschnittsjobs, in denen sie dann aber auch leicht austauschbar sind (und in knappen Zeiten um den Job bangen müssen).
Wenn Sie dazu übergehen, sich Ihrer Stärken bewusst zu werden und diese entsprechend zu fördern, sieht Ihr Profil bald ganz anders aus:

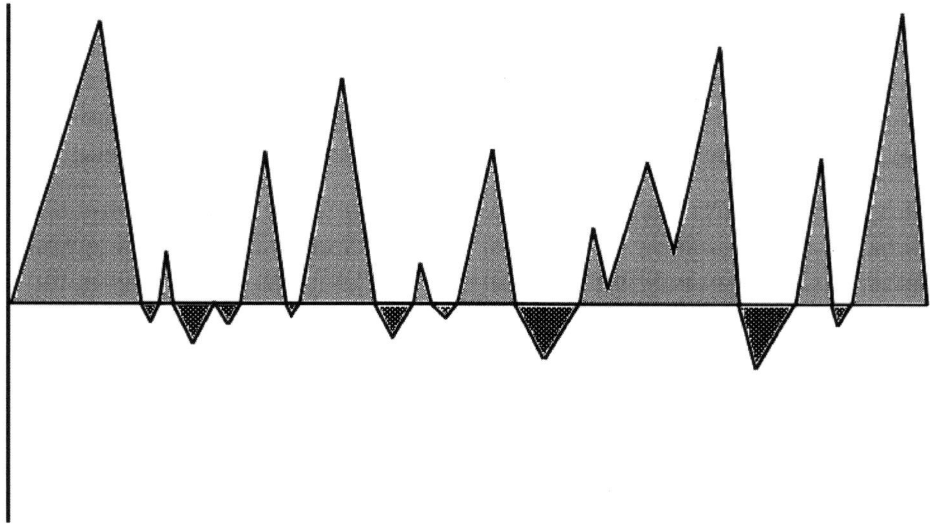

Ihre Stärken treten dann so deutlich hervor, dass man nicht mehr auf Ihre Defizite achtet. Und Sie selbst auch bald nicht mehr, denn: Wozu viel Energie auf den Ausgleich von Defiziten verwenden, wenn Sie in diesen Bereichen ohnehin nur den Durchschnitt erreichen können?

Gut, vielleicht sieht Ihr Profil nicht ganz so üppig aus wie das dargestellte, aber wenn Sie nur ein oder zwei wirklich herausragende Fähigkeiten entwickelt haben, in denen Sie so gut sind, dass Sie darin nicht so leicht zu ersetzen sind, steigt dann nicht Ihre Selbstsicherheit und Ihr Selbstvertrauen enorm an?

Ein Gebiet, auf dem sich viele Menschen unsicher fühlen, ist die Kommunikation mit anderen. Ob es nun darum geht, sich im Alltag zu behaupten und jemanden zur Rede zu stellen, einen Kunden zu einem Kauf zu bewegen, etwas vor einer Gruppe zu präsentieren oder einen Vertreter des anderen Geschlechts anzuziehen. Wie leicht kommen da Lampenfieber und Unsicherheit auf! Viele sind gefangen in einem Teufelskreis: „Ich traue mich nicht, weil ich keine Übung habe – und ich bekomme keine Übung, weil ich mich nicht traue!"

Und wie durchbricht man diesen Teufelskreis?

Durch „Gewusst wie!" Wenn Sie wissen, *wie* etwas geht, wenn Sie klare Rezepte haben, wie Sie sich durchsetzen, attraktiv machen, andere für sich gewinnen usw., dann haben Sie gleich von Anfang an Erfolgserlebnisse. Und nichts spornt mehr an als ERFOLG!

Vielleicht arbeiten Sie schon lange an sich und haben -zig Fortbildungen, Seminare und Erfolgsbücher hinter sich. Aber ist da wirklich viel hängen geblieben? War nach einigen Wochen noch genug übrig um das Gefühl zu haben, dass sich etwas Entscheidendes geändert hat?

Dieses Gefühl ist relativ selten, wie die Statistiken einschlägiger Publikationen zeigen. Was fehlt da?

Meine Analyse dieses Umstands ergab, dass es nicht ausreicht a) nur Wissen zu vermitteln, oder b) nur die Motivation zu stärken oder c) nur bestimmte Fertigkeiten (die „Skills") zu trainieren. Der Mensch ist ein denkendes, fühlendes und handelndes Wesen und nur wenn eine Schulung *alle drei* Aspekte integriert vermittelt, also ein neues Denken, eine neues Fühlen und ein neues Handeln, dann erst „sitzt es" und die „Studierenden" werden allmählich zu „Könnern".

Ein Buch, auch dieses, ist in erster Linie eine Wissensvermittlung. Ich bin deshalb als „Coach" auf Sie angewiesen – auf Ihre Bereitschaft mitzumachen und die vorgeschlagenen Projekte auch wirklich durchzuführen. Was den Erfolgreichen vom Mittelmäßigen unterscheidet ist, dass er „was unternimmt", oder wie die Engländer sagen, „taking action".

Wenn Sie jemand sind, der etwas sehen oder tun muss um es zu begreifen und „drauf zu haben", dann kommen Sie in eines meiner Seminare. Da werden Sie automatisch „was unternehmen" und werden mit jeder Übung besser und sicherer.

Den ersten Schritt haben Sie schon getan, Sie haben dieses Buch gekauft oder ausgeliehen, kopiert oder irgendwo „mitgehen lassen" (Unterstehen Sie sich!). Jeder Weg, jede Reise beginnt mit dem ersten Schritt. Und weil es gut ist, eine Vision, eine Vorstellung vom Ziel zu haben, wenn man sich auf den Weg macht, möchte ich Ihnen zeigen, was sozusagen ein Beiprodukt des Ganzen ist. Ich sage deshalb Beiprodukt, weil man diese Dinge nicht direkt erwerben kann, genauso wenig wie Glücklichsein, Geborgenheit oder Vertrauenswürdigkeit. Manches am Menschen teilt sich durch die Ausstrahlung mit, man kann es nicht vortäuschen, auch nicht durch gutes Schauspielern. Diese drei Dinge werden Teil Ihrer Ausstrahlung werden, sobald Sie eine gewisse Zeit lang entsprechend denken, fühlen und handeln.

Diese **drei „Ausstrahlungs-Komponenten"** sind **Autorität, Faszination** und **Charisma**.[2]

Eine Autorität sind Sie, wenn Sie mit anderen auf eine Weise umgehen, dass diese bereitwillig Ihrem Wort und Beispiel folgen. Hier geht es darum, Ihrer Meinung, Ihren Vorschlägen und Ihrem Wort Geltung zu ver-

---

2) Wie gesagt, alle drei sind nicht auf direktem Wege zu erreichen, man kann sie nicht „erwerben". Sie werden allesamt von anderen verliehen, oder genauer: Ihnen von anderen zugesprochen. Sie sind das Resultat einer Entwicklung Ihrer Gesamtpersönlichkeit, angestoßen durch Erkenntnisse, Haltungen und Handlungen.

leihen, so dass andere sich gerne Ihrem Willen anschließen und eine hohe Bereitschaft zeigen, mit Ihnen zu kooperieren.

Faszination heißt schlicht, dass Sie andere in Ihren Bann ziehen. Der entscheidende Punkt ist dabei, eine Art erotischen Magnetismus auf das andere Geschlecht auszuüben, dem es sich nicht entziehen kann. Dazu ist es nötig, die genetisch vorprogrammierten Attraktionstrigger des anderen Geschlechts zu kennen und sie bedienen zu können.

Charisma haben Sie, wenn Sie auf andere einen schwer zu beschreibenden Einfluss ausüben, der sie dazu bewegt, sich nach Ihnen (aus) zu richten, mit Ihnen assoziiert sein zu wollen und freiwillig, vielleicht sogar „selbstlos" mit Ihnen zu kooperieren.

Alle drei Eigenschaften wachsen in kleinen, manchmal fast unmerklichen Schritten. Sie merken Ihre Zunahme an Ihrer Wirkung auf andere, was Ihnen manchmal wie Magie erscheinen mag. Das sind wohl deshalb so seltene Eigenschaften, weil dazu eben Geduld und Ausdauer erforderlich sind; Tugenden, die schon immer selten waren.

Mit dem Magischen Stil, wie ich ihn in diesem Buch beschreibe, bekommen Sie alle notwendigen Hilfsmittel und Erkenntnisse, um diese drei Eigenschaften in Ihnen wiederzuerwecken. Nicht mit einem Schlag und nicht von heute auf morgen, aber wenn Sie diesem Weg folgen, werden Sie mehr und mehr zu dem werden, was Sie tief drinnen sind und immer waren: Eine ganz besondere Persönlichkeit mit starker Ausstrahlung, deren Charme unwiderstehlich auf andere wirkt.

Wie es zu diesem Buch kam

Ich liebe freche Menschen, wenn sie zugleich respektvoll sind. Man weiß immer, wie man mit ihnen dran ist. Sie sind mutig genug, einem zu sagen, wenn man sich dumm oder unangemessen verhält, wenn man sich in etwas verrannt hat oder sich zum Narren macht. Mit ihnen lernt man schneller und ist herausgefordert, geistig wach zu bleiben.

Das wohl Interessanteste am humorvollen Frechsein ist aber, dass es Attraktion bei anderen hervorruft. Ein Mensch, der authentisch wirkt, sich Respekt verschaffen kann, zugleich humorvoll ist und andere zum Lachen bringen kann, der ist nun mal attraktiver als ein angepasster, „braver" und voraussagbarer Mensch. Obwohl es himmelschreiend ungerecht ist, dass diese „pflegeleichten" Menschen so unter Wert gehandelt werden – erst hindressiert, dann ausgeschmiert!

Als mir damals, im Winter 1979, das Buch „Provocative Therapy" in die Hände fiel, war das für mich eine Offenbarung. Endlich hatte ich eine Art „Erlaubnis" in Händen, frech und provokativ sein zu dürfen. Zunächst mal nur in meiner Arbeit als Psychotherapeut. Aber diese Art mit Menschen zu reden (und dabei gemeinsam Spaß zu haben) schlich sich mehr und mehr auch in den Alltag hinein.

Glauben Sie jetzt aber nicht, dass das immer gut lief! Ich lernte bald, dass es Zeiten gibt, wo Humor völlig fehl am Platz ist (z.B. wenn die Partnerin gerade stinksauer ist oder man am Flughafen nach Waffen kontrolliert wird). Gottlob wurde ich da stets ausnahmslos und sehr bereitwillig korrigiert.

Nach zwölf Jahren Übung und Praxis in Provokativer Therapie trug ich mich mit dem Gedanken, ein Buch für Kollegen zu schreiben, die diesen

Stil erlernen wollten. Ich nannte ihn damals den Provokativen Stil (ProSt), da mir längst klar geworden war, dass dies ein universell einsetzbarer Kommunikationsstil ist, der seine „wundersamen" Wirkungen in fast jeder menschlichen Kommunikation entfalten kann.

Das geplante Buch wurde allerdings erst Wirklichkeit als eine Kollegin zusammen mit mir das *Deutsche Institut für Provokative Therapie (DIP)* gründete (das hört sich sehr imposant an, bestand aber im Wesentlichen aus einem Arbeitszimmer mit Telefon). Sie brachte mich freundlich aber konsequent dazu, mein Wissen um diese Konzepte in Worte zu fassen. Ihre Fähigkeit, witzige Formulierungen einzustreuen, hat dem Endresultat sehr gut getan, so dass ich mich darüber freuen konnte, dass daraus ein „Longseller" wurde, der mehr als 20.000 Mal über den Ladentisch ging und heute immer noch im Programm des Rowohlt-Verlages geführt wird.

Seit dem Erscheinen dieses Buches sind weitere dreizehn Jahre vergangen. Eine Zeit, in der viele neue Erkenntnisse hinzu kamen. Was damals noch mehr ein intuitives Erkennen war, wurde klarer fassbar, besser erklär- und vermittelbar.

Sie halten nun das Resultat in Händen. Praktisch eine Fortsetzung und Vertiefung des ersten Buches (Titel: *„Das wäre doch gelacht!")*. Es möchte Ihnen nachvollziehbar und verständlich aufzeigen, wie Sie einen intensiven und konstruktiven Einfluss auf andere bekommen und sich dabei auch selbst Ihr Leben leichter machen (und es leichter nehmen!).

Ich wünsche Ihnen, dass die neuen Fähigkeiten Ihr Leben genauso positiv beeinflussen, wie sie das bei mir und schon bei vielen anderen taten.

P.S.: Ich hätte noch gerne ein Versprechen von Ihnen. Dieses Buch enthält enorm wirkungsvolle Methoden, andere zu beeinflussen. Viele davon wirken auf das Unbewusste des anderen, ohne dass sein Bewusstes etwas davon mitbekommt. Kann ich darauf zählen, dass Sie sie nie, wirklich NIE, zum Schaden anderer einsetzen?

Gut, dass Sie „Ja" gesagt haben (ich praktiziere zwar kein Voodoo, aber trotzdem...)

Sie oder Du?

Ich habe mir lange überlegt, wie ich dieses Buch schreiben soll. Wissenschaftlich mit vielen Belegen, Zitaten und Referenzen oder verständlich für jeden, so, wie ich in meinen Workshops und Coachings rede?

Ich habe mich gegen beides entschieden. Ich möchte noch einen Schritt weiter gehen und mit Dir so reden, wie ich mit einem guten Freund rede. Es geht hier um etwas so Wichtiges und Persönliches. Etwas, das Dein Lebensgefühl so entscheidend verändern kann, dass die Nähe, die das vertraute „Du" schafft, genau richtig ist. Du weisst ja, ein guter Freund ist jemand, dem man alles sagen kann, und der einem alles sagt („Schick, das neue Kleid von Dir. Aber gab's das nicht mehr in Deiner Grösse?").

Dass es mir nicht an Respekt für Dich mangelt, siehst Du unschwer daran, dass ich „Du" und „Dich" groß schreibe. Das „Du" ist hier so gemeint wie das „You" der englischen Ausgabe dieses Buches.

Und noch etwas: So manches in diesem Buch wird Dir zunächst „gegen den Strich" gehen. Wenn Du so erzogen wurdest wie die meisten von uns, hat man Dir so viel Wohlverhalten beigebracht, dass es Dir wie Ketzerei vorkommen wird, wenn ich Dir vorschlage, Dich gegen Deine Konditionierungen zu verhalten und z.B. frech, dominant oder erzieherisch zu (re-)agieren. Du wirst erst allmählich ein Gefühl für die **Angemessenheit und Power des MAGST** entwickeln und bald verstehen, dass dahinter eine hohe Ethik steht, die das gemeinsame Beste zum Ziel hat.

Der **MagSt** ist, wie schon erwähnt, die Abkürzung für »Magischer Kommunikations-Stil«, die Kommunikationsweise, um die es in diesem Buch geht. Der Magische Stil ist, mal ganz pragmatisch betrachtet, nichts anderes als **soziales Geschick auf höchster Ebene**. Er setzt eine Kombination der geschicktesten Methoden ein, die die Psychotherapie zu bieten hat. Nicht der herkömmlichen Therapie, die man vom Fernsehen oder aus Filmen kennt, sondern eher der Hypnotherapie (von Milton H. Erickson), der Provokativen Therapie (von Frank Farrelly) und den therapeutischen Vorgehensweisen von einigen anderen herausragenden Pionieren (John Grinders NLP, Harry Boyds Leverage Technik u.a.m.). Therapeuten, die die Palette der Kunstgriffe, Menschen zu ihrem Besten zu beeinflussen, um viele geniale Erkenntnisse bereichert haben.

Ich bin heute noch dankbar für das Privileg, von den oben genannten Therapeuten durch persönlichen Austausch lernen zu dürfen oder gelernt zu haben, meist sogar über mehrere Jahre. Diese Nähe gab mir auch Gelegenheit, ihre ganz persönliche **Lebensphilosophie** kennen zu lernen. Erst durch diese Kenntnis war es möglich, die hinter ihrem (erfolgreichen) Handeln stehenden Konzepte und Werte zu erspüren. Und wenn man wiederum diese kennt, kann man nach diesen „Bauplänen" viel leichter eine eigene MAGST-Identität aufbauen und ist nicht darauf angewiesen, Verhaltensmuster zu kopieren.

Was Dir Erfolg im Leben beschert

Mit dem MAGST steigerst Du Deine kommunikativen Möglichkeit immens. Deine sozialen Fertigkeiten entscheiden nämlich darüber, ob Du **Freunde und Unterstützer** hast, den/die **richtige PartnerIn** findest, im **Berufsleben voran**kommst, Deine **Würde verteidigen** kannst, auch mit **schwierigen Leuten** zurecht kommst. Kurz, ob Du glücklich bist und Dich auf der Welt zu Hause fühlst.

Vielleicht hast Du schon einmal eine Freundin oder einen Freund bewundert, der auf einer Party einen Kreis von Leuten um sich scharte, die er immer wieder zum Lachen brachte und offenbar glänzend unterhielt – während Du nicht so recht wusstest, wie Du Dich hättest einbringen können.

Vielleicht hast Du Dir schon manchmal gewünscht, ein besonders attraktives „Exemplar" des anderen Geschlechts zwanglos anzusprechen und für Dich zu gewinnen – und hast Dich dann doch nicht getraut, oder noch schlimmer, die Situation durch Deine Ungeschicklichkeit ruiniert.

Oder Du hast im Berufsleben eine Chance verpasst, weil Du Dich nicht richtig in Szene setzen konntest und jemand anders Dir diese tolle Gelegenheit weggeschnappt hat; jemand, der im Grunde viel weniger geeignet war als Du!

Von all den Dingen, die Du im Leben beeinflussen kannst, ist es Deine Fähigkeit, mit anderen zu kommunizieren, die den Unterschied macht zwischen einem erfolgreichen, erfüllten Leben, einem belanglosen Leben oder gar einem gescheiterten Leben.

Erfolgreich zu kommunizieren ist eine Kunst und wer sie nicht beherrscht, wird im Leben immer nur bescheidene Erfolge haben. Falsch kommunizieren kann viel Geld kosten. Wenn Du's nicht glaubst, dann komm' einem Polizisten krumm, der Dir gerade einen Strafzettel schreibt.

Manchmal genügt schon ein falsches Wort und Du riskierst, zum Außenseiter, einer *persona non grata* zu werden.

Ein Bekannter, der in China auf ein Bankett eingeladen worden war, machte eine lockere Bemerkung zur Gastgeberin, die offensichtlich schwanger war. Er fragte durchaus freundlich: „Ach, ist das ihr erstes Kind?" Sie brach daraufhin in Tränen aus. Er hatte nicht bedacht, dass in China Gesetz ist, dass jede Frau nur ein einziges Kind gebären darf. Er ahnte zu diesem Zeitpunkt nicht, dass er ein gesellschaftliches Tabu verletzt hatte. Er wurde nie wieder eingeladen.

In meinen Trainings werde ich oft mit Situationen aus dem Alltag konfrontiert. Die Teilnehmer möchten dann gerne wissen, was man in den kniffligen Situationen, die sie selbst erlebt haben, mit dem MAGST erreichen könnte. So wurde ich schon mehrfach gefragt, was man tun könne, wenn Jugendliche sich in der Öffentlichkeit daneben benehmen. Soll man dann was sagen oder besser nicht, weil man damit nur eine Abfuhr riskiert?

Ich will Dir ein Beispiel geben, das Dir eine Ahnung davon vermittelt, mit welcher Haltung Du in Zukunft an solche Situationen herangehen könntest.

Ein MagSt-Beispiel

Du sitzt in der Bahn und auf dem schräg gegenüberliegenden Platz setzt sich ein Jugendlicher und legt seine Beine auf den Sitz neben Dir. Sagst Du was?

Klar sagst Du was. Du guckst ihn freundlich an und meinst: „Ist gut fürs Herz, wenn man die Füße hochlegt, nicht?"

Er grinst schief, lässt die Beine aber auf dem Sitz.

Du beugst Dich zu ihm hinüber und sagst mit bedeutungsvoller Miene: „Und manche kriegen sogar mit, warum ich so was sage!"

Jetzt nimmt er vielleicht die Beine vom Sitz. Er möchte schließlich zu denen gehören, die alles „blicken".

Falls er es aber nicht tut, hast Du immer noch ein As im Ärmel. Du sagst sanft: „Ich zeig' Dir mal was!" und nimmst sein linkes Bein, stellst es auf den Boden, dann das rechte. „Na? Auch nicht schlecht, oder?"

Du kannst Dir sicher sein, dass Du das ganze Abteil auf Deiner Seite hast – und alle werden grinsen.

Dieses Vorgehen mag Dir zunächst eigenartig erscheinen, aber es ist effektiv. Und es hat eine Reihe von Vorteilen:

1. Du hast den Jugendlichen auf ein Fehlverhalten aufmerksam gemacht.

2. Diese Situation wird der Jugendliche so schnell nicht wieder vergessen. (Ungewöhnliches prägt sich ein!)

3. Der Jugendliche wurde von Dir weder beleidigt, noch zurecht gewiesen oder kritisiert. Es gibt also keinen Grund für ihn, aggressiv zu werden.

Und auch Du fühlst Dich gut:

1. Du warst ein leuchtendes Vorbild für Zivilcourage.

2. Du hast was bewegt (nicht nur seine Beine).

3. Du hast bei den Leuten einen Stein im Brett. Jetzt könntest Du ihnen vermutlich sogar eine Versicherung verkaufen.

Das ist nur mal eine von den vielen subtil-indirekten Methoden, die der MagSt als Reaktion auf so eine Situation bereit hält. Aber keine Sorge, der MagSt kann auch manchmal recht ernst und weniger verspielt sein als im obigen Beispiel.

Manchmal besteht der MagSt nur in einer humorigen Reaktion auf die Widersinnigkeiten des Lebens (oder der Bürokratie), wie im folgenden Leserbrief (als Antwort auf die neue Verordnung, dass die Gebühren-Einzugs-Zentrale nun auch von allen Computerbesitzern Radio- bzw. Fernsehgebühren einziehen will):

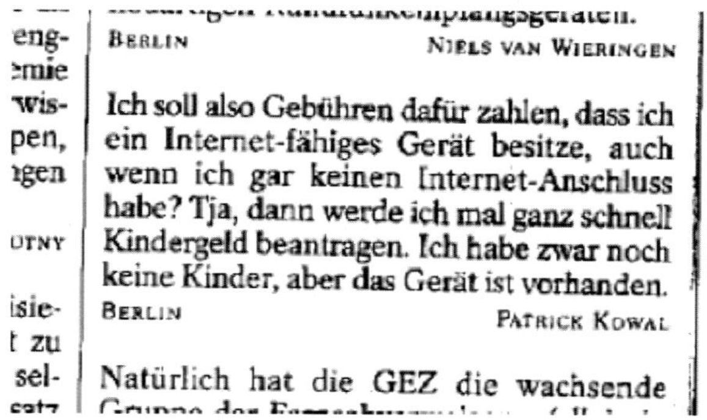

BERLIN NIELS VAN WIERINGEN

Ich soll also Gebühren dafür zahlen, dass ich ein Internet-fähiges Gerät besitze, auch wenn ich gar keinen Internet-Anschluss habe? Tja, dann werde ich mal ganz schnell Kindergeld beantragen. Ich habe zwar noch keine Kinder, aber das Gerät ist vorhanden.

BERLIN PATRICK KOWAL

Natürlich hat die GEZ die wachsende

Ob Humor oder Ernst, letztlich kommt es nur darauf an, ob Du damit etwas zum Positiven bewegst. Jede Kommunikation möchte eine Wirkung haben, etwas bewegen. Alles andere ist labern (was allerdings hin und wieder auch mal Spaß macht).

Drei Ebenen des Lernens: Wissen, Haltungen, Fertigkeiten

Wenn Du auch so ungeduldig bist wie ich, möchtest Du wahrscheinlich schnell ein paar potente Tricks, ein paar gute Sprüche, ein paar raffinierte Strategien, um dann sofort loszulegen.

Das hab ich auch so gemacht, als ich das Buch „Provocative Therapy" gelesen hatte. Ich habe dabei die aufschlussreiche Erfahrung machen dürfen, dass man in zwei Wochen mehr Patienten vergraulen kann, als in drei Monaten nachkommen.

Bevor Du die Werkzeuge des MagSt so einsetzen kannst, dass Du rausholst, was in ihnen steckt, brauchst Du vertieftes psychologisches Wissen. Du tust Dir im Umgang mit anderen leichter, wenn Du weißt, wie der Mensch „tickt". Den meisten Menschen ist nämlich nicht bewusst, dass ihnen das Meiste um sie herum und sogar das, was IN ihnen abläuft, NICHT bewusst ist. Die Werbung lebt davon, Dir Sachen zu verkaufen, von denen Du bis gestern gar nicht wusstest, dass Du sie brauchst! Aber auch in Politik und Propaganda wird dieses Wissen gern eingesetzt (denk an die Spin-Doctors!).

Du wirst also eine Menge über die Mechanismen erfahren, mit denen Macht ausgeübt wird, wie das funktioniert und wie Du es zu Deinem Vorteil einsetzt. Das ist auch völlig o.k., solange das nicht auf Kosten anderer geht. Wenn Du mehr bekommen willst, musst Du auch mehr geben. Die „Ich will alles ... für möglichst wenig, am liebsten für nichts" -Nummer kann, allein schon karmisch gesehen, nicht funktionieren. Aber Geben macht doch ohnehin Spaß, oder? Genau besehen ist es die wohl am nachhaltigsten spürbare Freude von allen.

In diesem Buch steht viel Wissen, das eine gewisse Macht verleiht. Trotzdem habe ich wenig Bedenken, dass jemand dieses Wissen zu üblen

Zwecken einsetzen wird. Der **MagSt** ist nämlich sehr **abhängig vom Humor**. Wer keinen hat, bei dem wirkt er nicht. Und wer einen hat, dem gelingt es auch meistens, über den Dingen zu stehen, über sich selbst zu lachen und das „allzu Menschliche” mit wohlwollenden Augen zu betrachten. Mit einer solchen Einstellung führt man im Allgemeinen nichts Böses im Schilde (und hält sich an die drei Prinzipien des Zusammenlebens, über die wir noch reden werden).

Während viele Bücher über Kommunikation meist mehr oder weniger gute Sammlungen von Techniken sind, wollen wir hier die Sache gründlicher angehen, aus der Erkenntnis heraus, dass jede Technik zum Scheitern verurteilt ist; wenn sie nicht auf einem überzeugenden Hintergrund eingesetzt wird, das heißt im Klartext:

– der Kontext muss stimmen,

– die Körpersprache sollte dazu passen, und

– die Herangehensweise ist auf das Gegenüber abgestimmt.

Bevor wir uns also um die einzelnen Kniffe, Techniken und Tricks kümmern, legen wir die Grundlage für ihren effizienten Einsatz, indem wir

– die richtigen Einstellungen heran-“züchten”,

– den passenden Rahmen dafür schaffen und

– Deine Menschenkenntnis steigern.

Wie wir es angehen werden

Im ersten Teil des Buches geht es also um den Durchblick, um klarer zu erkennen, was uns bewegt und steuert. Nach diesen aufschlussreichen Theorien steigen wir in die Praxis ein. (Damit ist jetzt nicht meine Praxis in der Occamstr. 2 in München gemeint!)

Du erfährst dann welche Methoden, Strategien und Werkzeuge im MagSt eingesetzt werden und vor allem: Welche Haltungen Du brauchst, damit das Ganze auch echt und natürlich rüberkommt! Diese Haltungen sind nämlich deshalb so besonders wichtig, weil sie aus Dir im Laufe der Zeit einen begehrenswerten, fesselnden und bereichernden Menschen machen werden. Diese Techniken sollen nämlich keineswegs dazu dienen, dass immer nur Du bekommst, was Du willst, sondern dass die anderen auch etwas von DIR bekommen (z.B. Aufmerksamkeit, Spaß, Spannung, Unterhaltung und nicht zuletzt, Freundschaft und Liebe – Du wirst selbst noch staunen, wie viel Du zu geben hast!).

Mit dieser Vorbereitung bist Du dann bereit, Dich ins Geschehen zu stürzen. Wir besteigen also gewissermaßen zuerst einen Aussichtsturm, um von dort aus zu sehen, wohin die Reise gehen soll und auf welche Hindernisse und Gefahren wir auf unserem Weg achten müssen. Wir haben dann eine Art Landkarte davon in unserem Kopf. Danach stellen wir unsere Ausrüstung zusammen; nicht zu viel Gepäck, aber genug und dann erst stürzen wir uns ins Getümmel und unternehmen die ersten Erkundungsgänge. Du hast dann das Zeug zum Selbst-weitermachen.

Bei den Erkundungsgängen nehmen wir uns drei Gebiete vor: Den Alltag, die höheren Büro-Sphären und die Beziehungen zwischen Mann und Frau.

Hier gibt es dann wieder ein paar Durchblick-fördernde Konzepte, Kniffe und jede Menge Rezepte. So eine Art Starter-Kit.

So, jetzt hast Du schon mal einen Schimmer davon, worauf Du Dich eingelassen hast.

Na, dann viel Spaß und reiche Erkenntnisse!

Kapitel 1

Das Tao des MagSt

Wie bitte? Tao des MagSt?

Schon gut, dieser Titel ist vielleicht etwas blumig, aber er trifft's nun mal. Der MagSt ist nämlich eine Art zu leben, keine bloße Sammlung von Techniken. Das wirst Du merken, wenn Du ihn mal länger praktiziert hast. Dann steigt, für Dich zuerst unmerklich, Deine **Selbstsicherheit**, Deine **Ausstrahlung** auf andere und Deine **Grundstimmung** immer mehr an. Dein Alltag und Dein ganzes Leben wird davon erfasst. Es kann gut sein, dass Dich zuerst mal andere darauf aufmerksam machen, dass Du Dich (hoffentlich zu Deinem Vorteil) verändert hast.

Der MagSt ist eine **Lebenseinstellung**, eine bestimmte Art, die Welt, die Menschen und Dich selbst zu sehen und zu behandeln. Seine Philosophie geht auf drei starke Einflüsse zurück: Auf Schopenhauer, Lao-Tse und Pumuckl.

Ja, Du hast richtig gelesen. Von **Schopenhauer**, dem bedeutenden deutschen Philosophen stammt das Menschen- und Weltverständnis, von **Lao-Tse**, dem chinesischen Taoisten die Weisheit, Gelassenheit und Heiterkeit und von **Pumuckl** das Pfiffige und der mangelnde Respekt vor selbsternannten Autoritäten. Die weiblichen Leser haben in Pippi Langstrumpf ein geeignetes Pendant.

Aus dieser Grundhaltung gehen eine Reihe von Verhaltensweisen hervor, die in krassem Gegensatz zu dem stehen, was uns als „braves" Verhalten beigebracht wurde. Zu den **BRAV-Reflexen**, die uns zu Mitläufern machen, kommen wir noch:

Zuvor sollst Du aber noch wissen, wie und aus welchen „Strömungen" der MagSt entstanden ist und warum er ein Hoffnungsstrahl ist.

Es gibt etwas, das stärker ist als alle Armeen der Welt,
und das ist eine Idee, deren Zeit gekommen ist.

Victor Hugo

Diese Welt, eine Baustelle!

Die Welt ist in einem unfertigen Zustand, dringend reparaturbedürftig. Es gibt unglaublich viele Missstände und Widersinniges. Aber Vernunft ist noch nicht in Sicht, zumindest nicht bei denen, die über diese Welt bestimmen. Es ist ohnehin fraglich, ob diese Menschen den Wunsch haben, etwas zu verändern. Wer gute Karten hat, will nicht, dass neu gemischt wird.

Wenn man Nietzsches Wort: „Ein Mensch, der nicht über zwei Drittel seiner Zeit verfügen kann, ist ein **Sklave**!", als Maßstab nimmt, sind wir fast alle schon versklavt. Der Druck nimmt zu, alles beschleunigt sich. Solche Umstände bringen aber nicht die schönen Seiten der Menschen zum Vorschein.

Die künstliche **Knappheit**, ein Beiprodukt unseres Geldsystems, bewirkt immer mehr Konkurrenzdruck, Ängste und Gewaltbereitschaft – wie auch die alltägliche Lieblosigkeit, Gedankenlosigkeit und Selbstbezogenheit.

Wie kommen wir aus dieser Negativ-Entwicklung wieder heraus? Bestimmt nicht durch das Warten auf den Erlöser. Die globalen Probleme sind so groß geworden, dass sie durch einen Einzelnen nicht mehr zu lösen sind, auch wenn dieser Erlöserqualitäten hätte. Wir schaffen das nur gemeinsam – durch einen **Bewusstheitssprung** möglichst vieler Menschen. Diese Entwicklung hat längst angefangen. Es ist ja nicht schwer zu erkennen, dass wir Menschen immer mit Kooperation am besten weitergekommen sind. Prosperierende Gesellschaften zeichnen sich durch **Werte** aus, die Kooperation ermöglichen: Ehrlichkeit, Fairness und Rechtschaffenheit. Wenn das Gegenteil, nämlich Lüge, Ungerechtigkeit und Parasitentum herrschen, ist das Chaos nicht mehr weit.

Was wir brauchen ist ein **Gesinnungswandel** auf breiter Front, ähnlich dem des indischen Volkes unter der Führung Ghandis. Dieses Volk hat gezeigt, dass durch gewaltloses Nichtbefolgen von Knebelgesetzen eine Regierung letzlich machtlos wird.

Um das möglich zu machen, muss das betreffende Volk sich verbunden fühlen. Das fängt in den Familien an, breitet sich auf die Dörfer und Städte aus und erreicht schließlich die Großstädte und Metropolen. Wie ein **chinesisches Sprichwort** sagt: „Willst Du was in den Großstädten ändern, fang in den Dörfern an. Willst Du was in den Dörfern ändern, fang in der Familie an. Und willst Du was in der Familie ändern, fang bei DIR an.“ Dass dieser Prozess in Deutschland und den Nachbarstaaten bereits angefangen hat, sieht man an der Stärkung regionaler Strukturen, von denen manche auch schon über regionales Geld (!) verfügen.

Ich möchte Dir in diesem Buch eine etwas andere Denk-, Sicht- und Handlungsweise als die heute verbreitete vorschlagen, eine, von der ich überzeugt bin, dass sie Dir Gelassenheit, Verständnis und Wohlwollen anderen gegenüber und gute Beziehungen in Sympathie und gegenseitiger Achtung bringt. Der magische Umgangs-Stil ist zwar im psychotherapeutischen Feld entstanden, lässt sich aber **in allen Bereichen des Lebens** anwenden. Dadurch kehrt wieder Ehrlichkeit, Offenheit, Herzlichkeit und Vertrauen zwischen den Menschen ein. Und nicht zuletzt: Humor, „**Drüberstehen**” und Zuversicht.

Mein Lehrer, der meisterhafte Hypnotherapeut **Milton H. Erickson**, wurde einmal von einem seiner Studenten angesprochen, der sich an des-

sen bescheidener, nur **acht Quadratmeter** großen Praxis störte: „Aber Dr. Erickson, Sie sind ein so berühmter und hoch geschätzter Mann, sollten Sie da nicht eine größere Praxis haben, mit einer Sekretärin und mehreren Räumen?"
Er antwortete ihm mit einem leisen Lächeln: „Als ich anfing, waren in diesem Raum nur zwei Klappstühle und ein Gartentisch – allerdings ... *ich* war da!"

Wenn jemand lebt, was er lehrt, hinterlässt er bei den Menschen, die er berührt, einen tiefen Eindruck. In unserer Zeit ist es anscheinend wichtiger geworden, einen guten „act" drauf zu haben, als sich einfach natürlich zu geben, so wie man halt ist und zu zeigen, wie einem gerade zumute ist. Ehrlich und offen zu sein, auch wenn es Mut kostet, ist anscheinend nicht mehr „in". Die meisten **inszenieren sich** in einer Weise, von der sie glauben, dass sie ihnen Vorteile bringt.

Ist ja auch kein Wunder, es gibt so wenig authentische **Vorbilder**. Nur wenige in den höheren Rängen der Publikumsgunst werben für eine solche Einstellung. Und wenn alle das nachmachen würden, was uns die so genannte „Elite" vorlebt ...

Wir haben uns irgendwie einreden lassen, dass Was-Besitzen und Was-Gelten so ziemlich das **Wichtigste** ist auf der Welt. Wichtiger sogar, als das Leben zu genießen, seine wahren Talente zu finden und (aus) zu üben. Das macht auf die Dauer krank, einsam und unzufrieden. Und wie gesagt, der noch hinzukommende Konkurrenzdruck, die Knappheitsmentalität und der Neid machen die Menschen ängstlich, argwöhnisch und unglücklich.

Gottlob gibt es mehr und mehr Menschen, die dieses Spiel durchschauen und nach **Alternativen** suchen. Ich bin schon oft überrascht gewesen, wenn ich in ganz andere Kreise kam, zu ganz einfachen Menschen, die einen erstaunlichen Durchblick hatten, die sich nicht von der Medienberieselung täuschen ließen und im Stillen ihr eigenes Leben führten, weitab aller Modeströmungen – ein authentisches Leben.[3]

Wenn eine Gesellschaft klug ist, stellt sie nicht herausragende Spezialtalente auf ein Podest, sondern Werte und Tugenden, die allen offen stehen. **Extreme** zu verherrlichen erzeugt nur **Neid** und Missgunst. Das wissen wir schon seit Lao-Tse. Da man aber dessen Texte so schlecht in Rocksongs verpacken kann, kennt den kaum jemand.

Wir müssten nur wieder **einige wesentliche Werte** wiederentdecken; Werte, die allen erreichbar sind und die das Zusammenleben erst richtig schön und interessant machen.

Und die wären...?

Ich sag Dir erst einmal das jeweilige Gegenteil. Das sind Verstellung und Fassade, Schablonenverhalten und Sturheit. Kennst Du zu Genüge, oder?

Und jetzt stell Dir mal vor, was passierte, wenn die Nachmittagssendungen der Privatsender sich folgende Werte auf's Banner schreiben würden:

Unverfälschtheit Spontaneität
Anpassungsfähigkeit

Würde es die Einschaltquoten heben, wenn die eingeladenen Gäste kein Theater aufführen würden, wenn die Regie nicht alles vorgeben würde und jeder für den anderen **Verständnis** aufbringen würde?

---

3) In den USA soll diese „Schweigende Minorität" schon auf mehr als ein Drittel der Bevölkerung angestiegen sein. Lies mal den Bericht von Paul Ray über die „Cultural Creatives" im Internet.

Vielleicht sollte ich erst einmal diese, doch recht abstrakten Begriffe, etwas klarer definieren.

Unverfälscht (oder authentisch) ist jemand, der kein Hehl daraus macht, dass er letztlich auch nur ein Mensch ist: Mit Fehlern, mit Lastern, mit manchmal quälenden (Selbst-)Zweifeln, Arroganz, Rachegelüsten und was es sonst noch so gibt an peinlich versteckten Gefühlen. Er weiß, dass er auch großartig, einmalig, begabt, kreativ und liebenswert ist. **Beide Seiten** gibt es in ihm und nichts davon muss versteckt werden. Ein Mensch zu sein, heißt eben das alles zusammen. Und weil er sich so akzeptiert, wie er nun mal ist, ist er nie gespalten, er ist immer **eins mit sich** selbst.

Authentische Menschen werden heute schon fast bewundert, weil es sie so selten gibt. Man fragt sich, warum?

Spontaneität ist das Gegenteil von geplanter, kalkulierter Handlung. Du handelst aus der **Eingebung** heraus, Deine Intuition und Deine Gefühle zeigen sich in Deinem Reagieren auf die Umwelt. Das macht Dich abwechslungsreich und unterhaltsam; spontane Menschen sind nicht langweilig. Dein Verhalten ist Ausdruck Deiner Gefühls- und Gedankenwelt und nicht das Ergebnis einer kalkulierten Wirkung. Bei solchen Menschen weiß man auch, wie man mit ihnen „dran" ist.

Die ***Anpassungsfähigkeit*** ist das Gegenteil von Starrheit und Sturheit. Sie ist eine Überlebenstugend. In der Natur hat immer die anpassungsfähigere Spezies überlebt. Ein anpassungsfähiger Mensch stellt sich den Kräften nicht in den Weg, er geht mit, wie ein Aikido-Kämpfer, und lenkt sie praktisch „im Vorbeigehen" in eine neue Richtung. Eine Richtung, die für alle Beteiligten besser ist. **Einschwenken und Umlenken** statt Konfrontation und „Dagegensein".

Ein guter Führer z.B. kennt seine Schützlinge genau und stellt sich auf ihre Art ein. Das ist wie bei den Tierdompteuren: Rohe, ungeschickte Dompteure schüchtern ihre Tiere ein, zwingen sie in die Unterwerfung. Einfühlsame Dompteure wissen die Lust der Tiere an der Kooperation mit einem Menschen zu wecken – und beide gewinnen dabei.

Die Welt (und der Mensch) ist ja bisher immer wieder auf den richtigen Kurs zurückgekommen. Das Tao findet immer den Ausgleich. Zunächst unmerklich kommt eine neue Einstellung, eine Art **ansteckender Gesundheit**, die um sich greift und die Resignation beendet. Daraus erwächst eine Haltung, mit der man wieder mit **wohlwollenden Augen** auf alles blickt, mit der Erkenntnis, dass alles für etwas gut ist. Man sieht sie dann wieder, die Fortschritte im Denken, im Erkennen und im Umgang mit sich selbst. Man sieht wieder die **positiven Entwicklungen**: Alternative Heilmethoden, Gesundheitsdenken, nützliche Informationen, die durchs Internet allen zugänglich werden. Politikerohnmacht und Lügen werden mehr und mehr erkannt – wir nehmen all das nicht mehr so ernst, lachen darüber und besinnen uns darauf, dass die Macht nicht wirklich in den Händen einiger weniger liegt.

Dies alles ist ein langsamer, **friedlicher Prozess**. Bewusstheit, Besonnenheit und Klugheit finden neue Regeln, die unsere überbordende Bürokratie unnötig machen. Ein anschauliches Beispiel für solche neue Regeln lieferte der Initiator des lateralen, kreativen Denkens, Sir **Edward De Bono**. Er hatte die Idee, dass jede Fabrik, die Abwasser in einen Fluss leitet, ihr eigenes Brauchwasser *unterhalb* ihrer Abwasser-Einleitung aus dem Fluss ziehen sollte, so dass sie ein großes Interesse hätten, möglichst saubere Abwässer zu erzeugen um sich nicht selbst zu vergiften.

Solche Lösungen fallen nur einem findigen Geist ein. Einem Geist, der **klar denken** kann und nicht von wütenden Protesten und Emotionen vernebelt ist. Einem Geist, der sich nicht täuschen lässt, amüsiert zusieht und erkennt, was der andere vorhat und seine Machenschaften geschickt durchkreuzt.

Genau so ein Denken liegt dem MagSt zugrunde. Ein Mensch, der in diesem Geist denkt, will nicht dominieren, Macht ansammeln um damit über andere zu herrschen. Seine Einstellung ist nicht die des Kämpfers (und schon gar nicht die des Schafes) sondern die des **Meisters**, des Magiers.

Der Magier stellt sich nämlich den Kräften nicht entgegen, nein, er nutzt sie zum Besten aller. Indem er mit seinem scharfen, unbeeindruckbaren Blick erkennt, welche Kräfte auf welche Weise und in welcher Absicht wirken, kann er mit geringem Kraftaufwand grosse Veränderungen erzielen, indem er diese Kräfte nur ein bisschen umlenkt; nicht viel, gerade so viel, dass sich dadurch neue **Entwicklungen anbahnen**. Fast unmerklich kommen dann die ersten Veränderungen, weil er dabei keinen Staub aufwirbelt und kein Aufsehen erregt. **Lenken statt Herrschen** ist sein Leitsatz. Er versteht es, das Gute im Menschen zu wecken durch sein Wohlwollen, seine Ermunterung und ein starkes Vorbild. Und so schließen sich ihm mehr und mehr Menschen an, bis eine kritische Masse erreicht ist, so wie damals, als das indische Volk ...

Keine Sorge, ich bin nicht größenwahnsinnig oder ein Träumer. Ich sehe nur immer mehr Menschen, die Gefallen finden an einer neuen Art die Welt zu betrachten, und die alles, was mit aufdeckendem Humor dargebracht wird, positiv aufnehmen[4]. Ich sehe diese **neue Einstellung** auch im Internet und in anderen Ländern, die ich regelmäßig besuche. Das Tao gleicht jeden Exzess wieder aus, sagt Lao-Tse, und der Geist, der spürt,

---

4) Es gibt allerdings auch einlullenden Humor, der Probleme verniedlicht und bagatellisiert, statt zu sensibilisieren! Bloße „Gaudi" nach dem Muster des „Brot und Spiele".

wohin sich das Tao wendet, wird von einer hohen Welle vorangetragen. Der MagSt ist, wie gesagt, eine Denkweise, die sich durch Humor, Drüberstehen und Wohlwollen auszeichnet; Eigenschaften, die für eine **neue Art des Führens** gebraucht werden. Und was ihn unüberwindlich macht: Er kann auch mal schallend **über sich selbst lachen!**

Und das ist anerkanntermaßen das Wahrzeichen schlechthin für **psychische Gesundheit**.

Die Ethik des MagSt

Ohne Weltbild, ohne stützende und erklärende Philosophie ist jeder weltanschauliche oder psychotherapeutische Ansatz nur eine Art Handwerk, zu einer umfassenden „Lehre" reicht es dann nicht. Deshalb sind wir, auf dieser Seite des „Teichs", immer ein bisschen unzufrieden mit den andererseits durchaus brauchbaren Anregungen von der anderen Seite. Wir hätten halt immer gern noch zusätzlich gewusst, warum und wie etwas funktioniert, nicht nur, dass es funktioniert. Und **welcher Geist** dahinter steht, ist uns mittlerweile auch wichtig.

Das Weltbild, das hinter der Kommunikationsform des MagSt steht, deckt sich in vielem mit der **Ethik des Taoismus**. Wenn ich, was ich gerne und regelmäßig tue, im Tao Te Ging lese, dann spüre ich hinter den Worten eine heitere Weisheit und **Weltklugheit**. Ich kann dabei vor meinem inneren Auge einen verschmitzten, weisen Mann sehen, der die Welt und die Menschen kennt und sie zu nehmen weiß. Milton Erickson, der bereits erwähnte Hypnotherapeut war in seinen letzten Jahren eine Verkörperung dieser „platonischen" Idee eines Weisen.

Das ist auch die Grundidee des MagSt – mit einem wohlwollenden Auge auf die Welt und die Menschen zu blicken, sie zu verstehen und zu nehmen wissen. Es lohnt, sich mit dieser Philosophie vertraut zu machen. Nichts beeinflusst das Erleben so stark, wie die Ethik und das **Weltbild**, das sich ein Mensch formt.

Daoistische Ethik (aus Wikipedia)[5]

Die ethische Lehre des Daoismus besagt, die Menschen sollten sich am Dao orientieren. Indem sie den Lauf der Welt beobachten, in welchem sich das Dao äußert, können sie die Gesetzmäßigkeiten und Erscheinungsformen dieses **Weltprinzips** kennenlernen. Da das Dao sich im Ziran, dem „Von-selbst-so-Seienden", der Natur, offenbart, steht es für Natürlichkeit, Spontaneität und Wandlungsfähigkeit, und der Weise erreicht die Harmonie mit dem Dao weniger durch Verstand, Willenskraft und bewusstes Handeln, sondern vielmehr auf **mystisch-intuitive Weise**, indem er sich dem Lauf der Dinge anpasst. Denn es gibt im Kosmos nichts, was fest ist: Alles ist dem **Wandel** unterworfen und der Weise verwirklicht das Dao durch Anpassung an das Wandeln, Werden und Wachsen, welches die phänomenale Welt ausmacht.

Zu den Verhaltensweisen, die der MagSt fördert und hervor-„kitzelt", gehört auch die **Realitätsprüfung**, d.h. das Bemühen, die „Gesetzmäßigkeiten und Erscheinungsformen des Weltprinzips kennen zu lernen". Und ein zweites ist das Einstellen und Anpassen an das, **was *ist*,** nicht „was sein sollte" (Harmonie mit dem Dao). Und dass man, statt mit dem Hirn anzuschieben, statt Druck und Aktionismus, besser seine Intuition einsetzt, wird ständig praktiziert, nicht nur „im Denken nachvollzogen".

> *In den Wandlungen der Phänomene verwirklicht jedes Ding und Wesen spontan seinen eigenen „Weg", sein eigenes Dao, und es*

---

5) Die Gelehrten streiten sich leider immer noch, ob es nun mit „T" oder mit „D" geschrieben werden soll.

> *wird als ethisch richtig erachtet, dieser Spontanität ihren Lauf zu lassen und nicht einzugreifen, also Wu wei, „Nicht-Eingreifen" oder „Nicht-Handeln" zu praktizieren. Die Dinge und ihr Verlauf werden als sich selbst ordnend und sich selbst in ihrer Natur entfaltend und verwirklichend angesehen. Es erscheint dem Weisen als sinnlos, seine Energie in einem stetigen Willensakt der Handlung (des Eingreifens in das natürliche Wirken des Dao) zu verschwenden, sondern das Tun sollte angemessen sein, durch eine Verwirklichung reinen und nicht selbstbezogenen Geistes, der geschehen lassen kann, ohne durch seine eigenen Wünsche und Begierden verblendet zu sein.*

Im MagSt gewöhnen wir uns eine Sichtweise an, die ich die **„Zoo-Perspektive"** oder auch „**Zoo-Brille**" (Anthropologen-Brille) nenne (wird noch besprochen). Sie resultiert aus genau dieser Erkenntnis, nämlich dass eben jedes Wesen seinen Weg geht und dass es nicht richtig wäre, es daran zu hindern. Im MagSt raten wir dem Gegenüber häufig zum „**Nicht-Handeln**" und bestärken unser Gegenüber in dem Weg, den es eingeschlagen hat. Manchmal mehr, als ihm lieb ist ...

Neutralität ist ebenfalls eine wichtige, und im MagSt typische Grundhaltung, „frei von der Verblendung durch eigene Wünsche und Begierden" (das ist der Hauptgrund, warum ein Mensch sich bei einem Fachmann Rat in Lebensdingen holt und nicht nur von Freunden und Familie).

> *Es wird also als klug angesehen, sich möglichst wenig in das Wirken des Dao einzumischen oder sich ihm gar entgegenzustemmen. Besser als durch große Kraftanstrengungen werden Ziele verwirklicht, wenn dafür die natürlichen, von selbst ablaufenden Vorgänge genutzt werden, die durch das Dao bestimmt sind. Dieses Prinzip der Handlung ohne Kraftaufwand ist eben das Wu Wei. Indem der Weise die natürlichen Wandlungsprozesse mitvollzieht, gelangt er*

zu einer inneren Leere. Er verwirklicht die Annahme und Vereinigung von Gegensätzen, denn das Dao, welches das Yin und Yang hervorbringt, ist die Ursache und Vereinigung dieser beiden. Somit verwirklicht der Weise im Einklang mit den natürlichen Prozessen den Dreh- und Angelpunkt der Wandlungsphasen von Yin und Yang, die leere Mitte der Gegensätze.

Im **MagSt** nutzen wir viele subtile Anstöße, die auf natürliche Weise Veränderungen auslösen. Da ist nie Kraftaufwand, Überredung oder Druck im Spiel. Um auf diese Weise **unmerklich auf andere einzuwirken**, brauchst Du die oben erwähnte Neutralität und ein In-Dir-Ruhen, ein In-der-(leeren)-Mitte-Sein, ohne selbstbezogene Wünsche und Absichten. Das ist sehr wichtig, so dass wir im nächsten Kapitel noch ausführlich darüber sprechen werden.

Das Dao de Jing liefert die Weltanschauung, die das Ideal des daoistischen Weisen blieb: Gleichmut, Rückzug von weltlichen Angelegenheiten und Relativierung von Wertvorstellungen sowie Natürlichkeit, Spontaneität und Nicht-Eingreifen. Nach daoistischer Auffassung führt nur die Übereinstimmung mit dem Dao zu dauerhaftem und wahrem Glück, während die Involviertheit in weltliche Angelegenheiten zu einem Niedergang der wahren Tugend (De) führt. Deshalb ist es ratsam, Gleichmütigkeit gegenüber Gütern wie Reichtum und Komfort zu erlangen und sich vor übermäßigen Wünschen zu hüten.

Das mit dem „Rückzug von weltlichen Angelegenheiten" soll nicht heissen, dass man wie ein Mönch leben sollte, sondern die **Involviertheit** ist es, die man **meiden** soll. Sowie man sich nämlich an etwas klammert, wird man unfrei. Was bringt es denn wirklich an zusätzlichem Lebensgenuss, wenn man weit mehr hat als, sagen wir, einen bescheidenen Wohlstand? Je mehr Besitz, um so mehr Verantwortung. Willst Du das?

Mit dem Ruhm ist es genauso: Wenn Du in Deinem natürlichen Umfeld geachtet und angesehen bist, ist das eine schöne Sache. Wenn Du aber **nirgendwo mehr hingehen** kannst, ohne dass Du mit Fragen, Anbiederung oder Autogrammwünschen belästigt wirst, **wird Ruhm Dir zur Plage**.

Und das mit dem „sich hüten vor übermäßigem Wünschen" wäre zwar gut für jeden von uns, ist im Moment allerdings gerade aus der Mode. Im Gegenteil: „Bestellungen beim Universum" sind momentan der große Hit! Seltsamerweise kann man da anscheinend auch reklamieren (sagt ein Buchtitel).

Du kannst übrigens relativ leicht herausfinden, wo Du Dich an etwas **klammerst**. Immer wenn Du Dich oder etwas verteidigst, hat der andere vermutlich etwas angesprochen, mit dem Du Dich stark identifizierst. Wenn Du Dich darin übst, an dem, was der andere gesagt hat, ein klitzekleines Stückchen Wahrheit zu entdecken und Du ihm zumindest **eingeschränkt zustimmen** kannst, hast Du diese Hürde genommen: Du akzeptierst, dass der andere Dich nunmal so sehen möchte. Das darf er/sie doch, oder?

Zurück zu unserer **Philosophie des Dao**:

Du wirst schon gemerkt haben, dass der Daoismus sehr lebenspraktisch ist. Er gibt klare Anleitungen, wie man die Welt sehen, erfahren und behandeln muss, um darin zurecht zu kommen. Wenn Du all diese Erkenntnisse und Prinzipien auf Deine verbale und nonverbale Kommunikation anwendest, ergibt sich der Magische Kommunikations-Stil:

- **Gelassen**: Du identifizierst Dich nicht mit irgendwelchen Eigenschaften und bleibst gelassen, auch wenn andere Dich mit Vorwürfen, Anschuldigungen, Unterstellungen oder „übler Nachrede" provozieren wollen.

- **Unmanipulierbar**: Du bist nicht zu ködern, weder mit Geld und Ruhm, noch mit Versprechungen.

- **Klares Denken**: Du bist nicht zu täuschen oder für dumm zu verkaufen, da Du mit Deinem wachen Geist die Wertvorstellungen anderer überprüfst und relativierst.

- **Unvoraussagbar**: Natürlichkeit und Spontaneität sind Markenzeichen des MagSt, da Du dabei mehr aus dem „Bauch heraus" handelst und der Kreativität Deines Unbewussten vertraust.

- **Wu Wei**: „Das Handeln ohne Kraftaufwand" ist das Prinzip aller Interventionen und Einflussnahmen im MagSt. Eine kleine, unscheinbare Intervention zum richtigen Zeitpunkt im richtigen Kontext gepflanzt, bringt oftmals entscheidende Veränderungen hervor.

Ein kleines Beispiel zeigt das recht schön:

> Ein zerstrittenes Ehepaar kommt zum Therapeuten. Sie betreiben ein Restaurant gemeinsam, kommen sich aber bei der Führung ständig in die Quere. Sie streiten sich über jede kleine Änderung, wodurch sie sich behindern und mehr und mehr Groll aufeinander ansammeln, weil sie zu keiner Einigung kommen.
>
> Der Therapeut rät ihnen zu einer kleinen Änderung. Der Mann soll zukünftig eine halbe Stunde eher ins Restaurant kommen, während die Frau noch etwas länger schlafen kann.
>
> Die Folge war, dass sich die Frau in dieser Zeit um das etwas vernachlässigte Haus kümmerte und daran mehr und mehr Gefallen fand, bis sie nur mehr am Nachmittag ins Restaurant kam.
>
> Es gab jetzt keinen Grund mehr für Streitigkeiten.

So, jetzt weißt Du, auf welche Philosophie der Magische Stil zurückgeht. Deine **Weltanschauung** spielt in die kleinsten Deiner Handlungen hinein. Da ist es gut zu wissen, was Du willst, wozu Du das willst und wohin das führen soll. Wenn Du das für Dich beantwortet hast, dann hast Du eine eigene Lebensphilosophie entworfen.

Vielleicht fragst Du Dich gerade, wie Du anfangen könntest, dieses **Wissen in die Praxis** umzusetzen. Der erste Schritt dazu wäre wohl am besten, dass Du Dir zunächst einmal der Macht bewusst wirst, die Du über Dein Denken und Fühlen und damit auch Dein Handeln hast. Diese Macht ist allen Menschen zugänglich – aber die wenigsten nutzen sie.

Die dreifache Macht über Dein Schicksal

Der Mensch kann nicht viel an seinem Schicksal beeinflussen, jedenfalls was das Aussen anbelangt. Auch tägliches Üben von „Positivem Denken“ wird weder das Wetter ändern noch einen Lotto-Gewinn bescheren oder gar ein Diplom herbei wehen.

Und das Vertrackte mit den „Bestellungen beim Universum” ist, dass ich doch gar nicht weiß, ob ich mich damit nicht ins Unglück wünsche! Wie oft hat sich schon herausgestellt, dass es ein Segen war, dass ich nicht bekommen habe, was ich mir in meinem jugendlichen Unverstand gewünscht habe. Wenn ich sehe, wie sich z.B. einige meiner Jugendlieben entwickelt haben…, oder dass ich heute bei der Feuerwehr arbeiten würde, wo ich doch selbst so gern zündle ...

Mittlerweile habe ich eingesehen, dass die **Vorsehung** viel besser weiß, was für mich gut ist. Also wünsche ich mir nur noch einen **Zuwachs an Weisheit, Güte** und innerer **Stärke**, denn davon kann man doch nie genug haben, oder?

Drei Haltungen aber gibt es, mit deren Hilfe sich das Leben tatsächlich viel besser und leichter nehmen lässt. Das ist vielleicht auch was für Dich: Sie geben Dir eine Menge Macht, über Deine Stimmungen, über die Helligkeit und das Licht in Deinem Leben und indirekt sogar über Deine menschliche Umwelt. Wenn andere so eine **positive Energie** zu spüren bekommen, geht es denen nämlich auch gleich um Einiges besser. Das ist wiederum für Dich ein gutes Gefühl, zu spüren, dass in Deiner Gegenwart die **Stimmung** um ein paar Einheiten **höher** geht. Da freut man sich, Dich bald wieder zu sehen.

Sinngebung

Die erste Macht, ich sag's erst mal auf Englisch, ist „The power of making sense". Im Englischen trifft es das nämlich besser, die deutsche Version schließt nicht alles ein: „Die Macht, Sinn zu verleihen."

Der Punkt ist folgender: Wir erleben die Welt ja nicht direkt. Erstens filtern wir sie ständig und geben zweitens dem Wahrgenommenen dann noch jeweils einen bestimmten Sinn. Was nicht in unser Weltbild passt, übersehen wir und was wir davon wahrnehmen, deuten wir dann auch noch so (um), dass es in unser Weltbild passt. Das ist ökonomisch und beruhigend, hat aber auch seinen Nachteil – **Realitätsferne**!

Diesen Umstand kann man aber genauso gut zum Vorteil nutzen. Denn, wenn wir schon ständig alles **interpretieren**, was wir erleben, dann könnten wir das doch in einem hilfreichen Sinne tun. Du hast dadurch die Macht, allem, was Du erlebst, einen positiven Sinn zu verleihen. Wir entwickeln **mehr Energie** und verkraften mehr, wenn wir in einer Betätigung oder einem Erlebnis einen Sinn finden.

Es steht Dir allerdings genauso frei, in allem etwas Negatives zu sehen. Manche Leute können sogar ein fröhliches „Guten Morgen" in einen Aggressionsakt umdeuten.

Dieses Interpretieren kann man ...

a) **automatisch** und unbewusst tun. Dann wirken bei allem, was wir erleben und tun, ständig vergangene Erfahrungen mit, leider auch mit all den unausgegorenen Sichtweisen, die wir als Kinder noch hatten, oder

b) man macht sich seine Interpretationen **bewusst**, prüft sie und findet schließlich zu einer zusammenhängenden Sicht- und Interpretationsweise, der man treu bleibt, die in sich stimmig ist und die in der Welt und im eigenen Leben gut funktioniert. Das könnte man dann eine „Lebensphilosophie" nennen.

So eine bewusst gewählte, durchdachte Lebensphilosophie wirkt sich auf die Stimmungen sehr günstig aus. Du kannst nämlich, wie gesagt, allem was Du erlebst, einen positiven Wert verleihen. Wenn Du gerade gekündigt worden bist, könnte das ein Zeichen sein, dass Du **für Größeres geschaffen** bist, als jedes Jahr 10 % mehr von diesen hochmodischen Turnschuhen zu verkaufen, bis Du in Rente gehst oder vor lauter Stress (ja, so was macht Stress!) volkswirtschaftsfreundlich vorzeitig ins Gras beisst.

Oder Deine Freundin hat Dich „stehen lassen". Ja, wer sagt Dir denn, ob sie Dein Glück gewesen wäre? Du bist doch viel besser mit einer dran, die **zu schätzen weiß**, was Du zu geben hast. Mir fällt da gerade ein netter Comic ein, in der ein einfach gekleideter Mann einer einfach gekleideten Frau sein sehr einfach gebautes Haus zeigt (eigentlich mehr eine Hütte) und sie mit einem strahlenden Lächeln zu ihm sagt: „Als Du mir von Deinem Haus erzählt hast, habe ich es mir nicht sooo schön vorgestellt!"

Verstehst Du ein bisschen, was ich meine? Es liegt völlig an Dir, **welchen Wert** Du jeder Erfahrung beimisst. Wenn Du es richtig machst, dann erlebst Du nur zwei **Grundstimmungen** im Leben: Entweder Du hast gerade **Spaß**, weil sowieso das Wesentliche Deines Lebens gut läuft (Du tust ja auch was dafür), oder Du machst gerade eine **Lektion** durch und gewinnst gerade an Weisheit, Güte oder Stärke dazu. Wie Du siehst, dieses Leben ist eines der schönsten! Zumindest dann, wenn man weiß, wie man es nehmen muss.

Loslassen und Dankbarkeit

Die zweite Macht ist die Macht der **Dankbarkeit** und des **Loslassens**. Das ist leicht zu verstehen. Wenn Du mal ganz, ganz ehrlich zu Dir bist, dann sind Groll, Vorwurfshaltungen und sogar Schuldgefühle nur „Geschäftemacherei” mit der Vergangenheit, praktisch eine Art „Handel mit offenen Rechnungen”.

Die einen verwenden die **Vergangenheit als Schuldschein** nach dem Motto: „Die Welt hat mir übel mitgespielt, die Welt ist mir was schuldig. Das Wort „Welt” kannst Du dann ersetzen durch „Eltern”, „die Männer/ Frauen”, „der liebe Gott” oder was immer der momentane Lieblings-Sündenbock ist. Eine harte Kindheit oder ein traumatisches Erlebnis ist für so jemanden ein jederzeit vorzeigbarer **Schwerbehindertenausweis**. Damit bekommt man immer einen Sitzplatz oder eine bevorzugte Behandlung!

Die anderen, denen man eingeredet hat, sie hätten noch Schuldscheine zu begleichen (das kann auch mal ein ganzes Volk sein) laufen mit einem permanent **schlechten Gewissen** herum. Das tötet die Initiative, die Lebensfreude und hat nur einen Vorteil: Dass man sich das Selber-Denken erspart, weil man einfach immer nur das zu tun braucht, was von einem verlangt wird. Also das, was alle anderen auch machen.

Vielleicht bist Du ja schon aus diesem Handel ausgestiegen. Dann bist Du, wie man so sagt, **„ausgesöhnt**”, d.h. Du erklärst Dich mit allem, was in Deiner Vergangenheit passiert ist, einverstanden. Keine offenen Rechnungen, niemand ist Dir was schuldig und Du hast Deinerseits dafür gesorgt, dass keiner aus Deiner Vergangenheit noch einen Riesengroll auf Dich schiebt. Wie gesagt, ausgesöhnt.

Dann weißt Du auch, wie frei Dich das macht und was der schönste **Nebeneffekt** dabei ist: Du bist auch mit Dir selbst einverstanden! Denn jede Episode aus Deiner Vergangenheit war ein Baustein zu Deinem heutigen Selbst. Und wenn Du **mit dem Ergebnis zufrieden** bist, dann bist Du für alles dankbar – vor allem für die wichtigsten Lektionen Deines Lebens –

auch wenn sie schmerzhaft waren. Und die Dankbarkeit, sie gilt nicht umsonst als die **Mutter aller Tugenden**, öffnet Dich für den Strom von hilfreichen Inspirationen.

Christus soll mal gesagt haben: „Wenn ich vergebe, dann vergesse ich und gedenke nicht mehr eurer Sünden!" Ich hab mir nicht viel aus der Bibel gemerkt, aber dieser Satz war's mir wert. Richtiges **Vergeben ist Vergessen**, alles andere belastet. Ich habe schon viele Leute getroffen, die sich ein Elefantengedächtnis für die Sünden anderer zugelegt hatten – welche Last! Wenn Vergeben nicht mit Vergessen einhergeht, läuft unterschwellig immer noch der Handel mit offenen Rechnungen.

Ausserdem kommt das Vergessen, das „**Ballast abwerfen**" Deiner Intelligenz und Deinen Fähigkeiten zugute. Denk mal ans Schwimmen oder Schlittschuh laufen. Beides konntest Du ja immer nur ein halbes Jahr tun. Dann kam eine andere Jahreszeit und erst im folgenden Jahr konntest Du dann wieder zum Schwimmen oder Schlittschuhlaufen gehen. Musstest Du dann ganz von vorne anfangen? Keineswegs! Im Gegenteil. Nach ein paar Runden Schlittschuhlaufen warst Du wieder drin und manchmal sogar besser und eleganter als im Vorjahr! Und warum? Weil Du all die überflüssigen Bewegungen, die Du beim Erlernen noch drauf hattest, VERGESSEN hast!

Genau so könnte es auch bei Deiner gesamten Lebensführung sein. Je mehr Du Deine Irrwege und Tolpatschigkeiten vergisst, um so eleganter wird Dein Stil. Je mehr Du die Schmerzen vergisst, die Dir andere zugefügt haben, um so unbeschwerter kannst Du auf andere zugehen. ***„Liebe, als wärest Du nie verletzt worden"*** ist ein Leitsatz, der Dich bereichert. Du lässt den ganzen Ballast hinter Dir und wirst immer mehr zu Deiner „Creation" und bist nicht mehr das Produkt Deiner Eltern, Lehrer oder der „Gesellschaft".

Und nun, die dritte Macht über Dein Schicksal...

Mit- statt Dagegengehen

Die dritte Macht, die Du hast, ist die **Macht des Mitgehens**, der Haltung „Go with the flow", sowohl dem Leben als auch den Menschen gegenüber. Sie ist eine Folge der ersten beiden Haltungen, der Sinngebung und des Loslassens. Warum? Weil Du akzeptierst, was nun mal (passiert) ist und Dich nicht an ein bestimmtes Ergebnis klammerst, das Du unbedingt zu erreichen suchst.

So wie das der Taoismus lehrt, stellst Du Dich den Geschehnissen nicht entgegen, sondern gehst mit und passt Dich an, bis Du eine Gelegenheit zum Lenken findest. Was immer Du erlebst, was immer andere zu Dir sagen, Du stellst Dich dem nicht mehr entgegen, sondern nimmst es an und nutzt es um Veränderungen zu bewirken. In der Hypnotherapie nennt man das „**Utilisieren**".

Milton Erickson war der Erfinder und Meister des Utilisierens. Er lehrte eine Patientin, die ihre Lücke zwischen Schneidezähnen hässlich fand und immer mit vorgehaltener Hand zu verdecken suchte, wie sie dieses „Handicap" dazu einsetzen konnte, mit einem Mann anzubandeln. Soviel will ich verraten: Er ließ sie üben, damit einen Schluck Wasser meterweit und zielsicher zu spritzen.

Wenn Du das Leben und die Vorsehung als eine positive Kraft siehst, wirst Du alles, was auf Dich zukommt, **bereitwillig annehmen**. Das gilt dann auch für alles, was man an Kommunikation an Dich richtet. Die Macht dieser Einstellung spürst Du dann, wenn Du immer geschickter im **psychologischen Aikido** wirst. Der Aikido-Kämpfer ist nämlich kein normaler Kämpfer. Er stellt sich dem Gegner nicht in den Weg, nein, er zieht ihn noch mehr und schneller in die Richtung, in die er stürmt und bringt ihn dadurch aus dem Gleichgewicht. Ohne selbst viel Kraft aufzuwenden, bringt er den anderen dazu, sich mit seinem eigenen Gleichgewicht zu beschäftigen (statt mit dem Gegner).

Das Resultat dieser Attitüde ist, dass Du mit den meisten Menschen gut zurecht kommst und den wenigen, die Dich bekämpfen, wirst Du zu einer **wertvollen Hilfe zur Selbstkorrektur**. Und das ist doch wirklich ein erfreuliches Ergebnis, oder?

Aber das Schönste kommt noch, ein Bonus nach dem Motto: „Buy three and get one free!"

Sobald Du Dir nämlich diese Haltungen angewöhnt hast, bekommst Du als Dreingabe ein großes Geschenk: Bei Dir stellt sich fast wie von selbst Humor ein, die **heitere Gelassenheit** in allen Lebenslagen! Da Du jetzt die Welt, Dein Leben, die Menschen und Dich selbst zu nehmen weißt, gelingt es Dir immer öfter „drüber zu stehen", d.h. Du siehst alles aus einer höheren Warte, „detached" sozusagen. Und alles, was zunächst nicht so läuft, wie Du es erwartet hättest, reizt Dich zum Lachen oder zumindest zum Schmunzeln. Du bringst z.B. Blumen nach Hause und wirst beargwöhnt, Du hättest wohl ein schlechtes Gewissen. Das hat für Dich eine derart komische Komponente, dass es leicht sein könnte, dass Dir ein **Lachen entwischt**, Du Deine Partnerin in den Arm nimmst und sagst: „Für mein schlechtes Gewissen reicht doch so ein kleiner Blumenstrauss nicht aus! ... Unter zwei Pelzmänteln und einer Yacht geht da nichts!"

Manche Situationen inspirieren Dich dazu, sie **spaßig** weiter zu führen. So könnte Dich ein Wagen, der vor Deiner Ausfahrt parkt, dazu einladen, eine kleine **Notiz** hinter den Scheibenwischer zu klemmen:

„Wir möchten Sie vorsorglich darauf aufmerksam machen, dass wir für unsere zahmen Marder keine Haftung übernehmen. Man kann ihnen einfach nicht abgewöhnen, Brems- und Kühlschläuche anzuknabbern; das scheint genetisch verankert zu sein (ähnlich wie bei unserem Hund, der es nicht lassen kann, Reifen anzupinkeln). Fahren Sie also vorsichtig und bremsen Sie nicht, bevor Sie die nächste Werkstatt erreichen. Wie gesagt, wir übernehmen keinerlei Haftung!"

Das Leben kann ein Genuss sein und Spaß machen! Das hatte schon Lao-Tse erfahren: **Himmel und Hölle** sind bereits hier, auf unserer Erde. Wenn Du die kosmischen Gesetze kennst und befolgst, kann hier der Himmel sein.

Es gibt bis heute keinen einzigen wissenschaftlichen Beweis dafür, dass das Leben ernst sein muss!

Fassen wir noch einmal zusammen, weil es so wichtig ist. Die Macht über Dein Schicksal besteht aus drei Komponenten:

1. Die Macht der Sinngebung (Interpretieren):

Dein Denken gestaltet sich dann etwa folgendermaßen: Du bist auf einem Weg, auf dem jeder Schritt seinen Sinn hat. Deine Grundeinstellung ist: „Ich erwarte nichts und setze nichts als gegeben voraus." Du nimmst Deine Umwelt mit einem wachen Geist auf und suchst nach dem verborgenen Sinn jeder Erfahrung. Je mehr Du nämlich dahinter kommst, dass Deine Erfahrungen Hinweise sind, die Dir Aufschluss geben über Dich, über Deine Art mit anderen umzugehen und über den Wandel in der Welt, um so mehr verstehst Du den Weg (das Dao) und lebst in Übereinstimmung mit ihm (was dann schon dem sehr nahe kommt, was auf dieser Welt als Himmel möglich ist).

2. Die Macht des Loslassens:

Du bist mit allen Menschen Deiner Vergangenheit, allen Erlebnissen, mit Deinem Körper und Deinem Schicksal **ausgesöhnt.** Es gibt auch keine offenen Rechnungen mehr, die Du zu begleichen hättest oder die Du einfordern willst. Deine Vergangenheit lebt nur noch in Deiner Erinnerung und da sorgst Du dafür, dass das eine **Kleinodien-Sammlung** ist und kein Schreckenskabinett oder gar eine Müllkippe. Und Du bist dankbar für alles, auch für die schmerzhaften Erfahrungen, die ja oft zu den wertvollsten gehören. Die Essenz dieser Erfahrungen bist Du, so wie Du heute bist, Grund genug **dankbar** zu sein. Deinen weiteren Verfeinerungen und Entwicklungen steht nichts mehr im Weg.

3. Die Macht des Mitgehens (Utilisieren):

In einem Bild gesagt: Du springst klugerweise IN Fahrtrichtung auf den Zug auf und arbeitest Dich zum Führerstand vor, wo Du alles besser siehst und (mit)lenken kannst.

Durch geschicktes **Nutzen dessen, was ist** und was geschieht, lenkst Du andere in eine Richtung, die für alle besser ist.

Soviel erst einmal zur Philosophie, zur Einstellung zum Leben, zur Welt und den Menschen. Das Wichtigste dabei ist **die Einstellung zu Dir selbst**. Die entscheidet nämlich darüber, wie viel Du aus Dir machst ...

Womit wir schon beim nächsten Thema wären...

Kapitel 2

Bist Du bereit?

„Wahres Lernen ist das Herzstück dessen,
was wir 'menschlich' nennen.
Durch Lernen erschaffen wir uns neu.
Durch Lernen sind wir imstande etwas zu tun,
was wir vorher nicht tun konnten.
Durch Lernen erweitern wir unsere Fähigkeit zu erschaffen
und Teil des lebensschöpfenden Prozesses zu sein.
In jedem von uns ist ein tiefes Bedürfnis nach solchem Lernen."

Peter M. Senge, The Fifth Discipline

Mit dem **MagSt** bist Du **frech, charmant, lustig, sexy, dominant, herausfordernd** und einiges mehr. Möglicherweise passt das noch nicht so recht zu Deiner jetzigen Art. Das macht nichts, es geht ja darum, etwas **Neues** zu lernen.

Damit Deine MagSt-Haltung überzeugend rüberkommt, muss Deine Persönlichkeit, Deine Ausstrahlung und Deine Körpersprache dazu passen. Ein Großteil davon schlummert schon in Dir (sonst würdest Du dieses Buch nicht lesen) und möchte geweckt werden. Aber in einigen Punkten wirst Du noch zulegen müssen. Wenn Du Dich nämlich hoch genug einschätzt und **Selbstsicherheit ausstrahlst**, wirken alle Methoden, Kniffe und Strategien, die hier beschrieben sind, zehnmal intensiver. Das ist so eine Art Gesetz, sowohl in der Partnersuche als auch in Konkurrenzsituationen und Bewerbungsgesprächen:

Je überzeugter Du auf Dein Gegenüber wirkst,
dass Du es für Dich gewinnen wirst,
um so öfter wird Dir das auch gelingen.

Die Haltungen, die Deine Ausstrahlung so unwiderstehlich machen, sind **Zuversicht und Selbstvertrauen**,. Das sind zwei Begriffe, die Du längst kennst, aber wahrscheinlich nie explizit gelehrt bekommen hast, jedenfalls nicht, wie so etwas „heranzuzüchten" ist. Das Ziel dieses Kapitels ist, Dir einen Weg aufzuzeigen, wie Du in absehbarer Zeit eine **Ausstrahlung** von Zuversicht, Selbstvertrauen und magnetischer Attraktivität erzeugst, die Dich (als MagSt-Anwender) ziemlich unwiderstehlich macht. Diese Art von Ausstrahlung wird auch Charisma genannt.

Dieses Wissen anzuwenden spart Dir Jahre an Therapie und Coaching, die normalerweise nötig sind, um die Scharten auszuwetzen, welche die oft unvermeidbaren Erziehungsfehler geschlagen haben.

„Entweder man hat's oder man hat's nicht!"

Das ist die verbreitete Meinung bezüglich Selbstvertrauen und Charisma. Es stimmt zwar, dass man sich beides nicht einreden kann, aber Du kannst viel dafür tun, es zu entwickeln. Beides hat ein exponentielles Wachstum. Es fängt ganz klein an und macht zunächst nur winzige Fortschritte. Wenn sich dann aber die ersten Erfolge einstellen, nimmt die **Wachstumsgeschwindigkeit** enorm zu; so sehr, dass Dir das sogar zu Kopf steigen könnte, wenn Du nicht eine Philosophie hast, die Dich besonnen bleiben lässt. Eine starke Wirkung auf andere zu haben, ist für manche Menschen berauschend.

Warum es so viele Menschen gibt, denen es an Selbstvertrauen fehlt, hat meistens einen oder mehrere der folgenden Gründe:

– Einengende **Erziehung**

– Mangelnde **Selbstkenntnis**

– Zwei typisch menschliche **Eigenarten**

Schauen wir uns diese drei Gründe für mangelndes Selbstvertrauen mal genauer an:

1. Einengende Erziehung

Da wäre zunächst mal die ERZIEHUNG.

Wie waren Deine Eltern? Ein selbstsicherer, starker Vater und eine zufriedene, hingebungsvolle Mutter?

Vermutlich hattest Du nicht das Glück, so **seltene Menschen** als Eltern zu haben. Und selbst wenn, die Schule und die gesamte Umwelt haben Dir als Kind wohl kaum das Gefühl vermittelt, einmalig, liebenswert und wichtig zu sein.

Daran kannst Du heute nichts mehr ändern. Aber Du brauchst nicht so wie Deine Erzieher weiter zu machen. Du brauchst Dir nur bewusst zu machen, **wie Du mit Dir umgehst**!

Ich habe unzählige Male gesehen, dass Menschen sich ein Leben lang, selbst in ihren Selbstgesprächen, immer noch **genauso erziehen**, wie ihre Eltern das taten. Und obwohl diese „Selbsterziehung" nicht das Optimale aus ihnen heraus entwickelte, behielten sie das Schelten und das 'Schuldgefühle-produzieren' bei – einfach weil es sich **vertraut** anfühlte.

So etwas kannst Du von heute auf morgen ändern. Passende Richtlinien für eine ermunternde, stärkende „Selbsterziehung" liefere ich gleich noch.

2. Mangelnde Selbstkenntnis

Mangelnde Selbstkenntnis kommt zum großen Teil von einem systematischen **Fehler früherer Generationen**, den wir alle, die gesamte westliche Welt, von den griechischen Philosophen übernommen haben: Dem Irrglauben, unser **bewusstes Denken** wäre unser wahres (oder einziges) ICH. Wenn Du einmal weißt, wie Du aufgebaut bist, welche „Unterabteilungen" in Deiner Persönlichkeit kooperieren müssen, dass Du stark und überzeugend rüberkommst, wirst Du ein paar gravierende Fehler in Deiner **Selbstführung** automatisch unterlassen.

3. Menschliche Eigenarten

Der dritte Grund, warum es manchen an Zuversicht und Selbstachtung fehlt, sind typisch menschliche Eigenarten.

Zwei typisch menschliche Eigenarten (oder Schwächen), die wir alle ohne Ausnahme zu einem gewissen Grad haben, sind übertriebene **Risikovermeidung** (Sicherheitsstreben) und ein starker Hang zur Ökonomie, dem **Kräfte-sparen**. Oder etwas schlichter gesagt: Feigheit und Faulheit. Die erste Schwäche resultiert aus Wachstums-Blockaden und die zweite aus Wachstums-Bremsen.

Exkurs: Wachstums-Blockaden

Manche Menschen leiden unter extremer Risikovermeidung in speziellen Bereichen, haben eine ausgeprägte Angst vor Situationen, Tieren oder Dingen, die andere Menschen kaum nachvollziehen können. Diese Ängste sind häufig die Folge von inneren Blockaden, die durch traumatische Erlebnisse hervorgerufen wurden. Über die Wachstums-Blockaden werde ich mich hier nur kurz auslassen, die bearbeitet man am besten in einer Therapie.

Wachstums-Blockaden sind Persönlichkeitsbereiche, deren Wachstum an irgendeinem Punkt der Entwicklung gestoppt wurde. Ein Fall aus der Psychotherapie macht das anschaulich:

Milton Erickson berichtete mir einmal von einem Fall: Ein 19-jähriges Mädchen, deren Mutter gestorben war, als sie 10 Jahre alt war, wurde von der Schulleitung zu ihm geschickt. Sie führte sich in der Schule extrem zickig auf und reagierte jedes Mal hysterisch, wenn sich ihr ein Mitschüler näherte oder mit ihr reden wollte.

Im Gespräch kam sehr schnell der Grund dafür ans Tageslicht. Ihre sterbende Mutter hatte ihr eingeschärft, sich unbedingt von Jungen fern zu halten. Die Patientin hatte das dermaßen internalisiert, dass sie jedem guten Rat von anderen unzugänglich war. Milton war klug genug, nicht dieselbe Haltung wie ihre Erzieherinnen einzunehmen, und machte keinen Versuch, sie von diesem Irrglauben abzubringen. Im Gegenteil, er stimmte der Mutter voll zu, lobte sie für die Fürsorge und Klugheit, die sie bewiesen hatte, ihrer Tochter so wichtige Regeln mit auf den Weg gegeben zu haben.

Nachdem er auf diese Weise ihr Vertrauen gewonnen hatte, warf er die Frage auf, was die Mutter dem Mädchen wohl **in den folgenden Jahren** mitgegeben hätte, wenn sie noch leben würde. Damit war der entscheidende Gedanke gesät. Behutsam führte er den Gedanken ein, dass ihre Mutter, klug wie sie war, natürlich für jedes Lebensalter die richtigen Ratschläge gegeben hätte. Und was für eine 10-jährige genau richtig war, würde möglicherweise völlig anders für eine 14- oder 18-jährige lauten. Damit war der Boden bereitet für ein Dazulernen und ein altersangemessenes Sozialverhalten (Männern gegenüber).

Ich halte das eben Zitierte für ein gelungenes Beispiel für die enorme Macht des taoistischen Prinzips des „**Nicht-dagegen-Angehens**". Dieses Prinzip wirst Du noch anzuwenden lernen bei der Technik des „Mitgehen-und-Führens".

Für Dein Verständnis anderer kann es gut sein, wenn Du weisst, wie **Wachstums-Blockaden** entstehen. Sie gehen meist auf Traumata zurück, die aus der Verletzung menschlicher Grundrechte entstehen. Wir Menschen sind in drei Punkten äußerst empfindlich, nämlich wenn es um unsere **Würde** geht, um unser Vertrauen zu den nächsten Menschen und um unseren **Körper**.

Traumata entstehen durch Demütigungen, Vertrauensbrüche und Körperverletzung. Wenn ein Mensch sehr früh, im Kindes- oder Jugendalter verletzende, schädigende Erlebnisse in diesen drei Bereichen erdulden musste, dann ist er an dieser Stelle oft so sensibel wie ein Verbrennungsopfer dritten Grades. Wenn jemand anderer nur in die Nähe solch sensibler Bereiche kommt, zuckt er schon zurück.

Klar, dass dann in diesem Bereich kaum noch weiteres Wachstum stattfindet. Ein **sexueller Missbrauch** z.B. schädigt sowohl die Würde, das Vertrauen als auch (oft) den Körper. Das kann, wenn nicht verarbeitet, einer Person lebenslang jegliche Lust am Sex nehmen. Aber auch in den Bereichen Dominanz, Selbstbehauptung, Mut, Männlichkeit, Frau- oder Mannsein usw. kann man durch schädigende Erlebnisse blockiert sein.

Wenn man aber nun, aufgrund dieser **Übersensibilität**, in einem Bereich seines Lebens **keine neuen Erfahrungen** mehr macht, bleibt man in diesem Erfahrungsbereich entwicklungsmäßig stehen. Das ist dann so, als stünden auf unserem Lebensweg immer noch Unterpersönlichkeiten an der Stelle, wo sie sich nicht mehr weitergetraut hatten und warten darauf, bei der Hand genommen und weitergeführt zu werden.

Es gibt heute hoch effektive **Methoden**, die diese Erlebnisse oft schon in wenigen Sitzungen **neutralisieren**, so dass das natürliche Wachstum wieder einsetzt. In meinen einwöchigen Selbsterfahrungsgruppen kommen solche Methoden zum Einsatz, um eine tief gehende Aussöhnung in drei Bezügen zu erwirken: mit sich und seinem Körper, mit allen Personen aus der Vergangenheit und mit seinem Schicksal schlechthin.

Wachstums-Bremsen oder 'Innere Schweinehunde'

Aus unserem Streben nach Ökonomie (Aufwand und Kräfte sparen) entstehen die Wachstums-Bremsen. Wir gehen **Anstrengungen** lieber aus dem Weg, im Denken, wie im Fühlen oder körperlicher Anstrengung. Wenn man zu sehr am Denken spart, entsteht **Dünkel** („ich weiß doch längst Bescheid"). Wenn man an Mut spart, sich nicht mehr überwinden will, weicht man Herausforderungen aus – wird **ängstlich** und kneift. Und wer zu sehr Kräfte spart, sich nicht mehr anstrengen mag, wird **träge** und faul.

Kommt Dir bekannt vor? Klar, das sind unsere drei „inneren Schweinehunde"! (Ich verwende heute gerne auch diese Bezeichnung, obwohl sich der Name „Wachstums-Bremsen" in 20 Jahren ganz gut bewährt hat und von vielen Kollegen übernommen wurde.)

Hast Du gegen Deine inneren Schweinehunde schon mal **angekämpft**? Das bringt ungefähr so viel wie der Versuch, einem Schwein das Pfeifen beizubringen. Man braucht immens viel Geduld und es **bringt nichts.** Außerdem verärgert man das Schwein. Gegen sich selbst anzukämpfen ist Kräfteverschwendung, wird aber in der Erziehung immer noch gelehrt, oft sogar andressiert.

Da Du nahezu täglich mit ihnen zu tun hast, entweder bei Dir oder bei anderen, hilft es eine Menge, darüber Bescheid zu wissen.

DÜNKEL (mentale Starre, festgefahren sein)

Dünkel (**Festgefahrenheit im Denken**) hat man, wenn man glaubt, man wisse bereits genug und brauchte nichts mehr dazu zu lernen. Das zeigt sich

HiER
NiCHT
REiNTRETEN
ACHTUNG

schon in kleinen Gesten und Verhaltensweisen. Ein solcher Mensch hört nur **ungeduldig** zu und kann es kaum erwarten, bis er selbst wieder zu sprechen dran ist. Die Einstellung dabei ist: „Was andere wissen, weiß ich schon längst, so dass ich gar nicht mehr zuzuhören brauche. Die anderen sollen mir zuhören!“

Das Vertrackte an dieser Wachstums-Bremse ist, dass man sie **selbst nicht merkt**. Das ist sozusagen ihr Wahrzeichen. Und weil so ein Mensch auch kaum richtig zuhört, ist er nur wenig korrekturfähig. Aus meiner Arbeit weiß ich, dass hier eigentlich nur noch der **MagSt helfen kann** (mit Verwirrung und mehr oder weniger subtilem Auf-die-Schippe-nehmen).

FEIGHEIT

Feigheit zeigt sich im **Vermeiden** von Herausforderungen, wenn jemand ganz alltägliche Risiken scheut und ständig vor Herausforderungen kneift. Da man dann aber entwicklungsmäßig stehen bleibt, wird der eigene Spielraum in der Außenwelt, die sich ja ständig verändert, immer kleiner, bis nur noch wenig Raum und Routinen zum Agieren übrig bleiben. Alle Phobien sind von starker **Einengung im Aktionsraum** gekennzeichnet.

Ein „Hasenherz” und Ängstlichkeit machen einen Menschen von der Hilfe und Unterstützung anderer abhängig, weil er dadurch immer **lebensuntüchtiger** wird. Für solche Menschen ist alles Neue eine Bedrohung, deshalb wird die Zukunft so exakt wie möglich vorausgeplant. Ihr Motto: „Bitte keine Überraschungen!” Jede Veränderung in den Gewohnheiten des Partners löst da oft schon Misstrauen und Argwohn aus. Sie leiden meist auch an unheilbarer **Humorlosigkeit,** weil Humor und Witz immer Überraschungselemente in sich tragen.

FAULHEIT

Trägheit oder Faulheit ist schlicht ein **Mangel an Anstrengungsbereitschaft**. Mit dieser Wachstums-Bremse zieht man nichts mehr durch, macht nichts mehr fertig und kann meisterhaft **vertagen**. „Jede Bewegung, die nicht der Nahrungsaufnahme oder Fortpflanzung dient, ist pervers!", lautet hier das Motto. Der große Vorteil dieser Einstellung ist, dass sich dabei die Gelenke nicht so abnutzen.

Auch hier bleibt jemand **entwicklungsmäßig stehen** und verfettet langsam. In den 4,4 Millionen Jahren, die es uns Hominiden gibt, wurde der Aufwand, Nahrung zu „erjagen" immer geringer. Eigentlich staunt nur noch unser Hund, wenn ich vom „Jagen" komme, über das, was ich in der kurzen Zeit der Abwesenheit alles „erlegt" habe. Woher soll er denn wissen, dass ich nur beim Aldi war.

Heute ist dieser Aufwand schon weit unter die biologischen Mindestanforderungen für natürliche Gesunderhaltung gesunken. Ohne Fitness-Studios hätten wir bald alle Waschbär- statt Waschbrett-Bäuchen. Ich habe schon oft vorgeschlagen, das Normalgewicht endlich mal um 20 Kilo anzuheben (wie es schon lange bei den Schadstoffgrenzen gemacht wird), aber der Vorschlag kam noch zu früh. So gelten heute zwei Drittel der Bevölkerung ungerechtfertigt als übergewichtig ...

Bezeichnenderweise nehmen die Wachstums-Bremsen mit **fortschreitendem Alter zu**. Das ist wie bei den Tieren: Junge Hunde oder Katzen spielen den ganzen Tag. Dabei erwerben sie die notwendige Körperbeherrschung zum Jagen. Ältere Hunde und Katzen bewegen sich weit weniger. Unser Hund liegt eigentlich den ganzen Tag nur phlegmatisch rum, ein Hunde-Couch-Potatoe. Menschen, die **in hohem Alter noch fit** sind, zeichnen sich alle durch Agilität, Wendigkeit und hohe Anstrengungsbereitschaft aus.

Es gibt eine deutlich bessere Methode als die weit verbreitete, gegen die Schweinehunde anzukämpfen: Haltungen, die Du an die Stelle der „Schweinehunde" setzt. Diese Tierchen sind nämlich ganz brav und kuschen, wenn **größere Hunde** in der Nähe sind! Und das passiert, wenn Du ein großes Ziel hast, und davon beseelt bist.

Selbst-Kenntnis

Wenn ich in meinen Seminaren Videoaufzeichnungen von Verhaltens-Experimenten mache, sind die Teilnehmer oft erstaunt (oder gar erschreckt) darüber, wie sie sich in diesen Videos bewegen und rüberkommen. **Jeder kennt sich ja nur von „innen"** und weiß nicht, wie er auf andere wirkt. Mit der Kenntnis der psychischen Innenwelt sieht es aber oft auch nicht besser aus.

Die meisten Menschen haben **wenig Kenntnis** von ihrer eigenen psychischen Ausstattung, d.h. sie **kennen sich kaum** und wissen deshalb nicht, wo sie ansetzen sollen, wenn " Betriebsstörungen" auftreten, wie Ängste, Aufschieberitis (wenn man alles Mögliche tut, nur nicht das, was notwendig und sinnvoll wäre), Ausrasten, körperliche Beschwerden ohne organischen Befund, Phobien, Zwänge und die große Palette kleiner und größerer psychischen Störungen. Deshalb sind sie oft auf einen Fachmann angewiesen, der ihnen hilft, sich besser kennen zu lernen.

Selbsterfahrungskurse leisten so etwas und, gut durchgeführt, sind sie ihr Geld allemal wert. Je besser Du Deinen „Apparat" kennst, um so **kompetenter** gehst Du damit um und lässt es gar nicht zu größeren Störungen kommen.

Mit Deinem psychischen „Apparat" ist es ähnlich wie mit einem Gerät. Du kannst z.B. ein Auto, einen Computer oder einen DVD-Rekorder **auf zwei Arten benutzen**:

a) Du **probierst dran rum** und hoffst irgendeine Reaktion herauszubekommen (die gebräuchliche Methode, die uns professionelle Reparaturdienste wärmstens ans Herz legen).

b) Du lernst das Gerät **so leidlich,** wenigstens in seinen Grundfunktionen **zu gebrauchen** (einen Computer z.B. rein als Schreibmaschine zu benutzen – natürlich sollte es dazu immer das neueste Modell sein). Das ist dann so ähnlich, als würde jemand seinen Ferrari nur zum Brötchenholen einsetzen.

c) Du lernst das Gerät in seiner **gesamten Funktionsweise** zu verstehen und findest dann auch, wenn es mal nicht funktioniert, den Fehler heraus und kannst es reparieren. Wenn Du es wirklich gut kennst, kannst Du natürlich viel **mehr Leistung** und unterschiedliche Funktionen herausholen als jemand, der es nur wie unter a) und b) beschrieben nutzt.

Wenn ich **Gebrauchsanleitungen** lese, sind mir diejenigen am liebsten, die ein **Blockschaltbild** haben. Da sieht man, welche Unterabteilungen zusammenarbeiten um die Leistung und den Bedienkomfort zu erzielen. Beim Computer zum Beispiel gehören dazu

- die Eingabeeinheiten (z.B. Maus und Tastatur),
- das Mainboard mit dem zentralen Prozessor (das Hirn),
- der Speicher und die Festplatte (das Gedächtnis) und schließlich
- die Ausgabeeinheiten (Bildschirm und Drucker).

Das alles ist die Hardware, die dann noch etwas lernen muss (die Software, die Programme), damit man damit die unterschiedlichsten „Kunststücke" ausführen kann.

Beim Menschen ist das ziemlich ähnlich, auch wir haben eine Eingabeeinheiten (unsere **5 Sinne**), ein **Gehirn** (mit etlichen Unterabteilungen), ein **Gedächtnis** (Kurz- und Langzeit-Gedächtnis) und die Ausgabeeinheiten (unser **Bewegungsapparat** und die Sprache). Was wir dem Computer voraus haben, ist die Kreativität. Wir können uns etwas ausdenken, was es **vorher nicht gegeben** hat. Das kann der Computer nicht. Ein Computer kann sich z.B. keine Witze ausdenken, ja, er kann sie nicht mal verstehen! (Das macht das Witzeschreiben am Computer so nervig – er lacht nicht, selbst wenn der Witz ein Brüller ist!)

Wenn Du das **Zusammenwirken aller Teile** kennst und weißt, wie Du „verdrahtet" bist, kannst Du Dich selbst angemessener „bedienen". Ein Mechaniker wird ein Auto ganz anders fahren als ein technischer Laie.

Eigentlich möchte man meinen, dass solche Informationen jedem Menschen als **Grundausrüstung für's Leben** mitgegeben werden sollten. Aber Du weißt ja wie das ist: Wenn Du selbst mal **geheime Informationen** bekommen solltest, die Dir einen Riesen-Vorsprung vor der Konkurrenz geben, wirst Du sie dann freimütig allen erzählen? Oder lieber für Dich behalten und Deinen Vorsprung wahren? ... Na, siehst Du!

In diesem Buch halte ich es anders: Ich möchte, dass Du alles weißt, was Dir helfen kann, **so viel wie möglich** aus dem zu machen, was in Dir steckt! Und dazu brauchst Du das Wissen um Deine Ausstattung und eine Kenntnis vom Zusammenwirken der einzelnen Teile.

Eine schwierige Frage

Fangen wir am besten von vorne an, mit einer ganz grundsätzlichen Frage: **Wer bist Du?**... Die einen finden Dich süß, andere halten Dich für eine Reinkarnation von Ekel-Alfred und wieder andere sagen, Du wärest blitzgescheit (und Dein(e) Ex meint sogar, Du verschönerst jeden Raum ... beim Verlassen!).

Ist natürlich Quatsch andere zu fragen, wer Du bist, die **Meinung anderer hilft Dir da nicht**. Es ist ein Zeichen von Reife und Erwachsensein, seine Meinung nicht mehr auf den Ansichten anderer zu gründen (und nicht mehr den Vorstellungen und Erwartungen anderer entsprechen zu wollen). Dein **eigenes Urteil** ist es, was zählt. Andere kennen ja immer nur einen kleinen Ausschnitt aus Deiner Persönlichkeit und niemals so viel wie Du selbst! Wie sollen Dich da andere wirklich beurteilen können?

Was meinst Du denn genau, **wenn Du von ICH sprichst**? Ist das die Person, die sich für eine konsequente Diät entschieden hat oder die, die den Kühlschrank heute Nacht geplündert hat? Bist Du diejenige Person, die seiner Ex auf der Party freundlich die Hand reicht oder die, die ihrer Freundin danach erzählt, was für ein unsympathisches Ekelpaket sie ist? Bist Du derjenige, der den Bericht abzuliefern versprochen hat oder der, der am Abend davor dann leider wieder mal dem Fernseher verfallen war?

Das waren nur ein paar Beispiele nach der Formel: „Ich sag nicht, was ich denke und ich tu nicht, was ich sage (oder mir vorgenommen habe)." Dir werden sicherlich selbst noch eine Menge mehr solcher **Widersprüche** einfallen. Eines ist schon mal klar: Der Mensch, das heißt auch Du, ist gespalten in verschiedene Lager. Und mal hat das eine die Oberhand, mal das andere.

Bei manchen Menschen geht die **Gespaltenheit** sehr weit, so weit, dass sie sich damit krank machen. Das ist kein Witz, sondern brutale Realität. Das siehst Du an der Zunahme körperlicher und seelischer Leiden. Ein großer Prozentsatz chronischer Leiden geht darauf zurück, dass Menschen nicht „artgerecht", sondern **gegen ihre Natur** leben und nicht wissen, wie sie im Einklang mit sich selbst und der Umwelt leben können. Der MagSt lehrt und erleichtert das, wie Du gleich sehen wirst, wenn Du einen seiner Kernsätze erfährst.

Eine Erkenntnis, die Dein Leben verändern kann!

Ich möchte mit Dir eine der wichtigsten Erkenntnisse meines Psychologendaseins teilen, eine **Erkenntnis**, die mein Leben und den Umgang mit mir selbst entscheidend verändert hat. Und diese Erkenntnis stammt nicht einmal von einem Psychologen, sondern interessanterweise von einem **Philosophen**!
Aber bevor ich sie Dir verrate, sollst Du erfahren, warum sie so bedeutsam ist.

Stell' Dir vor, Du bekommst (als Kind von ca. 10 Jahren) ein **Buch** geschenkt. Lesen macht Dir Spaß, also liest Du drauf los, beginnend von Seite eins.

In diesem Buch stehen lauter **kurze Artikel**, die alles Mögliche erklären, mal eine Maschine, mal die Regierung eines Landes, dann das Leben eines berühmten Mannes, wie der Körper funktioniert, über das Weltall usw. Nicht alles interessiert Dich, aber es ist auf jeden Fall ungeheuer viel Wissen drin.

Du liest und liest und dabei fällt Dir auf, dass seitenweise alle Wörter mit A beginnen, später dann alle mit B und Du wunderst Dich schon.

Da erzählt Dir jemand, dass das einen tieferen Sinn hat, das ist nämlich das **Ordnungssystem**. Wenn man es kennt, braucht man nicht das ganze Buch auf einmal zu lesen, sondern kann das in kleinen Portionen tun, immer nur jeweils das, was einen gerade interessiert.

Mit einem Mal begreifst Du, was Du für einen Schatz besitzt – ein **Lexikon**! Du hast einen großen Teil des Wissens dieser Welt in einem einzigen Buch komprimiert vor Dir liegen und kannst Dich jederzeit über all das informieren, was jeden Tag auf Dich einströmt. Mit dem Internet geht das heute sogar noch einige Zehnerpotenzen besser.

Allein das **Wissen um das Ordnungsprinzip** macht eine Sache handhabbarer und dadurch nützlicher und wertvoller!

Was mindestens genau so wichtig ist wie das Wissen um die Welt ist, das **Wissen um die eigene Person**. Je genauer Du weißt, wie Du funktionierst, um so besser werden die Ergebnisse Deines Handelns sein. Und Du wirst Dich wesentlich **wohler fühlen**, wenn Du Dich richtig, das heißt Deinem Wesen und Deiner Art entsprechend behandelst.

Mal 'ne Frage: Ist eigentlich Dein Schreibtisch aufgeräumt? Dein Schriftkram erledigt und übersichtlich geordnet? Und wie sieht's mit der Fitness aus? Alle Laster im Griff?

Die Liste könnte noch weiter gehen, aber Du siehst ja, worauf ich hinaus will. **Nicht alles**, was Du Dir so schön ausgedacht hast, **tust Du** dann auch.
Und wie kommt das?

Da planst Du eine Menge ganz **vernünftiger Dinge**, richtest Dich dann aber nicht danach in Deinen Handlungen! Wieso?

Ja, ist es nicht eher so, dass Du manchmal **selbst vorher nicht weißt**, was Du letztlich tun wirst? Zum Beispiel, ob Du Deinen Vorsätzen treu bleibst?
Wer oder was entscheidet dann, wenn **nicht der Kopf**, bzw. das bewusste Denken? Darüber lohnt es sich nachzudenken.

Die meisten Leute machen den großen Fehler, dass sie sich nur mit ihrem bewussten **Denken identifizieren** (als ob sie jede Nacht verschwinden würden, wenn Sie schlafen). Dabei ist das Bewusste nur **ein ganz kleiner**, wenn auch wichtiger Teil von uns. Messungen haben ergeben, dass einem Menschen nur etwa 0,0004 Prozent aller Sinnesdaten bewusst werden. Und wenn Du dann noch bedenkst, dass weniger als ein Prozent aller Entscheidungen **wirklich bewusst** getroffen werden (alle anderen rein automatisch), dann wirst Du mit mir übereinstimmen, dass die Techniker gar keine Roboter erfinden müssen, es laufen ohnehin schon genügend herum.

Der **größte Teil unseres Wesens** und unseres Charakters ist für unser Bewusstes wie die so genannten „weissen Flecken" auf der Landkarte. Wie wir wirklich sind, entdecken wir erst nach und nach. Dieser langwierige Prozess, sich selbst kennenzulernen, ist eigentlich erst am Sterbebett abgeschlossen. Bis dahin hält Dein eigenes Unbewusstes (Dein wahrer Wesenskern) noch einige Überraschungen für Dein Bewusstes parat.

Und genau das ist die Erkenntnis, die einer der genialsten unserer deutschen Philosophen schon vor fast 200 Jahren der Menschheit unterbreitet hat: **Das Wesentliche am Menschen**, seine Essenz sozusagen, **ist sein Wollen** – der Lebenswille. Das Wollen, oder, wie Schopenhauer sagt, der Wille, ist das Charakteristische an einem Menschen. Er bestimmt, welchen Vorlieben er anhängt, welche Abneigungen er entwickelt, mit welchen Menschen er sich wohl fühlt und welche ihm nicht gut tun, was er als seine Aufgabe im Leben sieht und wonach er strebt. Der größte Teil davon ist zwar **unbewusst**, wirkt aber in jede Äußerung und Handlung hinein.

Schopenhauer verwendet den Begriff „Wille" viel weiter. Er sagt in seinem Hauptwerk »Die Welt als Wille und Vorstellung«:

„Der Wille ist die treibende Kraft jeder Veränderung in der Welt."

Auch unser **Körper ist eine Erscheinungsform** unseres Willens[6], die wir in der Vorstellung reflektierend betrachten können. Dass dieses Bild, das wir uns von unserem Körper machen, nicht unbedingt der Realität entsprechen muss, sehen wir an Magersüchtigen. Die empfinden sich als dick und aufgebläht, während der Spiegel aber nur ein Klappergestell zeigt.

Den Beweis, dass der Leib die sprichwörtliche Verkörperung unseres Willens ist, sieht Schopenhauer darin, dass

a) **jede Einwirkung** auf unseren Körper direkt auch unseren Willen anspricht (wenn uns jemand anfasst, streichelt oder schlägt, reagieren wir darauf mit Willensbewegungen, sprich: **Emotionen**) und

b) die heftigen Willensbewegungen, die Affekte, den ganzen **Körper erschüttern** und sein Funktionieren in Mitleidenschaft ziehen (z.B. jemand, der „außer sich" ist, kann nicht mehr klar denken, bekommt hohen Blutdruck, Herzrasen usw.)

Es wäre ein grosser Fehler, wenn Du Dich nur mit Deinem bewussten Denken identifiziertest. Das wäre nicht fair Dir selbst gegenüber! **Du bist viel mehr**!

---

6) Im allgemeinen Sprachgebrauch wird unter Wille mal eine Anstrengung zum Überwinden von Hindernisen gesehen (er hat einen starken Willen), mal eine Bewusstheitsleistung („er hat das nicht willentlich getan", „der Herzschlag ist nicht dem Willen unterworfen"). Hier definieren wir den Begriff wesentlich weiter: Wann immer wir etwas wollen, zeigt sich darin unser Wille (auch wenn wir nur mal unsere RUHE haben wollen).

Was das Entscheidende an Dir ist

Der Wille ist also, um es mal salopp auszudrücken, **der Boss**! Er ENTSCHEIDET, der Intellekt macht nur Vorschläge. Das Denken, der Kopf ist eigentlich nur der **Diener Deines Willens**. Dieser Diener hat **zwei Aufgaben**:

1. Mit seinen fünf Sinnen ermöglicht er die **Orientierung** in der Welt (als eine Art „Sehrohr" des Willens) und
2. mit dem logisch-abstrakten Denken findet er Wege, die **Dinge zu beschaffen**, die der Wille braucht und begehrt.

Dass das seit den Griechen bis heute genau anders herum gelehrt wurde (das Entscheidende am Menschen wäre sein logisches Denken, sein Bewusstsein), liegt wohl daran, dass der Mensch offenbar zu eitel ist, um anzuerkennen, dass wir das, was uns ausmacht (der Lebenswille), **mit allem Lebenden gemeinsam** haben, mit den Pflanzen und mit den Tieren. Und mit denen wollten die Griechen offenbar nichts gemein haben.

Die Folgen eines **Denkfehlers** von diesem Ausmaß sind entsprechend gravierend wie Du Dir vorstellen kannst. Je mehr jemand rein denkgesteuert zu leben versucht, also mehr oder weniger nach den **Regeln, Geboten und Verboten**, die ihm eingetrichtert wurden, um so mehr wird er sich möglicherweise von sich selbst entfernen. Nur wenn er lernt auf seine Willensbewegungen zu achten, d.h. auf seine Gefühle, auf sein ständiges Wollen, wird er sein Leben so gestalten können, dass es **zu ihm passt**.
Jedes Gefühl ist eine Willensbewegung oder anders gesagt: **Hinter jedem Gefühl** steht ein bestimmtes **Wollen**. Bei Ärger z.B. hättest Du gewollt, dass etwas so gelaufen wäre, wie DU Dir das vorgestellt hast; bei Trauer möchtest Du, das jemand nicht fortgeht, dass er noch bleiben soll, bei Angst möchtest Du Dich in Sicherheit bringen usw.

Dein Wollen ist also Dein **wirkliches Ich**, auch wenn Dein Bewusstsein manchmal rätselnd daneben steht.

Was ergibt sich nun aus dieser Erkenntnis, wenn Du sie umsetzt?

Der dreifache Nutzen dieser Erkenntnis

Diese Erkenntnis bringt Dir erstens eine höhere, nach innen gerichtete **Wachsamkeit**. Dein Bewusstsein ist stets gewahr, was sich im Fühlen tut. Dein Bewusstsein erstreckt sich also nicht nur auf das, was sich um Dich herum tut, sondern gleichzeitig auch, was sich in Dir abspielt. Dein Unbewusstes verarbeitet nämlich **weit mehr Daten**, als Dein Bewusstes verkraften kann. Das Resultat dieser Reizverarbeitung steht Dir als Gefühl und Gespür zur Verfügung, als **Intuition**. Das macht Deine Entscheidungen treffsicherer. Man hat bei Gehirntraumatisierten, also Menschen, bei denen Teile des Gehirns zerstört wurden, festgestellt, dass sie sich überhaupt nicht mehr entscheiden konnten, da sie von ihrer Gefühlswahrnehmung abgeschnitten waren. **Ohne Gefühle** gibt es **keine Entscheidungen**, nur lange Listen von Gründen dafür und dagegen.

Zweitens wirst Du mehr auf Deinen „Boss" **Rücksicht nehmen** und ihn wertschätzen und beachten. Der braucht z.B. ein bestimmtes Verhältnis von **Arbeit versus Spiel**. Beim Arbeiten muss er zurückstehen. Dein Wollen und Wünschen steht dabei nicht im Vordergrund, in erster Linie werden da die Wünsche anderer, d.h. der Umwelt, berücksichtigt. Beim Spiel, also bei jeder nicht zweckgebundenen Tätigkeit, ist es anders herum; jetzt darf er sich frei entfalten und sich ausleben, so wie es ihm gerade zumute ist.

Das hört sich ein bisschen seltsam an, wenn man von sich spricht und sich dabei so **aufteilt**, aber so ist es nunmal tatsächlich. Das **ICH ist kein Einzelgänger**, es ist ein ganzes Rudel. Und wie Du selbst schon erlebt hast, arbeiten die „Unterabteilungen" manchmal überhaupt nicht gut zusammen. Vor allem, wenn es **Machtkämpfe** um die Vorherrschaft gibt!

Wie makaber so etwas sein kann, hat man bei Menschen gesehen, deren Gehirnhälften voneinander getrennt wurden (das nennt man Lobotomie – früher glaubte man, das würde bei Geisteskrankheiten helfen). Da wurde ein Mann beobachtet, wie er mit seiner linken Hand versuchte, die rechte Hand daran zu hindern, seine Frau zu verprügeln. In diesem Bericht wurde verschwiegen, wer gewonnen hat.

Der **dritte Gewinn** dieser Erkenntnis ist schließlich die korrekte **Hierarchie**. Wenn Du mal akzeptiert hast, dass der Boss DU selbst bist, das heißt zum größten Teil Dein Unbewusstes, identifizierst Du Dich mit allen Deinen Handlungen. Du fängst an, volle Verantwortung für Dich zu übernehmen und **stehst zu Dir** – auch zu Deinen Fehlern! Und da wir nur dann handeln, wenn der Bauchsteuermann grünes Licht gibt, gilt hier der wichtige Lehrsatz der Provokativen Therapie:

Was immer Du tust,

das hast Du auch so gewollt!

Selbst wenn Du gerne sagen würdest: „The devil made me do it!"

Die natürliche Folge dieser Erkenntnisse ist, dass Deine drei „Hauptabteilungen" allmählich immer **besser zusammenarbeiten**: Der Kopfsteuermann, der Bauchsteuermann und der Körper. Für Deine Wirkung in der Welt ist es von immenser Bedeutung, ob Du **mit Dir eins** bist oder nicht. Einssein ist **der größte Erfolgsfaktor** bei allem, was Du tust!

Und wenn Du mal angefangen hast, ein bisschen netter mit Dir umzuspringen, wenn Du Dich **rundherum akzeptiert** hast und Dir Deiner Stärken und Schwächen bewusst bist, dann urteilst Du nicht mehr hart über Dich, Du schimpfst Dich nicht mehr aus und machst Dir auch **keine**

Vorwürfe mehr. Das macht Dich umgänglicher und bald behandelst Du andere auch so wohlwollend wie Dich selbst.

Was ist das: Bewusstsein?

Wir haben also einen Kopf- und einen Bauchsteuermann, ein **Planungs-** und ein **Entscheidungscenter** (und der Körper ist das „**fulfillment-center**"). Der Intellekt, als Diener, hat die Aufgabe, die Welt zu erfassen und mit diesen Erkenntnissen den Willen zu schützen und Wege zu finden, wie er das bekommen kann, was er will und braucht. Wenn der **Intellekt** (aufgrund der Konditionierungen aus der Kindheit) den Willen immer **nur zügelt**, kann dieser sich nicht entfalten und wird ein von aussen bestimmtes Leben führen, ein „**Daneben-Leben**" eben.

Der größte Teil von BEIDEN, dem Willen UND dem Intellekt, ist unbewusst. Wir bekommen bewusst **nur einen kleinen Teil** aller Daten mit, die die Sinne aufnehmen, von den nächtlichen Aktivitäten unseres Intellekts wissen wir höchstens noch ein paar Traumfetzen und was IN unserem Körper abläuft, merken wir eigentlich nur dann, wenn etwas mal nicht richtig läuft.

Wenn alles auch ohne Bewusstsein (seiner selbst) ablaufen kann (so wie bei den Tieren), warum haben wir dann eines? Das ist eine knifflige Frage, von deren Beantwortung abhängt, wie Du Deine Patienten-Verfügung ausfüllst. Möchtest Du jahrelang im Koma liegen oder soll man die Apparate abschalten?

Auch wenn das bewusste **Denken sehr limitiert** ist (wie gesagt: nur etwa 2000 Bit Verarbeitungskapazität), so ist es doch immens wichtig: Es ist der Sitz unserer **bewussten Identität** und es ist eine Art **Programmiereinheit** für unser Unbewusstes. Von ihm wurden fast alle Routinen und Subroutinen „geschrieben", die jetzt unseren Alltag steuern. Wir Menschen haben nämlich nur ganz wenig angeborene Routinen, die Reflexe – alles übrige müssen wir erst lernen. Denk daran, wie Du das Gehen, Tanzen, Schreiben, Autofahren gelernt hast. Das ging zu Anfang alles recht langsam und mühsam (das Bewusste ist eben sehr beschränkt leistungsfähig), aber sobald es mal „gelernt" war, d.h. von Deinem viel **leistungsfähigeren Unbewussten** übernommen wurde, ging es „wie von selbst".

Das Bewusste hat eine einzige, aber sehr wichtige Macht: Es steuert und **lenkt die Aufmerksamkeit**. Wohin Du sie richtest, damit beschäftigt sich auch das Unbewusste. Wenn Du sie auf Sorgen lenkst, wird Dein Intellekt die damit verbundenen Assoziationen hervorkramen und Dein Wille wird im Körper die dazu passenden Hormone produzieren. Manche machen sowas den ganzen Tag! Daran sieht man, dass man auch nach Sorgen und Grübeln süchtig werden kann – **Gefühle** sind eine Art von **„Drogen", die man selbst produziert**!

Im Optimalfall regelt das Bewusstsein die Zusammenarbeit zwischen Intellekt und Wille recht gut. Dazu muss es sich natürlich beider bewusst sein. Wenn einer von beiden unterdrückt wird, gibt es Ausfälle und Störungen.

Drei Bewusstheits-Zustände

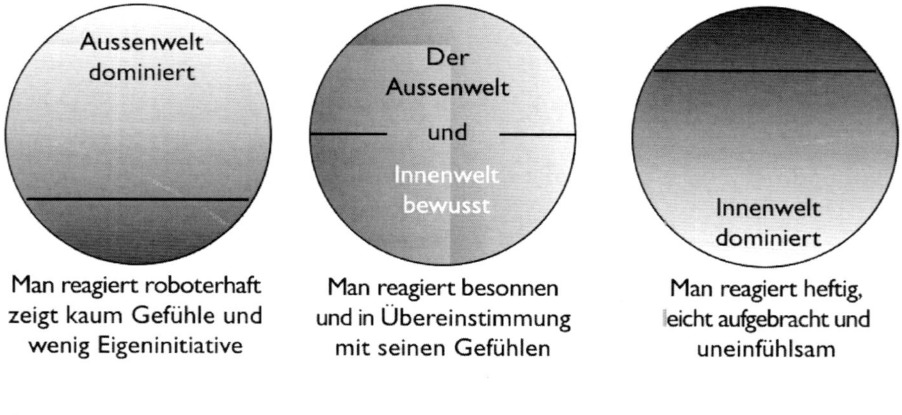

An dieser Darstellung siehst Du, wie sich **Unausgewogenheit** zwischen Intellekt und Wille im Bewusstsein auswirkt. Im einen Fall dominiert der Intellekt zu sehr (und der Wille macht nicht mit), im anderen Fall dominiert der Wille und der Intellekt, der ihn dämpfen sollte, ist machtlos. So etwas kann bis zum Amoklauf gehen! Damit das nicht passiert, muss das Bewusstsein beide berücksichtigen, dann werden Wille und Intellekt zusammenarbeiten. Der Wille vertraut dann seinem Diener, dem Intellekt, und der Intellekt berücksichtigt die Bedürfnisse seines „Herrn", des Willens.

Die **Schnittstelle** zwischen Intellekt und Wille ist also das **Bewusstsein**. Im optimalen Fall bist Du Dir gleichermassen der Aussen- als auch der Innenwelt bewusst und berücksichtigst beide. Wann immer einer der beiden „weggedrückt" wird, erscheinen Deine Handlungen mehr und mehr ineffizient und „daneben".

Dieses Wissen kann Dir sehr helfen, Dich besser zu verstehen, zu behandeln und das Beste aus Dir zu machen. Im **Verstehen der Reaktionen anderer** ist dieses Wissen eine enorme Hilfe. Du erkennst schnell, welche Instanz beim anderen dominiert. Du wirst auch vermutlich schon erkannt haben, zu welcher typischen Unausgewogenheit Männer tendieren und zu welcher die Frauen.

Damit ist klar, **was Bewusstheit ist.** Der Mensch hat als einziges Wesen die Option, sich um Bewusstheit (Wachheit) zu bemühen, er kann aber auch einfach nur so dahindämmern.

Fazit: Du hast die Wahl, wie wach Du durchs Leben gehst.

Erziehung liefert die Firmware

Warum Du dringend ein Update brauchst!

Als Kind wusstest Du noch nichts über die Welt und wie alles so läuft in unserer Gesellschaft: Deine **Familie war Deine Welt** und Du hast deren

Regeln übernommen. Oft gibt die Familie jedoch kein gutes Abbild der Welt draussen. Mal ist sie einengend, mal gewährend oder gar verzärtelnd. Was Du da gelernt hast, ist also **korrekturbedürftig**. Du kannst das nicht eins zu eins auf die ausserfamiliäre Welt anwenden.

Wenn Du selbst ein **Kind** großziehst, weisst Du: Das Lästige an einem Kind ist, dass es **ständig etwas will**. Dadurch ist es unausgesetzt auf Trab und lässt Dir keine Ruhe. Also wirst Du dem Kind beibringen wollen, sich zu zügeln. „Sich zu zügeln" heisst hier: Den **Willen zu zügeln**. Zuerst mit Vernunft und gutem Zureden, dann mehr mit Drohen, Einschüchtern und Liebesentzug. Warum solltest Du es **anders machen** als es mit Dir gemacht wurde? (Hoffentlich findest Du jetzt ein paar Gründe!)

Es war vermutlich nicht leicht für Dich als Kind, Deinen Willen überhaupt zu äussern, oder? **Kinder waren früher unterprivilegiert**, mussten gehorchen und fühlten sich eigentlich fast immer schuldig. (Ich fühlte mich schon als Krimineller, wenn ich ein Buch ein paar Tage zu spät in die Leihbücherei brachte!) Deshalb sind sich der Kopf und der Bauch bei so wenigen Menschen wirklich einig! Im Kopf sind die **Programmierungen** der Kindheit, und wenn die Dein **Wollen ständig verneint** haben ...

Wenn Du so erzogen wurdest, dass Du heute der Meinung bist, Dein Denken, also der Kopf, wäre die Entscheidungsinstanz in Dir, dann wirst Du immer wieder mal feststellen müssen, dass die Vorgaben, die Deine **Vernunft** macht, vom Willen **nicht beachtet** werden. Vor allem dann, wenn Du Dir insgesamt schon längere Zeit **zu wenig „Streicheleinheiten"** besorgt hast. Irgendwann sagt der Wille dann: „Für so ein Hundeleben wende ich keine Energie mehr auf" und dreht den Antrieb auf „Sparflamme" (auf „Lustlos") und fertig ist die **Depression**. Deshalb ist auch die beste Therapie für Depression, die „**Bestimmung**" eines Menschen zu finden, einen Beruf oder eine Aktivität, die demjenigen **wert- und sinnvoll** erscheint.

Im Optimalfall, wenn Deine Eltern Dir von klein auf beigebracht hätten, stets auf Deinen **Willen zu achten**, würdest Du nie etwas von Dir verlangen, von dem Du ohnehin weisst, dass Du es nicht tust (um Dich dann hinterher womöglich dafür fertigzumachen). Du würdest wissen, **was Dir gut tut**, was Du nicht magst und wie viel Du immer dann zu leisten imstande bist, wenn Du genau das tust, **was zu Dir passt**. Der Wille, d.h. unser Bauchgefühl, sagt uns ja ständig durch ein Wohl- oder Unwohlgefühl, was für uns richtig ist und was nicht.

Die drei Achsen des Willens – ein universelles Prinzip

Jetzt, wo Du weisst, dass Dein Zentrum, das Entscheidende, Dein Lebenswille ist – das Wollen in Dir, das nach **Verwirklichung** strebt – möchtest Du vielleicht ein bisschen mehr darüber wissen.

Je besser Du Dich kennst,

um so besser wirst Du Dich steuern können.

Du lernst Dich dann am besten kennen, wenn Du auf alles achtest, was Dich bewegt, was Dich innerlich anrührt, was Dich nicht kalt lässt. Ich habe ein System für Dich, das Dich schon in kurzer Zeit zum Experten werden lässt im Erkennen, was in Dir vorgeht, was andere bei Dir auslösen und wie man Dich manipulieren kann.

Ich nenne dieses Werkzeug ***„Die drei Achsen des Willens"***. Es beschreibt, **aus welchen Anteilen** sich der Wille zusammensetzt. Es beschreibt auf einfache Weise, **was Menschen bewegt** und in Bewegung setzt.

Unser Wille hat drei Ebenen, die wir uns als dreidimensionales Achsenkreuz veranschaulichen:

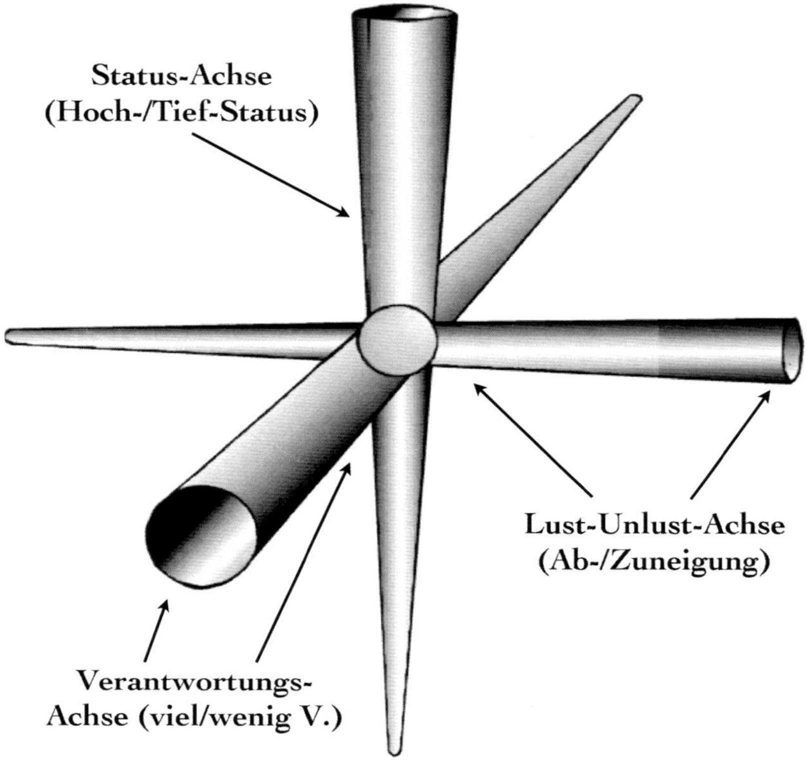

Diese drei Achsen sind:

1. **Die NEIGUNGEN-Achse**
2. **Die STATUS-Achse**
3. **Die VERANTWORTUNGs-Achse**

1. Die NEIGUNGEN - Achse

Die erste Ebene ist **Neigung versus Abneigung**, **Lust oder Unlust**. Alles was uns gut tut, was wir haben wollen, weil es uns Wohlgefühl verschafft, liegt auf der einen Seite und alles, was wir meiden wollen, weil es uns nicht gut tut (also alles, wovor wir Angst haben, wovor es uns ekelt, was uns Schmerzen bereitet), liegt auf der anderen.

Zur **Neigungen-** oder **Lust- Achse** gehört: Verlocken, Verführen, aber auch Motivieren, zu einer Handlung bewegen (z.B. einem Kauf), positive Werte und Begeisterung.

Auf der **Abneigungs-Seite** stehen Drohungen, Druck, Ekel und Angst (auch unangenehme natürliche Konsequenzen!), also alles Dinge, die wir vermeiden wollen, weil wir sie für schmerzhaft oder schädlich halten.

Diese Ebene ist **von Anfang** unseres Lebens aktiv, also schon beim Säugling. Sie sichert das Überleben des kleinen Wesens, indem es ihm sagt, was gut für es ist („mhm, das schmeckt") und ausspucken lässt, was ihm schaden könnte („pfui, grrr"). Ohne diese **angeborenen Reflexe** würde das Kind nicht lange überleben. Diesen (Überlebens-)Willen haben schon Einzeller: Sie streben zu Dingen hin, die sie nähren, und flüchten vor giftigen oder schädlichen Dingen.

2. Die STATUS-Achse

Die zweite Achse ist die **Status-Achse** (die erst mit dem Trotzalter aktiv wird). Dabei geht es um **Rangordnung**. Wie bei allen Rudeltieren, der Mensch ist ja auch eines, **zählt immer der Wille des Ranghöheren**. Natürlich muss dieser sich erst als Ranghöherer etabliert haben, was auf einer primitiven Ebene durch Gewalt und/oder **körperlicher Überlegenheit** erreicht wird, auf höheren Ebenen durch **Kompetenz und Autorität**. Wenn das mit dem höheren Status aber mal „sitzt", reicht schon eine Statusgeste und das unterlegene „Tier" steckt zurück. Bei „gut erzogenen" Kindern reicht schon ein strenger Blick der Mutter und sie hören sofort auf, bei Tisch ihre Nasenpopel zu verspeisen und deponieren sie lieber unbemerkt unter der Armlehne.

Unser gesamtes zwischenmenschliches Leben wird von (meist unbemerkten) **Statussignalen** geregelt. Ohne sie würden wir auf der Strasse anderen nicht ausweichen und ständig zusammenprallen, wir würden ständig durcheinander reden und uns gegenseitig vermutlich viel häufiger auf den Wecker und an die Gurgel gehen.

Wir brauchen Statussignale, ohne sie gäbe es nur zwischenmenschliches Chaos. Es ist allerdings weit schwieriger, eine **Ordnung unter Gleichwertigen** aufrechtzuerhalten als beispielsweise in einer Diktatur. Da braucht es nämlich viel mehr **Gespür für Balance**, Fairness und Ausgewogenheit.

Ich werde immer wieder auf den **gezielten Einsatz von Statussignalen** eingehen, da ohne sie kaum ein nennenswerter Einfluss möglich ist. Das bewusste Erkennen und Einsetzen von Statussignalen verschafft Dir einen grossen Vorteil im Umgang mit anderen. Statussignale lösen den „**Dem-Leitwolf-folgen**" -Reflex aus. Wie gesagt, diese Achse erfüllt eine wichtige Aufgabe: Eine klare Statushierarchie **dient dem Überleben der Gruppe** oder Sippe. Durch sie kommt Ordnung ins Rudel, jeder hat seinen Platz und weiß, was er zu tun hat. Erst dann wird sinnvolle Kooperation möglich.

Wie gesagt: Deinen Willen lernst Du am besten kennen, wenn Du darauf achtest, was Dich **emotional am meisten berührt**. Das ist zunächst alles, was Dir Lust oder Unlust bereitet (die 1. Achse). Dann alles, was Dir das Gefühl von Überlegenheit oder Unterlegenheit gibt (die zweite Achse). Und dann gibt es noch einen weiteren Bereich, der Dir Gefühlsprobleme verursachen kann, der Bereich der ...

3. VERANTWORTUNGs-Achse

Während die Menschen alle ziemlich ähnlich sind, was die ersten beiden Achsen anbelangt, unterscheiden sie sich oft gewaltig in diesem dritten

Punkt: Verantwortung (die dritte Achse). Verantwortung steht in engem **Zusammenhang zu Mitgefühl** und Gewissen. Das ist auch der Grund, warum es da große Unterschiede gibt: Man kann nämlich auch ohne auskommen!

Auf dem einen Extrem (wenig oder keine Verantwortung) ist jemand leichtlebig und leichtsinnig, möglicherweise auch rücksichtslos (weil ignorant).

Auf dem anderen Extrem (zu viel Verantwortung) fühlt man sich belastet, gestresst, von permanenten Schuldgefühlen und Zweifeln getrieben.

In der **Mitte dieser Achse** bist Du, wenn Du Deine Lebenssituation im Griff hast und Dir nur immer **so viel vorgenommen** hast, **wie Du schaffen kannst**. Und weil Du Deine Situation aus der Mitte heraus gut im Blick hast, wirst Du auch keine Verantwortung übersehen oder schleifen lassen.

Auf dieser Achse in der Mitte zu sein, ist gut für Dich, genauso wie bei den anderen Achsen auch. Bist Du da nämlich zu weit von ihr weg in **Richtung Sorglosigkeit**, bekommst Du ständig **Denkzettel** von außen (z.B. Briefe von Gläubigern, Banken oder dem Finanzamt), im anderen Fall, bei zu **viel Verantwortung**, kommen die Denkzettel von Deinem Körper – **Krankheiten** als Folge von Dauerstress und Selbst-Vernachlässigung. Du kannst Dir also aussuchen, woher Du Deine Denkzettel bekommen willst: von aussen oder von innen.

Das Verantwortungsgefühl dient dem **Überleben der Gattung**. Der Mensch hat einen angeborenen Mechanismus, der ihn drängt, **für das Wohlergehen anderer** Verantwortung zu übernehmen (statt gleichgültig und kalt zu reagieren) – das Mitgefühl, die Identifikation mit einem anderen („letzlich sind wir alle eins"). Heute weiß die Wissenschaft, dass wir so genannte **Spiegelneuronen** haben, die ständig nachvollziehen, was andere um uns herum fühlen. Am deutlichsten spüren wir das kleinen Kindern gegenüber: Wenn wir ein Kind weinen oder leiden sehen, drängt uns dieses (Mit-)Gefühl zu helfen und zu trösten. **Jeder Hilfsbedürftige** löst bei uns dieses Gefühl in unterschiedlicher Stärke aus.[7]

Diese **Dreiteilung des Willens** (und damit Deiner Gefühlswelt) kannst Du an ganz unterschiedlichen Dingen beobachten, z.B. in der Liebe bzw. **Partnerschaft:** Die erste Anziehung ist körperlicher Natur (Attraktion, Lust, Begehren). In der Verliebtheitsphase hebt man sich dann gegenseitig in den Hoch-Status (die meisten Liebeslieder handeln davon: „Du bist der Größte/die Einzige, ohne Dich bin ich verloren, schubiduh" ... usw.). Und dann erst (wenn überhaupt), kommt die Phase, wo man sich überlegt, Verantwortung für den anderen und das gemeinsame Schicksal (inklusive Kinder) zu übernehmen.

Auch die **Stufen der moralischen Entwicklung** zeigen diese Dreiteilung: Zuerst wird das Verhalten nur gesteuert von Belohnung und Bestrafung bzw. der Angst davor (erste Achse), dann von dem Wunsch, von anderen geliebt und geachtet zu werden (zweite Achse). Wenn wir da versagt oder uns blamiert haben, schämen wir uns, d.h. Scham oder Schande drängt uns, den geltenden Regeln zu entsprechen.

Erst auf der **dritten Stufe** sind es unsere eigenen Werte, die unser Verhalten steuern. Wir können uns z.B. nicht mehr „im Spiegel anschauen", wenn wir diesen untreu geworden sind. Diese höchste Stufe der moralischen Entwicklung heisst **Gewissen**.

---

7) Ein kleiner Teil der Menschen allerdings soll diesen Mechanismus nicht mitbekommen haben. Wundert mich nicht, wo kämen sonst die Folterer her, die Kinderschänder, Mörder und Wirtschaftskriminelle? Bei diesen Verhaltensweisen wäre Mitgefühl ausgesprochen hinderlich.

Noch mal im Überblick: Alle drei Achsen des Willens dienen dem Überleben, die erste Achse dem **Überleben des Individuums**, indem wir allem Bedrohenden ausweichen und das aufsuchen, was uns gut tut und nährt (Lust/Unlust). Die zweite dient dem **Überleben der Gruppe**, da durch Status-Rangfolgen eine Ordnung geschaffen wird, die Kooperation ermöglicht. Die dritte Achse dient dem **Überleben der Gattung**, weil uns der angeborene Mechanismus des Mitgefühls dazu antreibt, nicht nur für das eigene Wohl zu sorgen, sondern auch zum Wohlergehen aller beizutragen.[8]

Und überleg mal: Wenn alle so nett und wohlwollend wären wie wir beide, würden die Menschen dann nicht verfetten und verblöden ... wer weiß? Früher wurden die Menschen durch Bedrohungen wie Raubtiere, Schlangen oder Haie **gezwungen, wachsam zu sein**, heute hat anscheinend der Raubtier-Kapitalismus diese Aufgabe übernommen.

Mit diesem Wissen kannst jetzt mit Leichtigkeit **Werbung** und andere Tricks **durchschauen**!

Und noch etwas sehr Wichtiges: Du weißt jetzt, **was Dich aus der Mitte bringt** und kannst dem entgegenwirken. Dein bestes Werkzeug zum Überleben, Dein **klares Denken**, funktioniert nur dann gut, solange Du **in der Mitte** bist!

---

8) Nicht alle Menschen haben Mitgefühl. Laut dem Forscher Dr. Andrej M. Lobaczewski (Buch: Politische Ponerologie) haben 4-6 Prozent der Menschheit kein nennenswertes Gewissen. Diese „Soziopathen" werden vom Leid anderer nicht „gerührt", was ihnen eine gewisse Skrupellosigkeit verleiht (ist das in unserer Gesellschaft schon ein Erfolgsfaktor?). Du tust Dir einen Gefallen, wenn Du zu solchen Leuten auf Distanz gehst, Du wirst ihnen nie trauen können. Ich habe lange überlegt, warum die Natur solche Abweichungen hervorbringt. Vielleicht dienen sie als Herausforderung? Für Wachsamkeit und Bewusstheit? So hätten auch sie einen Wert für die Evolution. Was der MagSt auf wohlwollende Weise macht, macht Gewissenlosigkeit auf grimmige Art.

Wenn es nämlich anderen gelingt, einen oder mehrere Deiner „*Klingelknöpfe*" zu drücken, verlierst Du nicht nur an Attraktivität, Status und Autorität, sondern man kann Dich dann auch leicht **über den Tisch** ziehen. Zu den Klingelknöpfen kommen wir noch.

Exkurs: Ist Verpflichtung dasselbe wie Verantwortung?

Die dritte Achse des Willens, die der Verantwortung, ist von allen drei Achsen am schwierigsten zu erklären, weil es da eine weit verbreitete Verwirrung gibt. Im allgemeinen Sprachgebrauch wird nämlich selten zwischen Verpflichtung und Verantwortung unterschieden. Dabei sind das zwei nahezu gegensätzliche Begriffe: Wenn Du aus Pflichtbewusstsein handelst, ist das etwas völlig anderes, als wenn Du aus Verantwortung handelst.

Eine Pflicht ist eine Art von Zwang, nämlich der Zwang zu gehorchen, sich einer Autorität oder Norm zu beugen. Du fühlst Dich gesellschaftlichen Regeln verpflichtet oder anderen Menschen, dem Finanzamt, Deiner Schwiegermutter usw. Selbst wenn Du zu einer Feier eingeladen wirst, tust Du das oft aus einer Verpflichtung heraus. Überprüf doch mal, wie oft Du etwas aus Verpflichtung tust, obwohl Du eigentlich keine Lust dazu hast. Du wirst überrascht sein, wie oft das vorkommt, sogar in Deiner Freizeit (wenn das dann noch „Frei"-zeit ist!?).

Das Gefühl von Verantwortung hingegen kommt nicht von aussen, wie die Verpflichtung, sondern von innen. Wenn Du aus Verantwortung handelst, dann tust Du das aus dem inneren Drang heraus, Deinen Richtlinien im Leben, Deinen Werten, treu zu bleiben. Wenn Du einem Schwächeren beistehst, einem Freund eine unbequeme Wahrheit sagst oder anfängst Dich gesund zu ernähren und

Deinen Ranzen wegzutrainieren, dann handelst Du nicht aus Verpflichtung, sondern aus Verantwortung.

Die klarste Unterscheidung zwischen den beiden kannst Du treffen, wenn Du Dir bewusst machst, dass Pflicht aus den gelernten, anerzogenen Regeln kommt und vom Intellekt, also vom Kopf ausgeht. Verantwortung hingegen ist ein Gefühl, es entspringt Deinem Wesen, Deinem Willen. Wenn Du Dich korrumpieren lässt und gegen Dein inneres Gefühl handelst, das Dir sagt, was für Dich richtig wäre, dann fühlst Du Dich hinterher schlecht. Diese leise Stimme des Gewissens ist die wichtigere. Die lauten Stimmen des ankonditionierten, habituellen Gewissens, die Dir nur sagen, was Du (in den Augen anderer) tun „solltest", sind für Deine Weiterentwicklung und Deine menschliche Reife weit weniger wichtig, wenn nicht sogar hinderlich!

Der richtige Umgang mit Deinen beiden Gewissen

Wenn Du in der Mitte bist, also weder auf dem Achsenarm der Verpflichtung (auf dem Du Dich meistens schuldig fühlen wirst), noch auf dem Gegenteil, der Sorglosigkeit, dem Leichtsinn, dann gilt für Dich nur Dein **inneres Gesetz**: Du bleibst Dir und Deinen Werten treu.

Deine **innere Stimme**, das leisere Gewissen, kannst Du Dir vorstellen wie eine **gütige Mutter oder Fee**. Das weibliche Prinzip, das Yin sagt zu Dir: „Tu, was für Dich richtig ist und werde zu der Person, die Du wirklich bist." Mit dieser Botschaft fühlst Du Dich geborgen, angenommen, und geliebt, egal welche Irrwege Du hin und wieder einschlägst.

Das **männliche Prinzip**, das Yang, verlangt, Dir Achtung zu „verdienen": „Zeig, dass Du tüchtig und mutig bist und etwas aus Deinen Talenten machst, dann verdienst Du Achtung und Respekt!" Das ist der „tough" Aspekt von **„Tough Love".**

Um diese Achtung nicht zu verlieren, richtest Du für jedes „Du solltest" eine Art „**inneren Polizisten**" ein, der Dich mahnt, diese neu aufgestellte Regel zu befolgen (Dein zweites Gewissen).

Beide Prinzipien, das weibliche und das männliche, sind wichtig. Wenn aber in einer Gesellschaft **Knappheitsdenken und Konkurrenzdruck** überhand nehmen und das weibliche Element generell zu kurz kommt (sogar bei Frauen), dann hat das äusserst schädliche Auswirkungen. Dann hat jeder in sich so viele Polizisten, die sich teilweise auch noch widersprechen, dass die meiste Zeit **nur noch mit Pflichterfüllung** draufgeht.

Oft hört man dann die gütige, manchmal auch mahnende „Fee" überhaupt nicht mehr und kommt vom eigenen Weg ab: Das führt dann zum „Daneben-leben".

Wenn Du unterscheiden kannst zwischen **Pflichtgefühl und Verantwortung**, bist Du auf einem guten Weg. Dann merkst Du nämlich, dass Du es niemals ALLEN „Polizisten" recht machen kannst. Du kannst Dich eben nicht voll der Familie widmen und allen Anforderungen im Beruf gerecht werden, Du kannst nicht vollständig auf dem Laufenden sein in Politik, Wirtschaft, Kunst und der Pferdezucht gleichzeitig oder mit allen Freunden Kontakt halten und auch noch alle Belege fürs Finanzamt schön ordentlich sammeln. Irgendwas gibt es immer, **was Du vernachlässigst**! Und dieser „Polizist" wird Dir ein **Schuldgefühl** machen – es sei denn, Du hast diese Sache für Dich schon geklärt ...

Wenn Du nämlich erkennst, dass dieses ständige Einberufen von Polizisten bald überhand nimmt, wirst Du dafür sorgen, dass **keine neuen** hinzu kommen. Nach der simplen Regel:

Neue Aufgaben und Verpflichtungen
werden **nur** übernommen,
wenn im selben Maße
andere **abgegeben** werden!

Dann wirst Du ein paar betagte „Polizisten“ in Rente schicken, z.B. „Ich muss es anderen recht machen”, „Ich darf anderen nicht zur Last fallen”, „Selbstbefriedigung ist pfui, pfui” oder „Man darf die Suppe nicht schlürfen.” Dabei schmeckt sie doch so am besten!

Mit der Erkenntnis, dass Du nie inneren Frieden finden wirst, wenn Du ständig auf Deine Polizisten hörst, wirst Du Dich mehr Deiner „Fee” zuwenden und das **tun, was sie Dir jetzt gerade eingibt**. Dann handelst Du nach Deiner inneren Stimme und lebst das Wu Wei, das **Handeln durch Nichthandeln**, das hehre Ziel der Taoisten.

Der Sinn dieser Praxis ist nicht schwierig zu erkennen: Du hast immer nur den **jetzigen Augenblick, um zu** handeln. Dieses Handeln **bestimmt** unzweifelhaft Deine **weitere Zukunft**. Wenn Du in Übereinstimmung mit Deinem Inneren, also Deinem Willen, handelst, tust Du praktisch immer **das Richtige für Dich.** Deine Pflichterfüllungsaktionen sind ja meist für jemand anderen das Richtige. Wenn also viele, viele Handlungen, die richtig für Dich sind, Deine Zukunft bestimmen, dann kann das doch eigentlich nur gut sein, oder?

Bitte versteh’ das nicht falsch als ein Plädoyer für grenzenlosen Egoismus. Der verschließt sich nämlich gegen Bedürfnisse anderer. Da Du vermutlich zu den Menschen gehörst, die sich in andere einfühlen und nur **wirklich glücklich** sind, wenn es den Lebewesen um Dich herum **auch gut geht**, wird Dir Deine innere Stimme mit Sicherheit sagen, wann es für Dich richtig ist, einem anderen Menschen zu **helfen** oder beizustehen. Dann tust Du es nämlich, **weil Dir danach is**t, weil Du es willst und nicht, weil es sich so gehört oder Dir Vorteile bringt. Erst dann hat es wirklich Wert für den anderen.

Warum es so wertvoll ist, in der Mitte zu bleiben

Du hast jetzt eine gute Vorstellung davon, auf welchen Ebenen sich Deine Gefühle abspielen: Lust oder Unlust, Hoch- bzw. Tief-Status und Verantwortung versus Leichtsinn – mit natürlich allen Mischformen und Schattierungen.

Wichtig ist vor allem die Erkenntnis:

Wird der Wille auf einer Achse zu sehr ausgelenkt, wird zugleich der Intellekt stark beeinträchtigt!
Die Folge ist:
Wahrnehmung und Denken sind eingetrübt!

Anders gesagt: Wenn die **Gefühle allzu stark** werden, leidet Dein Denken. Je mehr Du Dich in Gefühle hineinsteigerst, um so weniger kann Dein Intellekt Dich **vor Gefahren schützen**. Also: Immer schön in der Mitte bleiben, sonst kann man Dich allzu leicht über den Tisch ziehen!

Und dafür kannst Du etwas tun, wie Du gleich sehen wirst.

Wenn **Gelassenheit** für Dich etwas Erstrebenswertes ist, hast Du mit den drei Achsen des Willens ein Superwerkzeug, sie zu schulen. Auf dem Weg zur (Zen-)Meisterschaft wirst Du sukzessive alle drei Achsen des Willens meistern. Dein Wille ist dann **nicht mehr reflexhaft** und von außen zu triggern, sondern **kooperiert** voll mit Deinem **klaren Denken**, Deinem Geist. Das bringt Dir Integrität und Authentizität.

Sehen wir uns mal den **Optimalzustand** an, die Momente, in denen Du eins mit Dir bist:

1. Die *erste Achse* (Neigungen-Achse) hast Du gemeistert, wenn Du Deinen Willen im **Begehren wie im Vermeiden** (z.B. aus Angst oder Ekel) **zügeln** kannst. Also keine Gier (Habgier, Begierde usw.) aber auch keine Angst (um Dein Geld, Deine Sicherheit, nicht einmal Dein Leben – denn jede Angst hat ihren Ursprung in der Angst vor dem Tod). Reife bedeutet auf der ersten Achse: Gelassen und besonnen zu bleiben angesichts von Ködern oder Bedrohung. Mit anderen Worten: **Bedürfnisse und Abwehrreaktionen im Griff** zu haben.

Das „Mantra" dafür ist:

> **„Ich bin zufrieden mit dem,**
> **was mir zur Verfügung steht,"**
> und: **„Ich fürchte keinen Verlust."**

2. Die *zweite Achse* (Status-Achse) beherrschst Du, wenn Du beliebig zum **Hoch- oder Tiefstatus wechseln** kannst. Du lässt Dir also keine Rolle zuweisen. Da wird Lobhudeln und Schmeicheln genauso gekontert wie das Sich-Drüberstellen und das „Runterputzen". Dann lässt Du Dich auch nicht mehr in Machtkämpfe hineinziehen, brauchst nicht anzugeben, ziehst Dich andererseits auch nicht schüchtern zurück, d.h. Du bist höflich, aber **nie unterwürfig oder anbiedernd**. Reife auf dieser Achse erkennt man daran, dass Du niemanden mehr abwertest und Dich über niemanden mehr aufregst. Ärger entsteht immer durch „Nichtakzeptieren dessen, was ist."

Dein Mantra ist hierbei:

> **„Ich stelle niemandem über mich**
> **und schaue auf niemanden herab."**

3. Die *dritte Achse* (Verantwortungs-Achse) hast Du gemeistert, wenn Du Deinen **Sinn für Prioritäten** entwickelt hast, d.h. Du lässt Dir nicht mehr von anderen irgendwelche Prioritäten aufdrängen, kannst „Nein" sagen und „Das ist mir nicht wichtig!" bzw. „Das ist Ihr Problem!" und lässt Dir auch keine Prioritäten ausreden („Mir ist das sehr wichtig!").

Andererseits lässt Du Dir auch **keine Verantwortung abnehmen** und sehnst Dich auch nicht danach, so verantwortungsfrei wie ein Kind sein zu dürfen. Du spürst so eine Art „**Inneren Anwalt**" in Dir, der genau auseinander halten kann, wie weit Deine Verantwortung reicht und wo die Verantwortung der anderen einsetzen sollte.

Dieser *Innere Anwalt* ist besonders dann wichtig, wenn man Dir Schuld zuschieben will oder mehr Verantwortung, als gerecht ist. Du nimmst auch anderen die Verantwortung nicht mehr ab, weil Du erkannt hast, dass so etwas zu Verkindlichung und Lebensuntüchtigkeit führt.

Dein Mantra ist hier:

„Ich handle nach meinem inneren Gefühl
für Verantwortung.
Ich weiß, wo sie beginnt und wo sie endet."

Ich hoffe, es hat Deinem Geist richtig gut getan, mit soviel psychologischem Wissen „gefüttert" zu werden. Es gibt Dir einen **Vorsprung**, der auch durch eifriges Lesen von Ratgeberspalten nicht aufgeholt werden kann. Und Du wirst sehen, dass Dir dieses Wissen noch viel nützen wird, wenn es darum geht, andere (und Dich) besser zu verstehen und aus diesem Wissen heraus **konstruktiv humorvoll** zu reagieren.

Besonders das folgende Wissen um die **„Achillesfersen" des Willens** kannst Du gut gebrauchen. Wir verwenden es manchmal im MagSt dazu um bei anderen automatisiertes Verhalten zu triggern! Von einem wohlwollenden Menschen „reingelegt" zu werden, kann nämlich sehr heilsam, nützlich und bewusstseinsfördernd sein.

Wo wir dabei ansetzen? Meist bei den Klingelknöpfen ...

Wer hat die Fernbedienung für Deine Gefühle?

Ein unbewusster Mensch ist wie jemand, der mit einer **Schalttafel** auf der Brust herumläuft, deren Knöpfe von jedem, der sich damit auskennt (z.B. manipulative Menschen), beliebig gedrückt werden können. Mal drückt man den einen, mal den anderen Klingelknopf und löst damit Automatikreaktionen aus. Das kann Dein Gegenüber in seine Pläne einbauen. Der andere hat quasi eine Fernbedienung für Deine Gefühle in der Hand.

Warum das so leicht geht, liegt an dem oben erwähnten Umstand: Wenn der Wille sehr stark in Bewegung gerät, dreht er dem Intellekt immer mehr „den Hahn ab", d.h. dessen Einfluss auf die Handlungen wird immer weniger. Wenn jemand **„ausser sich"** ist, d.h. sein Wille sich sehr heftig bewegt, funktioniert die Zusammenarbeit mit dem Intellekt nahezu gar nicht mehr. Da der Intellekt aber notwendig ist um Täuschungsmanöver zu **entlarven**, wird ein Mensch mit wachsender Erregung immer schutzloser und leichter manipulierbar.

Wenn Du Dir die Achsen (oder Ebenen) des Willens genauer anschaust, wirst Du erkennen, **wo** diese menschlichen Schwachstellen (die Klingelknöpfe) liegen.

Mal ködert man Dich, mal macht man Dir Angst

Auf der Lust-Unlust-Achse ist der Köder die **Lust, die Begierde**, jede Art von **Sucht**, kurz, alles was wir uns einbilden, unbedingt haben zu müssen.

Auf der Unlust-Seite werden wir durch Dinge beeinflusst, die wir fürchten, oder **vermeiden wollen**, entweder weil sie uns Schmerz bereiten, Angst „machen" oder Ekel hervorrufen. Alles, was uns bedroht oder Unwohlsein auslöst, versuchen wir zu vermeiden, was sich bis zur Panik steigern kann. Klar, dass dann auch das Denken aussetzt.

Mal macht man Dich groß, mal macht man Dich klein

Auf der Status-Achse sind es die **Lobhudeleien**, die Deinen Blick eintrüben können. Wenn jemand allzu sehr Dein Ego streichelt, Dich weit über sich stellt und als das Grösste preist, was auf zwei Beinen herumläuft, dann stellt er/sie Dich damit auf ein hohes Podest. Da kann man sehr leicht wieder heruntergestoßen werden. Nicht umsonst heisst es „Hochmut kommt vor dem Fall". Jede Art von **Dünkel, Überlegenheitsgefühl** und Sich-über-andere-stellen birgt Gefahren, weil es den meisten Menschen Genugtuung bereitet, wenn andere plötzlich nicht mehr so toll und grossartig dastehen, wie sie den Eindruck machen wollten. Das macht den **Klatsch** so beliebt. Es ist denkwürdig, was manche Menschen für Anstrengungen auf sich nehmen, nur um andere zu beeindrucken, in der Hoffnung, ihr Ansehen bei anderen würde dadurch steigen und sie würden dann besser von ihnen denken. Sie würden sich wundern, wie wenig andere überhaupt über sie nachdenken. Tja, so ist es eben: „Mitleid gibt's umsonst, aber Neid, ... den muss man sich verdienen!"

Auf der Tiefstatus-Achse wird nicht nur der Intellekt beeinträchtigt, sondern auch der Mut. Alles, wovon Du Dich einschüchtern lässt, was Dich kleiner fühlen „macht", kostet Dich Lebenskraft. Das scheint andere aufzubauen: Vielleicht hast Du auch schon einmal Leute kennengelernt, die sich **an Unterwürfigkeit weiden** können und Spass dran haben, andere zu demütigen. Die destruktiven Formen des Humors, z.B. Spott, Hohn, Zynismus und Sarkasmus bedienen sich dieses Mechanismus'.

Was das **Status-Gerangel** so attraktiv macht, ist der Umstand (fast ein Naturgesetz), dass der Wille des Ranghöheren zählt; sein Wille wird beachtet, der andere muss zurückstehen. Es hat durchaus Vorteile, andere mit einem hohen Status zu beeindrucken. Man ist nämlich dann für das andere Geschlecht attraktiver und auch der Alltagsmensch ist einem dann „stets zu Diensten". Hochstatus löst bei anderen einen **Reflex** aus, den Reflex, sich unterzuordnen und den eigenen **Willen zurückzustellen**. Dies ist so tief in uns verwurzelt, dass wir oft gar nicht merken, was da abläuft!

Das erklärt, warum sich Menschen oft auf entwürdigende Art behandeln lassen, ohne sich zur der Wehr zu setzen. Es ist tatsächlich wie ein Reflex: Wenn jemand mit dem nötigen Hochstatus auftritt, traut sich plötzlich keiner mehr, etwas gegen ihn zu sagen. Die grössten Finanzskandale wurden auf der Basis von **Hochstapelei** ausgeführt. Diesen Reflex zu triggern, funktioniert besonders gut bei Menschen, die unterdrückend erzogen wurden.[9]

Mal macht man Dir Schuldgefühle, mal lullt man Dich ein

Das dritte Klingelknopf-Paar ist: Schuldgefühle auslösen, oder auf der anderen Achsenseite: Platte Versicherungen, dass Du Dich um nichts zu sorgen brauchst.

Da wir gerne alles harmonisch und problemfrei hätten, fallen alle Suggestionen, die uns das Letztere glauben machen, auf fruchtbaren Boden. Wenn wir nicht merken, dass man uns damit Sand in die Augen streut, lassen wir uns nur allzu oft täuschen.

---

9) Erheiternde Beispiele für diesen Reflex bringt Hape Kerkeling in seiner Serie „*Darüber lacht die Welt.*" Kaum zu glauben, was sich Leute alles bieten lassen von jemandem, der im Hochstatus auftritt, eine Uniform trägt, sich einen Titel zugelegt hat oder (vermeintlich) ein hohes Amt bekleidet.

WUT
ANGST
SCHAM

Wir lassen uns dann einlullen und geben Verantwortung ab. Wir glauben den Versicherungen anderer, dass „schon alles in Ordnung gehen wird", dass es „absolut sichere Börsentipps" gibt und dass wir „nichts zu befürchten haben", obwohl da nicht selten ein **warnendes Gefühl** in der Magengegend sagt, dass wir höllisch aufpassen sollten. Auch hier gilt: **Je unsicherer ein Mensch ist, um so leichter fällt er auf diese Masche herein** („Leben Sie, wir kümmern uns um die Details").

Auf der anderen Seite der **Verantwortungs-Achse** liegt das **Schuldgefühl**. Je nach Erziehung ist dieses Gefühl mal ganz leicht, mal etwas schwerer auszulösen, ganz frei davon ist eigentlich nur der Soziopath. Die Schuldzuweisungen reichen von dem alltäglichen „Du hast mich wütend/traurig/ängstlich ... gemacht", bis zu Anschuldigungen der Volksverhetzung oder der Ketzerei. Angesichts solcher **Schuldzuweisungen verliert man leicht die Balance**, regt sich zu sehr auf, wird dadurch angreifbarer, kann sich **nicht mehr so logisch** und überzeugend verteidigen.

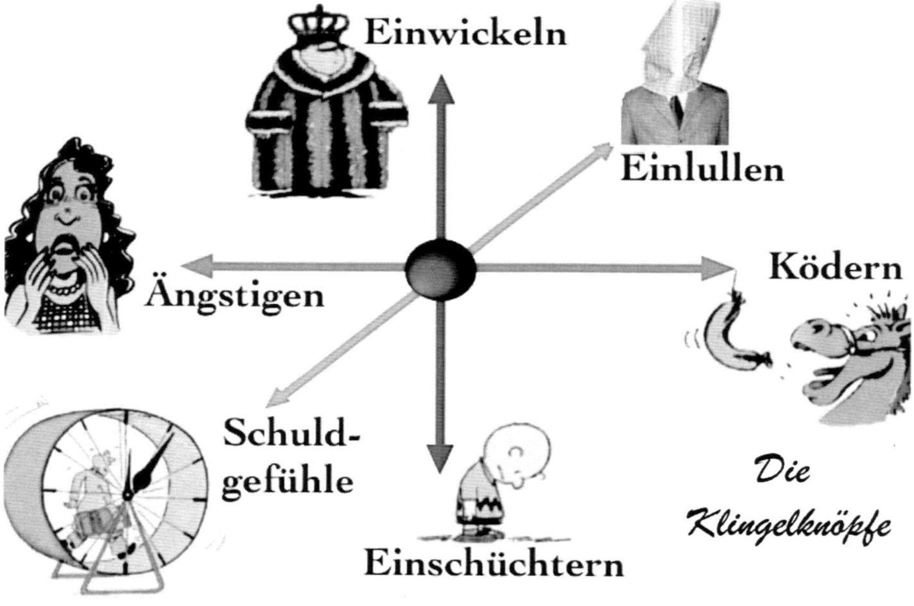

Präg' Dir **die sechs Klingelknöpfe** gut ein; sie zu erkennen ist der beste Schutz gegen Leute, die Dich übervorteilen wollen. Das Erkennen kannst Du jedes Mal trainieren, wenn Du vor dem Fernseher sitzt und Werbung gesendet wird. Diese ist zwar heutzutage schon sehr raffiniert geworden (über Spaß und Unterhaltung lenkt man Dich von der subtilen Botschaft ab), aber das **Ansprechen der drei Willensachsen**, das aller Werbung zugrunde liegt, kannst Du trotzdem gut studieren.

Jetzt, nachdem Du Dich besser kennst, können wir daran gehen, Deine Ressourcen und Talente besser zu fördern. Möglicherweise nutzt Du davon nur einen kleinen Teil, weil Du gar nicht auf die Idee gekommen bist, dass Du **jemand Besonderes** bist. In der Schule und meist auch zu Hause wurde ja immer nur auf die Fehler und Defizite geachtet. Dabei übersieht man leicht seine Stärken und Fähigkeiten.

Selbst-Optimierung:

Eine neue Bedienungsanleitung für Deine Psyche

Da Du jetzt eine klare Vorstellung davon hast, wie Du aufgebaut bist, und vor allem, was Dich bewegt und wo Du zu packen bist, wird es Dir viel leichter fallen, Dich aus diesem Verständnis heraus **richtig zu behandeln**, so dass Du das Beste aus Dir herausholst.

Erinnere Dich noch einmal an die **Ziele** dieses Kapitels:

a) Dich (und andere) **besser zu verstehen** (was wir gerade geübt haben)

b) Deine ankonditionierten **Reflexe abzubauen** und

c) Dich selbst so zu **fördern**, dass Du wirst, wer Du bist.

Um den MagSt richtig und wirkungsvoll einsetzen zu können, muss Deine Ausstrahlung stimmen. Und dazu musst Du eins mit Dir sein. Einssein

– ein treffendes Wort für die gute **Zusammenarbeit von Kopf- und Bauch**steuermann, von Intellekt und Wille. Diese Einigkeit mit Dir selbst und Deinen Aktionen macht Dich erst richtig überzeugend und echt.

Wie Du Dich psychisch nährst und stark erhältst

Vielleicht hast Du das auch schon einmal schmerzhaft zu spüren bekommen: **Bedürftigkeit ist unattraktiv**. Du ruinierst Deine ganze Ausstrahlung, wenn andere Dich als Bittsteller sehen. Und das tun sie, wenn Du die Bestätigung anderer brauchst um ihre Aufmerksamkeit bettelst oder sonstwie zu erkennen gibst, dass Du etwas von anderen „brauchst". Wenn Du ausgehungert nach Anerkennung bist, lugt Dir so etwas aus allen Knopflöchern. Deshalb ist die **erste Massnahme** für eine starke Ausstrahlung, dass Du **gut für Dich sorgst**, nicht nur in punkto Nahrung, Kleidung und Wohnung, sondern genauso auch für Deine seelische Nahrung.

Ähnlich wie Dein Körper *Eiweiß, Fett und Kohlehydrate* (plus Vitamine und Mineralstoffe) braucht um gesund und leistungsstark zu bleiben, **braucht Deine Psyche *Bejahung, Anerkennung und Wertschätzung, um stark und gesund zu* bleiben.**

Bejahung/ Anerkennung / Wertschätzung

Es ist immens wichtig, anderen vorzuleben, wie GUT Du mit Dir umgehst, Dich ermunterst und förderst. Wenn jeder wirklich gut für sich sorgen würde, brauchten wir weniger Krankenhäuser und Bahnhofsmissionen. Außerdem: „Lebe, was Du lehrst!", heißt unsere Devise! Und während die meisten Menschen sich schwer damit tun, sich voll anzunehmen, ihre Stärken anzuerkennen und sich einen Wert beizumessen, sind wir in dieser Hinsicht vorbildlich. Wir sind uns unserer Schwächen (wohlwollend) bewusst, (aner-)kennen unsere Stärken (ohne damit zu prahlen) und haben hohe Ansprüche an die Qualität der Dinge, mit denen wir uns umgeben; nicht nur materiell, sondern auch an die Menschen, mit denen wir uns abgeben (z.B. in punkto Ehrlichkeit, Fairness und Rechtschaffenheit).

„Anerzogene Bescheidenheit haben wir als Trick der Mittelmäßigen erkannt, andere auf ihr Niveau zu ziehen!", sagte Schopenhauer schon vor ca. 150 Jahren. Es hat wohl schon immer einen Druck gegeben, der Menschen dazu drängte, das eigene Licht unter den Scheffel zu stellen, um nicht den Neid und Unmut anderer zu erregen. Dieser „Erziehungsdruck" hat so gut funktioniert, dass heute viele Menschen zwar jede Menge eigener Fehler und Schwächen aufzählen können, bei ihren Stärken und Vorzügen aber lange überlegen müssen. Wie ist das bei Dir?

Bejahung, Anerkennung und Wertschätzung sind unsere **psychischen Nahrungsmittel**, unser Soul-Food, die Nahrung für die Seele. Wie auch sonst das Leben ein ständiger Balanceakt ist, so ist auch hier ein ausgewogenes Verhältnis zwischen innen und aussen entscheidend. Diese drei Nahrungsmittel gewinnen wir im Optimalfall **zur Hälfte von anderen** und zur Hälfte von innen, also von uns selbst. Wir streben weder das eine Extrem, die totale Selbstgenügsamkeit an, noch das andere Extrem, die Abhängigkeit von der Meinung und dem Zuspruch anderer.

Was genau besagen diese Begriffe?

a) Bejahung

**Auch wenn ich (diesen und jenen) Fehler habe,
bin ich doch liebens- und achtenswert!**

Bejahung ist für viele ein **Problem**: „Was, ich soll mich annehmen, obwohl ich so... dick/arm/pickelig/ungebildet/so erfolglos ... bin?"

Solche Menschen haben oft die **Befürchtung**, dass sie stehen bleiben würden, wenn sie sich akzeptierten, sich dann nicht mehr weiter entwickeln würden. Sie glauben (ohne sich dessen bewusst zu sein): „Nur wenn ich ständig mit mir unzufrieden bin und mich unter Druck setze, geht es vorwärts mit mir!"

Weit gefehlt, das **Gegenteil** ist der Fall! Diese Menschen haben leider noch nicht gemerkt, dass gerade *deswegen* nichts weitergeht. Es ist zwar ein vertrautes Gefühl, sich unzulänglich zu fühlen (viele Eltern haben das ihren Kindern vermittelt), aber meistens bewirkt das Gefühl nur, neue Herausforderungen zu scheuen und ihnen auszuweichen.

Ein Mensch, der sich erst dann akzeptiert, wenn er ein bestimmtes Ziel erreicht hat, verwendet die **Karotten-Methode** zur Motivation. Er rennt wie ein Esel hinter der Karotte her, die der Reiter an einem Stock vor seiner Nase baumeln lässt. Wie schnell der Esel auch läuft, er wird sie nie erreichen.

Die Abhilfe? Du erkennst Deine **Schwachpunkte** und **söhnst Dich damit aus**. Ein Mensch, der sich auch mit seinen schwachen Punkten ausgesöhnt hat, ist nahezu unangreifbar und nicht leicht zu verunsichern. Warum sich viele Menschen nämlich allzu schnell in die Defensive drängen lassen, liegt hauptsächlich daran, dass sie sich selbst innerlich anzweifeln. Sie stellen sich selbst in Frage und **vergleichen** sich ständig mit anderen.

Der Mensch ist das einzige Wesen, das sich die Latte so hoch setzen kann, dass er sich ständig als Versager erlebt – ein eigenartiges Spiel, findest Du nicht? Dieses Spiel probieren manche sogar mit dem lieben Gott! Wirklich wahr! Das hört sich dann folgendermaßen an: „Lieber Gott, kannst Du einen Stein erschaffen, der so groß und schwer ist, dass Du ihn selbst nicht mehr heben kannst?"

Damit ist unschlagbar bewiesen, dass Gott entweder **nicht so allmächtig** (im Erschaffen) ist, wie immer behauptet wird oder nicht so stark (im Heben)!

Aber mal ohne Spaß: Fällt es Dir schwer, Dich so, wie Du jetzt bist, anzunehmen? Das wäre schlecht für Dich, weil ein Mensch, der sich nicht akzeptiert, praktisch keinen Boden unter den Füßen hat. Und unter solchen Umständen nützen Dir alle Schritte nichts, die Beine baumeln ja in der Luft! Die gute Nachricht: Den Punkt **Selbstakzeptanz** kannst Du in einer **Clearing-Woche** recht gut in den Griff bekommen.

Verhaltens-Abenteuer: Sich selbst bejahen und akzeptieren

Mit einem Freund kannst Du das mal üben: Person A **testet die Selbstbejahung** von Person B, indem sie peinliche Fragen stellt, die normalerweise defensive Reaktionen auslösen würde (statt dessen reagierst Du aber mit Selbstironie oder verrückten Erklärungen).

Sehen wir uns das an ein paar Beispielen an.

> „Ihre Toilette ist aber nicht ganz sauber, da müsste mal geputzt werden..."

Antwort: *„Wissen Sie, ich lass sie von Zeit zu Zeit etwas verkommen ... Für manche meiner Gäste ist es nämlich notwendig, sozusagen als Zen-Übung, mal das Latrinenputzen zu üben. Und so etwas lohnt natürlich nur, wenn sie so aussieht wie jetzt..."* (Verrückte Erklärungen)

„Oh, ich hätte nicht gedacht, dass sie so alt sind..."
Antwort: *„Eigentlich bin ich 126 Jahre alt, aber ich sage immer, ich wäre erst 98. Das verbessert meine Chancen bei jungen Frauen."*

Andere fühlen sich zu Dir hingezogen, wenn sie spüren, dass Du Deine Schwachstellen mit einem Schmunzeln akzeptierst. Sie vermuten dabei instinktiv, dass Du auch mit *ihren* schwachen Seiten gnädig und wohlwollend umgehen wirst.

b) Anerkennung

So unklug es ist, seine Stärken **lautstark** herauszustellen (weil es nur **Neid** erzeugt), so schädlich ist es, diese zu übersehen, herunterzuspielen oder nicht zu würdigen. Viele sind zwar nach dem Motto erzogen worden: „Abwesenheit von Tadel ist schon Lob genug," doch schadest Du Dir ein Leben lang, wenn Du diese Tradition fortsetzt. Du wirst dadurch nämlich zum Fehler-Vermeider.

Der Fehler-Vermeider ist das Gegenteil eines **Erfolgs-Anstrebers**. Der Fehler-Vermeider ist nämlich bei seinen Bemühungen ständig verkrampft um Fehler zu vermeiden, während der Erfolgs-Anstreber sich für eine neue Tätigkeit begeistert und darauf freut, zeigen zu können, wie gut er etwas kann. Stärken zu stärken ist nunmal viel besser und wirksamer als Schwächen zu schwächen.

Ich weiß noch gut, wie sehr ich überrascht war, als ich nach dem gemeinsamen Seminar mit einem bekannten amerikanischen Psychotherapeuten zusammen saß, um die Ergebnisse zu besprechen. Er hatte eine ganz andere Art, das zu tun, als ich das damals gewohnt war. Er sagte nämlich:

„Lass uns von *dem* lernen, was wir **gut gemacht** haben." Es war ein ganz anderes Gefühl, mal die Highlights noch einmal durchzugehen und dabei zu entdecken, wie geschickt und einfühlsam wir uns verhalten hatten, so dass alle Krisen zu einem positiven Endergebnis gekommen waren.

Probier's aus! Du wirst sehen, dass Du auf diese Weise viel schneller lernst, als durch ein Durchkauen misslungener Situationen!

c) Wertschätzung

Niemand kann Dir verwehren, dass Du **Dir selbst viel wert bist** – und das solltest Du auch praktizieren: In der Wahl des Partners, der Freunde, des Arbeitsplatzes und in der Gestaltung Deines Ambientes und Deiner Erscheinung.

Damit ist nicht ausufernder Luxus gemeint. Der beste Kompromiss wird wohl sein, **in unwichtigen Dingen anspruchslos** zu sein, **bei wichtigen aber die Latte hoch** zu legen. So kann man beim eigenen Komfort auch mal Abstriche machen, bei der Freundes- oder Partnerwahl aber lieber ganz verzichten, als sich mit wenig zufrieden zu geben. Dann wirst Du Dich nämlich mit Menschen umgeben, die Dich zu schätzen wissen, die Dich mit „Soul-food" nähren und Dir durch ihre Aufmerksamkeiten zeigen, dass sie Dich hoch- und wertschätzen. Deine Freunde sind sozusagen Deine Garanten. Wenn andere sehen, dass Du interessante Freunde und Bekannte hast, Leute, die etwas Substantielles auf die Beine gestellt haben, wirkt das wie ein Gütesiegel. Deine Freunde „färben" auf Dich ab!

Auch **in materiellen Dingen anspruchsvoll** zu sein, weist Dich als einen Menschen aus, der sich etwas wert ist. Ein Mensch, der allzu billige, unbequeme Schuhe trägt, zeigt, dass er sich nicht genügend schätzt, um seinen Körper königlich zu behandeln. Dasselbe gilt für gutes Essen und die Körperpflege. Du glaubst gar nicht, wie stark **Dein äußerer Ein-**

druck andere für (oder gegen Dich) einnehmen kann. **Du wirst völlig anders behandelt, wenn Du Selbstwert(schätzung) ausstrahlst**. (Das bezog sich jetzt hauptsächlich auf die männlichen Leser. Ich staune immer, wie viel Mühe und Sorgfalt Frauen für ihre Gesichts- und Körperpflege aufwenden. Manchen Männern hingegen ist es schon zu viel Mühe, sich einmal im Monat die sprießenden Nasenhaare zu entfernen!)

Ein Kunstgriff, wie Du Dein Selbstvertrauen enorm stärkst

Das Wort „Selbstvertrauen" sagt es schon: Du **vertraust Dir selbst**. Weshalb? Aus genau demselben Grund, warum Dir andere vertrauen: Weil Du hältst, was Du versprichst, weil Du **zu Deinem Wort stehst**, auch (und vor allem) dann, wenn Du Dir *selbst* etwas „versprochen" hast!

Wie Du siehst, sind das zwei Bedingungen – Du versprichst Dir, etwas zu tun (oder zu lassen) und – Du handelst dann auch danach. Wenn Du Dir also ZU VIEL versprichst, mehr als Du halten kannst, schadest Du Deinem Selbstvertrauen. Der ganze **Trick** besteht also darin, Dir nicht mehr so viel vorzunehmen oder zu versprechen! Sei nachsichtig mit Dir, lern' Dich kennen: **Immer nur so viel vornehmen, wie Du auch schaffen kannst.**

$$\text{Selbstvertrauen} = \frac{\text{Erreichtes}}{\text{Vorgenommenes}}$$

Wenn Du Dir häufig mehr vorgenommen hast, als Du dann erreichst, wird der Wert Deines Selbstvertrauens kleiner als 1.
Es ist dann nur noch ein Bruchteil dessen, was es wäre, wenn Du entweder mehr oder genau das erreichst, was Du Dir vorgenommen hast. Du hast es in der Hand, wie Du Dich diesbezüglich fühlst.

Ich bin in dieser Beziehung auch sehr anfällig. Ich nehme mir manchmal einen Berg von Erledigungen vor ...

Ich hab mir mal zur Gewohnheit gemacht, in einer To-do-Liste alles zu notieren, was ich noch zu erledigen hätte. Dabei ist mir aufgefallen, dass ich all das in der Zeit, die ich zur Verfügung habe, nicht schaffe, ja, gar nicht schaffen kann! Du weißt ja, was das bewirkt, wenn man sich zu viel vorgenommen hat. Man fängt an, vieles **vor sich her zu schieben**, den unangenehmen Arbeiten auszuweichen und irgendetwas zu tun, nur nicht das, was jetzt dringend wäre... Beschäftigungswahn und **Aufschieberitis** sind die Folge!

Und... ein permanent **schlechtes Gewissen** gepaart mit niedrigem Selbstvertrauen!

Dem kannst Du abhelfen, wenn Du Deinen **Arbeit/Spiel-Koeffizienten** kennst. Das ist das Verhältnis von Spiel zu Arbeit, das Dein Wille braucht, um sich wohl zu fühlen. Wenn Du eine von beiden Seiten überbetonst, geht es Dir nicht mehr gut.

Was mir da sehr geholfen hat, war die Aussage eines sehr erfolgreichen Managers, der sagte, dass er zufrieden ist, wenn er **die ersten drei Punkte aus seiner To-do-Liste** erledigt hat (die er vorher nach Prioritäten sortiert hatte). Damit hatte er die drei wichtigsten Dinge getan. Er akzeptierte einfach, dass die weiter unten stehenden Punkte eben manchmal gar nicht erledigt werden.

Also: Nur das Wichtigste – und: **Immer nur so viel versprechen, wie Du einhalten kannst!**

Klingt einfach, ist es aber nicht. Gib Dir Zeit.

Hast Du Lust auf ein kleines Experiment?

Verhaltensprojekt

Du versprichst eine Woche mal weder anderen, noch Dir selbst etwas. Was immer Du Dir vornimmst, halt' es offen, ob Du es dann wirklich tust, und nimm es gleichmütig hin, wenn Du es nicht tust. Deine bisherigen „Versprechen" sind ab jetzt nur „**Absichtserklärungen**", auch Dir selbst gegenüber.

Du wirst es kaum glauben können, aber Du wirst keine bessere Methode finden, um Dein Selbstvertrauen zu stärken. Dadurch findest Du nämlich heraus, was Du **wirklich tun willst**. All die Dinge, die Du Dir vornimmst, oft auch versprichst und dann aber nicht tust, schwächen Dein Selbstvertrauen!

Ist doch klar: Selbstvertrauen heisst ja schließlich, dass Du auf Dich bauen und Dir vertrauen kannst, dass Du das tust, was Du für richtig entschieden hast. Wenn Du Dir 15 Erledigungen auf Deine To-do-Liste geschrieben hast und Du machst sie dann nicht, schwächst Du Dein Vertrauen in Dich selbst. Du nimmst Dir dann morgen noch weniger ab, dass Du konsequent das tust, was Du Dir vorgenommen hast.

Nimm' Dir dann nur noch Dinge vor, die Du dann auch garantiert tust. Jedes Mal stärkst Du damit Dein Selbstvertrauen. Nebenbei lernst Du auch noch, sehr schnell zwischen Verpflichtung und Verantwortung zu unterscheiden! Möglicherweise findest Du dabei auch noch Deine wahre Bestimmung: Eine Tätigkeit, die Dir leicht von der Hand geht, für die Du wie geschaffen bist und von der Du gut leben kannst! Wenn Du etwas gerne und leicht tust, könnte das ein Hinweis darauf sein, wofür Du „gebaut" bist.

Du hast jetzt zwei aufbauende Maßnahmen kennengelernt, die Deine Selbstsicherheit und Dein Selbstvertrauen enorm steigern werden. Mit dieser Voraussetzung kannst Du das nächste Ziel in Angriff nehmen: Deine konditionierten Reflexe, die Dich unattraktiv und um Anpassung bemüht erscheinen lassen. Nämlich all das, was Dich derart „wohlerzogen" gemacht hat, dass man Dich manchmal glatt übersieht („Ach, Sie waren tatsächlich auch auf diesem Fest?").

Alte Programmierungen überschreiben

Die vier „BRAV-Reflexe"

Als Du klein warst, wurden Dir, ohne dass Du viel dagegen tun konntest, ein paar **Reflexe ankonditioniert**, die Dich „pflegeleichter" für Deine Betreuer machen sollten. Wie sonst hätten sie Dich, ein Bündel sprühender Energie, dazu bringen können in der Schule still zu sitzen oder beim Essen nicht zu schmatzen?

Wenn Du von „brav und angepasst" umschulst
auf „frech, aber unwiderstehlich",
wirst Du nicht nur interessanter,
sondern bekommst auch viel öfter,
was Du magst und was Dir zusteht.

Schritt 1 ist, Dir diese **Reflexe bewusst** zu machen, und Schritt 2 ist, sie konsequent **mit reiferen Reaktionen zu ersetzen**. Mit „reifer" meine ich hier: selbstbestimmt und origineller.

Gehen wir mal die vier Reflexe durch, die Dich am meisten behindern:

1. Bescheiden-und-bemüht-Reflex (das „B" von BRAV)

Bescheiden sein heisst: Du sollst Dich **unter Wert verkaufen**, Dich hinten anstellen, anderen den Vortritt lassen und **niemandem zur Last** fallen. Kennst Du das?

Dass dieser Reflex Dich „hat", merkst Du daran, dass Du Dich kleiner fühlst oder machst. Du vergleichst dann Deine schwachen Leistungen mit den Bestleistungen anderer, traust Dich nicht, Deine Stärken in Szene zu setzen und **spielst** vor anderen Deine **Leistungen herunter**. Kein Wunder, wenn Du dann sauer bist, wenn andere das **nicht genauso** machen, sondern auch mal „auf den Putz hauen".

Unter dem Einfluss dieses Reflexes wirst Du Dich auch angestrengt bemühen, zu lächeln und „nett" zu sein, wenn Du mit neuen Leuten zusammen kommst, Dich von Deiner **besten, wohlerzogenen** Seite zeigen, und immer freundlich dreinschauen und nicken, auch wenn die anderen gerade einen hausgemachten Stuss daherreden.

Im **MagSt** lächelst Du nicht in anbiedernder Weise, sondern **bringst andere zum Lachen**. Du zeigst Dich nicht von Deiner „besten" Seite, sondern **exponierst** sowohl Deine, als auch die **Schwächen** anderer. Und dank Deiner Herausforderungen labert der andere bald nicht mehr langweiliges Zeug, sondern **kommt aus seinem Schneckenhaus heraus** und zeigt seine interessanteren Seiten. Dann werden andere Dich nach so einer Begegnung auch so schnell nicht mehr vergessen.

2. Der Rechtfertigen-Reflex (Das „R" von BRAV)

Dieser Reflex ist ganz besonders fies, weil er so festsitzt, wie eine Klette in einem Angorapulli.

Gebrauchst Du gerne Ausreden? Jede **Ausrede ist eine Rechtfertigung**! Und sie lässt Dich schwach erscheinen, weil Du damit zeigst, dass Dir die Meinung, die Dein Gegenüber von Dir hat, wichtiger ist als die Meinung, die Du von Dir selbst hast. Eine Rechtfertigung ist ja nichts anderes als der Versuch, durch Deine Darstellung der Situation („die Umstände haben mich abgehalten...") oder Deiner Motive („versteh`mich bitte, ich wollte doch nur...") den anderen zu einer besseren Meinung über Dich zu bewegen. Dadurch gibst Du dem anderen eine große **Macht über Dich**, nämlich: Dir **ein schlechtes Gefühl „machen"** zu können! Er braucht nur einfach stur auf seiner Meinung zu beharren und Dich einfach nicht „freizusprechen". Dadurch hat der andere praktisch eine Fernbedienung für Deine Gefühle in der Hand – Du bist dann **aussengesteuert**!

Wenn Du von vorne herein die Meinung des anderen nicht über Deine stellst, sondern ihm seine „gewährst" und lediglich seine unzulässigen Schlussfolgerungen und Wahrnehmungsfehler aufdeckst, bist Du viel souveräner.

Das soll jetzt nicht heissen, dass Du keine **Fehler zugeben** kannst! Es bedeutet schlicht, dass Du zeigst, dass Du mit der „schlechten" Meinung des anderen von Dir recht **gut leben** kannst. Wenn Du das einmal im Griff hast, ersparst Du Dir 80 % der Manipulationsversuche anderer. Diese spüren nämlich sofort, wenn jemand eine unerschütterlich positive Einstellung zu sich hat und lassen solche Versuche von vorne herein bleiben.

Im MagSt gibt es **keine Rechtfertigung**, höchstens scherzhaft übertriebene, nicht wirklich ernst gemeinte. Da Du mit Dir selbst im Reinen bist und Dich rundum bejahst, gibt es auch **keine Motive und Absichten zu verbergen**. Da bringst Du Dir zu einer Einladung auch mal einen eigenen Wein mit – wohl wissend, dass Du den Fusel vom letzten Mal nicht noch einmal verträgst. Und wenn Du das frech-charmant rüberbringst (also ohne Rechtfertigungen!), dann trinken selbst die Gastgeber gerne bei Deiner Flasche mit.

3. Der Antworten-Reflex (Das „A" von BRAV)

„Wenn man gefragt wird, hat man zu antworten!" So hat man Dir das als Kind beigebracht und das sitzt so drin, dass Du schon geantwortet hast, bevor Dir dämmert, dass der andere die **Information möglicherweise zu Deinem Nachteil** verwenden wird.

Im MagSt antwortest Du entweder mit einem „Nein", indirekt, oder auf Deine unverwechselbare, vor allem aber unvoraussagbare Art. Du lässt Dir im allgemeinen durch Fragen nicht die Führung aus der Hand nehmen und praktizierst die Kunst des „**Antworten ohne zu antworten**". Warum solltest Du nicht auch einmal etwas nutzen, was die Politiker aus dem "Effeff" beherrschen?

4. Der Verpflichtet-Fühlen-Reflex (Das „V" von BRAV)

Bei diesem Reflex geht es darum, dass Du Dich anderen für jede Kleinigkeit, jede **Nettigkeit verpflichtet** fühlst. Ein Satz wie: „Nach allem, was ich für Dich getan habe!", kann dann tiefe Verpflichtungsgefühle bei Dir auslösen.

Wie reagierst Du auf ein Geschenk, das lieblos und entsprechend uneinfühlsam ausgesucht wurde? Hast Du Dich brav bedankt, obwohl Dir auf der Zunge lag: „Wenn Du mir wirklich eine Freude machen willst, dann schenk mir doch (ein Buch, eine Theaterkarte, einen Goldbarren), damit kann ich (wenigstens) was anfangen!"

Ich bewundere Frauen, die Komplimente und **Geschenke annehmen** können, als wären sie eine Art **Tribut**, den man ihrer Schönheit und Persönlichkeit zollt. Probier' ruhig mal aus, ein Entgegenkommen von anderen mit einer Haltung von **würdevoller Grazie** anzunehmen, Du wirst sehen, dass Dir das keine Sympathien kostet, im Gegenteil! Sich überschwänglich zu bedanken wirkt doch, als meintest Du, Du hättest das nicht verdient!

Diese vier anerzogenen Reflexe, die bei den meisten auch im Erwachsenenalter noch wirksam sind, verhindern, dass Du in sozialen Situationen die Führung einnimmst und das Geschehen (mit-)bestimmst. Sie bringen Dich in eine unvorteilhafte Tiefstatus-Position, d.h. Dein Wille zählt kaum oder gar nicht. Oder noch schlimmer: Man bestimmt über Dich.

Es interessiert Dich bestimmt, wie Du diese Reflexe wieder los wirst. Das geht sicher nicht von heute auf morgen. Hier heisst es: Dran bleiben!

Einige Arten der Abhilfe

Wie kannst Du diesen vier Reflexen entgegenwirken? (Die Generalabhilfe, nämlich die drei Einflusspositionen, besprechen wir später noch.)

Um diese Reflexe in den Griff zu bekommen, brauchst Du zunächst das **Wissen um ihre Mechanismen**:

➽ **Beim *Bescheiden- und Bemüht*-Reflex**

… bietest Du Dich an, in der Hoffnung, Dein Gegenüber schenkt Dir seine **Gunst**. Du versetzt Dich in eine Position, die im alten Rom der Gladiator hatte, dessen Schicksal vom Hoch- oder Tiefdaumen des Imperators abhing.

Hier ist die Abhilfe, eine inkompatible Haltung einzunehmen, eine, die mit Deiner **bisherigen Haltung unvereinbar** ist. Wenn Du die einnimmst, kannst Du auch ruhig mal „nett" sein, es schadet dann Deiner Einfluss-Position nicht mehr.

Die inkompatible Haltung zur Anbiederung ist:

Dein Gegenüber darf sich glücklich schätzen, wenn es Dich als Freund, Partner oder Mitarbeiter gewinnt!

Du verstehst Dich ab jetzt als eine Art „Preis" oder **Hauptgewinn**, der nur vergeben wird, wenn zuvor bestimmte Bedingungen vom Gegenüber erfüllt wurden.
Sicherlich hast Du eine ganze Reihe von **Ansprüchen** an die Personen, die Dir nahe sein dürfen: Treue und Loyalität, Ehrlichkeit und Zuverlässigkeit, Intelligenz und Stil usw. Mach Dir ruhig mal Gedanken über die einzelnen Positionen auf Deiner Liste! Und halte sie nicht zu kurz! Denk' an Somerset Maugham, der einmal sagte: „Ist es nicht seltsam? Wenn Du Dich weigerst, etwas ausser dem Besten anzunehmen, bekommst Du es auch meist!"

Über diese „Ich-bin-der-Preis" -Haltung reden wir später noch.

➽ Der *Rechtfertigungs*-Reflex

… hängt eng mit den nächsten beiden Reflexen zusammen, deswegen haftet er auch so zäh. Besonders schlimm ist er für Menschen, die als Kind oft zu hören bekamen: „Was immer Du tust, hör' auf damit, es könnte gefährlich oder störend sein!"

In unserem Land galt für Kinder noch bis vor 20 Jahren: „Alles, was nicht ausdrücklich erlaubt ist, ist verboten". Klar, dass man sich dann ständig überlegen musste, wie man sein **Handeln begründen** würde, falls einer käme und fragte: „Was machst Du denn da?"

Dieser Reflex steckt in manchen Menschen so tief drin, dass sie schon Schwierigkeiten haben, irgendetwas in der Öffentlichkeit zu tun, was sich andere nicht erklären können. Das glaubst Du nicht? Dann stell' Dich mal an eine Bushaltestelle und strecke einfach mal den Ellenbogen seitlich weg, so, als würdest Du ihn auf eine Mauer legen. Oder geh einfach mal ein paar Meter rückwärts auf dem Gehweg (Kinder machen solche Spiele ständig). Als Erwachsener wirst Du dabei ein starkes Unwohlgefühl empfinden.

Das kommt von dem Zensor in Deinem Gehirn, der zu Dir sagt: „Was werden die Leute sagen!" Die **Folge ist angepasstes Verhalten** mit mangelnder Zivilcourage als Spätfolge.

Um diesen Zensor in den Griff zu bekommen, musst Du schon ein bisschen üben. Das **„Gewohnheits-Ketten durchbrechen"**, das im Anhang beschrieben ist, wird Dir eine große Hilfe sein.

Dein Ziel ist hier, Dich **unabhängig von der Meinung anderer** zu machen, indem Du Dir eine „tägliche Mutprobe" einrichtest, bei der Du Konventionen entgegen handelst. Das kann ein einfaches over-dressed oder under-dressed sein, ein auffallendes Accessoire oder Handlungen, bei denen Du Dich mal *nicht* dem anschließt, was alle anderen gerade tun.

Ein Trick, den Du recht schnell lernen kannst

Es gibt eine sehr schnell wirkende Methode, die ständigen Rechtfertigungen einzudämmen: Mach' es Dir zur lieben Gewohnheit, mit *Gefühlen* statt mit Argumenten zu begründen, warum Du etwas tust, oder z.B. eine Meinung vertrittst. Wenn Du, sagen wir mal, etwas nicht machen möchtest, was man von Dir verlangt, dann sag' einfach, **Dir „ist nicht danach"**, oder „ein inneres Gefühl warnt Dich davor". Gegen Gefühlsgründe kann der andere schlecht argumentieren. Und lass' Dich dann nicht erweichen! Bleib dabei und bring' keine rationalen Argumente: die kann man nämlich leicht aushebeln.[10]

Bei diesem Reflexabbau geht es darum, weder Erklärungen noch Rechtfertigungen (und dadurch Power) abzugeben. Diese kommen beim anderen nämlich wie ein **„Versteh' mich doch bitte!"-Appell** an. Möglicherweise ist der andere im Moment weit davon entfernt, Dich verstehen zu wollen.

Am besten Du fängst erst einmal klein an und denkst Dir **Entgegnungen zu herausfordernden Fragen** aus, die Dich zu Rechtfertigungen verleiten sollen, wie etwa: „Finden Sie das etwa richtig, dass Sie...", oder man spricht Dich auf eine Marotte an: „Warum zucken sie immer so mit dem Mund?" Oder man stellt eine der so beliebten „Warum"-Fragen: „Warum sind in ihrem Teppich so viele Flecken?"... und ähnliches.

Wenn Dein Reflex richtig tief sitzt, wird Dir erst einmal nichts einfallen, einfach Mattscheibe. Als nächstes fallen Dir vielleicht Gegenattacken oder -fragen ein. Schon besser. Also zum Beispiel:

(„Finden Sie das etwa richtig?") „Wieso sollte ich das nicht richtig finden?"

(„Warum zucken Sie…") „Was stört Sie daran, dass ich mit dem Mund zucke?"

(Flecken auf dem Teppich) „Sind *Ihre* Teppiche denn blitzsauber?"

---

10) Als Mann musst Du Deine Umgebung erst vorsichtig an dieses neue Verhalten gewöhnen. Von Männern wird einfach erwartet, dass sie rationale, vernünftige Gründe vorbringen (die man dann leicht unterlaufen kann).

Der Nachteil bei diesen Entgegnungen ist: Solche Gegenattacken zeigen, dass Du Dich angegriffen fühlst – ist also nicht souverän genug für Dich.

Was dann?

Der beste Beweis, dass Du Dich nicht angegriffen fühlst ist...?... ja?... ja? ...

Genau! Scherzhaft zu reagieren!

Du gewöhnst Dir an, in Zukunft entweder ...

- nur **scheinbar rechtfertigend** zu reagieren, indem Du einen völlig absurden Grund angibst oder ...
- Du drehst die Situation herum, indem Du scherzhaft Dein **Gegenüber als den „Schuldigen"** bezichtigst (ihm sozusagen die „Schuld" zuschiebst)

(„Finden Sie das etwa richtig ,...?") „Natürlich nicht, aber wie bringt man jemand wie Sie denn sonst so richtig in Fahrt?"

(„Warum zucken Sie dauernd mit dem Mund?") „Das tritt nur auf, wenn mein Gegenüber enorm erotisierend wirkt!"

(Flecken auf dem Teppich) „Die hab ich vorhin erst drauf gemacht. Ich dachte, dass Sie sich dann mehr zu Hause fühlen!"

Und als *dritte* **Standardreaktion** solltest Du noch im Köcher haben:

– die **„Es ist schlimmer als Du dachtest"**-Reaktion

(besonders nützlich bei partnerschaftlichen Inquisitionsfragen)

„Warum kommst Du schon wieder so spät?" „Ich hab so lange rumgegrübelt, ob ich überhaupt noch einmal kommen soll!"

„Wo ist denn das Geld hin, das Du gestern noch hattest?" „Shit, das müssen sie mir im Bordell geklaut haben!"

„Wo willst Du denn hingehen mit Deinen Freunden?" „Nichts Besonderes, wir geh'n nur in den Swinger-Club, wo wir immer hingehen."

Vielleicht ist Dir aufgefallen, dass Männer anfälliger für Rechtfertigungen sind als Frauen. Auch in den meisten Cartoons sind es fast immer Frauen, die Männer inquisitorisch zur Rede stellen, selten umgekehrt. Das sollte Männern eigentlich zu denken geben!

➽ Beim *Antworten*-Reflex

... lässt Du Dich vom anderen bestimmen und machst einen „**folgsamen Eindruck**". Damit schwächst Du Deine Einflussmöglichkeiten, Du gibst die Initiative an den anderen ab. Die Standardreaktion hierauf ist die *Gegenfrage*, die vom anderen erst eine Vorleistung, ein Entgegenkommen verlangt, bevor die gewünschte Antwort gegeben wird. Lustiger und kreativer ist aber das...

Antworten ohne zu antworten

Im Alltag sind wir ständig irgendwelchen **prüfenden Fragen** oder Herausforderungen ausgesetzt. Besonders häufig werden Fragen eingesetzt um uns zu verleiten, Dinge von uns preiszugeben, die dem anderen helfen, uns einzuschätzen und leider auch oft, um uns abzuqualifizieren oder zu manipulieren. In solchen Fällen brauchst Du zunächst **Bewusstheit** (Durchblick) und dann entweder **Diplomatie oder den MagSt**.

Gehen wir mal beide Reaktionsweisen durch:

Diplomatische Antworten:

1. Ein Nachbar fragt Dich im Treppenhaus: „Ist Deine Schwester eigentlich noch mit dem Neger zusammen?"

   Du antwortest: „Ich bin leider nicht der richtige Ansprechpartner in diesem Zusammenhang."

2. Ein Kollege hat in der Teambesprechung Vorschläge gemacht, die Du nicht gut findest. Einer seiner Widersacher fragt Dich um Deine Meinung dazu: „Wie finden Sie eigentlich die Vorschläge vom Niedermayer?"

   Du antwortest diplomatisch:„Unter Umständen können Herrn Niedermayers Vorschläge teilweise in einen umfassenderen Ansatz zur Gesamtproblembewältigung aufgenommen werden."

3. Du willst ein unangenehmes Thema geschickt umschiffen.„Dies ist mit Sicherheit nicht der geeignete Zeitpunkt, diese Angelegenheit zu besprechen. Lassen Sie uns dieses Thema zu einem späteren Zeitpunkt aufgreifen, und zwar in einem Rahmen, der dem Thema gerecht wird."

4. Du hast gerade eine neue Bekanntschaft gemacht und sie fragt Dich: „Wann hattest Du denn Dein letztes Date?"

   Du antwortest: „In unserer schnelllebigen Zeiten kann sich eine Woche manchmal wie ein Jahr anfühlen - oder ein Jahr wie eine Woche. Ist die Zeit nicht mehr oder weniger eine Frage des Bewusstseins?"

Das waren jetzt alles diplomatische, ernsthafte Antworten. Humorvoll-freche Antworten wären zum Beispiel:

Frage: „Ist Deine Schwester eigentlich noch mit dem Neger zusammen?" Antwort: „Keine Ahnung! Aber wenn Sie einen Hunderter locker machen ... Vielleicht fällt es mir dann wieder ein?"

Frage: „Wie finden Sie denn die Vorschläge von Herrn Niedermayer?" Antwort: „Wissen Sie, wie man Leute, die neugierig sind, unter Hochspannung setzt? (Pause) ... Erzähl ich Ihnen später."

Dein Gegenüber schneidet ein Thema an, zu dem Du nichts sagen willst: Reaktion: „Ich konnte Ihnen jetzt gar nicht zuhören, ich war völlig fasziniert von den Bewegungen Ihres Mundes und den kleinen Speichelbläschen im Mundwinkel."

Frage: „Wann hatten Sie denn Ihr letztes Date?" Reaktion: (gespielt naiv, an den Fingern abzählend): „Zählt da auch meine Mammi mit?"

Falls Dir etwa mal gar nichts einfällt, hast Du immer noch den Standard-Satz:

„Jetzt bin ich aber gespannt, was sie mich noch alles fragen!"

Trainiere das ruhig ein bisschen, **direkte Fragen** in Zukunft erst einmal zu **umgehen** oder abzuschmettern, indem Du entweder eine Gegenfrage stellst oder lustig mit einem Nonsens antwortest. Der andere erhält die gewünschte Information entweder gar nicht oder nur zu Deinen Bedingungen („Sie möchten also gerne wissen...? Nun gut, das will ich Ihnen gerne sagen, wenn Sie mir zunächst verraten, wozu Sie diese Information brauchen!").

Im **MagSt** bist Du meist in der **Beweger-Position**, also **initiativ**, sonst wirkt er nicht. Du tust also gut daran, die **Führung** in die Hand zu nehmen und Deinen Reflex, zu antworten, allmählich zu löschen.

Mach' es Dir zur Gewohnheit, generell **reflexhafte Reaktionen zu unterbinden**, z.B. erst einmal abzuwarten. Das wird Dir helfen solche Reflexe abzubauen. Dabei kannst Du mal eine gewisse Zeit immer **erst auf eine Wiederholung** der Frage reagieren. Bei der ersten machst Du ein Gesicht, als würdest Du denken: „Blöde Frage!" oder „Das kann doch nicht Dein Ernst sein, so etwas zu fragen?".

➽ Beim *Verpflichtet-Fühlen*-Reflex

… hat es der andere geschafft, Dir eine **Bringschuld zu verpassen**. Dazu braucht er nur eine Erwartung an Dich zu stellen und schon überlegst Du, wie Du sie erfüllen kannst.

Ein Calvin-Cartoon zeigt das sehr schön: Der kleine Calvin kommt in die Küche, wo seine Mutter Plätzchen bäckt. Er sagt zu ihr: „Mammi, ich möchte ein Pferd haben!" Mutter antwortet: „Das geht doch nicht, wo sollen wir es denn hinstellen? – Da, hast Du ein Plätzchen und gib jetzt Ruhe!" Und Calvin geht zufrieden weg und sagt sich still: „Ein Plätzchen für ein imaginäres Pferd, kein schlechter Tausch!"

Du siehst, man braucht also bei manchen Menschen nur eine Erwartung (an ihr Verhalten) zu äußern, und schon fühlen sie sich zu einem Entgegenkommen verpflichtet. Bei solchen Menschen braucht es oft nicht einmal eine verbal geäußerte Erwartung, manchmal genügen da schon Blicke oder Gesten und er „springt" schon.

Zu diesen Leuten wirst Du vermutlich nicht gehören, sonst brauchtest Du nämlich dringend ein paar Sitzungen Psychotherapie, aber bestimmt hast Du in einem Geschäft schon einmal etwas für Dich **Nutzloses gekauft**, weil Du Dich dazu verpflichtet gefühlt hast, nur deshalb, weil Du den Laden betreten hast, stimmt's?

Das Ausnutzen dieses Reflexes ist heute sehr verbreitet, die **Werbegeschenke** sind ein Beweis dafür. Du wirst sehr sensibel sein müssen, um all die kleinen Versuche im Alltag, Dich damit zu manipulieren, zu erkennen. Sobald Du dafür eine **„innere Alarmklingel"** eingerichtet hast, bist Du in der Lage, auf neue Weise zu reagieren.

Da wir im Weiteren noch öfter über Arten der Abhilfe für diesen Reflex sprechen, reicht hier ein kleiner Trick als **Startmaßnahme**:

Wenn Dir jemand etwas gibt oder etwas für Dich tut, worum Du ihn nicht gebeten hattest, dann stoppe Deinen Impuls, dafür etwas zurück zu geben. **Stattdessen dankst Du** dem anderen mit einfallsreichen Worten und **lobst ihn** für seine Gebefreudigkeit oder Hilfsbereitschaft. Geh' einfach davon aus, dass er Spass am Geben hatte, es gern getan hat und ein „Zurückgeben" für ihn schon fast eine Beleidigung wäre. Du wirst sehen, dass das in den meisten Fällen sogar die bessere Reaktion ist.

Das waren sie, die vier **BRAV-Reflexe**! Wie Du schon gemerkt haben wirst: Es wird ein gutes Stück **Arbeit und Bewusstmachung** kosten, Dich gründlich davon zu befreien.

Lohnen wird sich das auf jeden Fall. Erst dann bist Du richtig vorbereitet für den MagSt. Aber zuvor noch ein Tipp, wie Du diesen Prozess fördern kannst.

Dein „mentales" Vorprogramm

Wie Du aus dem Bisherigen erkennen konntest: Um den MagSt wirklich gut einzusetzen, musst Du Dir alles „abschminken", was Dich angepasst, unsicher und langweilig-voraussagbar macht. Dir ist wahrscheinlich in der Kindheit dasselbe anerzogen worden, wie fast allen Menschen, die traditionell erzogene Eltern hatten: Bravsein, Gehorsam und Pflichtbewusstsein (was einerseits ja gar nicht so schlecht war).

Damit Du mit dem MagSt erreichst, was Dir bisher noch unerreichbar schien, muss er auf solidem Boden stehen (sonst verträgst Du das Echo nicht). Das heisst, dass Deine **Persönlichkeit darauf abgestimmt** sein muss. Deshalb: Kleinmut und das Wühlen in Selbstzweifeln kannst Du dann nicht mehr brauchen.

Ich gehe nicht davon aus, dass Du von heute auf morgen alle Konditionierungen ablegst. Mit etwas **Ausdauer** wirst Du selbst merken, dass die aufbauenden Erfahrungen, die Du auf dem Weg zur MagSt-Meisterung machst, Dir Kraft und Sicherheit einflößen. Das ist der **Weg der Praxis**: Mit jeder erfolgreichen Anwendung des MagSt wächst Deine Sicherheit.

Diesen Weg kannst Du aber stark abkürzen, wenn Du Dir eine **Vision** von Dir schaffst, ein neues Selbstbild, das frei von den Konditionierungen der Vergangenheit ist. So ein Bild von Dir erzeugt einen starken Sog, Dich genau in diese Richtung hin zu entwickeln. Du brauchst es Dir dazu nur oft genug innerlich vorstellen. Das ist der **mentale Weg**: Durch geistiges Üben programmierst Du Dein Unbewusstes neu, so dass die alten, limitierenden Vorstellungen verschwinden.

Und warum solltest Du dich nicht von zwei Seiten dem Ziel nähern? Das geht doch viel schneller.

Worauf es ankommt: Körpersprache

Ein weiteres schwerwiegendes Argument für das **mentale Training** ist die Überzeugungskraft, die Du dazugewinnst, wenn Du mit Dir eins bist. Unsicherheit und Zweifel schmälern Deinen Erfolg bei der Anwendung neuer Fertigkeiten.

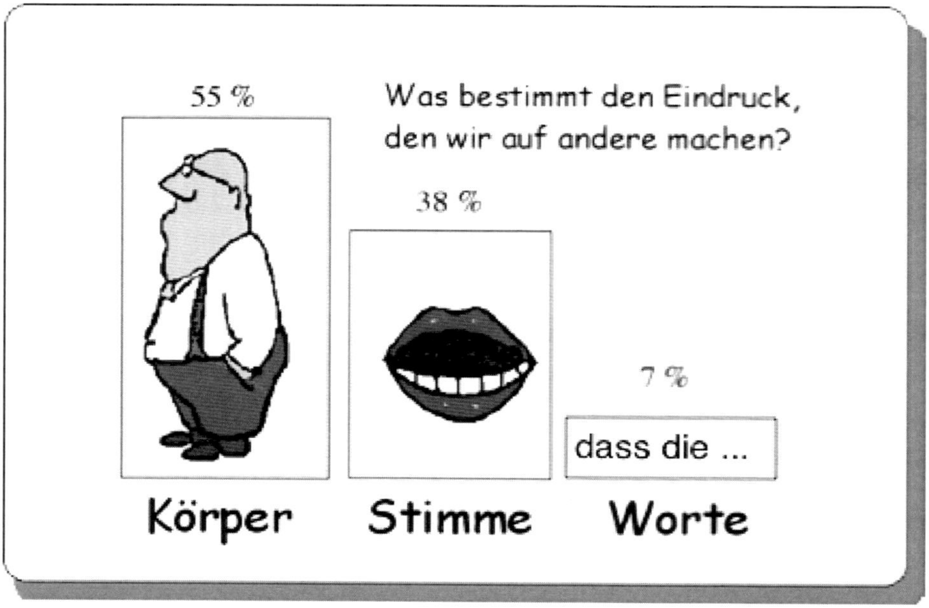

Mit dem mentalen Training erreichst Du schnell eine **stimmige Verkörperung** des MagSt. Die Körpersprache ist es nämlich, auf die es am meisten ankommt. Deine Worte oder Sprüche brauchen den richtigen Hintergrund, um zu wirken. Ohne die dazu passende Körpersprache gehen die schönsten Worte daneben.

Damit Du Dir das gut einprägen kannst, hier noch einmal grafisch dargestellt: Was von Deinem Gesamteindruck zählt am meisten?

Wenn Du zur Körpersprache noch den Tonfall hinzuzählst, dann ergibt sich: Die **nonverbalen Anteile** Deines Gesamteindrucks machen ganze **93 %** aus!

Da an unserem Gesamtausdruck so viele Muskeln mitwirken, kannst Du sie gar nicht alle kontrollieren. Ein bisschen vielleicht, unter Umständen, möglicherweise, ... und wenn Du ein sehr guter Schauspieler bist. Aber dann machtest Du es ohnehin richtig. Ein **guter Schauspieler** vergisst sich selbst und **IST seine Rolle**, er spielt sie nicht.

Fazit: Es ist allemal lohnender, Deine inneren Haltungen so zu ändern, dass sie wirklich **zu Dir passen**, als viele, viele Tricks zu lernen, wie man vorgibt, etwas zu sein oder zu fühlen, was man nicht ist oder nicht fühlt. Mit der richtigen inneren Haltung **stimmt die Körpersprache automatisch**, Du wirkst überzeugend. Ausserdem ist das auch noch ökonomisch: Wenn Du niemandem was vormachst und nicht lügst, brauchst Du Dir nicht so viel zu merken (Das ist vor allem im Alter von großem Vorteil).

Mentales Training

Wir haben alle einengende Grenzen im Kopf, das heißt, was wir für unmöglich halten, werden wir auch nicht erreichen. Erst als der deutsche Sprinter Armin Hary als erster Mensch die 100-Meter-Strecke unter 10 Sekunden gelaufen war, schafften es auf einmal auch eine Reihe anderer. Bis dahin hatte das für Menschen unmöglich gegolten. Deshalb: Erst wenn Du Dir **vorstellen** kannst, wie Du sein und wirken wirst, setzt Du einen raschen Veränderungsprozess in Gang.

Die beste Voraussetzung, dass Dir das auch gelingt, ist, wenn Du Dich schon mal ein bisschen im **Mental-Training** übst, das heißt, Du siehst Dich jetzt schon mit **drei folgenden Eigenschaften** ausgestattet. Auch wenn Du diese drei Eigenschaften noch nicht voll „drauf" hast, kannst Du Dich schon damit ausgestattet sehen: ähnlich wie jemand, der ein Haus gekauft hat und von anderen schon als Hausbesitzer gesehen wird, obwohl ihm erst zehn Prozent davon wirklich gehören. Den Rest muss er zwar noch abzahlen, aber er bewohnt das Haus schon.

Drei Einstellungen für eine starke Ausstrahlung

Diese drei Einstellungen machen sehr viel von Deiner Ausstrahlung aus.

1. **Du bist *unabhängig von der Meinung anderer*** (Die Meinung anderer stützt sich ohnehin immer nur auf einen winzigen Ausschnitt Deiner Persönlichkeit!). Das heißt auch, dass Du Dich von heute an erhaben über die bösen Zungen anderer zeigst. Tratsch und Gerüchte lassen Dich ungerührt.

2. ***Du stellst nichts und niemanden über Dich.*** Wozu solltest Du das auch? Du willst Dich ja nicht einschmeicheln! Andererseits siehst Du aber auch auf niemanden herab!

3. ***Herausforderungen sind Dir willkommen.*** Das sind genau die Situationen, in denen Du zeigen kannst, was in Dir steckt! Auf diese Chancen hast Du gewartet.

So ein Mental-Training verschafft Dir eine starke, gewinnende Ausstrahlung. Du wirst an Dir selbst spüren, dass sich dadurch Deine Körperhaltung verändert, Dein Blick weiter und offener wird und Deine Stimme damit anders klingt (irgendwie tiefer und sonorer).

Damit diese neue Haltung auch wirklich schön tief ins Unbewusste eindringen kann, stell' Dir **lebhaft und bildhaft** vor, wie Du, mit diesen drei Eigenschaften ausgestattet, durch die Straßen gehst, Dich unter Menschen bewegst, einkaufst usw. Achte vor allem darauf, wie Du **Dich dabei körperlich fühlst**.

Damit nutzt Du etwas, was man in der Neurophysiologie einen *Somatischen Marker* nennt. Das ist ein körperliches Signal, das Dich in eine bestimmte Stimmungslage versetzt. Damit kannst Du Dich schnell in die richtige Stimmung bringen, wenn Du einen „Auftritt" hast, also praktisch jedes Mal, wenn Du mit anderen in Kontakt kommst.

Stell' Dich also schon mal im Voraus darauf ein, dass Du ein Mensch wirst/bist,

- **der anderen auffällt** (angenehm natürlich),
- **den sie gerne kennenlernen würden**, und
- **mit dem sie gerne in Beziehung stünden.**

Wenn Du Dich, mit diesen drei Eigenschaften ausgestattet, jeden Tag für die nächsten drei Wochen immer **abends vor dem Einschlafen** bildhaft vorstellst, dann zieht Dich das entwicklungsmäßig unaufhaltsam in diese Richtung. Durch Deine inneren Haltungen, Überzeugungen und Einstellungen schaffst Du Deine Realität.[11]

Damit Du Dir diese Steigerung Deiner Wirkung nicht ruinierst, musst Du unbedingt folgende Regeln beachten: Ab heute werden Dir die folgenden zwei Haltungen zur zweiten Natur (wenn sie nicht ohnehin schon normal für Dich sind).

Zwei Haltungen, die Dir den Respekt anderer sichern!

Die Erste: Immer, wenn Du unter Menschen bist,

AUF EMPFANG GEHEN!

11) Das ist auch der Bereich, wo das Visualisieren wirklich anschlägt – bei Dir selbst! Das Visualisieren eines Ferrari zaubert Dir keinen in die Garage, aber das Visualisieren von Überzeugungskraft kann Dir den Erfolg bescheren, der Dir den Kauf eines solchen Spielzeugs ermöglicht, wenn Dich das happy macht.

Du verlierst nämlich viel an Achtung bei anderen Menschen, wenn Du Dich in Gegenwart anderer in Deine Innenwelt zurückziehst. Für andere bist Du dann so gut wie nicht mehr vorhanden, Du wirst zur Dekoration oder zu einem Möbelstück.

Achte einmal selbst darauf, was Deine gefühlsmäßige Reaktion ist, wenn Du in ein Behördenzimmer mit drei Mitarbeitern kommst. Du wirst Dich immer demjenigen zuwenden, der Dich beim Eintreten bemerkt hat, der von Dir Notiz genommen hat. Die anderen beiden, die von ihrem Schreibtisch nicht einmal aufgesehen haben, existieren für Dich praktisch nicht. Sie sind zu einer Art Verlängerung Ihres Schreibtisches geworden.

Das soll jetzt nicht heißen, dass Deine Blicke wie ein Wiesel herum huschen sollen, nein, einfach nur, dass Du registrierst, was um Dich herum vorgeht. Wenn jemand seine Antennen ausgefahren hat, spürt man das gleich.

Die zweite Regel:

NIEMANDEN HOFIEREN!

Wenn Du andere hofierst, zeigst Du, dass Du Dich nicht genügend wertvoll und interessant findest, um **allein Deiner selbst**, Deiner Persönlichkeit willen, geliebt oder geschätzt zu werden. Du wirkst dann so, als müsstest Du noch „was drauflegen", damit Du es wert bist, dass andere Dir ihre Aufmerksamkeit und Sympathie schenken.

Was andere ganz und gar abtörnt, ist, wie bereits gesagt, Bedürftigkeit. Zu spüren, dass das Gegenüber bedürftig nach Anerkennung, Zuwendung oder Aufmerksamkeit ist. Deshalb empfinden wir Leute, die sich anbiedern oder einschmeicheln wollen als so unangenehm. Sie geben zwar Lob, Geschenke und Anerkennung, aber derart ungeschickt, dass man sofort merkt, dass sie eigentlich selbst darum buhlen, ja förmlich darum betteln.

Wenn Du den **MagSt beherrschst**, brauchst Du so ein Verhalten nicht. Es bringt Dir ja ohnehin nur Nachteile. Andere werden **dann *Deine* Anerkennung suchen**, weil Du durch die drei MagSt-Positionen des ***Bewegers, Bewerters*** *und* ***Bewilligers*** (im Kapitel 4) derjenige bist, nach dem man sich gern richtet.

Und zum Abschluss noch ein **Tipp**, der Dein Leben (und Dich) interessant und abwechslungsreich macht!

Wenn Dir ernst damit ist, dass Du Deine Wirkung auf andere vervielfachst, dann wirst Du auch Deinen Alltag verändern wollen – durch eine neue Gewohnheit, nämlich:

GEWOHNHEITEN GEWOHNHEITSMÄSSIG ZU DURCHBRECHEN

Das ist eine Methode, die der charismatische Philosoph Gurdjieff seinen Anhängern besonders ans Herz gelegt hat. Es ist die beste Methode, die ich kenne um das Fauler-Sack-Syndrom wirksam zu bekämpfen. Es geht dabei darum, **jeden Tag etwas Ungewohntes** zu tun oder etwas Gewohntes auf eine neue Art. Damit bringst Du **Abwechslung** in Dein Leben, übst **Bewusstheit** und Deine **Kreativität**, beugst Depressionen vor und rostest nicht ein. Eine ausführliche Anleitung dafür findest Du im Anhang.

Nachdem wir nun die wichtigsten Grundlagen gelegt haben, können wir im nächsten Kapitel daran gehen, die drei Grundhaltungen des MagSt, die Einflusspositionen zu besprechen.

Zusammenfassung

Zur Vertiefung gehen wir unser Vorprogramm noch einmal durch:

Das **größte Hindernis für Wachstum** und Weiterkommen sind Deine Wachstumsbremsen (alias *Innere Schweinehunde*): Faulheit oder Trägheit/ Ängstlichkeit oder Feigheit und Dünkel (Festgefahrenheit, Arroganz, Besserwisserei). Wenn Du diese drei ersetzt mit **Einsatzbereitschaft**, **Mut** und **Offenheit**, hast Du großartige Chancen viel aus Dir zu machen.

Wichtige Erkenntnis: Der „**Boss**“ in Dir ist **Dein Wille**! Er zeigt sich in allen Gefühlsregungen. Das Wissen wird Dir helfen, Deinen Denkapparat als Diener zu akzeptieren, der in erster Linie Deinem Schutz und Deinen Zielen dient (und nicht, um den Willen anderer zu erfüllen). Erst die gute Zusammenarbeit zwischen beiden, Wille und Intellekt (Kopf und Bauch) lässt Deine ganze Stärke zum Tragen kommen. **Nur dann bist Du EINS!** Stark und überzeugend. Deshalb: Schluss mit Selbstabwertungen!

Durch das Modell der *Drei Achsen des Willens* ist Dir jetzt klar, was es heisst, **in der Mitte** zu sein. Das hilft Dir **Fremdbeeinflussung** abzuwehren.

Stets checken: Handelst Du gerade aus **Verpflichtung oder Verantwortung**?

Selbstbestimmt leben heisst Fremdbeeinflussung erkennen und zu stoppen. Das Werkzeug dafür ist die Rote Karte: Die Klingelknöpfe lösen jetzt Alarm aus! Und nicht mehr Eintrübung der Wach- und Achtsamkeit.

Und für‘s mentale Training: Du siehst Dich (in inneren Filmen) als jemand,

- **der von der Meinung anderer unabhängig ist,**
- **der nichts und niemanden über sich stellt, und**
- **dem Herausforderungen willkommen sind,**

was Dir um so leichter fallen wird, je mehr Du spürst, dass Du anderen angenehm auffällst, dass sie auf DICH zukommen und mit Dir eine Beziehung haben wollen. Achte auf solche Zeichen!

Dein aktives Programm hat vor allem **drei neue Regeln:**

1. Immer **AUF EMPFANG GEHEN** wenn Du unter Menschen bist.
2. **NIEMANDEN HOFIEREN** (schmeicheln, mit Geschenken „kaufen")
3. Jeden Tag mindestens einmal **GEWOHNHEITEN DURCHBRECHEN** (siehe Anhang: Ketten durchbrechen)

Wenn Du das mal ausprobiert hast, wirst Du es nicht mehr missen wollen. Die ersten Wirkungen auf Deine Umwelt werden Dich überzeugen. Und das ist erst der Anfang.

Dein Engagement

Tu' Dir den Gefallen und gib' Dir das Versprechen, für die nächsten 90 Tage das Material dieses Buches Schritt-für-Schritt in die Tat umzusetzen – das wird Dich immens weiter bringen. Lass' keine Unterbrechung von 72 Stunden oder mehr zu! Damit reißt der Faden der Entwicklung ab und es ist ein Stück schwerer geworden, ihn weiter zu spinnen.

Kennst Du den Unterschied zwischen der Haft- und der Gleitreibung? Wenn Dein Auto stehen geblieben ist und Du willst es per Hand anschieben, dann musst Du viel Kraft aufwenden, um es in Bewegung zu setzen, weil alle Kugellager in den Rädern eine Haftreibung haben (Die Kugeln kleben an den Wänden der mit Öl geschmierten Ringe). Hast Du die Haftreibung aber mal überwunden, geht das Schieben wesentlich leichter – weil die Gleitreibung wesentlich niedriger ist als die Haftreibung. Solange Du also in Bewegung bleibst, musst Du zum Aufrechterhalten der Bewegung viel weniger Kraft aufwenden, als wenn Du wieder stehen bliebst und von neuem die Haftreibung überwinden müsstest.

Also – in Bewegung bleiben!

Kapitel 3

Die Philosophie des MagSt

Was ist das?

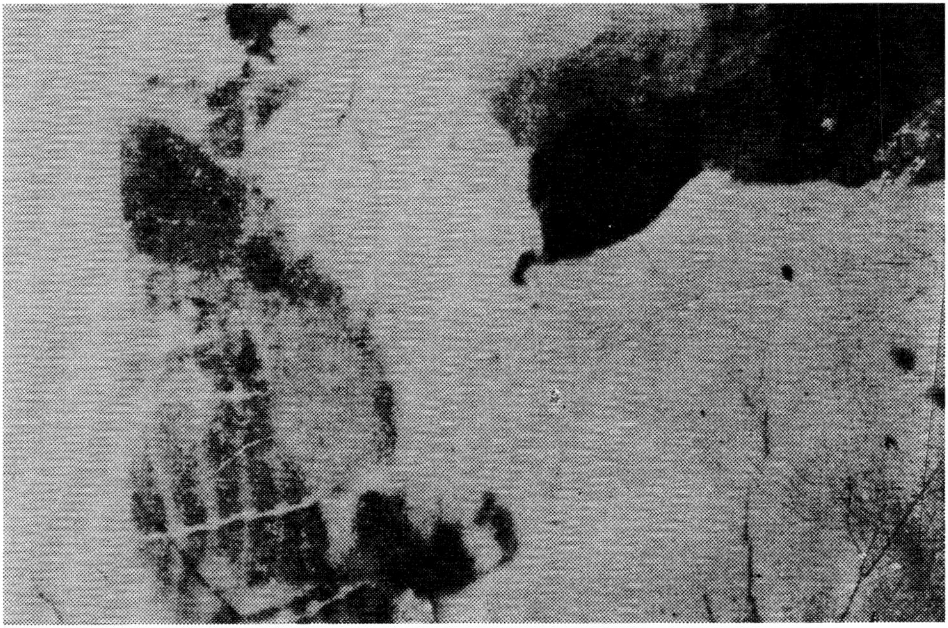

Du wirst in diesem Buch immer wieder mal mit neuen Konzepten konfrontiert. Einiges davon wird Dir zunächst fremd vorkommen. Neue Konzepte bereichern Deine Welt, denn wenn Du erst einmal Deinen Erfahrungen **neuen Sinn** verleihen kannst, weil Du etwas **bisher Verborgenes** erkannt hast, lernst Du schneller und siehst Dinge, die andere nicht erkennen, obwohl sie vielleicht direkt davor stehen. Ein Kenner sieht eben viel mehr als der Laie.

Auch im Zwischenmenschlichen gibt es solche Erkenntnisse, die Dir einen grossen Vorsprung verleihen. Und das Schöne daran ist: Wenn Du mal etwas wirklich erkannt hast, wirklich kapiert hast, kannst Du es nicht mehr naiv sehen. Du wirst dadurch zum „Insider", **zum Kenner,** und im Laufe der Zeit zum Könner.

Was ich damit meine, will ich Dir an dem umseitig gezeigten Vexierbild demonstrieren: Wenn Du ein solches Bild einmal erkannt hast, wirst Du es immer erkennen, Du kannst es nicht mehr naiv sehen. Mach' es Dir in diesem Falle aber nicht leicht, indem Du gleich nach der Lösung schaust.

Wenn Du Dich ein wenig quälst bei der Lösung des Rätsels, kannst Du es vielleicht nachempfinden, wie es mir jahrelang ergangen ist, als ich nach „des Pudels Kern" des MagSt gesucht habe. Ausserdem bekommst Du auch einen kleinen Vorgeschmack darauf, wie sich Deine **Wahrnehmung schlagartig verändern** wird, wenn Du das Wesentliche des MagSt mal begriffen hast.

Ziel dieses Kapitels (und des nächsten) ist, Deine **Menschenkenntnis zu vertiefen** und Dir die Baupläne für die Verhaltensweisen zu liefern, die Du im MagSt brauchst. Es hilft Dir beim Erfinden eigener Variationen enorm, wenn Du weißt, **warum** etwas wirkt und **wie** es wirkt. Schon beim humorvoll-provokativen Stil habe ich oft von Studenten dieses therapeutischen Kommunikations-Stils gehört: „Dazu muss man doch geboren sein. Sie können das, klar ... , weil Sie die Persönlichkeit dafür haben!"[12]

Dem ist nicht so. Ich habe zu Beginn meiner therapeutischen Laufbahn viele Jahre eine sehr ernste und fast salbungsvolle Therapie praktiziert, bevor ich die Provokative Therapie für mich entdeckt habe. Patienten zum Lachen zu bringen und nicht mehr als rohes Ei zu behandeln, son-

---

12) Vor 25 Jahren, als ich Frank Farrelly, den Begründer der Provokativen Therapie zum ersten Mal nach Deutschland holte, um ihn und seine Methode meinen Kollegen vorzustellen, hieß es auch „Provokative Therapie kann nur Frank Farrelly machen. So etwas muss man im Blut haben!" Mittlerweile hat sich dieser Stil über ganz Europa, nach Australien und sogar nach Russland verbreitet. Die vielen provokativen Therapeuten in diesen Ländern sind keineswegs lauter "kleine Frank Farrellys". Jeder von ihnen hat seine eigene Art gefunden, die Grundzüge dieser Therapieform anzuwenden.

dern wie einen **normalen, selbstverantwortlichen Menschen,** widersprach allem, was ich an der Uni gelernt hatte. Ich brauchte auch mehrere Jahre, um den ProSt wirklich so zu beherrschen, dass ich mich damit auch an schwierige Fälle traute, aber das lag zum großen Teil daran, dass ich, wie schon erwähnt, ein Konzept-Lerner bin – erst wenn ich das zugrunde liegende Konzept erfasst habe, bewege ich mich sicher in einem neuen Set von Verhaltensweisen.

Viele der Konzepte in diesem Buch verdanke ich (indirekt) vor allem Milton H. Erickson und Frank Farrelly. Indirekt deshalb, weil beide einen Lehrstil einsetzen, der fast nur auf **Imitationslernen** beruht. Frank Farrellys Seminare bestehen im Wesentlichen aus einer Reihe von Live-Interviews, in denen er seinen Studenten zeigt, wie *er* es macht, und er lässt jeden selbst entdecken, was für ihn wichtig ist, um sich diesen Stil anzueignen. Er „belastet" niemanden mit Konzepten oder ausgefeilten Theorien.

Reines Imitationslernen hat aber die Beschränkung, dass unterschiedliche Verhaltensweisen, die vom Modell abweichen, denen aber dasselbe Prinzip innewohnt, nicht in Betracht gezogen werden, weil sie dem Vorbild zu wenig entsprechen (die „Was würde Frank Farrelly jetzt an meiner Stelle jetzt tun?"-Beschränkung). Ausserdem gibt es viele **Konzept-Lerner** wie mich, die **ein Modell brauchen, um etwas gründlich zu** verstehen. Das Lernen geht zwar langsamer, aber der große Vorteil dabei ist, dass man dann vom Vorbild frei ist, man findet seine eigene Ausdrucksweise für dieselben Prinzipien. Du entwickelst so Deinen eigenen, unverwechselbaren Stil, der zu Deiner Persönlichkeit passt.

Das erste Buch „Das wäre doch gelacht" (Rowohlt 1994) war ein erster Versuch, ein paar dieser Konzepte heraus zu destillieren. Jetzt, nach zwölf

Jahren habe ich ein klareres Bild davon gewonnen, das sich im MagSt niedergeschlagen hat. Dieses **Gesamtbild** will ich Dir jetzt vermitteln. Es möchte Dir helfen, menschliche Kommunikation in einem helleren, klareren Licht zu sehen.

Der alles entscheidende Punkt

Deine Lebensphilosophie,
Dein Selbst- und Weltbild,
bestimmt alle Deine Handlungen!

Das ist ein derart wichtiger Punkt, dass ich ihn nicht oft genug wiederholen kann: Dein Selbst- und Weltbild bestimmt Dein Leben! Was darin vorstellbar ist, kannst Du erreichen. Und umgekehrt: Was über Deinen Horizont hinausgeht, bleibt Dir versagt. Mit anderen Worten: Je mehr Du Dir zutraust, je mehr Du für möglich hältst und als Vision ins Auge fasst, um so mehr von dieser **Welt steht Dir offen**.

Jeder Mensch lebt in seiner eigenen Welt. Über die fünf Sinne strömen ununterbrochen elektromagnetische Daten in unser Nervensystem, dessen großartige Leistung es ist, diese in ein **Abbild der Welt** zu übersetzen, das aus Bildern, Farben, Tönen, Geräuschen, Empfindungen, Gerüchen und Geschmacksempfindungen besteht. Von Kindheit an kategorisieren wir diese Eindrücke, bilden Begriffe, treffen Urteile und machen uns letztlich einen Reim darauf – unsere Lebensphilosophie. Egal, ob wir diese bewusst formuliert oder nur **unbewusst-instinktiv** geformt haben, diese Annahmen über das Leben, über das, was uns erreichbar ist und was nicht, wirken hinein in jede unserer Handlungen. Lass' uns jetzt einmal die wichtigsten herausgreifen:

Es gibt Einstellungen, fünf an der Zahl, die Dein Verhalten zur Umwelt am stärksten beeinflussen und die für die Arbeit an Dir so bedeutsam sind wie keine anderen.

Schauen wir uns diese Einstellungen mal an: Die eine Gruppe hat mit Deiner Haltung zu Dir, Deinem Schicksal und der Welt im allgemeinen zu tun; die andere mit Deiner Haltung zur menschlichen Umwelt, die alle Deine Beziehungen bestimmt.

„Ich und die Welt"-Ebene (Deine existentielle Haltung)

Die Haltungen, die Du in diesem Bereich bezogen hast, bestimmen, ob Du das Leben **optimistisch oder pessimistisch** angehst, ob Du Schlechtes erwartest oder Gutes, ob Du am Morgen gern aufstehst oder Dir am liebsten die Bettdecke wieder über den Kopf ziehen würdest. Die Einstellungen, die Dir am meisten Energie verleihen, lauten etwa so:[13]

1. „Ich lebe in einem wohlwollenden Kosmos"

Durch diese Grundhaltung, die meist auf eine unbewusste Kindheitsentscheidung zurückgeht, die aber auch im späteren Leben bewusst bezogen werden kann, bejahst Du das Leben. Du versuchst dann hinter allem, was Dir oder anderen im Leben passiert, **einen Sinn zu sehen**. Letztlich läuft dann alles darauf hinaus, dass das Leben Dir entweder gerade Spaß macht oder eine Lektion zu lernen ist. Dein Leben besteht dann hauptsächlich aus **Genießen und Dazulernen**.

---

13) Manche dieser Einstellungen haben wir schon im letzten Kapitel besprochen. Nimm dieses Kapitel als ein Kompendium für die wichtigsten Einstellungen, das Du jederzeit wieder lesen kannst. Regelmäßiges Auffrischen bringt viel!

Man nennt diese Haltung auch Schicksals- oder Gottvertrauen – Dich kann dann nichts umwerfen. Daraus ergibt sich dann meistens die zweite Einstellung:

2. „Ich bejahe mich voll und ganz"

So logisch diese Haltung auch ist, **nur die wenigstens Menschen** leben sie. Vielleicht hast Du auch schon mal über Dich geschimpft, Dich über Dich geärgert oder Deine Schwächen insgeheim verflucht. Das ist natürlich Quatsch, wenn Du das mal richtig **durchdenkst**. Was hast Du denn davon, wenn Du Dich ablehnst? Besserst Du Dich dadurch schneller? Wirst Du dadurch zu einem besseren Menschen?

Garantiert nicht, im Gegenteil, Du schwächst Dich und kommst eher langsamer vorwärts, weil Du dann gespalten bist. Dein urteilender Intellekt (der Diener des Willens) lehnt seinen Herrn, den Willen, ab. Du machst dann denselben Fehler weiter, den Deine Erzieher schon gemacht haben. Als Kind hast Du Dich bestimmt nicht abgelehnt, da warst Du noch fröhlich und **unbekümmert** und hast alles so genommen, wie es ist, auch Dich selbst.

Eine östliche Weisheit besagt, dass Du erst dann vorwärts kommen kannst, wenn Du **Boden unter den Füssen** hast. Und das heisst, dass Du Dich so akzeptierst, wie Du bist. Das ist nunmal alles, was Du zur Verfügung hast, auch wenn es Dir manchmal zu wenig erscheint. Eine hervorragende Methode um sich unglücklich zu machen, ist, die Latte immer so hoch zu setzen, dass Du nicht darüber kommst. Zufriedenheit hat eine **einfache Formel**:

Zufriedenheit = *Erreichtes* geteilt durch *Erwartetes* (oder Erhofftes)

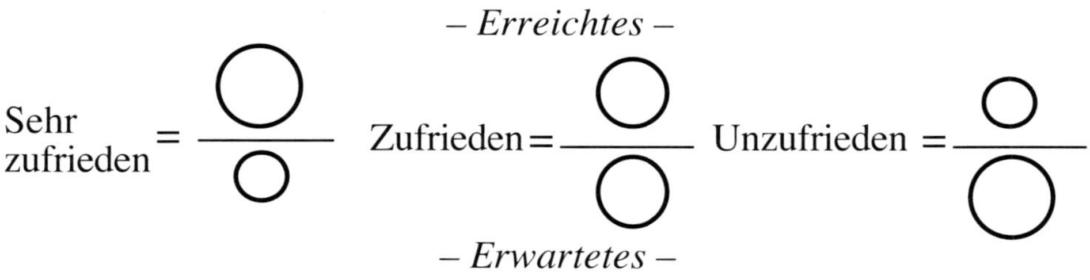

Wenn Deine Erwartungen sehr gross sind, wird der Wert für Zufriedenheit immer kleiner. Es **liegt also an Dir, wie zufrieden** Du bist. Dasselbe gilt auch für Deine Ansprüche an die Welt. Hier ist der Gewinner-Spruch:

3. „Ich nehme die Welt, so wie sie ist" (und setze nichts als gegeben voraus)

Du kennst sicher ein paar Leute, die ständig über die Unvollkommenheit der Welt jammern, über die schlechten Menschen, die korrupten Politiker, und selbst für den lieben Gott haben sie Ratschläge, wie er die Welt besser hätte gestalten können.

Du bist hoffentlich auf der anderen Seite, auf der Seite der Menschen, die die vielen **Missstände als Herausforderung sehen,** etwas zu tun. Kannst Du Dir vorstellen, wie langweilig das wäre, wenn die Welt schon „fertig" wäre? Wenn es nichts zu tun gäbe, nichts zu verbessern, nichts zu ergründen? Die Unfertigkeit der Welt schafft den Evolutionsdruck, nur dadurch entwickeln wir uns ständig weiter. Für uns gilt also: **Was ist, ist.** Punkt!

Das beinhaltet auch, dass Du nicht festgelegt bist in Bezug auf das, was geschieht. Wann immer Du festgefahrene Erwartungen hast, kannst Du leicht überrascht und enttäuscht werden. **Keine Erwartungen, keine Enttäuschungen!**

Ein wichtiger Leitsatz der Zen-Philosophen ist: „Don't take anything for granted" (Setze nichts als gegeben voraus). Wenn Du diesen Leitsatz auch nur annähernd befolgst, geschieht etwas sehr Positives in Deinem Leben: Du ärgerst Dich nicht mehr. Ärger entsteht nämlich immer dann, wenn jemand selbstgerecht sagt: „Das sollte so gemacht werden, wie ICH das für richtig halte." Und wenn es dann anders läuft, ärgert man sich erst einmal. Einen reifen Menschen erkennt man daran, dass er sich praktisch gar nicht mehr ärgert (höchstens wundert, staunt oder schmunzelt).

Mach' Dir diese Haltung zu eigen und du bist **frei von vorschnellen Urteilen** und dem noch schlimmeren Verurteilen. Eine kleine Geschichte veranschaulicht das recht schön:

Der Bauer und das Glück

Ein Bauer in einem armen Dorf wurde sehr beneidet, weil er ein Pferd besaß, das er zum Pflügen und zum Transport einsetzen konnte. Eines Tages aber lief sein Pferd davon. Alle Nachbarn bedauerten ihn, und meinten, das wäre doch sehr schlimm für ihn, aber der Bauer sagte nur: „Wir wollen sehen."

Einige Tage später kam das Pferd zurück und brachte zwei Wildpferde mit. Die Nachbarn frohlockten über dieses Glück, aber der Bauer sagte nur „Wir wollen sehen."

Am nächsten Tag versuchte der Sohn des Bauern eines der Wildpferde zu reiten. Das Pferd warf ihn ab und er brach sich das Bein. Über dieses Unglück drückten die Nachbarn ihr Mitgefühl aus, aber der Bauer sagte nur „Wir wollen sehen."

In der nächsten Woche kamen die Einberufungsbeamten in dieses Dorf, um die jungen Männer zur der Wehrmacht zu holen. Der

Sohn des Bauern wurde abgelehnt wegen seines gebrochenen Beines. Als die Nachbarn wieder sagten, wie glücklich er sich schätzen könne, antworte der Bauern nur „Wir wollen sehen."

Ob etwas in Deinem Leben gut für Dich war, kannst Du erst auf dem Sterbebett endgültig beurteilen. Bis dahin tust Du gut daran, in allem eine Chance zu sehen und sie zu nutzen. Diese Einstellung gibt Dir einen grossen Vorteil im Vergleich zu all den Leuten, die ihr Schicksal bejammern.

4. „Alles hat einen Sinn" (auch wenn ich ihn heute noch nicht sehe)

Eng verwandt mit dem letzten Punkt ist die Erkenntnis, dass Du in allem einen Sinn sehen kannst, wenn Du nur willst. Wir Menschen sind aufgrund unserer Bewusstheit anscheinend gezwungen, unserem Tun und Streben einen Sinn zu geben. Denk' nur an das letzte Mal, als Du den kosmischen Blues hattest und alles sinnlos fandest – kein schönes Gefühl, nicht? Wie Du siehst, ist der „Zwang" zur Sinngebung **ein Segen, aber auch ein Fluch**, je nachdem, wie Du diese Eigenschaft nutzt. Tiere haben damit gar kein Problem und der Mensch nur dann nicht, wenn er sich volllaufen lässt oder anderweitig zudröhnt. Wie in der obigen Geschichte stellt sich oft erst hinterher heraus, wozu etwas gut war. Du wirst also gut daran tun, erst einmal alles **so zu nehmen, wie es ist,** und hältst dann Ausschau nach einem positiven Sinn. Wenn Du nicht gleich einen findest, kannst Du Dir auch einen fabrizieren – die Menschen (vor allem sehr religiöse) sind dabei unglaublich erfinderisch. Wenn Du die unter 1. aufgeführte Einstellung: „Ich lebe in einem wohlwollenden Kosmos" schon bezogen hast, wird Dir das auch nicht mehr schwer fallen. Der Kniff hierbei ist, zu dem eben erlebten Ereignis einen Abstand herzustellen, es von einem **erhöhten Standpunkt** aus wahrzunehmen. An einem Beispiel wird das klarer:

Sagen wir mal, Du bist gekündigt worden. Das ist im Moment schlimm für Dich, weil Du vielleicht Schulden hast, nicht weisst, ob Du einen ähnlich gut bezahlten Job findest, man Dich jetzt als Arbeitslosen oder sogar „outcast" betrachtet und Dein/e Partner/in Dir die Hölle heiß macht.

Wenn Du jetzt einen größeren Abstand einnimmst, erkennst Du das vielleicht als den längst fälligen „Tritt in den Hintern", Dir etwas zu suchen, was Dich **mehr befriedigt** als der letzte Job und vielleicht sogar als Hinweis, Dich selbstständig zu machen. Du siehst dann auch wieder, dass es vielen so geht wie Dir und dass Du letztlich immer noch viel besser dran bist, als die Penner unter der Corneliusbrücke. Wenn Du einen noch größeren Abstand einnimmst (Du kannst ja mal nachts den Sternenhimmel betrachten) spürst Du vielleicht, wie klein, direkt winzig die menschliche Existenz im Vergleich zum Kosmos ist. Dann kaufst Du Dir an der Ecke eine Riesenbratwurst und schon geht es Dir wieder besser.

In solch einer Lage hilft Dir auch die nächste Einstellung:

5. „Es ist genug für alle da"

Das ist eine Einstellung, die gegensätzlich zur heute so weit verbreiteten **Knappheits-Mentalität** ist. Wenn es so aussieht, als wäre nicht genug für alle da, werden Menschen neidisch, missgünstig und konkurrenzgeil. Für die Wirtschaft ist das gut, weil das die Preise für Güter hochtreibt und die Löhne drückt. Wenn Du klug bist, lässt Du Dich nicht in diese Haltung hineinziehen. Das ist nämlich eine Einstellung, die zur Machtausübung missbraucht werden kann. In der Natur ist alles so geregelt, dass jedes Lebewesen mit **genügend Fähigkeiten** und Ressourcen zum Überleben ausgestattet ist. Aber auch in unserer „denaturierten Gesellschaft" wird ein findiger Kopf immer genügend Gelegenheiten entdecken, um zu bekommen, was er braucht.

Wenn Du auch unsere Gesellschaft nicht im grossen Stil verändern kannst, so kannst Du zumindest **in Deinem Umfeld** für eine andere Haltung sorgen: Die **Fülle-Mentalität** fördert Großzügigkeit, Kooperation und Kameradschaft. In so einem Umfeld lässt es sich weit besser leben. Dazu musst Du natürlich die richtigen Leute um dich scharen.

Und damit kommen wir auch schon zur ...

„Ich und die anderen"-Ebene

Für Dein Lebensglück ist es von entscheidender Bedeutung wie Du mit anderen zurechtkommst. „**Alles wirkliche Leben ist Begegnung**", hat der grosse Philosoph, Martin Buber, mal gesagt und hat damit eine wichtige Tatsache herausgestellt. Alles, was wir im Leben an Gütern ansammeln, lassen wir eines Tages zurück. Nur was wir aus uns selbst gemacht und was wir anderen gegeben haben, nehmen wir als „Gutschrift" nach „drüben" mit.

Drei Einstellungen, die Dir Gelassenheit garantieren

Zu diesem Thema habe ich drei „goldene" Haltungen für Dich, die Dir das Leben immens erleichtern werden und Dich in die Lage versetzen, praktisch immer gelassen zu bleiben und mit allen Menschen zurecht zu kommen: Die **Zoo-Brille**, die **Verbündeten-Haltung** und das **Magier-Vorgehen**, die drei wichtigsten Haltungen des MagSt.

Die Zoo-Brille (oder: „Gottes Tiergarten ist groß!")

Die **Zoo-Perspektive** ist die beste Voraussetzung dafür, die **Menschen so zu nehmen, wie sie sind**. Ich nenne diese Haltung so, weil Du bei einem Zoobesuch **unvoreingenommen** bist und Dir die Tiere dort vorurteilslos anschaust. Du regst Dich weder über die Schimpansen auf, die sich ständig an den Pimmel fassen, noch stört es Dich, dass die Vögel überall hinkacken, dass die Löwen einen strengen Körpergeruch haben und die Nilpferde ganz übel aus dem Maul riechen (ganz abgesehen von den gelben Zähnen!). Du guckst Dir die putzigen Tierchen nur neugierig an und freust Dich, dass der liebe Gott so eine Vielfalt geschaffen hat.

Genau dieselbe Brille setzt Du von jetzt an auf, wenn Du unter Menschen gehst. Glaub mir, wenn Du Dich mit dieser Einstellung in der vollbesetzten U-Bahn umguckst, wirst auch Du staunen und ehrfürchtig sagen: „Gottes 'Tier'-Garten ist gross!" Und von da an wirst Du Dir gar nicht mehr vorstellen können, Dich über irgendein Verhalten des Wesens neben Dir noch aufregen zu können. Du bist ja jetzt Forscher, so etwas wie ein **Anthropologe**, der Menschen in ihrem natürlichen Umfeld studiert. **Anthropologen treffen keine Werturteile**, wenn sie fremde Völkerstämme erforschen.

Die Verbündeten-Attitüde (im Grunde wollen wir alle dasselbe)

Die zweite Einstellung ist die **Verbündeten-Attitüde**: **Du siehst einfach alle Menschen, mit denen Du zu tun hast, als Verbündete an.** Ich meine damit nicht, dass Du allen Menschen blindlings vertraust, das wäre naiv.

Nein, was ich meine, ist, dass Du in allen Begegnungen, vor allem bei Meinungsverschiedenheiten, davon ausgehst, dass Dein Gegenüber in den wesentlichen Ansichten und den Zielen, die ihm wichtig sind, auch **nicht sehr viel anders denkt** und fühlt, als Du. Wir Menschen sind uns im Grunde sehr ähnlich. Wir streben alle nach Glück, Frieden und Wohlergehen.

Wenn Du das im Umgang mit anderen nicht vergisst, wirst Du merken, dass 99 % der Meinungsverschiedenheiten und Streits nur Kleinlichkeiten zum Thema haben. Wenn Du zum Beispiel mit Deinem Partner streitest, dann hast Du garantiert im Moment vergessen, dass Du eigentlich nur deshalb mit ihm oder ihr zusammen bist, weil dadurch **das Leben schöner und angenehmer** ist. In dem Moment, wo Dir das wieder einfällt, ist der andere plötzlich nicht mehr auf der anderen Seite des Zaunes, sondern mit Dir auf Deiner Seite. Dann könnt ihr viel leichter wieder nach einer Lösung suchen, die beide befriedigt.

Wenn ich mit meiner Partnerin eine Absprache treffen will, die eine ungeliebte Arbeit miteinschließt (z.B. Tisch abräumen und abwaschen), dann versichere ich mich vorher ihrer **Kooperationsbereitschaft.** Ich erinnere sie daran, wie gut wir uns bisher gegenseitig geholfen haben, was wir noch alles vorhaben und komme dann erst allmählich auf die konkrete Ebene (nämlich, wie wir die Arbeit jetzt praktisch aufteilen).

Wenn Du Dich als Verbündete/r fühlst, formulierst Du Deine Anliegen automatisch annehmbarer als jemand, der von Gegenwehr ausgeht („Ich weiß ja, dass ich Dir damit zur Last falle, aber..."). Deine Grundhaltung hat etwas suggestives, anziehendes. Und da wir Menschen alle auf einer höheren, abstrakten Werteebene **das Gleiche wollen** (nämlich Frieden und gutes Auskommen), gelingt es Dir leicht, dies auch auf der konkreten Ebene umzusetzen.

Das nächste Mal, wenn Du auf jemanden sauer bist oder Dich ungerecht behandelt fühlst, kannst Du die Verbündeten-Haltung gleich mal ausprobieren. Stell Dir dann vor, der andere wäre Dein Verbündeter und Du seiner. Was verbindet euch? Will der andere etwas, was Du auch möchtest, wenn Du an seiner Stelle wärest? Was würdest Du jetzt einem guten Freund antworten, einem Freund, dem Du vertraust und von dem Du weißt, dass er immer **auch an Dein Wohlergehen denkt** (und wenn nicht, dann erinnern wir ihn freundschaftlich daran). Du wirst sehen, dass Dir dann völlig andere Sätze in den Sinn kommen, die es viel wahrscheinlicher machen, dass ihr euch einigt. Probier' das mal ruhig mit Deinen Nachbarn aus, die ihre Stereoanlage immer genau dann auf Maximalleistung drehen, wenn Du Dich mittags mal aufs Ohr legen möchtest!

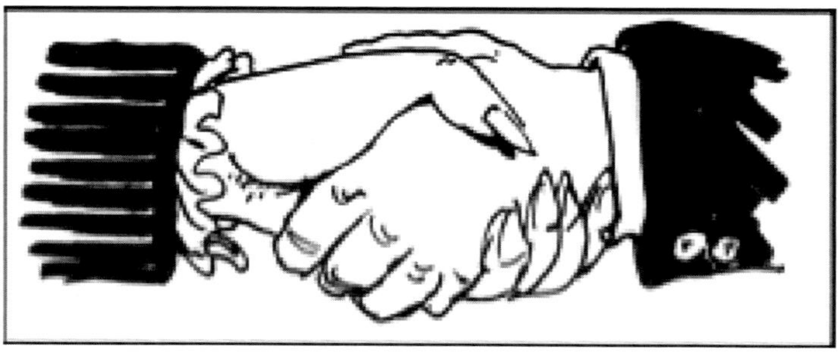

Das Magier-Vorgehen (als „Flüsterer"-Dompteur)

Die dritte „goldene" Einstellung ist die des Magiers oder Dompteurs. Nicht so ein altmodischer, der mit der Peitsche knallt und mit Einschüchterung arbeitet. So etwas ist längst überholt.

Jetzt gibt es (hoffentlich) nur noch **einfühlsame Dompteure**, eine Art „Pferdeflüsterer", nur universell, für alle Tiere. Oder was meinst Du wie man all die Hunde, Delphine, Pferde usw. dazu gebracht, diese tollen Leistungen zu vollbringen, die man in Filmen wie z.B. FREE WILLIE, LASSIE oder FLIPPER sehen kann?

Die Flüsterer-Dompteur-Rolle hast Du ohnehin immer dann inne, wenn Du für andere Menschen **Verantwortung übernommen** hast, z.B. als Mutter/Vater, Partner oder Vorgesetzter. Früher waren die richtigen (Zirkus-)Dompteure autoritär, zwangen ihre Tiere zu ungeliebten Kunststückchen und wurden dafür auch manchmal „zu Recht" angefallen. So etwas ist hier NICHT gemeint. Ich denke dabei an die moderne Form eines Dompteurs, an jemanden wie Monty Roberts, den Pferdeflüsterer. Dessen Vater, ein (Pferde-)Zureiter, war nicht nur zu Tieren, sondern auch zu seinen Kindern derart brutal, dass Monty als Kind schon den festen Entschluss traf, es eines Tages ganz anders zu machen als sein Vater. Und da er Tiere wirklich liebte, lernte er bald, sich auf eine derart einfühlsame und liebevolle Art Tieren zu nähern, dass diese ihm gerne folgten. Es ist eine grosse Kunst, Tiere, Kinder und Mitmenschen **zur Kooperation zu „verlocken"**, und wir werden uns noch ein paar Mal mit dieser Kunst beschäftigen. Schließlich hängt Dein Lebensglück ganz wesentlich davon ab.

Die Kunst dieser Dompteure ist es, das Vertrauen der Tiere zu gewinnen und ihre Lust und Freude an der Zusammenarbeit mit dem Menschen zu fördern. Der „Trick" dabei ist, sich perfekt auf die Eigenart des Tieres einzustellen. Was möchte das Tier? Wobei fühlt es sich wohl? Was tut es gut und gerne? Und das Entscheidende dabei ist: Was immer das Tier an Verhalten zeigt, es wird dazu genutzt, **das gemeinsame Ziel** zu erreichen. Das genau ist es auch, was mit dem Magier-Vorgehen gemeint ist.

Im Grunde ist das mit den Menschen genau so. Wer lässt sich schon gerne etwas befehlen? Viel lieber arbeiten wir mit Menschen zusammen, die uns „zu nehmen wissen", die spüren, was wir gerne tun, wo wir gut und kompetent sind. Eigentlich möchte jeder sein Bestes zeigen und geben. Das dann hervorzulocken ist eine hoch bezahlte Kunst. Wenn Du es geschickt genug anstellst, kann sich Dein Gegenüber diesem Sog nicht entziehen.
Und jetzt kommt das Wichtigste dabei:

Du definierst jedes Verhalten

als einen gültigen Schritt auf das Ziel hin.

Mit solch einer Einstellung begrüßt Du auch einen Schritt rückwärts. Schließlich zeigt dieses Verhalten doch, dass der andere auf Dich reagiert, oder? Uns ist **jede Reaktion recht**. Hauptsache, der andere bewegt sich. Dann brauchst Du diese Bewegung nur noch in **die richtige Richtung** zu lenken.

Das letzte Wort ist dabei sehr wichtig: **Lenken.** Statt zu versuchen zu (be-)*herrschen*, wirst Du in Zukunft nur mehr *lenken*. Mehr ist nämlich nicht nötig. Druck und Zwang brauchst Du nicht, wenn Du die drei inneren Verbündeten im Gegenüber ansprichst: Seine **Freude am Aktiv-Sein,** seine **Lust zu kooperieren**, seinen **Stolz und sein Gewissen.**[14]

---

14) Kinder wurden in der Erziehung früher fast immer eingeschüchtert. Druck und Zwang waren an der Tagesordnung. Leider führt das zu starker Selbstlimitierung: Die Leistungen und Fähigkeiten gehen zurück und werden beschnitten. Eine Erziehung, die nur eingreift, um im entscheidenden Augenblick zu lenken, lässt einem Kind die Freiheit, die es braucht, um sich zu entwickeln.

Als **Flüsterer-Dompteur** (oder Magier) ist Dein Motto: **„Ich nutze jedes Verhalten des anderen und lenke es in Richtung Kooperation!"** Mit anderen Worten: Der andere braucht sich nicht zu „ändern", er braucht nur zu „springen". Wie das genau geht, und welche Hilfsmittel und Denkweisen Dir dabei zur Verfügung stehen, besprechen wir noch ausführlich. Aber einen kleinen Vorgeschmack davon möchtest Du vielleicht jetzt schon bekommen.

Was Du mit der Zoo-Brille anders machst

Durch Deine Zoo-Brille siehst Du die Dinge anders, nicht so engstirnig wie der Alltagsmensch. Der geistig bequeme Mensch hat ja für jedes Verhalten, das er nicht nachvollziehen kann, eine wohlfeile Abwehrreaktion. Er tut das Verhalten einfach ab, indem er es mit einem seiner **drei Lieblings-Etiketten** abstempelt:

Der „spinnt",
ist „beschränkt" oder
von üblem Charakter.

Umgangssprachlich: „Der ist ja geisteskrank, vollkommen verblödet und noch dazu ein richtiger Drecksack!" So etwas entlastet das Denken und oft auch das Gewissen, falls der Verurteilende selbst auch gerade was Fieses „zur Vergeltung" vorhat.

Mit der Zoo-Brille läuft das völlig anders. Wenn Du wieder mal jemanden siehst, der sich „neben der Norm" verhält, dann erwacht Dein **Forschergeist** und Du fragst Dich:

- Unter welchen Bedingungen würde dieses Verhalten Sinn machen? z.B.: Was müsste passieren, dass ich auch so reagieren würde?

- Was müsste ich für Werte haben, damit ich so ein Verhalten richtig fände? z.B. Welche andere Kultur, Religion, Wertesysteme bringen so ein Verhalten hervor?
- In welcher logischen (Seifen-)Blase lebt dieser Mensch? (Zum Beispiel: Paranoia - jemand, der die Menschen um sich herum als ihm feindlich gesinnt empfindet.)

Mit diesen Fragen fällt es Dir leicht, **Zugang zum Denken und Fühlen** dieses Menschen zu bekommen. Und dieser Zugang eröffnet Dir jede Menge neuer Verhaltensweisen. Du hast plötzlich Einsicht in seine „Bedienungsanleitung"!

Fazit

Ich möchte Dir jetzt mal ein großes Lob aussprechen: Philosophie ist nicht jedermanns Geschmack, obwohl kein Mensch darum herum kommt. Dass Du das alles jetzt gelesen und aufgenommen hast, war eine große Leistung und – lass Dich überraschen – es wird Dich auf unmerkliche Weise verändern!

Jeder Mensch, der **von einer impliziten zu einer expliziten** Lebensphilosophie übergeht, fängt an, diese (und damit sich selbst) bewusst zu gestalten. Dadurch bekommt das Leben eine tiefere Bedeutung und es wird in vielen Bereichen **offener für Selbstgestaltung**. Und das ist ein großer Schritt in die Freiheit.

Lass mich zum Abschluss dieses Themas noch ein Wort zur Manipulation sagen. Ich möchte nämlich nicht, dass Du den letzten Absatz über die Magier-Rolle falsch verstehst. Meine Einstellung zum Thema Manipulation drückt sich recht treffend in folgendem Satz aus:

Benutze Dinge und liebe Menschen
anstatt
Menschen zu benutzen und Dinge zu lieben!

Das ist heute nicht mehr selbstredend. Vor kurzem las ich nämlich auf der Umschlaghülle eines ganz aktuellen Buches folgenden Werbetext:

> *„Gerade im Berufsleben sind fragwürdige, rhetorische und andere kommunikative Tricks ein legitimes Mittel, um sich durchzusetzen oder seine Position zu stärken. Ob die Konkurrenten dabei auf der Strecke bleiben, ist ganz egal, denn gerade hier gilt: Der Zweck heiligt die Mittel."* [15]

Was für ein Zweck kann das sein, der eine „Halsabschneider-Mentalität" heiligt? Der eigene Vorteil? Geld? Ruhm?

Wenn das nämlich auf Kosten anderer geht, bringt das keine Zufriedenheit und auch keinen Frieden. Weder einen inneren Frieden, noch einen äußeren. Wenn Du ähnlich fühlst, wie ich, dann geht es Dir doch *dann* am besten, wenn es den Leuten, mit denen Du zu tun hast, *auch* gut geht, oder?
Ich weiß, ich weiß, die Realität ist momentan so, dass man tatsächlich mit einer solchen Mentalität weiter kommt, zumindest kurzfristig. Aber wohin führt denn das Konkurrenzdenken und die Knappheits-Mentalität

---

15) Wenn ich solche Buchtitel sehe wie *Satanische Verhandlungskunst*, *Strategeme für Manager*, *Auf alle Fälle Recht behalten* und viele andere, dann frage ich mich, ob die Autoren nicht wissen, dass jeder „Sieg" einen Groll auf der Gegenseite bewirkt, der ein Auftakt für die nächste Runde ist, bei der sie Revanche nimmt. Wer sich nämlich gelinkt oder gedemütigt fühlt, rächt sich irgendwann. Letztlich haben dann beide nur vorübergehend mal „gesiegt", aber am Ende enorm viel verloren! Das wissen wir doch schon von der sizilianischen Blutrache! Beispiele für dieses unselige Treiben findest Du in Hülle und Fülle in dem geistreich-humorvollen Buch „Rache am Chef" von Susanne Reinker.

auf lange Sicht? Zu einer Hölle auf Erden, dazu, dass man niemandem mehr trauen kann, dass jeder gegen jeden kämpft. Möchtest Du in einer solchen Welt leben?

Mich wundert immer wieder, dass niemandem auffällt, **wie wir systematisch entzweit werden**, uns gegeneinander aufhetzen lassen: Frauen gegen Männer, Schüler gegen Lehrer, Jung gegen Alt, Islam gegen Christentum, Arbeitende gegen Arbeitslose usw. Das geschieht ganz unbemerkt und schleichend. Achte mal darauf, wie sehr in manchen Medien Groll und Vorurteile geschürt werden.

Da machen wir doch nicht mit, oder?

Die sieben „Gesetze" des MagSt

Wir nutzen im MagSt sieben Gesetze der zwischenmenschlichen Kommunikation, die nur wenig bekannt sind. Alle seine Techniken und Methoden leiten sich aus diesen Gesetzen ab.

1. Das Gesetz vom Primat des Willens

Das erste und wichtigste ist das Gesetz vom Primat des Willens:

> ***Wenn Du jemanden bewegen willst, sprich seinen Willen, d.h. die Gefühle, an!***

Wie bedeutsam das ist, siehst Du am folgenden, sozialpsychologischen Experiment:

> Zwei völlig gleiche Bilder einer jungen Frau wurden einer Reihe von Probanden (Versuchspersonen) gezeigt, mit der Aufforderung, sich zu entscheiden, auf welchem Bild ihnen die Person besser gefiele.
>
> 74 % entschieden sich für das linke Bild. Was sie nicht wussten (und auch nicht merkten): Man hatte auf dem linken Bild die Pupillen der Frau ein winziges bisschen größer retuschiert!

Wir **reagieren** also **gefühlsmäßig** auf etwas, was wir bewusst nicht wahrnehmen. Das ist schon immer und überall so, nur, die meisten Menschen wissen das nicht.

Und weil sie es nicht wissen, können sie manipuliert werden. Wie schon gesagt, die Werbung versteht das meisterhaft. Sie zielt vorwiegend auf unsere Gefühle ab: **Nur was uns *fühlen* lässt, das bewegt uns! Und nur, was uns bewegt, bringt uns zum Handeln** (z.B. zu Kaufhandlungen).

Und **hinter *jedem* Handeln steht ein Wollen**. Der Wille ist es, der den Menschen in Bewegung setzt. Der Wille ist sein Charakter, sein Wesen, seine Essenz. Wenn uns jemand sein wahres Wollen und sein Wesen zeigt, ist er für uns präsent und spürbar. Und nur so können wir auch mit jemandem „warm werden".

Wenn aus jemandem nur der Intellekt spricht, lässt uns das kalt. Warm werden wir erst dann mit jemandem, wenn Gefühle mit ins Spiel kommen.[16] Deshalb ist es so wichtig, Emotionen ansprechen zu können. Für Frauen klingt das banal, aber Männer müssen manchmal daran erinnert werden.

---

16) Es gibt ein einfaches Experiment, mit Hilfe dessen Du das sofort verstehst und nachvollziehen kannst. Dreh' mal bei einem aufregenden Film die hinterlegte Musik ab – sofort wirst Du merken, dass Deine Gefühlsbeteiligung dramatisch zurückgeht. Die Musik ist der Träger der Emotion im Film, weit mehr als die Dialoge und die Bilder!

Warum rührt uns der Anblick von kleinen Kindern und Tierbabys so sehr? Weil bei Ihnen noch der blanke Wille zu sehen ist, der Intellekt überlagert hier noch nicht den reinen Ausdruck der Gefühle. Deswegen heißt es bei den Schauspielern: „Wenn ein kleiner Hund, eine Katze oder ein Kind auf die Bühne kommt, kannst Du abtreten."

2. Das Gesetz der Hebelwirkung

Das zweite Gesetz betrifft die Kommunikation:

In einem Austausch ist immer derjenige am längeren Hebel, der vom anderen weniger will als dieser von ihm.

Wenn Du also andere bewegen willst, musst Du (zumindest in der Sicht des anderen) den Eindruck erwecken, dass der andere von eurem Austausch einiges profitieren kann, vielleicht sogar mehr als Du. Das wird im nächsten Kapitel noch ausführlich besprochen.

Wie gesagt, Du musst dabei nur überzeugend **den *Eindruck* erwecken**, dass Du weniger willst als der andere. Dazu ist es wichtig, dass Du ...

... nicht bedürftig, begierig, verlangend oder bettelnd rüberkommst. Du zeigst, dass Du **nichts brauchst, nichts willst, nichts musst** und zufrieden mit Dir und der Welt bist, so, wie sie gerade ist. Weder Bedürfnisse, Wünsche, Zweifel noch Ängste vernebeln Deinen Sinn.

... für den anderen einen hohen Wert darstellst. Dein Gegenüber soll sehen, dass es ihm „**was bringt**", mit Dir zusammen zu sein, eine Beziehung zu Dir zu pflegen und mit Dir einen Austausch zu haben. Dazu musst Du lernen, Dich entsprechend darzustellen, Deine positiven

Seiten zu zeigen und anderen demonstrieren können, was ihnen die Verbindung mit Dir bringt. Das erfordert ein gewisses Können und Wissen, zumal Du dabei meist unter Zeitdruck stehst: Dein Gegenüber gibt Dir dafür oft nur wenige Minuten!

3. Das Gesetz der Führung

Flexibilität schafft Souveränität: In einem System hat immer das Stellglied mit den meisten Schaltzuständen die Kontrolle (Lehrsatz der Kybernetik). Auf Menschen übertragen heisst das:

Wer die meisten Verhaltensmöglichkeiten zur Verfügung hat, bestimmt das Geschehen.

Es gibt drei Wege, in einer Situation die Führungsposition innezuhaben. Wenn Du ...

1. **das Geschehen bestimmst**. Wenn die Initiative von Dir ausgeht, d.h. wenn Du Vorschläge machst, dem anderen eine Rolle zuweist, ihn zu etwas aufforderst. Ich nenne das die ***Beweger-Position.***

2. in der Situation **der Beurteiler bist**, d.h. dass Du zu erkennen gibst, dass Deine Standards bzw. Deine Werte als Maßstab gelten. Dazu dienen bewertenden Aussagen, egal ob sie lobend und anerkennend sind oder kritisch bzw. disqualifizierend. Du bist dann in der ***Bewerter-Position.***

3. **anderen *gestattest***, so zu handeln und zu agieren, wie sie es gerade tun (oder vorhaben zu tun). Sogar in schwierigen Situationen, in denen Du wenig oder keinen Einfluss hast, kannst Du immer noch den *Ein-*

druck erwecken, dass Du die Situation im Griff hast (und souverän bist), jedenfalls solange Du glaubhaft machen kannst, dass alles, was abläuft ...

- **voll in Deinem Sinne ist**
- **von Dir so gewollt ist und**
- **Dir optimal „in den Kram passt".**

Du musst dann allerdings zeigen, dass Du die **Situation nutzen** kannst, indem Du mitgehst und durch Deine Impulse zeigst, dass Du zumindest ein „Mitwirkender" bist. Du bist dann in der ***Bewilliger-Position***.

Diese drei Positionen besprechen wir noch ausführlich. Sie sind ein wesentlicher Teil des MagSt.

4. *Das Gesetz der Attraktion*

Jegliche Form von Einwirkung wird Dir leichter gelingen, wenn Du für andere attraktiv bist. Ohne Attraktion tust Du Dir im Umgang mit anderen immer schwer. Attraktion fühlen Menschen auf der **Instinkt-Ebene**, die dem bewussten Denken im Allgemeinen verschlossen ist. Wenn Du weisst, was das Gefühl von Attraktion auslöst, dann ist das beinahe so, wie wenn Du einen Schalter am Gegenüber kennst, den Du nach Belieben auf „ON", „STANDBY" oder „OFF" umlegen kannst.

**Attraktion entsteht unwillkürlich und automatisch.
Sie wird über das Unbewusste ausgelöst –
durch archaische Signale.**

Ein Beispiel: Wenn ein Mann in den Augen einer Frau folgende **sieben Eigenschaften** besitzt, wird sie mit großer Wahrscheinlichkeit mit Gefühlen von Attraktion auf ihn reagieren (vorausgesetzt, er ist ihr körperlich nicht unangenehm):[17]

1. Sichtbare Zeichen von **Gesundheit**
2. **Soziales Geschick** (gewandt im Umgang mit anderen)
3. Er ist mutig und **herausfordernd** (nutzt Chancen)
4. Er tritt **selbstsicher** auf (zeigt sich weder unsicher noch zögerlich)
5. Er ist humorvoll (ein Zeichen für Intelligenz und Kreativität)
6. Er hat **Einfluss** (sein Wort gilt etwas, man hört auf ihn)
7. Zeichen von **Wohlstand** (kann für sie und die Nachkommen sorgen)

Wie Du siehst, es ist bei weitem nicht allein das Äußere! Das Gebaren und die charakterlichen Werte, die sich im Verhalten zeigen, machen oft viel mehr aus! Eine gute Nachricht für Dich als Mann, falls Du eine Hakennase und Segelohren haben solltest. Die archaischen Signale, auf die wir seit Urzeiten reagieren, nehmen dabei eine Sonderrolle ein. Diese Signale können sogar Hörigkeit bewirken!

Was Dir klar sein muss: Attraktion ist nicht etwas, wofür Dein Gegenüber sich entscheiden kann! Auch wenn Du ein ausgesprochen lieber Kerl oder ein liebes Mädel bist: **Wenn Dich Dein Gegenüber nicht attraktiv findet, kann es sich selbst beim besten Willen nicht dazu überreden**.

Eine schlechte Nachricht für alle Stalker!

---

17) Was Männer attraktiv finden und bei ihnen automatische Reaktionen auslöst, brauche ich ja nicht zu sagen, das hat die Kosmetikbranche und die Schönheitschirurgie genug erforscht und eingesetzt. Obwohl das Äussere für den Mann eminent wichtig ist, gibt es doch auch ein paar psychische Faktoren für Attraktion auch beim Mann (z.B. verlieben sich Männer in Frauen, die ihnen Zeichen senden, dass sie in sie verliebt seien).

Überhaupt kann man jegliche Art von Spontanreaktion weder bei anderen einfordern noch sich selbst einreden. Also musst Du die einschlägigen **Mechanismen kennen und auslösen** lernen. Vor allem in den Bildern und Geschichten, die Du von Dir erzählst, in Deiner gesamten Darstellung sollen immer **subtile Auslöser für Attraktion** stecken. Dadurch erleichterst Du Dir vieles.

5. Das Gesetz der Einflussnahme

Dieses Gesetz wird am häufigsten missachtet – was wohl ein Relikt aus früheren Jahrhunderten ist, als Menschen vorwiegend mit Zwang, Druck und Gewalt versklavt wurden. Heute gilt:

Wenn Du willst,
dass jemand etwas Bestimmtes tut,
musst Du ihn dazu bringen,
es SELBST zu wollen!

Alles andere ist nur Anpassung (und oft nicht viel wert, weil es den Charakter nicht formt). Weil dieser Punkt so wichtig ist, lohnt es sich, ihn genauer zu betrachten. Unser ganzes Leben wird nämlich davon bestimmt, wie gut wir in Sachen Einflussnahme sind. Schon der Säugling beeinflusst die Mutter durch sein Schreien. Wenn er das **richtig dosiert**, bekommt er genug Milch.

Wenn Du an Einflussnahme denkst, was fällt Dir dabei ein? Belohnung und Bestrafung? Sicherlich, aber da gibt es noch einiges mehr. Zum Beispiel Appellieren: „Jetzt reiß Dich doch mal zusammen!" Oder man zitiert Autoritäten: „Der Bundesgesundheitsminister sagt: Rauchen gefährdet die Gesundheit!" Nur, was bringt's? Gegen diese Formen der Alltags-Beeinflussung (davon gibt es sieben) sind die meisten Menschen resistent.

Sie haben nämlich zwei große Nachteile: Man soll dabei etwas tun, was jemand *anderer* will, und das tut man oft nur, wenn Druck dahintersteht. Die natürliche **Antwort auf Druck ist Widerstand**. Jeder, der Kinder erzogen hat, weiß, dass man dabei oft auf Granit beisst. Und der zweite Nachteil ist, dass die Motivation dafür von außen kommt. Sobald Du dann nicht mehr dahinter her bist, fällt der andere wieder zurück ins alte Verhalten.

Im MagSt verwenden wir diese Art von Einflussnahme so gut wie überhaupt nicht. Der MagSt hat viel **wirksamere Methoden**: deshalb wirkt er nämlich auch dort noch, wo andere aufgeben und sagen: „Wir haben alles versucht, im Guten und im Bösen, aber nichts hat gefruchtet!"

Da der Mensch, wie gesagt, in der überwiegenden Zahl der Fälle emotional entscheidet, die Emotionen aber von Assoziationen ausgelöst werden, gilt:

**Wer jemandes Assoziationen steuern kann,
steuert auch seine Emotionen und Handlungen!**

6. Das Gesetz der Loyalität

Menschen sind wankelmütig. Du kannst nicht damit rechnen, dass jemand, der Dich heute noch nett findet, morgen immer noch zu Dir steht. Das hat damit zu tun, dass Menschen sich gerne mit Leuten zusammen tun, von denen sie sich Vorteile erhoffen. Wenn dann jemand daher kommt, der mehr zu bieten hat als Du...

Gottlob gibt es noch einen weiteren Mechanismus, der diese Tendenz ausbalanciert, das „Gesetz" der Loyalität:

Je mehr jemand in Dich investiert hat, um so loyaler wird er sich Dir gegenüber verhalten.

Das ist vermutlich einer der Gründe, weswegen Deine Eltern immer zu Dir stehen werden.

Das heißt eben auch, dass Du meist nicht viel auf **die erste Begeisterungswelle** eines Menschen geben kannst. Egal, ob er sich für *Dich* begeistert oder für das, was Du anzubieten hast. Erst wenn sich ein Mensch für Dich oder Deine Sache ***engagiert*** hat, wenn er dafür etwas aufbringen oder *leisten* musste, kannst Du darauf hoffen, dass er zu Dir hält.
Das ist einer der Gründe, warum Du Dich nur auf *erprobte* Freund- und Partnerschaften verlassen solltest.

7. Das Gesetz der Paradoxen Intention

Dieses letzte Gesetz der Einflussnahme berücksichtigt eine seltsame Eigenart des Menschen, sein **Bedürfnis nach Eigenständigkeit** und einer hohen Meinung von sich. Menschen wollen sich stets als unabhängig und eigengesteuert wahrnehmen. Diese Eigenart kannst Du nützen, indem Du dem Motto folgst: Nicht gegensteuern, sondern ÜBERsteuern.

Daraus ergibt sich das siebte Gesetz des MagSt:

**Bei Widerstand
fördere das bestehende Verhalten –
bis es widersinnig und absurd wird.**

Eine Zen-Weisheit besagt: „Lass den Narr in seinen Torheiten fortfahren, damit er weise wird!" Und genau das tun wir. Eine der typischen MagSt-Methoden ist nämlich das „den Esel am Schwanz ziehen", das „Paradoxeln". Wenn der Esel vor dem Stall steht und partout nicht hineingehen will, darf man ihn nicht vorne am Halfter ziehen, sondern kräftig am Schwanz, als wolle man ihn noch weiter vom Stall weg ziehen. Dieses Gesetz wird immer dann angewendet, wenn das Gegenüber in eine Haltung von Resistenz oder Reaktanz („jetzt extra nicht") verfallen ist.

Diese sieben Kommunikationsgesetze machen wir uns zunutze. Da dies sehr „powerful" sein kann, wollen wir eine wichtige Überlegung auf keinen Fall ausser Acht lassen, nämlich ...

Wie steht's mit den Leuchtturm-Prinzipien?[18]

Wie bereits erwähnt, keine Philosophie, keine Denkrichtung kann sich als vollständig und abgerundet bezeichnen ohne **ethische Prinzipien**, nach denen sich alle Handlungen ausrichten. Im ersten Buch („Das wäre doch gelacht") sind die Leuchtturm-Prinzipien (die so heissen, weil sie unverrückbar sind, wie ein Leuchtturm und die Richtung weisen) ausführlich besprochen worden. Deshalb will ich sie hier nur kurz erwähnen.

Die ersten drei **regeln das Zusammenleben** der Menschen. Ohne sie würde bald Chaos und grenzenlose Ungerechtigkeit herrschen. Und der

18) Diese Bezeichnung stammt von Stephen Covey, dem Autor von" *7 Wege zur Effektivität.*"

letzte Wert handelt von der Verantwortung Dir selbst gegenüber (und dem Schöpfer, der Evolution oder welcher höheren Instanz Du auch immer Dich verpflichtet fühlst). Das erste Prinzip ist die Redlichkeit:

REDLICHKEIT

„Ich spreche die Wahrheit und stehe zu meinem Wort"

Dass Du nur *den* Menschen, die redlich sind, **Vertrauen** schenken kannst, ist eine Binsenweisheit. Und da Vertrauen die **Basis jeglicher Kooperation** ist, kannst Du Dich mit niemandem länger einlassen, der Dich anlügt oder nicht zu seinem Wort steht. Deine ganzen Entscheidungen stünden auf tönernen Füßen, wenn Du seine/ihre Aussagen als Grundlage nähmest.

Die Kooperation, das Zusammenwirken der Bemühungen vieler Menschen war es, die die Menschheit heute so weit gebracht hat. Durch alle Unterstützung, Arbeitsteilung und Befruchtung mit neuen Ideen und Erfindungen, von denen alle profitieren, sind wir weit über den ursprünglichen Tierstatus der Menschheit hinausgewachsen.

Deshalb:

Ohne Redlichkeit kein Vertrauen,
und ohne Vertrauen keine Kooperation.

Und das würde heissen: Kein Fortschritt, kein Komfort, keine Sicherheit, sondern sehr schnell Entzweiung, Isolation und Niedergang.

Damit kommen wir zum zweiten Prinzip des friedvollen Zusammenlebens:

FAIRNESS

„Ich behandle andere so, wie ich selbst behandelt werden möchte"

Diese Haltung mag Dir sonnenklar und evident erscheinen, aber schau Dich mal um! Leben die Menschen danach? Jede Form von Rassismus, Korruption, Sexismus, Gewalt gegen andere und jeder Krieg verhöhnt dieses Gesetz. Wann immer andere zu **Menschen zweiter Klasse gestempelt** werden, führt das zu einer Verletzung dieses ethischen Prinzips.

Sogar **Religionen**, die sich ja eigentlich zur Aufgabe gemacht haben, Menschen ethische Prinzipien zu lehren, haben immer wieder Andersgläubige als geringer wertige Menschen definiert, die man notfalls auch töten oder schädigen darf, wenn sie sich nicht bekehren lassen. Aber niemand hat das Recht, andere würdelos zu behandeln. Nun, so weit ist die Menschheit mittlerweile schon gekommen, dass dieses **Menschenrecht weltweit** gilt, auch wenn es nicht immer eingehalten wird.

Im MagSt ist es ein erstrangiges Prinzip, den anderen stets ***das Gesicht wahren zu lassen***. Schließlich hat ja der MagSt zum Ziel, dass der andere eine zunehmend *bessere* Meinung von sich selbst gewinnt. Das **Freche am MagSt** richtet sich nur gegen Scheinheiligkeit, Sturheit, Konformismus, Ressentiment und Kleinlichkeit, **nie aber gegen die Würde** eines Menschen.

Das dritte Prinzip des friedlichen Zusammenlebens lautet:

RECHTSCHAFFENHEIT

„Ich trage die Last meines Lebens selbst und bürde sie niemandem anderen auf"

oder, einfacher gesagt:

Geben und Nehmen müssen ausgewogen sein!

Jeder trägt die Verantwortung für sich selbst und muss für sich selbst sorgen. Daraus ergibt sich auch die Regel, dass jeder zunächst **für sich selbst sorgen *soll*** *und darf*, die Haltung des '*gesunden Egoismus*'.

Wenn jeder gut für sich sorgen würde, brauchte es nicht so viele Appelle an einen (zweifelhaften) Altruismus geben. **Wirklich nützliche Hilfe** ist immer eine **Unterstützung zur Selbsthilfe** und Anleitung zu mehr Eigenverantwortung.

Im MagSt gehen wir davon aus, dass jeder Menschen die nötige Ausstattung mitbekommen hat, **sein Leben allein zu meistern**. Deswegen werden Ausreden und Opferhaltung (die meist Vergünstigungen und Schonbehandlung im Auge haben) genauso wie die „Etwas für nichts bekommen wollen"-Einstellung schonungslos aufgedeckt. Im MagSt gilt dieselbe Regel wie im sportlichen Wettstreit: „Wer seinen Gegenspieler achtet, schont ihn nicht."

Das vierte Prinzip gilt für Dich allein als Individuum:

LLL, das Lebenslange Lernen

„Ich lerne stets dazu, und nehme Herausforderungen bereitwillig an"

Das heisst einfach, dass Du nie aufhören wirst, Dich weiter zu entwickeln. Lebenskraft strömt Dir nur solange zu, als Du **an der Evolution teilhast.**[19]

Da Du bis hierher gelesen hast, kann ich Dir bestätigen: Das lebst Du schon! Das ist nicht so selbstverständlich, wie Du glaubst. Ich kenne eine Reihe von Menschen, die der Meinung sind, sie wüssten ohnehin schon genug Bescheid und nur die anderen müssten dringend dazulernen. Deshalb predigen sie anderen auch dauernd. Wenn Du solchen Menschen mal begegnest, ein Tipp: **Überprüfe**, ob sie selbst auch wirklich **leben, was sie lehren!**

Die **Leuchtturm-Prinzipien** sind *das* **Wahrzeichen** schlechthin eines wirklich erwachsenen, **reifen Menschen.** Wir werden damit nicht geboren, sie sind ein Erziehungsprodukt *und* ein Produkt der **Selbsterziehung.** Wir haben zwar die Anlagen dazu, aber das „Heranzüchten" dieser Haltungen erfordert Ausdauer und Disziplin.

---

19) Deuten diese Prinzipien nicht alle darauf hin, dass unser bewusstes Denken eine Art Erziehungsfunktion dem Willen gegenüber innehat? Sobald es nämlich so wichtige Erkenntnisse wie diese Prinzipien erfasst hat, bringt es seinen „Herrn", den Willen, dazu, sich mehr und mehr danach zu richten. Vielleicht ist dieser „Veredelungsprozess" der eigentliche Sinn unseres Daseins auf der Erde – Wer weiß?

Falls Dich dieses letzte Wort abschreckt: Es gibt sehr wohl auch eindeutig **positive Formen der Disziplin**, nämlich die schützende und die fördernde Disziplin. Wie bereits gesagt, unser bewusstes Denken ist die Programmiereinheit für das Unbewusste. Unser logisch-rationaler Geist kann etwas, was das Unbewusste nicht kann: Es kann vorausdenken! Wenn es z.B. von anderen erfahren hat, dass einem die Zähne ausfallen, wenn man dauernd Süsses isst und sich nicht die Zähne putzt, trainiert es das (unwillige) Unbewusste dazu, die Zähne gut zu behandeln. Genauso weiß es auch, dass eine herausragende Leistung viel Übung braucht und wird dem Willen deshalb irgendwie auch die langweiligen Tonleiter-Fingerübungen am Klavier schmackhaft zu machen versuchen.

Kurz: Der Intellekt ist im besten Falle **ein wohlwollender, kluger Diener,** der es seinem Herrn leicht macht, das Kluge und Schützende einerseits und das Unbequem-Schweißtreibende andererseits zu tun, wenn es **auf lange Sicht Erfolg** verspricht. Ein Gewinner-Team!

In dieser Art von Umgang des Intellekts mit seinem „Herrn", dem Willen, siehst Du ganz klar den Riesenunterschied zum mahnend-strafenden Intellekt, der sich über den „Entscheidungsträger" (den Willen) stellt. Diese Anmaßung führt fast immer zum Zwist, d.h. der Wille geht in den Widerstand und es geht nichts mehr vorwärts. Ich treffe häufig auf Menschen, die sich dafür prügeln könnten, dass sie ständig zu spät kommen, ihre Rechnungen erst nach der dritten Mahnung bezahlen und die wirklich wichtigen Dinge im Leben entweder nicht angehen oder nicht zu Ende machen. Der planende Intellekt und der ausübende Wille stehen gegeneinander. Und Du weisst ja, wer bei diesem Streit „gewinnt"!

Ich kann Dir gar nicht oft genug ans Herz legen, dass Du auf eine **wohlwollend-ermunternde Art** mit Dir und Deinen Gefühlen (die Regungen Deines Willens) umgehst. Das allein kann schon Dein Leben und die Freude daran entscheidend verändern. Auf jeden Fall erleichtert Dir das den Humor und das Wohlwollen – zwei wesentliche Bestandteile des MagSt.

Leuchtturm-Prinzipien: Die Kette Deines Rettungsankers!

Du magst Dich vielleicht fragen, warum ich die Leuchtturm-Prinzipien hier erwähne, in einem Buch über einen Kommunikationsstil. Das will ich Dir gern erklären: Du wirst sie gut gebrauchen können! Erstens helfen sie Dir bei der Entscheidung, ob Du **aktiv werden** solltest, wenn mal jemand in Deiner Gegenwart oder im Austausch mit Dir diese Prinzipien verletzt. Manchmal ist es wichtig und richtig, jemandem **„ins Gewissen zu reden".**

Wenn Du es in einem Wechsel von spaßig zu ernst machst, sitzt das nämlich noch viel tiefer als allein nur mit dem Zeigefinger! Und wenn Du es klar, präzise und einleuchtend darstellen kannst, prägt sich das beim anderen viel besser ein, als wenn es als zu emotional oder gar abwertend empfunden wird.

Der zweite Grund ist, dass Du manchmal ein deftiges Echo verkraften musst. Wenn Du frech bist, auch wenn Du das charmant rüberbringst, glauben manche Leute, Dich rügen zu müssen. Dann kannst Du noch so viele Jokes machen, es nützt nichts, vor allem, wenn sich der andere auf seinem Humor-Ohr taub stellt. Dann musst Du beweisen, dass **Dein Geist klar und messerscharf ist**, so dass Du dem anderen zeigen kannst, dass Du auf der Seite der Engel kämpfst, auch wenn die Methoden manchmal ein bisschen diabolisch raffiniert anmuten.

Ein Tipp: Wenn Du mal wegen Deines MagSt-Verhaltens angegriffen wirst, dann stell Dir zunächst innerlich die Frage „Habe ich **aus einer wohlwollenden Haltung** heraus agiert?" Wenn Du sie mit einem klaren

„Ja" beantworten kannst, bist Du gleich gelassener und kannst in aller Ruhe daran gehen, den *Guten Draht* zum anderen wieder herzustellen.

Nach dieser „Werteklärung" kommen wir zu den beiden Kernpunkten des MagSt: Das Freche und das Unwiderstehliche.

Das Entscheidende am *Frech, aber unwiderstehlich sein*

Der entscheidende Kniff beim MagSt ist, gleichzeitig **frech UND spaßig** zu sein. Wenn Du nur frech und herausfordernd bist und die Regeln des Wohlverhaltens zu sehr verletzt, machst Du Dich unsympathisch, Du nimmst die Leute *gegen* Dich ein. Und wenn Du nur Späße machen würdest, wärest Du schnell der Clown oder Witze-Macher, wirst also nicht ernst genommen. Verbinde die beiden und es wirkt wie Magie!

Was Du damit signalisierst

Du sendest damit **drei Botschaften** aus, die Dein Gegenüber auf einer unbewussten Ebene registriert:

1. „Alpha"-Typ Verhalten

Obwohl Du Späße machst und lustig bist, sprichst Du dabei in einer Art, wie sie nur selbstsichere Menschen zeigen. (wir reden später noch über den Hochstatus-Humor). Da Du meistens im Hochstatus bist, Dich aber auch mal selbst „auf die Schippe" nimmst, kannst Du Dir viel mehr „herausnehmen" als jemand, der versucht „nett" zu sein. „Richtig nett" zu sein ist, wie Du bereits weißt, der Erzfeind der Attraktion.

2. Drüber stehen

Du biederst Dich nicht an, zeigst Dich *unabhängig von der Meinung anderer.* Du hast Dich selbst und die Situation im Griff. Du bist dann vor allem für Menschen, die selbst sehr attraktiv sind und viel Komplimente bekommen, jemand erfrischend Neues, Interessantes (Schleimer sind denen oftmals ein Gräuel).

3. Humor und Lockerheit

Zum Humor braucht man Intelligenz, Mut und Kreativität. Wenn Humor mit ein bisschen Arroganz „gewürzt" ist, kommt das als ***sympathische Überlegenheit*** herüber. Und das genau ist es, was Attraktion auslöst. Wenn Du Dein Gegenüber nach kurzer Zeit schon in Frage stellst, vielleicht sogar rügst oder Dich über irgendeine Kleinigkeit lustig machst, sagst Du indirekt: „Ich lasse mich nicht so leicht beeindrucken und fühle mich mit Dir auf Augenhöhe (und deshalb auch nahe)."

Humor ist vor allem **eine innere Haltung**, die Dir unmittelbar selbst zum Vorteil gereicht. Dass Deine Kommunikation und damit auch andere davon profitieren, kommt eigentlich erst an zweiter Stelle.

Weil der Humor so eminent wichtig ist, wollen wir ihn gründlich betrachten.

Was Dich unwiderstehlich macht: Humor

„Humor ist die Heiterkeit in allen Lebensbezügen, jenes innere Lächeln, mit dem Schwächen und Unzulänglichkeiten der Welt überstrahlt, selbst liebenswert gemacht werden"

Hehlmann 1968

Humor ist eine tragende Säule im MagSt, neben Autorität und dem Mut, herausfordernd zu sein. Er ist ein wesentlicher Bestandteil der MagSt-Philosophie, ein Grund, ihn genauer zu betrachten. Schauen wir zunächst, was er für Dich und in Dir bewirkt.

Die Humorvolle Haltung

Als ich Frank Farrelly vor einiger Zeit mal fragte, ob er sein fortgeschrittenes Alter (76 Jahre) zu spüren bekäme, meinte er: „Ja, durchaus. Ich habe die ärztliche Schweigepflicht neuerdings zur totalen Amnesie gesteigert! Ich hab' manchmal keine Ahnung mehr, was mir der Klient das letzte Mal erzählt hat."

Das ist es, was ich mit humorvoller Attitüde[20] meine. Frank zeigt damit: Trotz Einbußen und Verlusten ist **das Leben lebenswert!** Er macht einen Joke daraus.

Nun gut, Frank hat bei weitem kein schlechtes Gedächtnis. Ich wäre froh, wenn ich sein Gedächtnis hätte (zusätzlich natürlich). Aber er spürt, dass er nicht mehr der Jüngste ist und hat **kein Problem** damit. In diesem Ab-

20) Lass uns das im Weiteren abkürzen zu "Humitüde". Das klingt zwar lautmalerisch fast wie "Gummitüte", ist aber kürzer und bequemer.

schnitt möchte ich Dir diese Seite des Humors nahe bringen: *Der **Humor als Lebenshilfe***. Oder anders ausgedrückt: Was Du für Dich selbst gewinnst, wenn Du die ***Humitüde*** zu Deiner Grundeinstellung machst.

Die beste Art zu lernen, wie Du *mit anderen* lustig bist und sie zum Lachen bringst, ist, dass Du auch ***mit Dir selbst lustig*** **umgehst** und Humor zu Deiner Lebenseinstellung machst. Das heisst, dass Du Humor auch für Dich selbst in praktisch allen Lebenslagen einsetzt.

Dazu werden wir uns erst einmal klar darüber, was Dir zur Verfügung steht, um Humor zu entwickeln, d.h. was steckt in Dir drin, das Humor entwickeln kann? Und was vereitelt ihn, wenn Du ihn bräuchtest?

Ein ganz wesentlicher Aspekt von Humor ist Wahrheit oder Realität. **Humor und Späße zünden am besten, wenn Wahrheit dahinter steckt!** Da kommt es Dir jetzt gut zu Nutze, dass Du in den vorigen Kapiteln tieferen Einblick in die inneren Abläufe beim Menschen bekommen hast, und vor allem, was ihn bewegt. Damit kannst Du bei anderen viel leichter **„hinter die Fassade"** gucken.

Gottlob fängst Du ja nicht bei Null an. Dieses Buch würde Dich gar nicht interessiert haben, wenn Du keinen Draht zu Humor und Kommunikationsgeschick hättest. Also schauen wir uns an, was Du tust, wenn Du es richtig machst, nämlich dann, wenn Du Dich in eine Haltung bringst, in der Du ***gelassen, souverän und humorvoll*** mit den Wechselfällen des Lebens umgehst. Wenn Du das hin und wieder geschafft hast, sollte es durch „Kenntnis der Mechanismen" möglich sein, so etwas öfter herbeizuführen, auch und gerade dann, wenn das Leben einmal nicht so erfreulich für Dich ist. Dann hast Du den Humor nämlich besonders nötig. Du weißt ja, „Humor fängt an, wo der Spaß aufhört" (nicht von mir, der Spruch, passt aber gerade). Oder mit Ringelnatz gesprochen: „Humor ist der Knopf, der verhindert, dass uns der Kragen platzt!"

Wenn Du dran bleibst, wird Humor zu einem Charakterzug von Dir. Das läuft dann so, wie das Sprichwort sagt: *„Vom Gedanken zur Tat, von der Tat zur Gewohnheit, von der Gewohnheit zum Charakter und vom Charakter zum Schicksal."* Du denkst heiter und humorvoll, dabei gewöhnst Du Dich daran, das Leben generell auf diese Weise zu betrachten, kurz, Du entwickelst die Humitüde zu Deiner Grundhaltung, zu einem Charakterzug und das verändert Dein Leben insgesamt zum Positiven.

Wir sehen uns diese Zusammenhänge im Weiteren noch in der Praxis des Alltags an. Durch anschauliche Beispiele bekommst Du manchmal noch das letzte bisschen mit, das Du noch brauchst, um es Dir ganz zu Eigen zu machen. Jetzt ist aber erst noch der Durchblick daran. Ein **tiefes Verständnis** der Zusammenhänge erleichtert Dir den Erwerb dieser Fähigkeit.

Wie Humor das Leben leichter macht

Damit es verständlich wird, wie die humorvolle Attitüde bewirkt, dass Dich die Widrigkeiten des Lebens nicht mehr so anfechten, lass uns noch einmal **rekapitulieren**:

1. Das Wesentliche an Dir ist der (Lebens-)Wille, dessen Regungen Dir als Gefühle bewusst werden.

2. Der Intellekt (das Denken) ist der Diener des Willens.Seine Aufgabe ist es, in der Welt Ausschau zu halten, wie der Wille das bekommen kann, was er **zu einem „artgerechten" Leben braucht.**

3. Dein Wille hat **drei Dimensionen** (Neigung/Status/Verantwortung) mit je einer positiven und einer negativen Achse. Wenn der Wille zu sehr in eine dieser Richtungen geht, also sehr erregt ist, nimmt der steuernde Einfluss des Intellekts ab, die Bewusstheit ist eingetrübt und

Du reagierst mit vorgefertigten Routinen. Du gehst sozusagen auf Autopilot. Da diese Routinen oft überholte, alte Reaktionsmuster sind, die zwar in der Vergangenheit angemessen waren, jetzt aber unpassend sind, handelst Du Dir damit noch mehr Probleme ein (z.B. ausrasten, sich grün und blau ärgern, schmollen, unhöflich werden, zu allem Ja und Amen sagen usw.).

4. Du hast **über das Bewusstsein Macht** darüber, ob der Wille heftig wird oder nicht, indem Du die Situation (für Deinen Willen) so interpretierst, dass dieser sich nicht frustriert, gedemütigt oder beschuldigt fühlt. Hier liegt Deine Macht, und **hier setzt die Humitüde an**.[21]

5. Das Steuern dieser Interpretationen kannst Du üben, indem Du zunächst...
   – in die **Beobachterposition** gehst (Du schätzt blitzschnell ein, an welchem Zipfel Deines Willens Dich diese Situation gerade kitzelt (davon gibt es, wie Du weißt, sechs – die „Klingelknöpfe").

   –und dann blitzschnell **verschiedene Sichtweisen** ausprobierst, nach dem Motto: „Wie könnte man das noch anders sehen?" Das ist zu Anfang nicht leicht, aber mit etwas Übung geht es immer schneller. Die lustigste oder skurrilste davon verwendest Du dann dazu, um die Situation erfreulicher zu gestalten.

Ein kurzes Beispiel zur Veranschaulichung:

---

21) Die andere Möglichkeit, heftige Willensbewegungen, so genannte „emotionale Turbulenzen", in den Griff zu bekommen, ist die Zügelung des Willens. Das lernen kleine Jungen schon, wenn sie „Jungen weinen nicht" gesagt bekommen. Allerdings führt das oft dazu, dass man seine Gefühlsregungen generell unterdrückt, was eine Menge unerwünschter Nebenwirkungen hat (Das reicht von roboterhaftem Verhalten bis zu ernsthaften Erkrankungen). Die Frage ist also nicht: „Soll ich meinen Ärger (Wut, Verletztheit, Groll usw.) rauslassen oder ihn hinunterschlucken?", sondern: „Wie lerne ich so zu denken, dass ich von vornherein nicht mit derart heftigen Gefühlen reagiere, die ich dann nicht mehr zügeln kann?"

> Du sitzt im Café, und Dein Partner lässt Dich wieder einmal warten. Du könntest jetzt langsam sauer werden, da klingelt Deine innere Alarmglocke (wie immer, wenn Deine Gefühle eine bestimmte Schwelle überschreiten) und Du fragst Dich, auf welche Weise Dein Wille jetzt erregt wird. Du spürst vielleicht Ungeduld (liegt daran, weil Du Deine Zeit nicht nutzt – da wird's Dir schnell langweilig) oder empfindest das Wartenlassen als Herabsetzung („Ich bin ihm/ihr ja nicht wichtig genug"). Das erste ist Unlust (erste Achse) und das zweite Tiefstatus (zweite Achse).

Durch Deine Bewusstmachung dessen, was in Dir abläuft, hast Du eine Wahl. Du kannst Dich jetzt ...

> ... voll in Ärger, Wut, Verletztheit hineinsteigern und Dir eine Vergeltungsmaßnahme ausdenken (Schmollen, Streiten, misslaunig reagieren), oder ...
>
> ... gegensteuern, indem Du versuchst, den Ärger zu unterdrücken, oder dritte Möglichkeit:
>
> ... Dir einen **Spaß** draus machen.

Das „Reinsteigern" kannst Du bereits, dazu brauche ich nichts zu sagen.

Das „Gegensteuern" kennst Du auch. Du lenkst Dich von der Warterei ab, beschäftigst Dich und beruhigst Dich damit, dass Dein Partner sicher etwas ganz Wichtiges erledigen muss (z.B. ein teures Geschenk für Dich aussuchen) und gleich da sein wird. Das gelingt Dir vermutlich nur bis zu einem gewissen Grad.

Einen Spaß machst Du Dir draus, wenn Du übersteuerst. Dir wird sooo langweilig, dass Du einschläfst (oder Du tust nur so, wenn er/sie dann kommt; oder Du übersteuerst den Aspekt der Herabsetzung und bedankst Dich überschwänglich wie ein junges Hündchen, das sein verloren geglaubtes Herrchen wieder gefunden hat).

Du liebst es etwas dezenter? Du könntest auch überrascht sein, wenn Dein Partner dann auftaucht und ihn aufklären, dass ihr euch doch erst für *morgen* verabredet habt. (Heute wolltest Du Dich mit jemand anderem treffen, aber der hat sich verspätet.)

Diese Möglichkeiten sind mir als erste eingefallen, aber wenn Du ein bisschen überlegst, fallen Dir sicher noch welche ein, die besser zu Dir passen. Das Wichtige dabei ist die **Verfremdung der Situation**. Weg von der augenfälligen Interpretation zu einer aussergewöhnlichen oder skurrilen Auslegung.

Du brauchst hier noch keine Lacher hervorzurufen, jetzt geht es ja nur darum, dass Du spürst, wie sich **Deine Gefühle ändern**, wenn Du andere Interpretationen findest. Vergiss erst einmal die anderen Leute und ob diese lachen. Worum es jetzt geht ist, dass Du ***Dich* zum Schmunzeln bringst**. Das ist gar nicht so schwer und trotzdem ein großer Schritt vorwärts.

Soviel zu diesem kleinen Beispiel. Wir schauen uns die humorvolle Attitüde gleich noch in anderen Situationen an. Jetzt geht es erst um Deine heftigen Gefühle und wie Du es schaffst, lockerer und gelassener zu sein.

Der tiefere Grund, warum Humor Balsam für die Seele ist

„Meister, woran merkt man, dass ein Mensch reif ist?"
„Achte darauf, wie oft am Tag er sich ärgert."

Anthony DeMello

Ärger ist ein Gefühl, eine Willensbewegung. Und was will der Wille, wenn er sich ärgert? Er möchte, dass etwas **so läuft, wie er das *erwartet* hat** oder **für richtig findet.** Da andere sich schnell unwohl fühlen, wenn man ihnen Ärger entgegenbringt, übst Du damit einen Anpassungsdruck auf sie aus.

Da steckt doch auch ein bisschen Rechthaberei drin, oder? Wenn ich mir einbilde zu wissen, wie etwas zu sein hat und ich es für andere verbindlich halte, ist das dann nicht ein bisschen rechthaberisch? Und ich stelle mich dabei *über* den anderen, weil ich möchte, dass meinem Willen entsprochen wird (Ich beanspruche Priorität = höheren Rang.)

Das ist keine reife und weise Haltung, oder? Du musst Dir aber nichts denken, wenn Du Dich mal dabei ertappst. Schau Dich um, Du bist umzingelt von „Kindern“, die behaupten erwachsen zu sein! Dieses Verhalten ist die Norm!

Erinnere Dich an unsere Ausgangsphilosophie: Du lebst in einem wohlwollenden Kosmos. Jedes Erlebnis hat seinen Platz (und seinen Sinn). Und welche Haltung steht in der Mitte der dritten Achse des Willens, der Verantwortungsachse? ...

Genau! Du fühlst Dich **für nichts schuldig, aber für alles verantwortlich.** (Es lohnt sich, das mal zu durchdenken.)

Wenn Du genau hinschaust, findest Du hinter dem Ärger oft einen Selbstvorwurf. Du bist nicht zufrieden, wie Du die Situation vorbereitet oder gestaltet hast; sie ist schief gelaufen und Du fühlst Dich schuldig. Das fühlt sich im Nu etwas leichter an, wenn Du einen Sündenbock findest.

So einen brauchst Du nicht mehr, wenn Du die obigen Grundsätze anlegst: Was immer Dich jetzt in dieser Situation wurmt, auch Du hast sie mit herbeigeführt. Und da Du Dir ja nicht schaden *willst*, war es entweder eine Unwissenheit oder eine Unaufmerksamkeit, die zum Schieflaufen geführt hat. Beides, „zu wenig wissen” und „zu wenig aufpassen”, ist korrigierbar und auch verzeihlich. Du hast deswegen kein Quäntchen an

Würde verloren (jedenfalls nicht, wenn Du darüber und zu Deinen Fehlern stehst).

Erst jetzt arbeiten **Wille und Intellekt wieder zusammen**. Weder beschimpfst Du Dich dafür, dass Du die Situation falsch eingeschätzt hast, noch wirfst Du Dir schlimmere Dinge vor (z.B. untolerierbare Fehler zu haben). Dann bist Du wieder **eins mit Dir** und kannst Dein Bestes geben. Das ist weit besser als die alte Methode! Wenn nämlich die beiden, Wille und Intellekt, sich nicht grün sind, kooperieren sie nicht mehr. Ist der Wille auf den Intellekt sauer, nennst Du Dich einen Idioten und greifst Dir an den Kopf.

Ist der Intellekt auf den Willen sauer (weil dieser trotz mahnender Worte „wieder" das Falsche getan hat), fühlst Du Dich minderwertig. Du beschimpfst Dich als Feigling, einen Suchtkranken, Haltlosen, einen Versager usw. Erlaube Dir mal, Deinem inneren Dialog zuzuhören, Du wirst staunen!

Vielleicht sollte ich das doch noch erklären, was ich mit „sich für nichts schuldig fühlen, aber für alles verantwortlich" meine.

Wenn Du Schuld und Verantwortung durcheinander bringst, kreierst Du Dir ein Problem mit der Macht über Dein Leben. Schuld heißt, dass Du etwas gut zu machen hast, Du bist in der Bringschuld. Deshalb ist das *Ein-permanentes-Schuldgefühl-induzieren* eine beliebte Erziehungsmethode. Durch Bringschuld versetzt man jemanden automatisch in die Tiefstatus-Position, sein Wille hat hintanzustehen.

Bei der Verantwortung ist das anders: Sie bezieht sich auf das Jetzt, die Gegenwart und nicht wie die Schuld auf Vergangenheit (Buße und Schuldgewissen) oder die Zukunft (Bringschuld). **Verantwortung** besagt: „**Handle jetzt so, dass Du das mit Dir (und Deinen Werten)**

vereinbaren kannst". Egal, welchen Fehler Du begangen hast, jetzt musst Du verantwortlich handeln (z.B. einen Fehler eingestehen oder wieder gut zu machen versuchen). Als Handelnder bist Du nicht mehr im Tiefstatus wie ein Abgeurteilter, sondern Du tust ja etwas: Du handelst initiativ. Dein Wille wird sicht- und spürbar.

Was immer Du tust, und wenn es noch so sehr falsch war, ein Teil von Dir (der Wille) wollte es so. „Ich kann nichts dafür" und „the devil made me do it" sind nur Ausreden. Und jemand anderen **für das eigene Verhalten** verantwortlich zu machen, ist verkehrt gedacht und direkt absurd. Selbst wenn Dich jemand anschreit, zwingt Dich das nicht zurück zu schreien. Wenn Dich jemand zutiefst verletzt – hassen musst Du ihn deshalb nicht! Deine Gefühle erfolgen nicht automatisch aus den Handlungen anderer, sondern erst aus:

a) Deinem Verständnis der Situation (wie Dein Intellekt sie interpretiert)

b) aus Deinem Charakter (welche Reaktionstendenzen Dein Wille hat, bzw. welche Gewohnheiten er erworben hat).

Und dafür kannst Du Dich verantwortlich zeigen und zu Dir stehen. Aus dieser Sicht ist leichter zu erkennen, wie unsinnig Schuldgefühle sind. Wofür Schuldgefühle? Für einen Irrtum, eine Ungeschicklichkeit oder weil Du so bist wie Du bist?

Esoterisch denkende Menschen gehen sogar noch weiter mit der Verantwortung: Da wir alle **miteinander verbunden** sind, werden auch Gedanken und Gefühle als Schwingungen auf andere einwirken. Somit hat man auch Verantwortung für das Geschehen auf der Welt. Dieses Denken zeigt sich in dem oben schon mal zitierten chinesischen Sprichwort: „Willst Du im Staat etwas ändern, fang' in den Großstädten an. Willst Du in den Großstädten etwas ändern, fang' in den Dörfern an. Willst Du im

Dorf etwas ändern, fang' in den Familien an. Willst Du in der Familie etwas ändern, fang' bei Dir an!" [22]

Ich weiß, ich weiß ... Du hättest längst schon damit angefangen, wenn Dein *Partner* nicht so ein Sturschädel wäre. Vielleicht ist Dir das alles schon klar, und Du reagierst längst nicht mehr mit nutzloser Selbstzerfleischung auf eigene Fehler und redest auch innerlich stets achtungsvoll mit Dir. Dann hat's Dir doch sicher gut getan zu erkennen, wie viel Ballast Du schon abgeworfen hast, oder?

Humor hat, wie Du siehst, eine ganze Menge mit **Reife** zu tun. Die „Heiterkeit in allen Lebenslagen" ist im Grunde eine tief philosophische Einstellung, die dem Taoismus ähnelt.

In meinem Buch »LEBENSKUNST: PHILOSOPHISCHE FITNESS« zitiere ich die Geschichte der Essigkoster[23]. Drei Männer sitzen um einen Topf mit Essig und haben gerade davon gekostet. Der eine schaut drein, wie wenn er was Saures gekostet hätte, der zweite scheint es bitter empfunden zu haben, und dem dritten hat es offenbar geschmeckt.

In diesem allegorischen Bild stehen die drei Männer für die drei östlichen Weisheitslehren: Für Konfuzius, für Buddha und für Lao-Tse bzw. deren jeweilige Lehren. Bei Konfuzius ist das Leben sauer, eine endlose Folge von Pflichten und Regeln, die es streng einzuhalten gilt. Bei Buddha ist das Leben bitter, aufgrund von Maja, der Täuschung (die zu ständigen Enttäuschungen führt).

---

22) Es gibt auch ein nützliches, angeborenes Schuldgefühl, das aus dem Mitgefühl stammt. Wann immer wir einem Menschen eine körperliche Verletzung oder seelisches Leid zugefügt haben, empfinden wir Schuld und Reue. Das Mitgefühl ist ganz allgemein die Basis jeder Moral (wie Schopenhauer in seiner Festschrift »Über die Grundlagen der Moral« überzeugend dargestellt hat).

23) Zitat aus: „Das Tao des Puh" von Benjamin Hoff

Wie macht das dann Lao-Tse, dass ihm das Leben (also dieser Essig) schmeckt?

Ich glaube, das ist eine Frage der Vorstellung, der Fantasie. Wenn Du Deinen Finger in Essig steckst und ihn dann ableckst, dann kannst Du Dir mit etwas Fantasie den Rest des Salats dazu vorstellen, in dem nur noch ein bisschen Essig gefehlt hat. Dann bist Du froh über den Geschmack! Das war's, was noch fehlte!

Du kannst das auch auf den Alltag übertragen: Wann immer Du Verhalten bei anderen beobachtest, das Dir unangemessen erscheint, dann denk' Dir eine Situation aus, in der es angemessen wäre. Du schaffst einen passenden Kontext und schon erscheint es Dir nicht mehr widersinnig (aber skurril und spaßig vielleicht).

Wie wichtig so ein Kontext sein kann, siehst Du an diesem kleinen Witz:

> Lehrerin: „Wir nehmen Ihren Maxl nicht mehr ins Schwimmbad mit. Der pinkelt immer ins Becken!"
>
> Mutter: „Aber das tun doch alle Kinder!"
>
> Lehrerin: „Aber nicht vom Dreimeter-Brett!"

Erinnerst Du Dich noch an den Autofahrer, der Dir die Vorfahrt genommen hat? Und wie Du Dir erklärst, warum er wie eine „gesengte Sau fährt"? (Er musste ganz schnell in die Klinik, um bei der Geburt seines Kindes dabei zu sein.)

Das ist genau diese Technik. Du verwendest sie nur noch ein bisschen universeller. Du übst Dich darin, die Bedeutung von Situationen, die sie für Dich haben, zu variieren. Das gibt Dir die **Freiheit zu bestimmen**, mit welchen Gefühlen und welcher Haltung Du reagierst. Das wird Dir enorm dabei helfen, Dich nicht von außen bestimmen zu lassen. Die

Macht des Interpretierens hilft Dir, Dich auch in extremen Situationen noch im Griff zu haben!

Sind wir uns da einig, dass Selbstbestimmung einen reifen Menschen auszeichnet?

Wenn es heißt „Heiterkeit in *allen* Lebenslagen", dann sind damit eben auch die schwierigen gemeint, in denen der Durchschnittsbürger wie auf Knopfdruck reagiert und so vorausberechenbar abläuft wie das Programm einer Waschmaschine.

Ist Dir das mal in Fleisch und Blut übergegangen, das „**Rahmen wechseln**", dann überrascht Dich so leicht nichts mehr. Du hast dann einen wesentlichen Schritt zum Zenmeister getan. Die leben nämlich, wie schon erwähnt, entsprechend dem Satz "Don't take anything for granted" („Setze nichts als gegeben voraus"). Und diese Einstellung hat etwas verdammt Gutes: **Du ärgerst Dich nicht mehr!**

Wenn Reife für Dich ein interessantes Thema ist, wird Dich der nächste Absatz interessieren.

Humor bringt „psychische Fitness"

In meinen Seminaren werde ich manchmal gefragt, ob Humor denn nötig sei um Therapie zu machen. Die klare Antwort ist: Nein! Das Gleiche gilt für Deine Arbeit, Deine Beziehung und Dein ganzen Leben. Du kommst auch ohne Humor, sogar ohne Lachen über die Runden. Manchmal erscheint mir die ganze U-Bahn mit Leuten angefüllt, die verbissen daran arbeiten, unerwartet aufkommende gute Laune tunlichst zu vermeiden.

Aber **mit Heiterkeit und Humor geht alles besser, leichter, erfreulicher.** Humor nimmt nichts weg von all den Fähigkeiten, die Du schon hast, aber es fügt noch etwas Wesentliches hinzu: **Eine gewisse Leich-**

tigkeit. Und dass das vor allem in der Psychotherapie einen wichtigen Stellenwert hat, diese Erkenntnis verdanke ich vor allem Frank Farrelly: „Das Leben besteht eben nicht nur aus all den Symptomen, die im ICD 10 (Verzeichnis aller Krankheiten) aufgelistet sind, sondern auch aus Freude, Lachen, Spass und Fröhlichkeit. Und das sollte in der Therapie *keinen* Platz haben?!"

Nun, Du bist ja nicht unbedingt interessiert an Therapie. Aber bist Du nicht auch im Alltagsleben immer wieder mit den kleineren Störungen der Psyche im Kontakt? Menschen, die schlecht drauf sind, die plötzliche Misstrauensattacken haben, von Neid zerfressen sind oder ihren „kosmischen Blues" haben?

Wenn das so ist, nützt Dir Humor viel – nicht nur zum Verkraften, sondern auch zum Reagieren. **Durch Humor wirst Du reifer und lebenstüchtiger**. Warum? Um Dich im Leben zurechtzufinden, brauchst Du eine klare Sicht der Dinge, keine verzerrte Wahrnehmung. Humor fördert die klare Sicht der Dinge:

Humor hat drei Voraussetzungen. Du kannst nur lachen über etwas, das Du

a) wahrnimmst,

b) nicht verleugnest (also als existent anerkennst) und

c) akzeptiert hast (also bejahst, annimmst)

Vielleicht sollte ich das noch an einem eigenen **Beispiel** veranschaulichen:

So um die 30 herum begann sich mein Haar zu lichten. Ich hab das gar nicht gemerkt, und Witze über Glatzköpfe haben mich nicht im Geringsten berührt. Es betraf ja nicht mich, nur andere (keine Wahrnehmung, kein Problembewusstsein).

Bis mich dann mal ein fieser Kerl von hinten fotografiert hat und ich auf dem Bild sehen musste, dass ich am Hinterkopf ein helles Fünfmarkstück grosses blankes Stück Kopfhaut zu Markte trug. Auch die Geheimratsecken waren schon verdächtig fortgeschritten.

Gottlob, sagte mein innerer Pharisäer, hab‘ ich nicht so eine Glatze, wie jener (Zöllner) dort und kämmte mein Haar von rechts nach links, immer schön über die dünnen Stellen drüber. Witze über lichte Haare fand ich gar nicht mehr lustig und hab‘ deshalb immer schnell das Thema gewechselt. (Verleugnen macht empfindlich.)

Bald war es soweit. Alles Kämmen half nichts mehr. Es war klar, dass ich eine ausgewachsene Glatze hatte. Witze über Glatzenträger empfand ich als gezielte, persönliche Beleidigungen und widerlich sexistisch. Wässerchen für Haarwuchs, Haarverpflanzung, Toupets und Hüte wurden in Betracht gezogen und nach kurzer Zeit wieder verworfen (Haltung des Nicht-akzeptieren-Könnens.)

Eines Tages war mir klar, dass ich nunmal eine Glatze habe und fand mich damit ab. Ich fing an, selbst auch Witze zu machen über Glatzenträger und ich freue mich heute über jeden neuen Witz, der meine Glatze in den Mittelpunkt rückt (wo sie hingehört). Ich habe meinen Behinderten-Status akzeptiert und mache das Beste daraus. (Meine neue Interpretation: Als der liebe Gott sah, wie wenig ihm die Kopfform so mancher Personen gelungen war, klebte er schnell ein paar Haare darüber.)

Du kannst Dir sicher jetzt den Grund denken, warum Humor die **psychische Gesundheit** fördert... Du brauchst die Realität nicht mehr zu verleugnen! Du nimmst sie an und stellst Dich ihr.

Die oben zitierte Zen-Geschichte sagt, dass **ein Mensch dann erwachsen ist**, wenn man ihm **nichts mehr vorzumachen** braucht. Das ist in unserer Gesellschaft ein ganz wichtiger Punkt. Überleg' mal, wie vielen Leuten Du tatsächlich die Wahrheit (richtiger: Deine ehrliche Meinung) sagen kannst? Was Du von ihnen hältst, wie attraktiv Du sie findest, wie unterhaltsam, erfolgreich und vertrauenswürdig sie für Dich sind...

Demnach gibt es **nicht viele wirklich erwachsene** Menschen, oder? Wir machen den meisten Leuten etwas vor und sagen ihnen nur Ausschnitte von dem, was wir über sie denken. Du machst so etwas sicher nur aus Rücksichtnahme – Du möchtest niemanden verletzen! Sehr löblich, aber das bringt die Menschen nicht weiter! Wie sollte sich jemand verbessern können und an sich arbeiten, wenn er gerade **die entscheidenden Rückmeldungen** nicht bekommt, weil man ihm „nicht weh tun will"!

Warum Humor so heilsam ist, liegt daran, dass er jemanden behutsam, fast schmerzfrei von a über b nach c führen kann. Dabei wird Dein Gegenüber wirklich erwachsener. (So tun „als ob" können wir alle ja schon mit 14 Jahren.)

Humor hilft, die manchmal **bittere Pille namens Realität** viel leichter zu schlucken. Da Humor fast immer etwas nur „durch die Blume" sagt (was wir noch üben werden), ist das scherzhafte Ansprechen eines empfindlichen Punktes auch so etwas wie ein **Testballon**, der zum Vorschein bringt, wo jemand in Bezug auf Akzeptanz seiner Schwächen steht. Er kann den Witz nur erkennen, wenn er eine unverstellte Sicht hat. Wenn Du das richtig machst, hast Du den anderen nicht verletzt und ihm trotzdem einen subtilen Hinweis gegeben, was er sich mal anschauen und überdenken sollte. Und weil „richtig" auch beinhaltet, dass Du dabei eine wohlwollende Grundhaltung ausstrahlst, gibst Du dem anderen Hilfestellung dabei, sich so zu akzeptieren, wie er ist. Er lernt, sich dabei zu bejahen. Und das ist doch schon eine schöne „Portion" psychischer Gesundheit, oder?

„Machst über Fehler Du 'nen Scherz,
ersparst Du Dir so manchen Schmerz!"
(die Bauernweisheit vom Tage)

Humor, die „Wellness-Spritze"

Unzählige Male ist schon nachgewiesen worden, dass **Humor und Lachen gesund halten** und sogar noch in extremen Fällen gesund machen kann. Vielleicht kennst Du die verfilmte Geschichte von Neil Coward, der an einer unheilbaren Krankheit litt und mit einer selbstverordneten Mixtur von Komikerfilmen durch herzhaftes Lachen wieder pumperlgesund wurde.

Wenn man von Schopenhauers Erkenntnis ausgeht, dass der Lebenswille alles in Gang hält, dass er die zahllosen Vorgänge im physischen Körper so steuert, dass alle Teile, das Herz, die Leber, die Nieren und sämtliche „Bauteile" exakt zusammenarbeiten müssen, damit dieser komplizierte Mechanismus lebendig bleibt, dann ist klar, dass alles, was ihn beeinträchtigt, sich auch im Körper als Störung im reibungslosen Ablauf ausdrücken wird. Wenn jemandem das Lachen gründlich vergangen ist, z.B. weil er gemobbt wird, dann wird es nicht lange dauern, bis er davon depressiv und vielleicht sogar noch handfest körperlich krank wird.

Was kann beeinträchtigender sein als jemanden immer wieder an seiner freien Lebensäußerung und seiner Entfaltung zu hindern, ihm ständig verstehen zu geben, dass, was immer er tut, von anderen gegen ihn verwendet wird! **Mobbing** ist ein Beispiel für extreme Behinderung der Entfaltung und Lebensfreude. Diese bedauernswerten Menschen werden, wenn sie nicht wissen, wie man damit geschickt umgeht, über kurz oder lang krank, machen mehr und mehr Fehler und wollen oft gar nicht mehr leben.

Du weißt bereits, wodurch unser (Lebens-)Wille so unter Druck gesetzt werden kann, dass er es nicht mehr „wagt", überhaupt etwas zu wollen: Durch Angst, Einschüchterung und Schuldgefühle. Das ist genau, was Mobbingopfer fühlen: Vom Rauswurf bedroht (Angst), ausgegrenzt (Tiefstatus) und beschuldigt (für Fehler, die sie oft gar nicht begangen haben).

Wenn der Lebenswille derart gebremst wird, schaltet er resigniert herunter. Er dreht die **Energie auf Sparflamme**, als würde er sagen: „In solch ein Leben stecke ich keine Energie, es hat ja doch keinen Sinn!" Die Folge ist, dass so ein Mensch lustlos und unvital wird. Seine Gegenwehr sinkt, ebenso die Widerstandsfähigkeit gegen Krankheitserreger, wie Bakterien und Viren (vitalere Organismen). Krankheit ist das Zeichen, das einen Menschen mahnt, sein Leben neu, entsprechend seiner wahren Bedürfnisse und Eigenarten, zu gestalten. Erst dann kommt der Lebenswille wieder auf Touren und bringt Ordnung in die Abläufe.

Lachen und Heiterkeit erhöht die Lebensfreude und damit auch die **Immunabwehr**. Solche Menschen sind widerstandsfähig, sie werden nicht krank, jedenfalls nicht chronisch.

Du siehst hier, es kann leicht so kommen, dass Du Dich zum Jungbrunnen entwickelst, für Dich *und* andere. Eine humorvolle Attitüde ist ansteckend. Deswegen hat man humorvolle Menschen so gern um sich: Sie wirken lebensverlängernd und -verschönernd.

Humor braucht Bewusstsein: Nur in der Mitte ist es vollends da!

Wir sprachen schon davon, dass Humor sehr viel mit Bewusstheit zu tun hat. Damit ist einfach gemeint, **wach** oder „da zu sein" und wahrzunehmen, was sich um und in einem so tut.

Wie gesagt, ein waches Bewusstsein hat zur Hälfte die Außenwelt zum Inhalt und zur anderen Hälfte die Innenwelt. Das Bewusstsein ist **die Verknüpfung von Intellekt und Wille**. In einem Bild dargestellt wärest Du ein Baum, dessen Wurzeln der WILLE ist, dessen Krone den INTELLEKT darstellt und das Bewusstsein wäre dann der Stamm, der beides verbindet.

Etwas weniger metaphorisch ausgedrückt: Der Intellekt nimmt die Außenwelt wahr mit den fünf Sinnen, deren (elektromagnetische) Daten zu Eindrücken verarbeitet werden (meist Bilder und Laute). Auf die macht sich der Verstand einen Reim, d.h. im Abgleich mit dem Gedächtnis triffst Du Deine Urteile in puncto Bedeutung für Dich. *Was erlebe ich gerade? Tut mir das gut oder nicht? Nützt es mir oder schadet es mir?*

Auf dieses **Ergebnis** reagiert sofort der Wille, was Dein waches Bewusstsein dann als Gefühl wahrnimmt. Der Intellekt nimmt diese Signale, die Gefühle, auf, indem er darauf achtet: *Wie reagiere ich darauf?* Dann kannst Du überlegen, was jetzt am besten zu tun ist.

Kannst Du Dir vorstellen, warum Humor **nur echt und konstruktiv** ist, wenn er aus dieser wachen Haltung kommt?

Stell Dir mal die anderen beiden unausgewogenen Zustände vor. Wenn im Bewusstsein der Intellekt dominiert, wirkt die Person kühl und verkopft. So ein Mensch kennt sich selbst (d.h. seine Gefühle) nur wenig; sein spontanes Reagieren ist blockiert (dazu müsste er nämlich seine Willensbewegungen spüren) und die meisten Verhaltensweisen kommen dann aus Schablonen, die irgendwann mal gelernt oder aufgeschnappt wurden. Wenig Eigenes kommt zum Vorschein.

Der umgekehrte Fall, wo der Blick auf die Außenwelt eingeengt ist und fast nur das eigene Fühlen wahrgenommen wird, ist leider auch nicht so toll. Solche Personen (früher nannte man sie hysterisch, heute histrionisch) haben nämlich meist **nur *eine* Sicht** der Situation, und zwar die eigene. Sie können gar nicht verstehen, wieso es da noch andere Sichtweisen geben soll. Dies ist dann manchmal auch noch mit einem schwer zu zügelnden Willen gepaart, weshalb solche Personen die Befriedigung ihrer Befürfnisse bei anderen recht beharrlich, manchmal richtig penetrant durchsetzen. Deswegen heißt es so ironisch-bitter: „Der Klügere gibt nach!"

Jetzt weisst Du, was das **Gegenteil von Humor** ist. Das ist nämlich nicht der Ernst! Humor und Ernst ergänzen sich nämlich prima! Sie verstärken sogar einander. Das Gegenteil von Humor ist schlicht die ***Unfähigkeit, andere Sichtweisen (an) zu erkennen***. Humorlosigkeit ist also Erstarrung, eine engstirnige Sicht, Scheuklappen!

Da Du für den Humor sowohl ...

- Durchblick brauchst (um auch *hinter* die Fassade der Menschen schauen zu können), als auch
- Deine eigene Sichtweise flexibel halten musst (es gibt ja immer mehrere),

wirst Du alles Nötige tun, um in der Mitte zu bleiben. Denn nur dann hast Du die **Gelassenheit**, die für den *konstruktiven* Humor Voraussetzung ist.

Die Sachlage stellt sich ganz anders dar, wenn Du kämpfen willst. Dann brauchst Du eine einseitige Sicht. Du fühlst Dich dadurch völlig im Recht (andere Sichtweisen interessieren Dich nicht, z.B. dass der andere vielleicht auch Recht hat), Dein Denken ist durch heftige Emotionen eingetrübt, wodurch die Logik keine Beeinträchtigung mehr ist, und Du hast den nötigen Dampf, um dem anderen an die Gurgel zu gehen oder ähnliches.[24]

Diese Techniken sind weit verbreitet und seit Jahrhunderten eingesetzt worden. Heute sind es vielleicht die Selbstmordattentäter, die ganz sicher sind, nach ihrer Tat schnurstracks ins Paradies zu kommen, wo schon 99 Jungfrauen auf sie warten.

Aber uns geht es ja jetzt um das ***Gegenteil* von Fanatismus**, um die humorvolle Attitüde. Damit Dir diese leichter zur zweiten Natur wird, möchte ich dir zwei Verhaltensweisen vorschlagen. Damit machst Du sie Dir bald zur lieben Gewohnheit:

1. Du registrierst ständig, wo man Deinen Willen zu manipulieren versucht. Das übst Du am leichtesten bei allen Formen von Werbung, die Deinen Weg kreuzen. Bald riechst Du den Braten schon im Anflug und kannst ihn gleich den sechs Kategorien zuordnen. Das schult gleichzeitig Deine Bewusstheit.

a) **Ködern**: Man verspricht Dir Lustgewinn, Genuss, Sex und viel Geld. Hier brauchst Du keine Beispiele – fast jede Werbung tut das.

b) **Angst** einjagen (Du könntest krank werden, arm, von allen verlassen usw.)

c) Man bauchpinselt Dich, **hebt Dich hoch**: „...unser bester Mitarbeiter" (der mit der Firma verheiratet ist), „... weil Sie ein so guter Kunde sind (und bei uns jeden Schrott kaufen), „... wenn Sie mit diesem Auto rumfahren, werden alle neidisch!" (Das ist doch wichtiger als der Preis, oder?), „Es war schon immer etwas teurer, einen guten Geschmack zu haben!" (Bezahl' überhöhte Preise und wir finden Dich toll.)

24) Zur Erinnerung: Das ist die Haltung des Kämpfers. Aber wolltest Du nicht zum Magier werden?

d) **Man belehrt Dich** oder spricht Deinen Herdentrieb an: „Dr. Soundso sagt: „Nur diese Zahnpasta...!", „...an meine Haut lasse ich nur Wasser und CD", „84% der Frauen benutzen dieses Waschmittel!"

e) Man **versucht Dich einzulullen**, damit du nicht nachprüfst oder Dir selbst Deine Gedanken machst: „Überlassen Sie alles nur uns. Wir erledigen das für Sie!", „Warum sollten Sie sich die Mühe machen, alles noch mal durchzugehen? Sie vertrauen uns doch!", „Wozu Kondome? Ich pass' doch auf!"

f) Man will Dir ein **schlechtes Gewissen** oder Schuldgefühle einreden: „Haben Sie für Ihre Lieben vorgesorgt?", „...nach allem, was ich für Dich getan habe!", „Rauchen fügt Ihrer Umwelt erheblichen Schaden zu!"

Wenn Du ein paar Wochen ständig darauf achtest, hast du in Deinem Innern eine **Alarmglocke** eingerichtet, die Dich bei Manipulationsversuchen rechtzeitig warnt.

2. Du lässt Dir für jede der sechs Kategorien einen guten **Konterspruch** einfallen. Der darf auch lustig sein. (Wir gehen das später eins nach dem anderen durch.) Für jetzt erst einmal ein kurzes Beispiel:

> Ein Freund von mir musste in Hamburg öfter mal durch die Herbertstrasse gehen (eine Bordellstrasse) und war es leid, ständig von den Damen angemacht zu werden. Sagte er höflich ab, wurde nachgebohrt; wurde er schroff, bekam er es mit den Zuhältern zu tun. Eines Tages hatte er den richtigen Spruch gefunden. Er sagte dann nur die drei Worte: „Ich hab' gerade!" und wurde sofort in Ruhe gelassen.

Jedes Ködern zielt auf ein unerfülltes Bedürfnis ab, deshalb ist der **„Universal" -Konterspruch**: „Mir verlangt nicht danach" bzw. seine tausend Varianten („Danke für das verlockende Angebot, aber wenn ich jetzt noch ein Stück Kuchen ess', wird mir schlecht!"). Die hohe Kunst, einen Köder abzulehnen, besteht im Wesentlichen darin, den anderen dabei nicht zurück zu stoßen oder zu vergraulen (Er meint es vielleicht gut mit Dir.) Im Köder steckt ja meist ein Angebot, und ein Angebot zurückzuweisen, wird oft als Zurückweisung interpretiert.

Humor: Wo Kopf und Bauch zusammenkommen

„Das Einzige, was mich an mir stört, ist,
dass ich nicht jemand anders bin"
Woody Allen

Um den eigenen, aktiven Humor zu entwickeln, musst Du die Eigenarten der Menschen **kennen... und lieben**. Sonst wird da kein konstruktiver Humor daraus. Du kannst auch manchmal mit ätzendem, verletzendem Humor Gutes erreichen (z.B. dass sich jemand mehr ins Zeug legt), aber das wird Dir meist keine Sympathien einbringen.

Und die Eigenarten der Menschen musst Du *kennen*, weil sonst in Deinem Humor keine Wahrheit steckt (und auch keine Weisheit). Ohne Durchblick zündet Humor nicht. Er bleibt im oberflächlichen Entertainment und im Vordergründigen stecken. Aber gerade das „hinter die Fassade zu blicken" und **das Unaussprechliche zu sagen** ist sein Hauptrevier und seine Lieblingsbeschäftigung. Hier ist der Intellekt zu Hause (und gefordert). Er erkennt die Muster, nach denen Menschen „ablaufen", sieht hinter die Bedeutung von verräterischen Gesten und weiß (meist aus eigener Erfahrung), wie sich Menschen gern selbst belügen.

Die manchmal seltsam anmutenden Eigenarten der Menschen zu lieben, oder wenigstens mit einem Lächeln zu akzeptieren, ist das Ergebnis philosophischer Erkenntnisse, ob eigens durchdacht oder nicht: Wir, die

Menschheit, sind eine Art Gesamtorganismus (ähnlich den Hautflüglern, z.B. den Ameisen, die auf unerklärliche Weise „ahnen", was sie in jedem Moment tun müssen, damit alles reibungslos abläuft. Und bei denen geht das auch ohne Handys oder ähnlichem!) Wir Menschen haben zwar ein Individualbewusstsein, sind aber **alle miteinander verbunden**. Was jeder einzelne tut, berührt alle anderen. Wie die Natur eine unübersehbare Vielfalt hervorbringt, so sind auch die Menschen vielfältig unterschiedlich. Sie haben vieles gemeinsam, aber jeder hat auch Merkmale, die andere nicht haben. Und wie es in der Natur eigentlich kein Unkraut gibt (nur wir Menschen definieren es so, wenn es uns stört), so gibt es das auch nicht beim Menschen. Jeder ist ein Mosaikstein im Gesamtbild der Menschheit.

Wenn man jemanden nämlich wirklich eingehend betrachtet, ihn studiert, wie er in seiner Nische überlebt, welche Gedanken und Träume er hat und wie viele Vernetzungen mit anderen Menschen es im Laufe seines Lebens gibt, dann ist oft der unscheinbarste Mensch und seine Lebensgeschichte ein dickes Buch wert. Jeder Mensch ist der **Mittelpunkt seiner Welt**, hat auf ihr einen Platz und eine Daseinsberechtigung. Und das ist das **Yin Prinzip** (das weibliche): „Ich liebe Dich so wie Du bist, Du gehörst zu uns und Du hast Deinen Platz und das Recht hier zu sein." Und wenn Du so etwas ausstrahlst, dann spüren das andere als **Wohlwollen**.

Die Menschen und ihre Eigenarten zu lieben heißt auch, Dich selbst zu lieben. Du behandelst andere wie Du Dich selbst behandelst, zumindest innerhalb Deines Kopfes. Und was sich da abspielt, sieht man Dir an. Nicht jeder sieht's, aber wer genauer hinschaut, schon. **Magst Du Dich selbst,** wird man das auch sehen. Und wenn man aus Deinen Worten hört, wie achtungsvoll und verzeihend Du mit Dir und anderen umgehst, dann wird man schnell Vertrauen in Dich setzen.

Und genau das ist es, was Du brauchst, damit andere überhaupt bereit sind, Dir mit einer Bereitschaft zum Lachen zuzuhören. Solange man Dich misstrauisch oder sogar skeptisch betrachtet, wirken Witze hölzern und gewollt, Du hast dann die nötige Stimmung dafür noch nicht geschaffen.

Wann finden andere Dich lustig?

Man empfindet Dich als lustig, wenn Du etwas ***Lustiges*** auf *lustige* ***Weise*** sagst, zu einem Publikum, das ***auf Lachen eingestellt*** ist. Und das letztere ist erst dann gegeben, wenn Du einen gewissen Vertrauensvorschuss bekommen hast. Siehst Du, wie das alles zusammenhängt?

Mit dem Durchblick legst Du *Wahrheit* in das, was Du scherzhaft sagst – und Dein Wohlwollen schafft das nötige *Vertrauen*, ohne welches die Mehrdeutigkeit des Humors nicht angenommen wird. Deshalb ist es so leicht für andere, Humor zu blockieren; sie brauchen sich ja nur zu weigern, **das Doppeldeutige** zu sehen. Wenn jemand das Doppeldeutige allerdings nicht sehen *kann*, ist ihm der Joke entweder eine Nummer zu hoch oder er verweigert sich generell einer entspannteren Ebene in der Kommunikation mit Dir.

So, und damit Du erkennen kannst, wie ernst mir das alles ist, will ich Dir verraten, was mich täglich in die nötige Haltung bringt:

> „Lieber Gott, ich danke Dir, dass Du mich heute bis jetzt davor bewahrt hast wütend zu werden, böse Worte zu sagen, unmäßig zu essen oder zu trinken oder anderen Menschen sehr lästig zu fallen. Aber jetzt werde ich Dich *wirklich* brauchen, weil ich nämlich gleich aufstehen muss!"

Beim Lachen kommen Kopf und Herz zusammen. Du hast etwas kapiert und nimmst es amüsiert.

Wenn der Verfügungshorizont schrumpft

Wenn wir uns Gedanken machen, was für uns Glück bzw. Leid ausmacht, kommen wir ganz schnell auf eine Grundtatsache: auf den **Verfügungshorizont**. Dieser Ausdruck, den Schopenhauer prägte, umschreibt all die Dinge, auf die wir Einfluss haben, auf die wir zugreifen können, also alles, was uns „zur Verfügung" steht. Das sind nicht nur materielle Güter, wie Geld und Besitz, sondern auch alles, womit wir Einfluss auf die Welt haben: Unsere Beziehungen zu anderen, unser Ansehen, unsere körperlichen und geistigen Fähigkeiten und nicht zuletzt unser Körper.

Wann immer wir einen Zuwachs dieses Verfügungshorizonts erleben, verspüren wir Glück, und wenn er schrumpft, dementsprechend Leid. So sind wir glücklich, wenn wir ein Geschenk bekommen, wenn wir neue Freunde (oder gar den „Traumpartner") für uns gewinnen, wenn unser Ansehen steigt, wenn wir neue Fähigkeiten erwerben, körperlich leistungsfähig sind usw. Leid verspüren wir beim Verlust solcher „Zugewinne" zu unserem Verfügungshorizont.

Dieses Wissen kann sehr **nützlich** sein. Stell' Dir mal vor, Dein Sechsjähriger hat sich daran gewöhnt, jeden Tag eine Tafel Schokolade zu vertilgen (Warum lässt Du auch überall Schokolade herumliegen?!) Wenn Du nun aus Sorge, dass der Bursche zu fett werden könnte oder ihm die Zähne abfaulen, die tägliche Schokoladenration jeden Tag um ein Rippchen verkleinerst, hast Du jeden Tag Streit mit ihm und zudem viel Geschrei und Tränen, weil sein Schokoladen-Verfügungshorizont täglich schrumpft.

Ist es da nicht Zoff-ökonomischer, Du machst von einem Tag auf den anderen **ganz und gar Schluss mit Schokolade**, hörst Dir nur einmal ein Riesengeschrei an, hast dann aber Ruhe? Wenn der Kleine dann eine Woche später mal ein kleines Rippchen Schokolade bekommt, freut er sich wie ein Schneekönig! Nachdem er sich abgefunden hat mit dem Verlust, ist ein Rippchen bereits wieder eine Erweiterung seines Verfügungshorizonts.

Du kannst das genauso auch an Dir selbst ausprobieren. Vor allem bei den lieb gewordenen **Lastern** lässt sich dieser psychologische Mechanismus wunderbar demonstrieren. Beim Essen, Rauchen, Kaufen und was immer Dir den Alltag momentan zwar versüsst, auf lange Sicht aber schadet.

Was hat das nun mit dem Humor zu tun? Eine ganze Menge! Mit der Humitüde bist Du **weniger anfällig** für die Wirkung eines geschrumpften Verfügungshorizonts. Aus der tiefen Erkenntnis heraus *„Du kannst nicht alles haben, wo würdest Du's denn hin tun?“* **akzeptierst Du die Schrumpfung** des Verfügungshorizonts, weil das wieder Platz macht für neue Freuden.

Bitte fass‘ das jetzt nicht als Zynismus auf. Ich habe die befreiende Wirkung dieser Haltung schon öfter praktizieren dürfen. Zum Beispiel damals, als meine Schreinerwerkstatt und mein Haus bis auf die Grundmauern abbrannten. Gottlob hielt sich gerade niemand darin auf. Während die Feuerwehr sich mühte, das Feuer unter Kontrolle zu halten, damit es nicht auf die Nachbarhäuser übergreife, saß ich auf der Wiese und dachte an all die schönen Erlebnisse, die ich während der acht Jahre, die ich mit meiner Familie darin wohnen konnte, hatte. Ich spürte auch eine gewisse Dankbarkeit, dass ich **so lange** in diesem schönen Ambiente hatte leben dürfen. Und das Gefühl der Befreiung hatte ich, weil ich an all das „Gerümpel” dachte, das ich jetzt mit einem Schlag los wurde. Ein unfreiwilliger, aber gesunder Feng-Shui-Befreiungsschlag!

Der Humor hilft Dir in solchen Situationen, auch die andere Seite zu sehen: Die der **Erleichterung und Befreiung**. Besitz ist schliesslich auch

Ballast. Alles, was man mit Geld ersetzen kann, brauchen wir nicht tragisch zu nehmen. Vielleicht weisst Du noch, wie Du einmal als Kind fürchterlich geweint hast, weil man Dir Deine Puppe oder Dein Lieblingsspielzeug weggeworfen hat. Mit demselben **Abstand**, wie Du das damalige Erlebnis heute siehst, könntest Du auch heute jeden Verlust betrachten – Du brauchst Dich dazu nur **in die Zukunft zu versetzen**. Und glaub' mir, als alter Mann oder alte Frau ist Dir so einiges vollständig egal, was Dir heute noch unerträglich oder unverzichtbar erscheint (z.B. dass Dich Deine beste Freundin nicht zu Ihrer Einstandsparty eingeladen hat).

Durch Transzendieren des momentanen Entwicklungstandes entsteht ein erweiterter Bezugsrahmen. So wie ein Erwachsener nicht mehr unter dem Verlust einer Puppe leiden würde wie ein Kind etwa, wird der Humorbegabte sich über die Wechselfälle des Lebens nicht aufregen:

„Der Weise stets benimmt sich leise,
und ist er trotzdem aufgeregt,
man das nicht ernst zu nehmen pflegt."

(E. Roth)

Für den Alltag zum Üben (damit diese Haltung heranreifen kann): Bei den nächsten Situationen, die Dir einen Verlust bescheren, sieh' die andere Seite und mach' einen Spaß daraus. Humor ist eine wunderbare Methode, sich mit Dingen abzufinden, die sich ohnehin nicht mehr ändern lassen – und viel gesünder als zu toben ist es obendrein.

Humor ist, wie gesagt, eine **ausgewogene Sichtweise**. Was Dich wieder ins Gleichgewicht bringt, ist das **Erkennen der Vorteile**, die jeder Verlust mit sich bringt.[25]

---

25) Wenn mein Computer plötzlich „hängt" und die letzten drei (ungesicherten) Seiten ins digitale Datengrab verschwinden, nehme ich das als kompetenten Hinweis meines Computers: „Das kannst Du sicher besser formulieren!" und mach mich sofort daran, zu beweisen, dass er damit Recht hat.

Die Ängste und die Verluste

Die Angst vor irgendeinem Verlust (Status, Besitz, Zugehörigkeit) wird in unsicheren Zeiten (wie den jetzigen) zum Begleitton, der ständig mitschwingt und möglicherweise alles eintrübt. Davon können auch Urlaub und die schönsten Stunden überschattet werden. Wenn Du mal kurz zurückdenkst an eine schöne, unbeschwerte Zeit und Du versetzt Dich dann versuchsweise noch einmal zurück in das tatsächliche Erlebnis, dann frage Dich einmal: War das wirklich so unbeschwert? Waren da nicht Sorgen und kleine Ärgernisse, die einem die Zeit an einem schönen Urlaubsort vermiest haben, so dass Du sie nur in der **Retrospektive** schön und unbeschwert findest? Die Gegenwart ist wie eine kleine dunkle Wolke, die über eine sonnenbeschienene Landschaft zieht. Davor und dahinter ist es hell, aber direkt darunter ist es dunkler.

Wenn Du nämlich heute an diese Zeit zurückdenkst, dann ist der trübe Film von Unsicherheit und kleinen Ärgernissen beseitigt, Du erinnerst Dich nicht mehr an die vielen Mücken, die lauten Nachbarn, den unfreundlichen Ober usw. Du kannst im Rückblick viel klarer sehen, dass Du eine wirklich unbeschwerte Zeit **hättest haben können**... wenn da nicht eine unterschwellige Angst vor irgendeinem Verlust gewesen wäre.

Was heißt das? Wenn es Dir gelänge, sämtliche Verlustängste abzulegen und in der Mitte zu bleiben (gelassen im Hier und Jetzt), dann wäre Dein Leben jetzt schon so hell und freundlich, wie es im Rückblick oft erscheint. Mit anderen Worten: Du könntest und würdest es **viel mehr geniessen**.

Schauen wir uns die Verlustängste doch mal an. Da haben wir die Besitz-, die Gesichts- und die Kontroll-Verlustängste, eine Art Meta-Kategorien, worunter man die meisten Ängste einordnen kann. Denk‘ an die drei Achsen des Willens, dann leuchtet es Dir schnell ein:

1. Achse – Besitzverlust-Ängste: Hier hast Du Angst, etwas nicht zu bekommen, was Du Dir ersehnst oder erhofft hast (Angst enttäuscht zu werden), oder ...

... Angst, etwas erdulden und erleiden zu müssen, was Du fürchtest (Verlust der körperlichen Unversehrtheit oder des Besitzes.) Der Verfügungshorizont schrumpft.

2. Achse – Gesichtsverlust-Ängste: Die Angst, das Gesicht zu verlieren und in der Achtung anderer zu sinken (Image-Verlust, Blamage), oder ...

... die Angst, im Mittelpunkt zu stehen, wo alle sehen können, wie erbärmlich Du Dich im Moment fühlst. Das Gefühl auf einem zu hohen Podest zu stehen und tief zu fallen (das „Hochstapler-Gefühl").

3. Achse – Kontrollverlustangst: Die Angst, die Last der Verantwortung nicht mehr tragen zu können, zu versagen und anderen etwas schuldig zu bleiben und...

... die Angst, Verantwortung zu übernehmen, für Erwachsen zu gelten (und zur Rechenschaft gezogen werden zu können).

Es zahlt sich aus, sich diese Liste zu merken. Du erkennst dann schnell, wenn Du Dir überflüssige Sorgen, Zweifel oder Ängste verursachst.

Aber nicht nur für Dich selbst ist diese Liste von Nutzen. Immer dann, wenn Du erkennst, dass das Verhalten eines anderen von Angst geprägt ist, kannst Du Dich hilfreich verhalten. Wenn es Dir nämlich gelingt, jemandes **Ängste zu zerstreuen**, hast Du Dir Sympathie verdient und eine geplante Zusammenarbeit hat weit bessere Chancen auf Erfolg.

In solch einem Fall (das Gegenüber hat Angst) wirst Du Dich allerdings erst einmal **mit Späßen zurückhalten**. Unter Angst sind die Menschen fast immer humorlos, weil sie eine stark eingeengte Sicht haben, wie ein

Karnickel, das von einer Schlange angestarrt wird. Erst wenn die Angst angesprochen und „behandelt" wurde, ist der Weg frei für eine entspannte Kommunikation. Diese Spannung macht die beteiligten Personen aber gleichzeitig auch offen für jeden Rettungsanker, der ihnen angeboten wird. Da reicht oft schon eine kleine Bemerkung, ein zündender Gedanke, witzig geäußert, der die Situation adäquat beschreibt, und die Spannung entlädt sich in explosivem Lachen.

> Ein Chef zitiert zwei Streithähne in seiner Abteilung zu sich zum Zwecke einer Aussprache. Bevor die beiden in eine endlose gegenseitige Beschuldigung verfallen können, klärt er die beiden auf: „Der wahre Schuldige in dieser Situation, meine Herren, bin ich. Ich habe sie beide eingestellt!"

Im Alltag findest Du viele Beispiele dafür, wie Leute mit Humor peinliche Situationen entschärfen. Damit Du diese Fähigkeit „auf Abruf" bereitstellst, brauchst Du ein **Schema**, das Dir hilft, schnell geeignete Reaktionen zu finden.

Das geht folgendermaßen:

Du gehst in so einer Situation blitzschnell im Kopf durch, was die jetzt vorherrschende Angst oder Befürchtung ist (siehe obige Liste). Jetzt hast Du drei Möglichkeiten:

a) Du **verbalisierst diese Angst**, sprichst aus, was Deiner Meinung nach der andere befürchtet. Freundlich und verständnisvoll, versteht sich! Das Aussprechen vermindert die Angst und der Austausch wird unbelasteter. Das ist die am wenigsten riskante Methode, für die Du keine kreativen Einfälle brauchst.

b) Du **übertreibst die Angst** ins Absurde, so dass der andere dadurch erkennt, dass Du drüber stehst und ihn auch zum Schmunzeln einlädst.

Hier ist schon mehr Feingefühl nötig und Deine Körpersprache muss Wohlwollen und Selbstsicherheit ausstrahlen.

c) Du **bringst einen neuen Sichtwinkel ein**, der die Situation von einer ganz anderen Seite beleuchtet, einen Sichtwinkel, der die Angst relativiert. Das ist eine recht wirksame Methode, sie verlangt aber ein bisschen Kreativität.

Probieren wir das mal an einem **Beispiel** durch. Im Folgenden kommen davon noch mehr.

Nehmen wir als Beispiel Ängste, die Menschen oft dazu bewegen, Beruhigungen und **Versicherungen von anderen einzuholen**, was manchmal recht lästig sein kann („Ist das auch wirklich ganz, ganz sicher?").

> Du hast gerade den Pelzmantel Deiner Begleiterin in die Garderobe des Restaurants gehängt und sie fragt besorgt: „Meinst Du, dass der dort auch sicher ist?"
>
> a) „Du hast Angst, dass Du ohne Mantel heimgehen müsstest, nicht wahr? Ist Dir das denn schon einmal passiert?"
>
> b) „Wenn ich mich hier umschaue, sehe ich jede Menge finsterer Typen, die nur darauf warten, sich in die Garderobe zu schleichen, um Deinen Mantel mitgehen zu lassen! Wahrscheinlich ist er sogar schon weg!"
>
> c) „Das sagst Du leider zu spät! Da draußen war ein Pelzmantel-Hehler, der mir ein Klasse Angebot gemacht hat. Da hab' ich nicht „Nein" sagen können."

Um Dir für solche Fälle **ein Repertoire aufzubauen**, übst Du das an den Ängsten anderer. Was wäre für jede der Ängste, die in der oben aufgeführten Liste stehen eine witzige, entspannende Antwort? Das kann natürlich auch eine Geste sein. (Beispiele kommen noch.)

Die Liste mit den Ängsten hilft Dir auch bei der **Einfühlung**. Das Verhalten anderer wirst Du viel leichter verstehen, wenn Du weißt oder spürst, was seine Triebfedern sind. Und das hat immer mit dem Willen zu tun, mit seinen drei Ebenen.

Ängste sind natürlich Gift für das Entwickeln einer humorvollen Attitüde – sie ersticken den Mut und verursachen eingeengte Perspektiven! Das killt die Kreativität! Falls Dich doch einmal Befürchtungen, Zweifel und Ängste bedrängen sollten, dann gönne Dir eine Selbsterfahrungsgruppe zur tiefgehenden Aussöhnung mit Dir selbst und Deiner Vergangenheit.

Die Humorkiller

Weil es in diesem Kapitel um die humorvolle Attitüde geht, die Dich erst in die Lage bringt, **Humor auch im Umgang mit anderen** einzusetzen, will ich Dir noch von den drei Humor-Killern berichten, die Dir unter Garantie jeglichen Sinn für Humor rauben. Diese sind:

a) Recht haben wollen,

b) sich allzu wichtig nehmen und

c) die Dinge tragisch nehmen.

Das Rechthaben

Diese weit verbreitete „Sportart" ist beliebter als Rasentennis und wird auch viel öfter gespielt. Man kann dabei zwei Siege davontragen: Man hat seine Weltsicht bestätigt, braucht nicht umzudenken, nicht weiter nachzudenken und das Wichtigere dabei: Man setzt seinen Willen durch, **braucht nicht nachzugeben** (was leicht wie klein beigeben aussehen kann).

RECHT
RECHT
RECHT

Rechthaben ist ein mehr oder weniger **verdeckter Machtkampf:** *Wer bestimmt, was richtig ist!?* Dieser Kampf ist nämlich auch dann nicht zu Ende, wenn klärende Fakten den Sachverhalt eindeutig bestimmen. Einer fühlt sich im Stillen gekränkt und wartet auf eine Gelegenheit, dem andern nun seinerseits ans Bein pinkeln zu können. Dann setzt man halt seine Sicht in einem anderen Punkt durch. Widersprechen und Blockieren wird zum festen Bestandteil der Kommunikation.

Wie Du damit bei anderen umgehst, besprechen wir noch im praktischen Teil, aber was tun, wenn Du beim **Selbst-Check** merkst, dass Dir selber der Kamm geschwollen ist und Du unbedingt Recht bekommen willst? Du willst ja nicht klein dastehen! (Tut man das eigentlich, wenn man nicht Recht hat?)

Manchmal reicht es ja, dass es **Dir bewusst wird** und Du kannst dem anderen Anerkennung für seine kluge oder korrekte Sicht der Dinge spenden. Aber was tun, wenn Du schon zu tief drin steckst und Du unter allen Umständen dem anderen nachweisen willst, dass er im Unrecht ist?

Humor kann Dir hier helfen, **zwei Fliegen** mit einer Klappe zu schlagen: Du ziehst Dich mit Hochstatus-Humor aus der Klemme (der selbstgeschaffenen übrigens). Wenn sich nämlich herausstellt, dass der andere Recht hat und Du „klein beigeben" müsstest, statt dessen aber sagst: „Wollte nur mal sehen, ob Du aufpasst!", dann rettest Du Deine Hochstatus-Position (egal, ob das nun wirklich stimmt oder nicht). Dabei kannst Du dem anderen durch ein schelmisches Grinsen zu verstehen geben, dass es nur eine **Gesichtswahrungs-Taktik** ist – es wirkt trotzdem!

Warum ist Dein Stolz eigentlich verletzt, wenn Du Unrecht hast und der andere Recht hat? Mit dem Wille/Intellekt-Modell ist das leicht zu erklären:

Der Wille ist auf den Intellekt angewiesen. Seine Entscheidungen sind immer nur so gut, wie die Fakten, auf denen sie aufbauen. Macht der Intellekt Fehler, ist auch der Wille mit seinen Entscheidungen und Handlungen auf dem Holzweg.

Für einen Mann scheint es schlimmer zu sein, im Unrecht zu sein oder nicht Bescheid zu wissen, als für eine Frau. Seit Urzeiten sind Männer Führer und natürlich wären sie gern **verlässliche Führer**, bei denen man darauf vertrauen kann, dass sie sich informiert haben um den richtigen Weg zu weisen. Weist man einem Mann nach, dass er mit seinem Urteil vollständig daneben lag, sieht er gleich sein Image als guter „Führer" in Gefahr.

Frauen sind hingegen empfindlicher in puncto **Erinnern**. Da sie von Natur aus mehr auf Sicherheit bedacht sind als der Mann (hängt wohl mit der Brutpflege und der geringeren Körperkraft zusammen), ist es für sie besonders wichtig, aus vergangenen Fehlern zu lernen. Deshalb das gute Gedächtnis. Wird einer Frau ein fehlerhaftes Gedächtnis nachgewiesen, sieht sie etwas Wesentliches an ihr in Frage gestellt: Ihre Fähigkeiten als Beschützerin und Behüterin.

Anscheinend sind wir besonders empfindlich, wenn **typisch geschlechtsspezifische Eigenschaften** auf dem Spiel stehen, d.h. wenn ein Mann nicht mehr so männlich und ein Frau nicht mehr so weiblich erscheint.

Abhilfe: Selbstironie und das Akzeptieren Deiner Unvollkommenheit in puncto Intellekt bzw. Gedächtnis. Wenn Du Selbstironie einsetzt, zeigst Du anderen, dass Du mit Dir und Deinen Limitationen gnädig umgehst. Das erinnert die anderen daran, dass sie auch nicht vollkommen sind und dass sie im Falle eines Irrtums von Dir dann auch gnädig beurteilt werden. **Selbstironie macht Dich sympathisch**.

Schwieriger scheint es zu sein, Dich mit Dir selbst auszusöhnen, wenn Du Fehler gemacht hast. Wenn Du Dir etwas nicht nachsehen kannst,

Dir also einen Fehler richtig übel nimmst, sinkt gleichzeitig Deine gute Meinung von Dir. Die wäre aber nötig um Dich gut zu fühlen und im Auftreten sicher zu wirken...

Da gibt es nur einen **Ausweg**: Du darfst Dich eben nicht allzu hart beurteilen und die Ansprüche an Dich selbst nicht zu hoch stecken! Das ist gar nicht so leicht – wie Du merken wirst – in unserer Zeit, in der nur noch Best- und Höchstleistungen zählen.

Durch Deine Ansprüche an Dich treibst Du Dich zu Mehrleistungen an. Chefs und Vorgesetzte unterstützen Dich dabei und haben auch nichts dagegen, wenn Du das bis zur Selbstausbeutung steigerst. Aber wie Du ja weißt – **jeder Fanatismus bringt Dich aus der Mitte**. Diese Bestleistungen sind dann sehr kurzlebig.

Ein Wille, der aus Ehrgeiz, Habgier, Geltungssucht oder einfach nur Angst Spitzenleistungen produziert, brennt bald aus. Auf die Dauer bringt nur die **Freude am Tun** dauerhaft gute Leistungen. Wenn Du etwas mit Freude und Lust machst, dann werfen Dich Fehler nicht um. Im Gegenteil: Erkannte Fehler und Irrtümer sind für Dich der Schritt zu besseren Leistungen.

Und solltest Du dich über etwas grämen, das Dich stärker macht?

Das Werte-Viereck[26]

Da **Rechthaben der bevorzugte Humorkiller** ist, betrachten wir ihn uns mal genauer.

Die Formel für einen handfesten Streit ist einfach: Man einigt sich auf ein Thema, das beiden wichtig genug ist und geht dann in Position, ver-

26) Dieses Konzept stammt von Paul Helwig (1893 - 1963).

schanzt sich hinter seiner Meinung. Der andere zieht seinen Schützengraben nicht unweit vom Gegner und los kann's gehen. Jeder ist jetzt bemüht, das Plakat, auf dem seine Meinung steht, zu verteidigen und in das Plakat des anderen möglichst viele Löcher zu schießen.

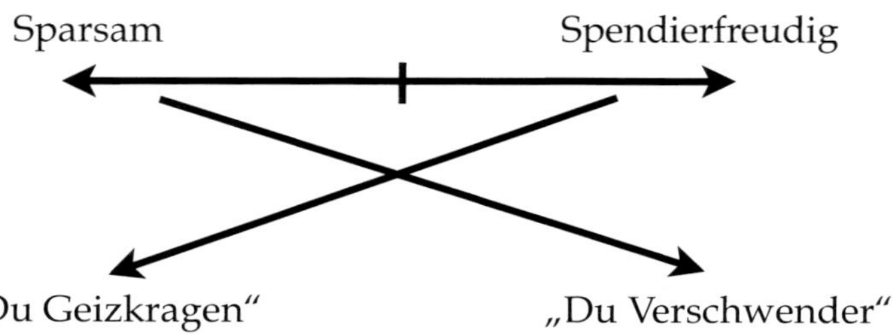

Nehmen wir mal an, Du vertrittst die Meinung „einmal Sex pro Monat ist genug". Dein Partner meint hingegen, einmal ist zwar richtig, doch es müsste „Tag" heißen, nicht „Monat". Damit sind die Positionen klar und es kann losgehen.[27]

Zuerst ein paar einseitige Argumente von der männlichen Seite, eine Prise gewollte Unbelehrbarkeit von der anderen Seite und das explosive Gemisch ist fertig, so dass auf die nächste Ebene hinabgestiegen werden kann: Man beschuldigt den anderen der **Entartung** („Du bist sexbesessen!" „Und Du bist frigide!"). Zunächst noch angelehnt an den Inhalt des Streits, im weiteren Verlauf dann global und terminal. Natürlich müssen das Worte sein, die ein starkes emotionales Feld aufbauen. Intellektuelle Beweisführungen sind Temperamentsausbrüchen hoffnungslos unterlegen und haben keine Chance mehr. Eines ist Dir längst klar: Es geht überhaupt nicht mehr um die Sache... aber worum dann?

---

27) Man muss übrigens gar nicht so weit auseinander liegen, das Spiel funktioniert auch, wenn die Meinungen nur um ein paar Prozent voneinander abweichen "Wir waren schon 17 Mal auf Mallorca!" "Stimmt nicht, es waren erst 16 Mal!"

Für ein solches „sizilianisches Intermezzo mit molto escalatione” gibt es mindestens drei Gründe.

1. Den „Vorder”-grund (oder Vorwand): „Richtig muss es heissen: ...”

2. Einen mehr oder weniger bewussten Grund: „Ich weiß es **besser** als Du (und bin Dir überlegen)”.

3. Und zusätzlich noch einen unbewussten Grund, die wahre Triebfeder. Es könnte doch sein, dass Streits auch eine positive Seite haben? Streit ist im Sinne der Evolution. Durch Streit geht wieder etwas vorwärts.

Streit, oder besser: **Meinungsverschiedenheiten, sind wichtig**, da eine Beziehung sonst stagniert und sich nicht mehr entwickelt, wenn es nicht immer wieder wechselnde Machtverhältnisse gibt. Wenn also ein Paar in allzu rigiden Mustern zu ersticken droht, dann bringt dies ein Streit wieder in Bewegung. Entweder man kommt sich dann wieder gegenseitig näher oder entfernt sich noch weiter voneinander. Hauptsache es kommt wieder Bewegung (und Belebung) in die Bude.

Der zweite Humorkiller: Sich selbst zu wichtig nehmen

Wichtigtuer, Großmäuler und Vordrängler sind Dir vermutlich genauso unsympathisch wie anderen Leuten auch und deshalb wirst Du Dir so ein Verhalten gar nicht gestatten. Um diesen Humor-Killer an Dir selbst zu entdecken, wirst Du schon nach **subtileren Verhaltensvarianten** Ausschau halten müssen, wie z.B. Schmollen, Gekränktsein und Liebesentzug, wenn andere (oder Dein Partner) Dich hintangestellt und nicht wichtig genug genommen haben.

Hier ist es ziemlich offensichtlich, an welcher **Schwachstelle** Du Dich dabei getroffen fühlst: Deine Stellung in der Rangordnung wurde falsch eingeschätzt – und leider nicht nach oben. Meistens dadurch, dass man Dich oder Deine Wünsche und Bedürfnisse übersieht oder ignoriert hat.

Warum sind wir diesbezüglich so empfindlich? Weil die **Rangordnung** im zwischenmenschlichen Verkehr regelt, wessen Wille bestimmt und welches Ansehen man genießt (der „Marktwert"). Wenn Du Dich zu oft unter Deinem Rang verkaufst oder behandeln lässt, gewöhnen sich andere schnell daran (die froh sind, dass sie über Dir stehen) und Du wirst bald behandelt wie die Dienerin oder der Dorftrottel.

Es hat also durchaus Sinn, sich **bei Tiefstatus-Behandlung zu wehren**. „Sich selbst zu wichtig nehmen" heisst aber, dass jemand direkt besessen ist von dem Gedanken, andere wären ständig darauf aus, ihn/sie „herunter zu setzen". Da ist es nicht schwer, Rückschlüsse darauf zu ziehen, wie es mit dem Selbstwert dieser Person steht. Da wir in diesem Kapitel behandeln, was Du mit einer humorvollen Attitüde bei Dir selbst verbessern kannst, gehen wir die Sachlage von dieser Seite an: Wie gehst Du damit um, wenn Dein Selbstwertgefühl niedrig ist und Du **überall Herabsetzungen witterst**?

Das Verkehrteste wäre, darauf zu pochen, dass man Dir gefälligst Respekt und Hochachtung erweisen sollte. Jeglicher Respekt, den man einer Autorität zollt, ist ein Geschenk. Und Geschenke sind nunmal freiwillig, sonst wären sie ja keine. Eingefordert ist ein Geschenk keines mehr, dann ist es ein Tribut. Denk' ans Finanzamt, und Du siehst den Unterschied.

Selbst wenn nach einer solchen Forderung Deine Umwelt Deinem Wunsch nachkommt, hast Du Dein inneres Problem immer noch. Das ist ein Problem vieler VIPs, die angehimmelt, verklärt und gefeiert werden. Innerlich finden sie sich oft gar nicht so toll und denken: „Wenn die wüssten... " oder „Wenn die mich wirklich kennen würden..." Aber das legt sich bald und man sagt sich: „Millionen können nicht irren!" und schließt sich der allgemeinen Meinung an.

Da es aber noch eine Weile dauern kann, bis Dich Millionen davon überzeugen, dass Du grosse Klasse bist, schadet es nicht, wenn Du den Kunstgriff weisst, wie Du Dir **bei Selbstzweifel-Attacken helfen** kannst.

> Als Student hatte ich in München anfänglich Probleme, jemanden kennen zu lernen. Als Provinzler fühlte ich mich in den Nobel-Discos (wo aber genau die Mädels waren, die ich kennenlernen wollte) klein, unbedeutend und deplaciert.
>
> Einmal war es so schlimm, dass ich mich für eine Rosskur entschied. Ich nahm mir jeden Typen, der mit einem Mädchen da war, geistig vor und verglich mich mit ihm. Ich stellte mir vor, was der alles hat, was ich nicht habe und wieso er mir haushoch überlegen sei. Nachdem ich so etwa 20 durchgegangen war und mir bewusst gemacht hatte, in welch' erlesener Gesellschaft ich mich da befand (lauter Krösusse, Einsteins und „von"s), konnte ich mich nicht mehr halten und lachte laut los. Ich hatte Glück: Niemand kam auf die Idee, die Männer mit den weißen Turnschuhen und Kitteln zu rufen. Ich war erleichtert und irgendwie auch kuriert von meiner Selbstzweifel-Attacke.

Diese Methode gibt es in vielerlei Variationen. Wenn Du eine Deiner Marotten (wie z.B. chronische Selbstzweifel) ins Absurde übertreibst, schwächst Du sie ab. Das ist so etwas wie ein Gesetz, das Gesetz der paradoxen Intention. Normalerweise steuern wir dagegen, wenn uns etwas unangenehm ist. Eine **Lösung zweiter Ordnung**, wie Watzlawick sie genannt hat, macht das Gegenteil. Das Abweichende wird noch weiter getrieben, wodurch es meist absurd oder lächerlich wird. Beim Humor ist das eine Standardmethode. Ein weiterer Beleg, warum Humor so heilsam ist.

Wenn Du also ab heute nicht mehr so hart über Dich urteilst und auf Deine Stärken achtest (das lohnt viel mehr als ständig auf die Defizite zu achten!), dann bist Du in der passenden Stimmung, mit Herabsetzungen Deiner Person im zwischenmenschlichen Bereich humorvoll (und schlagfertig!) umzugehen.

Ist es nicht bemerkenswert, dass die Abhilfe für ein übertriebenes Sich-zu-wichtig nehmen, ein Sich-wirklich-annehmen ist?

Der dritte Humorkiller: Die Dinge tragisch zu nehmen

Diese Marotte kommt bei Männern seltener vor als bei Frauen. Das wird ihnen allerdings auch manchmal zum Verhängnis. Während Frauen wachsam auf die Weiterungen, Folgen und Konsequenzen von Ereignissen achten, können Männer **blauäugig in Fallen** hineintappen, die eine Frau schon von weitem wittert! Kluge Männer hören auf ihre Partnerin… meistens.

Die übersteigerte Form dieses manchmal durchaus nützlichen Wesenszugs kann für den Partner zur **Nervenprobe** werden. Vielleicht kennst Du das: Du musst jede Abweichung vom Gewohnten logisch und triftig begründen, Blicke und einzelne Worte bekommen tiefe, manchmal auch aggressive, beleidigende, verräterische, verächtliche oder irgendeine andere „kriminelle" Bedeutung. Als Mann bist Du dann ständig am Erklären, Rechtfertigen und Klarstellen.

Die kleine Schwester dieser Marotte, die **Angst vor Einbrechern**, die einen Mann auf Drängen seiner Partnerin nachts das Haus absuchen lässt (natürlich entsprechend lärmend, man will ja nicht plötzlich einem Einbrecher gegenüberstehen), ist da noch leicht zu verkraften.

Von dieser Eigenart gibt es viele Spielformen. Eifersüchtige Menschen sind Meister darin etwas Bedrohliches in die alltäglichsten Dinge hineinzugeheimnissen, oft etwas, was gar nicht da ist. Falls Du mit so einer Person zu tun hast, kannst Du Dich verdient machen. Hinter **Eifersucht** steht nämlich fast immer ein niedriger Selbstwert, das Gefühl, den Partner nicht wert zu sein. Wenn es Dir gelingt, Deinen Schatz davon zu überzeugen, dass er Deiner wert ist, dann päppelst Du sein Selbstwertgefühl auf. Zur Krönung versicherst Du dann noch glaubwürdig, dass für Dich nie jemand anders in Frage käme. Das Ganze ungefähr zwei Dutzend mal pro Tag über einen längeren Zeitraum (den Du in Jahren ansetzen solltest) und Dein(e) Partner(in) ist stabil genug, dass er/sie Dich nicht mehr mit Eifersucht nervt.

Aber mal Spaß beiseite, kennst Du solche Anwandlungen auch bei Dir? Ich meine, Dinge in ihrer Bedeutung überzubewerten?

Wenn eine **Prüfung** für Dich – bei eventuellem Scheitern – die Katastrophe bedeutet, die den Sinn Deines Lebens in Frage stellt, dann kann Dir kein Humor mehr helfen (weil Dir in diesem Moment jeder Sinn dafür fehlt).

Es muss aber nicht gleich derart dramatisch sein. Schon wesentlich kleinere Dinge könnten Dir den Humor rauben. Weißt Du ein paar Situationen, die Dich so in Bann geschlagen haben, dass Drüberstehen keine Alternative mehr war?

Wenn es in einer Situation „worum geht", wenn Du ihr eine übergrosse Bedeutung beimisst, dann reagierst Du mit grimmigem Ernst. In vielen Fällen ist das auch gut so, nur darf die **Spannung nicht zu gross** werden. Deine Leistung sinkt bei zu grosser Anspannung. Deshalb wird vor Ausscheidungen und Wettbewerben (sogar bei den sogenannten Assessment-Centers) so gerne gescherzt. Weil Humor und Lachen Spannung abbaut und einen wieder in den produktiven Bereich bringt.

Kann Dir die **Humitüde helfen**, wenn Du merkst, dass Du etwas zu tragisch nimmst?

Wenn du Dich traust, ja. Du gehst voll **hinein in die Katastrophenvorstellung** und übertreibst sie noch. Ich habe Frank Farrelly, den Begründer

der Provokativen Therapie, in nur einer Sitzung eine Frau von ihrer Flugangst heilen sehen. Er ging mit ihr alle Phasen des Flugzeugabsturzes durch, so horrormäßig und mit so skurrilen Details, dass sie sich oft nicht zwischen Schrecken und Lachen entscheiden konnte.

Wenn Du Dich mal mit Deinem Scheitern und der Katastrophe vertraut gemacht hast, ist der größte Teil des Druckes (den Du Dir ja selbst mit Deinen überzogenen Bewertungen machst) weggenommen. Wenn sogar die Insassen eines KZs (wie das Viktor Frankl als Augenzeuge und Beteiligter schilderte) noch Humor entwickeln konnten und sich damit buchstäblich **vor dem Durchdrehen bewahrten**, dann müsste es Dir eigentlich auch gelingen, den „Bedrohungen" in Deinem Leben den richtigen Stellenwert zuzuweisen.

Schlusswort zu den Humorkillern

Die drei Humor-Killer, die wir jetzt ausführlicher besprochen haben, sind natürlich nur ein Ausschnitt. Es gibt auch andere, z.B. der Typ, der auf der Party nach jedem Scherz mit seiner unvergleichlich sauertöpfischen Art abfällig sagt: „Haha, sehr lustig!" Aber eine Starthilfe ist es allemal, wenn Du weisst, was *Dir* die Petersilie verhageln kann. Und Du kannst ja etwas dagegen tun ...

Ein versicherndes Wort an geplagte Männer:

Falls Du mal zu verzweifeln scheinst, weil Deine Partnerin wieder mal alle drei Humorkiller konzertiert einsetzt, um Dich von der Tragweite und dem Ernst der Lage zu überzeugen, dann erinnere Dich daran, **wie lange Du nach ihr gesucht hast!** Instinktiv hast Du die Richtige gewählt. Eine, die Dich zu ungeahnten Höhen der Gelassenheit, Besonnenheit und engelsgleicher Geduld führen wird. Und denk' auch daran, was für einen ungeliebten Job sie übernommen hat, Dich zu einem Tugendbold zu transformieren.

Diese drei Eigenarten haben ja durchaus auch ihre positiven Seiten:

Rechthaber tragen die Verantwortung. Da kann man sie leicht zu fassen kriegen. Nicht umsonst heißt es in Bayern: *„Recht hast! Und wer Recht hat, zahlt a Mass!"*

Die Sich-allzu-wichtig-Nehmer lassen sich leicht für repräsentative Arbeiten gewinnen, nach dem Spruch der schwäbischen Schildbürger: *„Veitl, geh' du voran, du hast die größten Stiefel an!"*

Die Alles-tragisch-Nehmer sind meistens begabt darin, sich **in etwas hineinsteigern** zu können. Das ist beim Verlieben eine wichtige Fähigkeit für Deine/n Partner/in, falls Dir besondere Talente oder körperliche Vorzüge abgehen (oder wenn Du zu den „One-shot-Charlys" gehörst). Mit diesem Talent ausgestattet fällt es ihm/ihr (mit der passenden Hormonlage natürlich) nicht schwer, Dich zu empfinden als den/die Größte/n, Tollste/n, Schönste/n ...

Die Humitüde in Aktion

Du weißt also jetzt, welche Voraussetzungen zum Entwickeln einer humorvollen Attitüde wichtig sind. Gehen wir sie noch einmal durch:

1. Eine gute Zusammenarbeit von Kopf und Bauch

Dazu gehören *Bejahung* Deines Wesens, *Anerkennung* Deiner Fähigkeiten, Deiner Talente und *Wertschätzung* Deiner Person (natürlich auch Deines Körpers und seiner Bedürfnisse).

2. In einem ausgeglichenen Zustand (in der Mitte) zu sein

Das verleiht Dir Gelassen- und Besonnenheit. Das ist der Modus, der Dir den vollen Einsatz Deiner geistigen Fähigkeiten sichert.

3. Aufmerksamkeit und Bewusstheit

d.h. Du nimmst wahr:

- was um Dich herum passiert, ohne es gleich zu bewerten und
- wie Du innerlich darauf reagierst, d.h. mit welchen Gefühlen.

4. Du bist Dir Deiner Fähigkeit bewusst, Deinen Aufmerksamkeits-Fokus zu lenken und Deine Interpretationen zu steuern,

… und zwar so, dass Du die Situation jederzeit mithilfe eines Rahmen- oder Paradigmenwechsels gelassen betrachten kannst. Das versetzt Dich in die Lage, Deine Gedanken und Gefühle im Griff zu behalten und nicht ausufern zu lassen, kurz: „*Du* hast Gefühle und Gedanken" und nicht: „Die Gefühle haben *Dich* (im Griff)." Dann kreisen Deine Gedanken auch nicht mehr fruchtlos um irgendwelche Ängste oder Sorgen. Das ist vor allem dann wichtig, wenn die Humor-Killer im Anzug sind.
Und damit sind wir auch gleich beim letzten Punkt der Voraussetzungen für die Humitüde...

5. Dein Geschick, *Deine* inneren Humorkiller auszuschalten

Die drei Humorkiller sind nichts anderes als gelernte **unbewusste „Programme"**, die von Verunsicherungen in Gang gesetzt werden: Wenn Kollegen just im selben Augenblick zu tuscheln aufhören, wenn Du in den Raum kommst, und Dich das verunsichert, dann fallen Dir keine humorigen Bemerkungen mehr ein. Wenn Du die Situation aber mit der Zoo-Brille betrachten kannst („Interessant, dieses Verhalten... eigentlich genau wie die Grillen auf einer Sommerwiese. Wenn man in deren Nähe kommt, verstummen sie…"), aus der Verbündetenhaltung heraus anschaust („Vielleicht haben sie gerade darüber geredet, was sie mir zum Geburtstag für eine Überraschung bereiten wollen…") oder mit der Magier-Rolle angehst (Du stellst Dich dazu und fängst an zu tuscheln: „Ich muss Euch unbedingt erzählen, was ich gerade von der Geschäftsleitung...”), dann können Dir die Humorkiller nichts mehr anhaben.

Dann sind Deine inneren Polizisten (die Verpflichtungsgefühle) berentet, Deine Ängste verbannt und Deine Minderwertigkeitsgefühle weggelacht. Damit hast Du auch die besten Voraussetzungen, **anderen** bei der Bewältigung ihrer Humorkiller **zu helfen**. (Darüber reden wir noch ausführlicher.)

Jetzt geht es ja erst einmal um Dich, d.h. um Deine „Heiterkeit in allen Lebenslagen”. Falls Du, wie die meisten von uns, erst ein Anwärter auf den gelben „Guru-Gürtel” bist, kommt es eben doch hin und wieder vor, dass es Dir die Petersilie verhagelt. Und wenn Du sauer, frustriert und womöglich noch hungrig bist, wie sieht es dann aus mit dem Spass? Gelingt es dir dann, Dich schnell wieder ins Gleichgewicht zu bringen?

Kein Problem, vorausgesetzt, es ist Dir *bewusst,* dass Du in negative Erregung geraten bist, kurz: Du *merkst*, wenn Du Dich aufregst, entrüstest oder ärgerst.

Der Königsweg zur Gelassenheit und zum Drüberstehen

Machen wir ein kleines Experiment:

Finde in Deinem Gedächtnis mal eine typische Situation, in der Du Dich gern aufregst...

Und dann frag‘ ich Dich: „Wie regst Du Dich auf, wie machst Du das?” Ich wette, Du nimmst irgendetwas auf einmal todernst und wichtig. Wenn Du schon weisst, auf welcher der drei Willens-Achsen Du am leichtesten „zu haben” bist, kannst Du gleich mal überprüfen, ob es „Bingo” macht.

Also, was siehst Du in Gefahr? Deinen Besitz, Dein Ansehen, Deine Kompetenz?

Wann immer Du ein **geistiges Terrain** absteckst, so wie die Goldgräber einen „Claim" mit „stakes" abstecken, hast Du Dich damit identifiziert, es ist zu einem unverzichtbaren Teil von Dir geworden. Wenn Dir dann jemand diesen Claim streitig macht, gehst Du in **Verteidigungshaltung**, in die Defensive. So was schwächt Dich und Deine Position. Defensiv sein ist Tiefstatus. Dein Wille zählt dann nicht und Du bist unwichtig. Und wenn Du mal nicht defensiv, sondern aggressiv reagierst, wird die Situation auch nicht besser oder lustiger davon.

Du kannst aber auch etwas ganz anderes machen, auf kurze und sogar auf lange Sicht. Fangen wir mit dem zweiten an.

a) Claims bewusst machen: Auf lange Sicht tust Du bei diesem Punkt gut daran, systematisch vorzugehen. Das gehört vielleicht nicht gerade zu Deinen Stärken, aber hier lohnt sich die Mühe! Das geht folgendermaßen:

Du merkst Dir jedes Mal, wenn Dich etwas aufregt, was der Auslöser war. Und sobald Du allein bist und in Ruhe nachdenken kannst, fragst Du Dich:

– **Welchen Claim** wollte ich da verteidigen?

– **Womit identifiziere ich mich** so stark, dass ich das Gegenteil davon weit von mir weise? („Nein ... ICH doch nicht!")

Wenn Du das weisst, kannst Du daran gehen, Dich davon zu lösen. Die Zen-Meister nennen das „detachment" (Ablösung). Nichts ist so wichtig oder bedeutend, dass Du Dich daran klammern müsstest. Wenn Du Dich damit abfindest, dass Du nicht so ideal bist, wie Du gern sein möchtest, nicht alles haben kannst, was Du Dir wünschst und nicht so gesehen wirst, wie Du gern gesehen werden würdest, dann bist Du **frei und unabhängig**. Ein bisschen Training kostet das aber schon...

b) Initiativ bleiben: Agieren, statt *re*agieren.

Deine Defensiv-Reflexe sind wie Knöpfe an einer Fernbedienung (für Deine Gefühle), die andere nach Belieben drücken können. Wenn Du daran denkst in der Initiative zu bleiben, den anderen beschäftigst, dann läufst Du viel weniger Gefahr, dass andere solches **Automatikverhalten** bei Dir triggern.

Nehmen wir ein Beispiel:

Wenn Deine Partnerin Dich als eifersüchtig bezeichnet, dann fühlst Du Dich vielleicht aufgerufen, ihr zu beweisen oder zu demonstrieren, dass Du es NICHT bist. Plötzlich hängt da Dein gesamtes Image daran, Du musst unbedingt ihre Fehlmeinung geraderücken.

Warum eigentlich? Du selbst weißt doch, dass Du *nicht* eifersüchtig bist, ... zumindest nicht ständig, ... und nicht auf alle hergelaufenen Typen , ... und schon gar nicht auf den/die!... und außerdem ...

Warum ist es Dir so wichtig, dass sich Dein Partner Deiner Meinung anschließt?

Die Stunde der Wahrheit ist gekommen. Sei gnädig mit Dir und verdamme nichts, auch wenn mal bei der Bewusstmachung Neid, Eitelkeit, Missgunst, Minderwertigkeitsgefühle, Egoismus, Rachegelüste oder gar böser Wille zum Vorschein kommen. Ansatzweise nämlich ist alles, wirklich alles, wozu die Menschheit fähig ist, auch in Dir angelegt. Das kannst Du ruhig zugeben. Goethe hat es auch getan (und der ist neben Gottschalk und Dieter Bohlen immer noch eine der wichtigsten Messlatten in der heutigen Zeit!).

Kannst Du akzeptieren, dass Du, sagen wir zu 97 % *nicht* eifersüchtig und zu 3 % eifersüchtig bist, also ein ganz klitzekleines bisschen?

Dann ist es für Dich nicht mehr schwer auf eine gelassene Art zu reagieren. Oder sogar witzig.

Tu' das dann, stimme mit dem anderen überein, auch wenn es nur eine winzige Übereinstimmung gibt. Dann hast Du bald eine wichtige Station auf Deinem Weg erklommen, nämlich die Position: *„Alles, was man von mir sagt, stimmt irgendwie* – und wenn man auch viel Fantasie dafür aufbringen muss." Das macht Dich ziemlich unangreifbar.

Das heißt nicht, dass Du alles Gesagte (über Dich) stehen lässt! Du regst Dich nur nicht mehr darüber auf! Aufregen ist gut für *körperliche* Auseinandersetzungen, nicht für geistige. Deine Fäuste wirst Du sehr viel seltener brauchen als Deine intellektuelle Selbstverteidigung. Und für die solltest Du ein kühles Köpfchen bewahren.
Jetzt kannst Du nämlich auf die verbale 'Attacke' „Sei doch nicht gleich so eifersüchtig!" ganz anders reagieren. Dir gelingt es vielleicht sogar, hinreißend komisch den Satz zu flehen: „Darf ich nicht? Auch nicht ein klitzekleines bisschen? .... Ach bitte!" Dann wird sie (oder er) vielleicht schmunzeln und die Situation ist gerettet.

Siehst Du, wie leicht Du die **Stimmung zu Deinen Gunsten** verändern kannst?

Du wirst bald merken, es sind fast **immer die gleichen Sätze**, die Dich aufregen (genauer: die Du zum Anlass nimmst, Dich aufzuregen)! Da liegen Deine Claims. Und die verteidigst Du, wann immer Du sagst: „So bin ich! Und auf keinen Fall so, wie Du sagst!"

Aber sag mal selbst: Wenn andere ein **falsches Bild** von Dir haben, ist Dir das dermaßen wichtig, dass es sich lohnt, so viel Energie zu investieren? Ausserdem macht Dich das manipulierbar, also: Vorsicht!

Viel eleganter reagierst Du, wenn Du in Deinem Kopf sagst: „Wenn er/sie so von mir denken will, bitte! Er/sie wird, wenn er/sie sich mal die Mühe macht, ein bisschen **genauer hin zu sehen**, merken, wie sehr er/sie mit seiner Beurteilung daneben liegt." [28]

Wenn Du so etwas innerlich ruhig zu Dir sagen kannst, hast Du keinen Drang mehr, das **auf Dich projizierte Image** richtig zu stellen. Welches Image Dir andere „verpassen", sagt ohnehin meist mehr über den Sprecher aus, als über Dich.

Es gibt noch einen weiteren Vorteil dieser Haltung: Wenn Dir jemand irgendwelche Schwächen vorhält und Du findest eine Möglichkeit, dem anderen zuzustimmen, **entwaffnest Du ihn** damit. Ohne einen Anflug von Unterwürfigkeit zu sagen: „Das hast Du richtig erkannt, das ist eine meiner (vielen) Schwächen!", zeigt dem anderen, dass Du zu Deinen Schwächen stehst, und weil Du dabei nicht zerknirscht wirkst (außer Du machst Dir mal den Spaß), spürt man, dass das **nichts an Deinem Selbstwert ändert** – und das ist gemeint mit „**Drüberstehen**".

Es gibt eine kleine Zen-Geschichte, die das sehr schön zeigt:

> Ein Schüler erzählt dem Meister, dass er im Dorf gehört habe, wie der Metzger schlecht von ihm gesprochen hätte. Der Meister sagt darauf nur: „Weißt Du, wenn dieser Mann mich näher kennen würde, fände er noch viel mehr Fehler, über die er sprechen könnte." [29]

---

28) Hier sieht man mal wieder, wie holprig die politisch korrekte doppelte Geschlechter-Bezeichnung ist! Ich denke, ich werde das in Zukunft bleiben lassen und mal die eine, mal die andere wählen. Ich hoffe, das ist okay für Dich.

29) Anthony DeMello

Zusammenfassung

Ich glaube, Du konntest aus dem Bisherigen erkennen, wie eminent wichtig Deine **Lebensphilosophie** ist. Sie entscheidet darüber, wie Du mit Dir selbst und auch wie Du mit anderen umgehst. Sie entscheidet praktisch über Deinen **Lebenserfolg**. Darum war es mir auch so wichtig, Dir die besten Stücke aus der MagSt-Philosophie-Schatzkiste, die ich kenne, an die Hand zu geben. Damit wirst Du Dich unter Belastungen innerlich im Gleichgewicht halten, die Ruhe bewahren und Dich die meiste Zeit wohl in Deiner Haut fühlen. Wenn es ***in Dir* „stimmt"**, dann hast Du die besten Voraussetzungen, auch **„draussen" großen Erfolg** zu haben.

Für den MagSt ist es schlechthin *die* Voraussetzung, Dich mit Dir selbst wohl zu fühlen. Das brauchst Du für Deine **Ausstrahlung von Autorität** und Charisma und natürlich auch für Deine **humorvollen Herausforderungen**. Im Umgang mit anderen hat das unschätzbare Vorteile.

Welche Vorteile Dir wohlwollender Humor verschafft

1. *Humor ist entwaffnend.*
Menschen lassen sich humorvoll Dinge „an den Kopf werfen", die sie ohne Humor übel nehmen würden.

2. *Humor durchbricht Reflexe.*
Normalerweise geht ein Mensch, dem man etwas Unangenehmes sagt, wie zum Beispiel Kritik oder eine „Wahrheit", sofort in die Defensive. Dieser Reflex wird unterbunden, wenn Du den anderen zum Lachen gebracht hast. Lachen ist nämlich inkompatibel mit Verteidigung. Mit einem Scherz kann man nicht argumentieren!

3. *Humorvolle Übertreibungen verändern das Selbst- und Weltbild.*

Es scheint fast ein Gesetz zu sein, dass sich ein Mensch so lange an sein bestehendes Selbst- und Weltbild klammert, bis die externen Daten und Fakten diesem so eklatant widersprechen, dass er diese Sichtweise beim besten Willen nicht mehr aufrechterhalten kann. Dieses Ziel wird durch Übertreibung und Verzerrung, die dem Humor und dem Witz nun mal eigen sind, viel schneller erreicht als durch logische Argumentation!

Alle drei Vorteile dienen einer gesteigerten Ehrlichkeit mit anderen, aber auch sich selbst gegenüber, für größere Offenheit (z.B. dem Mut sich zu zeigen) und mehr Flexibilität (Geschick im Umgang mit anderen). **Ehrlichkeit, Offenheit und Flexibilität** verleihen einem Veränderungsprozess große Schubkraft. Was immer Du in einem solchen Klima an Interventionen einsetzt, es wird eine verstärkte Wirkung erzielen. In einem solchen Klima kann man auch viel leichter Schmerzhaftes, sogar Unaussprechliches zur Sprache bringen. Der Humor hat den Menschen schon immer dazu gedient, den Schrecknissen des Lebens furchtloser in die Augen zu schauen. ***Scherzhaftes mildert Schmerzhaftes***!

4. ***Humor ist eine Gesichtswahrungs-Technik*** und hilft, Situationen zu entspannen. Wenn in einer Gesellschaft jemand ungeschickt ein Glas fallen lässt, so dass es mit lautem Klirren zerbricht, und Du sagst in die peinliche Stille: „Darf ich auch mitspielen?", dann löst sich die Spannung in erleichtertem Gelächter.

5. ***Humor hilft auch bei Neid, Vorurteilen und Konkurrenzgeilheit,*** weil Deine Haltung dann zeigt, dass Du solche Reaktionen leicht nimmst und niemanden dafür verdammst.
Nicht zuletzt ist eine wichtige Funktion, warum wir Humor in unseren Gesprächen einsetzen, der **Unterhaltungswert**. Mit dem Humor bringen wir unser Gegenüber auf einen anderen Level, neues Wissen gelangt über den Hippocampus in denjenigen Gedächtnisspeicher, der für die Kreativität genutzt wird. Er wird dadurch auch offener für Neues.

Wenn wir nämlich etwas als bedrohlich wahrnehmen, aktiviert das die Amygdala (auch eine Hirnregion), das ist der Speicher für Verteidigung und Überlebensstrategien. Solches Wissen steht für Kreativität nicht zur Verfügung (Deshalb ist es so schädlich, Kindern etwas „einbläuen" zu wollen.) Solches Wissen kann nicht kreativ eingesetzt werden.

Der entscheidende Vorteil beim Humor ist schließlich, dass Deine Gegenüber sehr viel lieber mit Dir zu tun haben, wenn es etwas zu lachen gibt. Lachen zieht Menschen an und macht sympathisch.

Du bist jetzt in einer guten Ausgangsposition für die beiden Herzstücke des MagSt: die drei Einflusspositionen und die WUDUH-Formel.

Tipp zum Erkennen des Vexierbildes auf Seite 163[30]

30) Das ist das Bild einer Kuh. Am leichtesten erkennst Du es, wenn Du etwas mehr als die rechte Hälfte des Bildes abdeckst und das Auge und das Ohr fixierst. Das Auge ist der runde schwarze Punkt in der oberen Hälfte des Bildes. Nimm dann die abdeckende Hand weg und Du siehst gleich das zweite Auge, das kleiner erscheint.

Ist das nicht faszinierend, dass Du dieses Vexierbild, einmal erkannt, nicht mehr unstrukturiert sehen kannst? Genauso geht es Dir bald mit den Konzepten in diesem Buch. Du siehst im zwischenmenschlichen Geschehen Feinheiten, die dem Normalmenschen entgehen.

Kapitel 4

Die drei

Einflusspositionen

Gratuliere!

Du hast bis jetzt durchgehalten, Dir viel Theorie durch den Kopf gehen lassen, hast Dir durch die Vorübungen (z.B. das mentale Training) die richtigen Haltungen angeeignet und bist jetzt bereit, Dir die Essenz des MagSt einzuverleiben. Ziel der beiden nächsten Kapitels ist, Dich mit den Grundfertigkeiten des MagSt vertraut zu machen und diese dann einzuüben. Wenn Du die fünf Prinzipien des MagSt mit den dazu gehörigen Haltungen und Fertigkeiten wirklich „intus" hast, wirst Du im Umgang mit anderen Menschen ein ganz anderes Auftreten haben als bisher. Du bist dann unterhaltsam und lustig, interessant und verblüffend, dominant und „Herr der Lage", am längeren Hebel, souverän und nicht zuletzt eine Herausforderung für andere, sich der Realität zu stellen und authentisch, offen und ehrlich zu sein.

Dass Du dann attraktiv für andere bist, mehr Chancen hast und bei anderen viel (Kooperation) erreichst, ist weit mehr als nur ein Nebeneffekt – Dein Erfolg in puncto Wohlstand, Gesundheit und Beliebtheit profitiert immens davon, und das wiederum stärkt Deine Identität. Du wirst der, der Du wirklich bist! Gibt's einen größeren Gewinn?

Die drei Einflusspositionen

Bevor wir die einzelnen Eigenschaften der MagSt-Persönlichkeit (die WUDUH-Formel) durchgehen, nehmen wir uns noch ein wesentliches Kern-Konzept des MagSt vor, die Einflusspositionen. Durch sie hast Du ein einprägsames Leitbild im Kopf, das Dir in kniffligen Situationen schnell Lösungen und neue Ideen beschert.

Diese Positionen sind Rollen, die Du einnimmst, ähnlich wie Du auch im täglichen Leben verschiedene Rollen einnimmst: Deinen Eltern gegenüber bist Du der Sohn/die Tochter, im Berufsleben der Arbeitnehmer (oder -geber), in der Freizeit und mit Deinen Freunden der Spaßvogel usw.

Die Rollen, die wir jetzt gleich besprechen, dienen zur **Einflussnahme**. Mit ihnen schaffst Du Dir eine Position, aus der heraus Du eine starke **Wirkung auf das Verhalten anderer** (und deren Gefühle) ausüben kannst. Im fünften Kapitel geht es dann um die **Eigenschaften**, die Du in diesen Rollen zeigst. Sie sind in der WUDUH-Formel zusammengefasst.

Mit den folgenden drei Rollen gewinnst Du in zwischenmenschlichen Situationen mühelos die **Führung** und wirst dadurch automatisch auch beachtet und geachtet:

BEWEGER BEWERTER
BEWILLIGER

In praktisch jedem zwischenmenschlichen Austausch geht es um Einfluss. Du möchtest nicht nur, dass Dein Gegenüber zuhört und Dir seine Aufmerksamkeit schenkt, sondern hättest auch gerne, dass es sich Deinen Vorschlägen und **Aufforderungen anschließt**. Meistens sind es nur kleinere Dinge, denen der andere zustimmen soll, wie eine Einladung, kleine Gefälligkeiten oder Hilfestellungen, aber es geht auch mal um größere Dinge, wie das Investieren eines größeren Betrags, als Vorgesetzter oder Führungsperson anerkannt zu werden oder einen prospektiven Partner so für Dich einzunehmen, dass der berühmte **Funke überspringt**.

In fast allen Situationen des täglichen Verkehrs kommt es auf Deine Fähigkeiten an, Einfluss auf andere zu gewinnen. Dazu verhelfen Dir die drei Einflusspositionen. Wenn Du diese drei Haltungen einnehmen und behaupten kannst, bist Du in der jeweiligen Situation führend und bestimmend.

Warum gleich drei Haltungen?

Weil Du Menschen auf drei Ebenen ansprechen musst, wenn sie auf Dich hören sollen!

Du weißt ja mittlerweile, dass Du selbst aus **drei Unterabteilungen** bestehst: die körperliche, psychische und mentale (intellektuelle) „Abteilung". Und wenn diese miteinander im Widerstreit stehen, schwächt das Deine Entschlusskraft enorm.

Das ist bei anderen Menschen genauso. Da kann ein eloquenter Verkäufer einen Kunden intellektuell völlig überzeugt haben, wenn sein Gefühl jedoch „Nein" sagt, wird er nicht kaufen. Wenn er den Verkäufer auch noch als unüberzeugend und unterwürfig erlebt, sucht er sich lieber einen anderen Verkäufer, dem er mehr zutraut. Nur wenn der Intellekt UND der Wille „Ja" sagen, wird der Körper die Kaufhandlung vollziehen.

Siehst Du, was ich meine?

Gut. Es ist mir sehr wichtig, dass Du das verstehst. Nur wenn Du alle drei Unterabteilungen Deines Gegenübers überzeugen kannst, dass Deine Anregungen, Vorschläge und Aufforderungen Hand und Fuß haben und für ihn gut sind, wirst Du seine Kooperation gewinnen.

Überleg' mal, wie oft Du das schon erlebt hast, dass jemand einer Verabredung zugesagt hatte, dann aber nicht erschienen ist. Wie oft schon hast Du Anweisungen gegeben, die dann trotz des bestätigenden „Ja, Ja" nicht ausgeführt wurden. Du hast zwar **verbale Zustimmung** bekommen, hinterher hat sie sich leider als **bloße Anpassung** erwiesen, ohne dass der andere wirklich „dahinter stand". Das waren alles Situationen, in denen Du nur einen oder zwei Anteile der Persönlichkeit des anderen für Dich gewinnen konntest, aber nicht alle drei.

Mit den drei Einflusspositionen sprichst Du **alle drei Anteile** der Persönlichkeit des anderen an:

Physisch-körperlich (Reptilien-Gehirn):

Auf der Reflexebene löst Du mit den drei B-Positionen (Beweger, Bewerter, Bewilliger) eine Art **Anhänger-Reflex** aus („Dem-Leitwolf-folgen"), welcher bewirkt, dass andere sich nach Dir richten und auf Dein Wort etwas geben. Das geschieht ganz unbewusst beim anderen und wird durch die Führungshaltung ausgelöst.

Psychisch (Säugetier-Gehirn):

Auf der Gefühlsebene löst Du ebenfalls eine Reihe von Reaktionen aus, wie Spannung, Interesse, Sympathie, Faszination und hin und wieder auch mal bange Gefühle oder Widerspruch. Wann immer Du den anderen zu etwas bewegen willst, musst Du seine **Gefühle ansprechen**. Das müssen nicht immer angenehme Gefühle sein. Die drei Achsen des Willens haben jede einen positiven UND einen negativen Pol!

Intellektuell (Neu– oder Großhirn):

Den Geist überzeugst Du mit guten Argumenten, hoher Flexibilität und vor allem mit Deiner Fähigkeit, die **dominante Realität zu definieren**. Damit gibst Du den Interpretationsrahmen vor, den Kontext, der den Betrachtungswinkel der Situation bestimmt.

Hört sich das für Dich jetzt noch ein bisschen schwer verständlich an? Macht nichts, die drei Einflusspositionen werden Dir schnell zum Begriff werden, wie vielen anderen schon, die mit diesem Konzept vertraut sind: Wenn Du Dich in den entscheidenden Situationen als Beweger, Bewerter und Bewilliger erweist, wirst Du den oben genannten Forderungen gerecht, d.h. Du sprichst die Personen um Dich herum auf allen drei Ebenen an.

Gehen wir die Haltungen jetzt einzeln durch. Das Ziel dabei ist, dass Du ein Gespür dafür bekommst, **was die jeweilige Position beinhaltet**, wie sie sich anfühlt, wie Du Dich dabei gibst und auch: Wo in Deiner Persönlichkeit Du die zugehörigen Eigenschaften findest und wie Du sie aktivierst.

Die Beweger-Position (der Bestimmer)

In der Beweger-Position bist Du dann, wenn in der jeweiligen Situation die **Initiative von Dir ausgeht** und Du die Bereitschaft ausstrahlst, die Führungsverantwortung zu tragen. Zwei Gründe sind es vor allem, die diese Position attraktiv machen:

a) Da die meisten Leute gerne abwarten, in der Hoffnung, jemand anders ergreift die Initiative, liegt es oft an Dir, dass überhaupt etwas vorwärts geht.

b) Niemand kümmert sich so gut um **Deine Ziele und Bedürfnisse**, wie Du selbst. Als Initiator und Beweger hast Du es in der Hand, was geschehen soll und wie es geschehen soll (und natürlich auch, wie es zu Deinem (und des anderen!) Nutzen sein könnte). Du bist dann Gestalter Deines Schicksals. Allerdings, ganz so leicht ist es nicht, diese Position zu bekommen und zu halten!

So gerne die Menschen jemanden um sich haben, der ihnen Verantwortung und Initiative abnimmt, so ungern haben sie es, herumkommandiert und ‚gebosst' zu werden. Wenn Du als Beweger auf Dauer akzeptiert werden möchtest, wirst Du eher **sanfte Methoden des Bestimmens** einsetzen. Statt harschen Befehlen verwendest Du Formulierungen wie: „Würdest Du ...?", „Wie wär's, wenn Du ...?", „Wir wollen ..." und ähnliche Formulierungen, die den anderen nicht herabstufen und bei denen das gemeinsame Interesse erkennbar wird. Was Du vorschlägst oder anschaffst, ist in beider Interesse. Die Eleganz Deiner Methoden verringert die Gefahr, unnötigen Widerstand herauszufordern.

Lass uns mal gleich eine wichtige Unterscheidung treffen: **Dominanz und Dominieren** sind zwei verschiedene Dinge. Wie gerade erwähnt, lassen sich Leute nur ungern dominieren. Wenn nun Deine Beweger-Position zu bestimmend ist und auf ein „Du musst Dich unterordnen und tun, was ich sage" hinausläuft, wird der andere fast reflexartig in den Widerstand gehen.

Klingt Deine Beweger-Position aber nach „Ich hab‘ ‘ne gute Idee und ich weiß wo's lang geht;! Hast Du Lust mitzukommen?", dann hat der andere die Möglichkeit, **sich freiwillig anzuschließen** und wird dann mit mehr Begeisterung und Herz dabei sein. (Wenn Du glaubst, dass das ohnehin selbstverständlich ist, dann schau Dich mal in der Arbeitswelt um. Nur wenige, die mit Befehlsmacht ausgestattet sind, nehmen Rücksicht auf die subtileren Aspekte der Selbstachtung ihrer Mitarbeiter!)

Als **Beispiel** nehmen wir mal zwei Situationen, die sich gut eignen, um die Beweger-Position einzuüben:

Auf einer größeren Party ist der Gastgeber gerade nicht zugegen, als ein neuer Gast zu Deiner Gruppe stößt. Du agierst jetzt als **Vize-Gastgeber,** der dem neuen Gast die Runde vorstellt. (Du hast Dir natürlich zuvor die Namen eingeprägt) Dadurch wirst Du zu einer zentralen Figur am Tisch.

Oder: Im Supermarkt wird die Schlange an der Kasse immer länger. Was könntest Du jetzt tun, damit eine neue Kasse aufgemacht wird? (Ich rufe dann gern mit sonorer, lauter Stimme in den Raum: „Kaaaasse, bitte!") Du könntest z.B. zur Kassiererin gehen und sagen: „Ich kann gar nicht mit ansehen, wie Sie sich hier überarbeiten. Soll ich nicht besser eine Kollegin holen?" (Du wirst sehen, dass Sie Dich anlächelt und ein Knöpfchen unter ihrem Tisch drückt, das eine Klingel auslöst: „Schon geschehen!" Jetzt musst Du nur noch zur anderen Kasse hechten, bevor sich die anderen hin drängeln.)

Du tust gut daran, es Dir zur Gewohnheit zu machen, wo immer Du bist, **Bewegung ins Geschehen** zu bringen. Du wirst sehen, es lohnt sich! Du gewinnst nämlich dadurch an Ausstrahlung, so dass andere immer selbstverständlicher Deinem Beispiel und Deinen Vorschlägen folgen. Man kann dann nicht mehr umhin, Dich zur Kenntnis zu nehmen, wenn Du einen Raum betrittst. Das ist die typische Wirkung dieser Ausstrahlung (dem so genannten Charisma).

Das Geschehen bestimmen (in Führung gehen)

Das Entscheidende an der Beweger-Position ist die **Initiative**. Dadurch bestimmst Du das momentane Geschehen (mit). Um das zu meistern, brauchst Du drei Dinge:

- eine **wache Ausstrahlung**: Durch Deine Attitüde und Deine Erscheinung weckst Du die Erwartung, dass von Dir etwas kommt,
- **Entschlossenheit**: Du weisst, was Du willst und wie Du andere dazu veranlasst mitzumachen, und ...
- **Standfestigkeit**: Du musst die Tests anderer bestehen, die Dich auf Deine Führungsqualifikation prüfen.

3
2
1

Als **Beweger** beherrschst Du alle drei:

1. Durch Deine Ausstrahlung erzeugst Du bei anderen die Erwartung, dass von Dir Impulse kommen.

Nehmen wir mal die Situation von vorhin: Du stehst an der Supermarktkasse und die Schlange wird immer länger. Wenn Du nun ganz unscheinbar aussiehst, mit dunkler Hose, grauem Überziehpulli und billigen Turnschuhen, kannst Du zwar sagen: „Da müsste doch noch ein Kasse aufgemacht werden!", aber man beachtet Dich nicht. Deine Bemühungen gehen ins Leere.

Gehst und stehst Du aber aufrecht und hebst Dich auch mit Deiner Kleidung sichtbar von anderen ab, sieht die Sache gleich besser aus. Du weckst ganz andere Erwartungen bei anderen, wenn Du **aufgeweckt wirkst** (man sieht, dass Du alles um Dich herum wach registrierst) und Du irgendwie auch **visuell herausragst.**

Diese Haltungen kannst Du **überall üben**, z.B. wenn Du beim Einkaufen bist, in der U-Bahn, bei Zusammenkünften und sogar in Versammlungen. Du hast sicher schon oft gesehen, dass Leute, die sich in Versammlungen hervortun, alle so ein ähnliches Gebaren an den Tag legen, wie oben beschrieben. Man sieht ihnen oft schon im Voraus an, dass sie etwas beitragen werden.

Diese beiden Attribute, **aufgeweckt und ungewöhnlich** zu wirken, kannst Du Dir ohne große Mühe in kurzer Zeit zulegen. Es erfordert lediglich eine Entscheidung.

2. Entschlossenheit: Zu wissen, was Du willst und wie Du andere dazu bringst, mitzumachen.

Die erste Hälfte, dass Du wissen musst, was Du willst, ist klar, oder? Es lohnt, sich jederzeit darüber klar zu sein. Generell bist Du jemand, der das **Geschehen vorwärts treibt**, Du übernimmst gerne Verantwortung dafür, dass etwas voran geht!

Das erreichst Du durch zweierlei Maßnahmen:

– Du **erinnerst** Deine Kooperationspartner immer wieder **an das Ziel** (das hast Du zuvor schon verbalisiert), und

– zeigst entstehende Abweich-Tendenzen auf.

Die Initiative geht also von Dir aus. In Liebesbeziehungen erwartet man das ohnehin von Dir, wenn Du ein Mann bist. Das bedeutet z.B., dass Du „kinesthetisch eskalierst", mit anderen Worten, die körperliche Nähe und Berührungen fortschreitend vertiefst. Wenn du beim Händchenhalten stehen bleibst, landest Du bald in ihrer Schublade für „nette Kerls" statt in ihrem Bettchen. Auch in Beratungen jeder Art liegt es am Berater, sich die relevanten Informationen zu beschaffen, Lösungswege zu finden und den Klienten sanft, aber bestimmt, zur Aktion zu bewegen.

3. Führungsanspruch-Tests bestehen: Kleine Attacken sollen Dein Stehvermögen testen!

Es wird nicht ausbleiben, dass Du Tests bestehen musst. Man möchte sehen, ob Du Deinen Führungsanspruch halten kannst. Erstens konkurrieren andere mit Dir darum und zweitens haben selbst die, die gar nicht führen wollen, hin und wieder mal **Lust zu testen**, ob Du einer Attacke auf Deine Position standhältst.

Diese Tests reichen von kleinen In-Frage-Stellungen („Woher wissen Sie das so genau?") bis zu offener Gegenwehr („Dazu hab ich keine Lust").

Da wir im MagSt selbst einige dieser In-Frage-Stellen-Techniken einsetzen, bleibt es nicht aus, dass wir souverän damit umzugehen verstehen.

Unsere Grundausrüstung dabei sind die verbalen Dominanz-Muster, die wir gleich noch besprechen werden. Allerdings brauchst Du zunächst einen feinen Riecher für solche Tests. Schließlich werden diese vorher nicht angekündigt.

Einen „Riecher" für Tests bekommen

Schauen wir sie uns mal an. Die Tests kommen in verschiedenen Gewändern, da gibt es Warum-Fragen, Kompetenzfragen, Gegenforderungen, schwer abschlagbare Bitten, Geschenke, Lobhudeleien... bis hin zu deftigen Abwertungen.

Wenn Dein Bauchgefühl schon geschärft ist, spürst Du das jedes Mal, wenn Dir jemand einen Test stellt. Du wirst dann zögern, auf eine Warum-Frage zu antworten, weil Dich ein komisches Gefühl im Bauch warnt. Jede Aufforderung an Dich, durch einen **„Reifen zu springen"**, den Dir ein anderer hinhält, wird für Dich zur Gelegenheit, Deine verbalen Dominanz-Muster einzusetzen. Setz' Dir aber keine neuen Selbstzweifel, wenn Dir mal eine Situation daneben geht und Du Dich in ein schlechtes Licht hast stellen lassen. Daraus kannst Du viel lernen.

Manchmal kannst Du sogar bei **versierten Seminarleitern** sehen, dass sie Attacken nicht rechtzeitig erkennen und deshalb inhaltlich (oder gar defensiv) reagieren, wo unbedingt eine Beziehungsklärung kommen müsste. So attackierte z.B. eine Teilnehmerin in einem amerikanischen Workshop mit 60-70 Teilnehmern den Leiter mit stark abwertenden Aussagen. Sie beschimpfte ihn als „intellektuell unehrlich", als „flach und oberflächlich" und bezeichnete das, was er sagte, als „lächerlich". Er ging auf den Inhalt ihrer Aussage ein, holte sich Verstärkung aus der Gruppe, verlor aber vorübergehend die Führung und sogar ein bisschen die Fassung (was bei den Teilnehmern immer ein unangenehmes Gefühl erzeugt). Wann immer DIR so etwas passiert, geh' die Situation in einer ruhigen Minute durch und denk' Dir alternative Reaktionen aus, die Deine Autorität wieder herstellen. Dann bist Du für das nächste Mal gewappnet.

Eine mögliche souveränere Antwort in der geschilderten Situation wäre:

„Was Sie sagen klingt für mich stark wie eine Aufforderung zum Streitgespräch oder einem Machtkampf – so Worte wie „intellektuell unehrlich, oberflächlich und lächerlich"....,
„Ich weiß noch nicht, ob ich darauf überhaupt eingehen will, aber vielleicht sagen Sie es noch mal mit anderen Worten. Vielleicht haben Sie sich ja nur unglücklich ausgedrückt und in Ihren Worten verbirgt sich mehr als nur Abwertungen."

Oder etwas verbindlicher: „An Ihrer Wortwahl merkt man, dass Sie ziemlich verärgert und geladen sind. Grundsätzlich bin ich aber interessiert an Ihrem Beitrag. Vielleicht könnten Sie ihn etwas *konstruktiver formulieren*? Dann fällt es mir leichter, darauf zu antworten." (die schräg gedruckten Worte werden mit leicht verändertem Tonfall gesprochen, weil sie eine hypnotische Suggestion beinhalten).

Oder Du überhörst die Verbalattacke und reagierst amüsiert mit einem gewinnenden Lächeln: „Könnten Sie das Ganze vielleicht NOCH etwas konstruktiver formulieren?"

Solche Reaktionen zeigen der Gruppe, dass ihr Leiter die **Situation im Griff** hat und auch mit solchen Härtetests umgehen kann.

Das waren Beispiele der verbalen Dominanzmuster. Sie sind ein wesentlicher Bestandteil des MagSt. Es wird Dir Spass machen, sie im nächsten Kapitel kennen zu lernen und sie einzusetzen.

Als nächstes besprechen wir aber die zweite Einflussposition: die Rolle des Bewerters oder Beurteilers.

Die Bewerter-Position

Eine äußerst wichtige Stütze der eben besprochenen Beweger-Position ist die Bewerter-Position (oder Rolle). Du bist nicht nur im Kopf Dein eigener Beurteiler (der sich von der Meinung anderer nicht verunsichern lässt), sondern zeigst auch, dass Du Deine **Urteilsfähigkeit** genauso auf das Verhalten und die Leistungen anderer anwendest. Du zeigst, dass Du hohe Standards hast – bei Dir selbst, wie auch bei anderen. Du schenkst anderen nicht von vornherein Vertrauen und Wertschätzung, sie müssen es sich verdienen! Zum Beispiel durch Zuverlässigkeit, Einhalten von Absprachen und die Qualität ihrer Leistungen.

Eine gute Möglichkeit, Deine neuen Fähigkeiten einzusetzen, bekommst Du, wenn es darum geht (als Vorgesetzter) einen neuen Mitarbeiter einzustellen. Du wirst Dich dann keinesfalls anbiedern und schon gar nicht dem Bewerber die Stelle schmackhaft machen, sondern ihm stattdessen

… schildern, wie anspruchsvoll die Aufgabe ist und…

… ihn fragen, ob er glaubt, diesen Anforderungen gerecht werden zu können.

Wenn der Bewerber „Ja" sagt, hat er sich damit in **Beweisnot** gebracht und wird in den nächsten Wochen zeigen müssen, ob dem auch so ist.

Hier arbeiten der Beweger und der Beurteiler eng zusammen. Der Beurteiler entwirft ein Bild, eine Art Soll-Zustand und die Autorität des Bewegers stellt sicher, dass diese Regeln gelten.

1
2
3

Was ist an der Bewerter-Position so wertvoll?

Der erste Grund ist: Sie stärkt Dich sehr. Wenn Du nämlich mit kritischen, aber wohlwollenden Augen durch die Welt gehst, vergisst Du allmählich, ständig auf Dich selbst zu achten. Ja, wirklich! Das ist ein großer Vorteil! Unsichere Menschen sind sehr selbstbezogen, sie sehen fast immer nur sich selbst an – mit den Augen der anderen!

Wenn so jemand in ein Lokal geht, dann schaut er sich nicht die Menschen an, die dort sitzen, oder den Kellner oder die Ausstattung, sondern – sich selbst! **Er betrachtet sich** mit den „kritischen" Augen der Anwesenden und überlegt dabei, was die wohl von ihm denken: „Das ist aber ein komischer Typ!", „Kann der sich nicht was Anständiges zum Anziehen leisten!", „Der passt doch wirklich nicht hierher, so wie der aussieht!" usw. Bei solchen Gedanken geht natürlich die Ausstrahlung in den Keller. Wenn der Gute wüsste, wie wenig Gedanken die Leute sich über ihn machen!

Probier' das mal selbst aus. Geh' mal in ein Lokal, am besten eines, das Du noch nicht kennst. Und dann betrachte Dich zehn Minuten mit den Augen der anderen, und die folgenden zehn Minuten schaust Du Dir die Anwesenden an. Dann vergleiche das Körpergefühl dieser zwei Haltungen. Welch ein Unterschied!

Der zweite Grund ist, dass **Dein Wert in den Augen anderer steigt**. Jemand, der sich selbst Qualität wert ist, in Kleidung, Accessoires und Pflege, dem man ansieht, dass er nicht das Erstbeste nimmt, sondern wählerisch ist, wird **höher eingeschätzt** als die genügsamen Typen.

Ich wunderte mich früher, dass eine Geschäftspartnerin beim Essen in Lokalen die Ober immer so in Beschlag nahm. Es dauerte mehrere Minuten, bis sie mal alle Möglichkeiten, das Menü nach ihren Wünschen umzustellen, durchgegangen war („Könnt' ich statt der Kartoffeln Reis dazu haben? Und vielleicht ein kleines Schüsselchen Blaukraut dazu? Und bitte einen großen Salat – aber ohne Zwiebeln, mit Yoghurtsauce..."). In dieser Zeit hätte er drei andere Tische bedienen können. Zu meiner Verwunderung aber wurde sie beim nächsten Mal **mit exquisiter Höflichkeit** und Zuvorkommenheit begrüßt (und bedient). Wenn Du also bisher jemand warst, der leicht zufrieden zu stellen war, solltest Du Deine Einstellung vielleicht neu überdenken.

Wenn Du Dich anspruchsvoll gibst, bist Du in solchen Situationen ungewöhnlich, weil Du Dich nicht dem Wahlspruch unterwirfst: „Ich darf niemandem zur Last fallen!" Der Fehler an dieser Haltung ist, dass Du Menschen, die im Service arbeiten, keine Gelegenheit gibst, zu zeigen, was sie „draufhaben". Wenn sie das bei Dir zeigen konnten und Du das dann (mit Aufmerksamkeit, Anerkennung und Trinkgeld) würdigst, bekommst du **einen Platz in ihrem Gedächtnis.**

Eine Situation, in der Du auf jeden Fall hohe Ansprüche entwickeln solltest, ist in der **Partnerwahl** und in der Wahl Deiner Freunde. Dazu ist es nützlich, sich einmal Gedanken darüber zu machen, welche Ansprüche Du an den Tag legen willst. Ich habe hier eine kleine Liste von Anforderungen an einen Partner aufgeschrieben, von der Du Dich inspirieren lassen kannst:

Ansprüche, die Du an einen passenden Partner haben könntest:

Du willst ...

- eine attraktive Person, die sich gut pflegt,
- jemanden, der gern mit Leuten zusammen ist und einen Freundeskreis hat,
- jemanden mit Abenteuerlust und viel Fantasie,

- jemanden mit Energie und einer optimistischen Einstellung,
- jemanden, der reif ist und sich mit seinem Mann- bzw. Frau-Sein wohl fühlt,
- jemanden, der Klasse, Stil und eine Ausbildung hat,
- jemanden, der seinen Weg geht und nicht auf die Bestätigung anderer wartet,
- jemanden, dessen Wort etwas gilt.

Die Bewährungsproben

Die Lieblingstechnik der Bewerter-Position ist die Bewährungsprobe. Bei dieser Methode sprichst Du zunächst eigentlich nur mal so beiläufig über **Deine Vorlieben**, was Du so magst und was Du nicht ausstehen kannst. Wenn Du an den Augen Deines Gegenübers (und anderen Zeichen) erkennen kannst, dass Dein Gegenüber sich selbst auf diese Standards hin überprüft und ob er diesen Ansprüchen genügen kann, stellst Du entweder direkte Fragen („Gehörst Du eigentlich auch zu den Leuten, die etwas versprechen und es dann nicht halten?") oder Du deutest dezent an, dass Du den anderen **nicht für qualifiziert hältst**. Das ist zwar für Dein Gegenüber im Moment nicht schmeichelhaft, aber es motiviert ihn, Dir zu zeigen, dass es anders ist. Du willst mit diesem Verhalten seinen Widerspruch herausfordern. Widerspricht er Dir dann, liegt es an ihm/ihr, das jetzt unter Beweis zu stellen.

Diese Methode ist zwar ein bisschen fies, weil sie den anderen, ohne dass er es merkt, in eine Art **„Bringschuld"-Position** bringt („Beweise es mir!"), aber wenn Du bereit bist, dies umgekehrt auch dem anderen zu gestatten, ist es zumindest nicht unfair.

Eine andere Methode wäre, dem anderen zu erzählen, wie es jemandem ergangen ist, der versucht hat, Dich zu übervorteilen. Wenn Du das bildhaft und anschaulich erzählst, wird sich der andere hüten, das jemals bei Dir zu versuchen. Verlierer machen das Gegenteil, sie erzählen anderen, wie sie gelinkt wurden – eine Art „Gebrauchsanleitung“ für den Zuhörer.

Merke: Erzähle nie **„bad-luck-stories”** oder Geschichten, in denen Du dumm oder ungeschickt gehandelt hast. Wenn Du aus Deinen Fehlern gelernt hast, ist es nicht mehr wichtig, sich noch öfter daran zu erinnern (und schon gar nicht, sie zu erzählen!).

Ein wichtiger **Nebeneffekt der Bewerter-Position** ist, dass Dein Gegenüber oft nicht merkt, dass Du dabei in der Führungsrolle bist, er ist zu beschäftigt mit der Herausforderung.

Übrigens: Betrachte diese Methoden nicht nur als ein Spiel. Sie sind manchmal schon fast überlebenswichtig. Wenn Du konsequent Bewährungsproben durchführst, wird es schwer fallen, Dich in wichtigen Dingen über den Tisch zu ziehen.

Jetzt weißt Du, wie Du in Führung gehst und wie Du Dir Achtung verschaffst. Und jetzt kommt noch ein „Schmankerl“, die dritte B-Position und wie Du in allen Situationen souverän bleibst.

Die Bewilliger-Position

Mit der Bewilliger-Position ist gemeint, dass Du, meist ohne das explizit zu sagen, die „Erlaubnis” gibst, dass **andere so sein dürfen**, wie sie nun mal sind. Erstens folgt das ohnehin schon aus Deiner Zoo-Perspektive, und zweitens gehört es zur Souveränität, dass Du alles, was Du nicht ändern kannst, in Deine Pläne einbeziehst (das Ziel ist hier: „**Gestatten und** (mit-)**gestalten**”. Dadurch machst Du deutlich, dass Du Hochstatus gewöhnt bist, auch wenn Du gerade jemand anderem die Führung überlässt.

Ein kybernetisches Gesetz besagt, dass immer dasjenige Glied in einem System bestimmend ist, das die meisten „Schaltzustände" hat. Mit anderen Worten: Wer in einer Gemeinschaft die meisten Verhaltensmöglichkeiten hat (und nutzt), führt und lenkt die anderen. So wie ein Wechselschalter bestimmt, welche Glühlampe brennt und welche nicht.

Du bist nur dann in der Bewilliger-Position, wenn Du selbst eine Fülle von Verhaltensmöglichkeiten hast, der andere aber festgelegt und weniger flexibel (oder festgefahren) ist.

Je mehr Dein Gegenüber *Dich* festnageln kann („Du hast doch gesagt, dass..."), um so schwieriger wird es für Dich zu führen. Das genau wird Dein Gegenüber jedoch öfter mal versuchen.

Wenn Du Dir also von Anfang an **einen größeren Verhaltensspielraum** schaffst, hast Du einen Platzvorteil. Eilt Dir der Ruf voraus, dass man nie voraussagen kann, wie Du reagierst, wirst Du freier sein, Dich zu verhalten als jemand, der sich recht eng an das sozial vorgegebene Wohlverhalten hält. Solche Leute mag man zwar, aber sie sind nicht sonderlich attraktiv, weder als Privat- noch als Führungspersonen.

Ausserdem: Es ist ein **Zeichen von Reife**, wenn sich ein Mensch nicht gegen das auflehnt, was nunmal Wirklichkeit ist. Ein reifer Mensch sieht in schwierigen Menschen und Situationen nur Tests für seine Flexibilität. Seine Frage ist dabei immer: „Wie kann ich mit dieser Situation/dieser Person zurechtkommen?"

Anstatt sich darüber aufzuregen, dass ein Mensch nicht seinen Erwartungen entspricht, stellt er sich auf dessen Wesensart ein und benutzt sein Geschick, um das Beste aus der Situation zu machen. Dieses Ziel, nämlich mit einer schwierigen Verhaltensweise anderer zurecht zu kommen, ist wesentlich aussichtsreicher, als zu versuchen einen Menschen zu ändern.

Souveränität und Herausforderung

Die Bewilliger-Position dient hauptsächlich dazu, Dir **Souveränität** zu sichern. Dein Motto dabei ist:

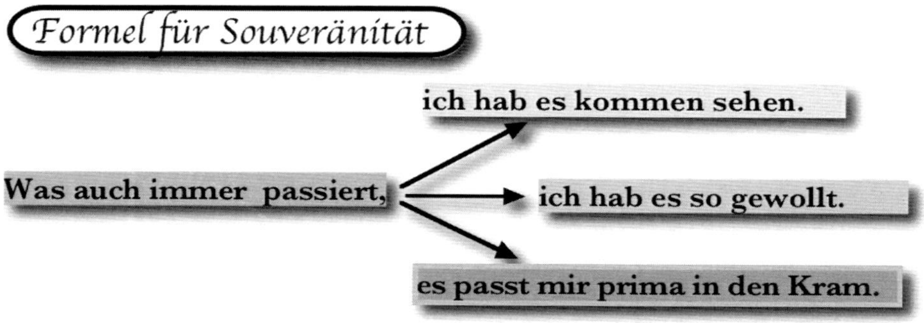

„Egal wie andere sich verhalten - ich weiß immer, damit umzugehen!" oder etwas ausführlicher:

Um als Leitfigur akzeptiert zu werden, musst Du zu allen Zeiten den Eindruck erwecken können, **„Herr der Lage"** zu sein. Man darf Dir keine Verunsicherung anmerken, noch darfst Du Dir die Zügel aus der Hand nehmen lassen. Thomas Gottschalk antwortete mal in einem Interview auf die Frage: „Waren sie schon einmal bei ihren Auftritten in einer Situation, wo sie nicht mehr weiter wussten?" – „Nein, so etwas gibt es nicht, darf es gar nicht geben. Und wenn neben mir jemand tot umfällt, irgendwie mache ich immer weiter!"

Wie eben schon gesagt, es reicht ja, **den Eindruck zu erwecken**, dass Du Herr/in der Lage bist. Du tust gut daran, Dir ein gewisses Repertoire an „Rettern in der Not" zuzulegen, weil Du, wie jeder Mensch, in unvorhergesehenen Situationen meist nicht mehr so gut und kreativ denken kannst.

Das ist aber, wie so oft, nur eine Frage der richtigen Vorbereitung. (Genau dafür hast Du ja die **„Lehnstuhl-Technik".**) Wenn Dir z.B. mal ein Witz daneben gegangen ist und keiner lacht, könntest Du sagen: „Das war nur mal eine kleine Kostprobe davon, was für eine karnevalsartige Stimmung ich herbeizaubern kann!"

Alles, was geschieht, ist in Deinem Sinne

Es lohnt sich, diese Technik kunstvoll auszufeilen. Sie besteht darin, dass Du sehr schnell alles Überraschende und Unvorhergesehene so **in Deinen Auftritt einbaust**, als wäre es von Dir geplant oder ganz in Deinem Sinne.

Beispiel: Wenn in Deiner Runde einer Deiner Zuhörer einschläft, sagst Du leise zu den anderen: „Das ist o.k. so, wir haben das vorher abgesprochen!"

Status-Flexibilität (oder: Wann welcher Status besser ist)

Zur Flexibilität gehört zum Beispiel, dass Du schnell **von Hoch-Status auf Tief-Status wechseln** kannst und umgekehrt. Wenn Du z.B. wirklich mal einen Fehler gemacht hast, dann versuche ihn bitte nicht mit Hoch-Status-Gebaren zu rechtfertigen oder zu überspielen!

Es macht sich weit besser, wenn Du dazu stehst und, ohne Dich kleiner zu machen, sagst: „O.k., ich habe einen Fehler gemacht, was kann ich tun, um ihn wieder wettzumachen?" Das bringt Dir viel eher wieder Sympathie und Vertrauenswürdigkeit, als wenn Du Dich in Politikermanier herausredest.

Kniffe des Bewilligers

In manchen Situationen ist es nötig, dem Wunsch eines anderen stattzugeben. Damit das aber nicht als Nachgeben oder gar als Schwäche interpretiert wird, ist es notwendig, **einen Grund dafür anzugeben**, warum Du „durch seinen Reifen“ springst. Richtig ausgeführt, wirkt das dann wie eine Gefälligkeit, **eine Gunst**, die Du dem anderen erweist:

„Na gut, heute mal, ausnahmsweise!”

„Du kannst das schon haben, aber nur unter einer Bedingung: ...!”

„O.k., weil Du es Dir verdient hast, durch ‚gute Führung'.”

„Und was ist Deine Gegenleistung?”

Auf diese Weise wirst Du jedes Mal, wenn jemand anders Dich dazu gebracht hat, durch seinen Reifen zu springen, die Situation wieder zu Deinen Gunsten definieren.

Zusammenfassung:

All die Reflexe und ankonditionierten Verhaltensweisen aus Deiner Lerngeschichte waren es, die Dich bisher zurückgehalten haben, den Erfolg im Leben zu haben, der Dir erreichbar wäre. Vielleicht hast Du schon öfter versucht, sie loszuwerden, indem Du dagegen angegangen bist, um sie mit Disziplin Stück für Stück abzubauen. Aber es ist sehr schwierig, sich etwas abzugewöhnen. Wenn Du nämlich etwas loszuwerden versuchst, schaffst Du eine Lücke, ein Loch. Und da es aber in der Natur (auch in der menschlichen Natur) kein Vakuum gibt, füllt sich dieses Loch bei der nächsten Gelegenheit wieder auf.

Weitaus erfolgreicher und schneller ist die Methode, **neues Verhalten an die Stelle der unerwünschten Verhaltensweisen** zu setzen. Der kürzeste Weg dazu ist, die drei Einflusspositionen zu einem Kernstück Deiner

Persönlichkeit zu machen. Das verdrängt automatisch die störenden und schädlichen Reflexe.

Der zweite, unschätzbare Vorteil der Beweger-, Bewerter- und Bewilliger-Position ist: Du versetzt Dich durch sie in eine Lage, in der Du großen Einfluss auf Deine Umwelt bekommst. Drei Haltungen, die, wenn Du sie „drauf" hast, Dir unzählige neue Verhaltensweisen bereitstellen, die Dich nahezu **jede Situation souverän meistern** lassen.

Diese kurze Beschreibung reicht natürlich noch nicht aus, sie gleich morgen schon gekonnt einzusetzen. Wir werden ihre Bestandteile, ihre besonderen Kniffe und Verhaltensweisen im Weiteren noch ausführlich besprechen.

Eine kleine Warnung!

Wenn Du die drei Einflusspositionen gut beherrschst, aber den dazugehörigen Humor nicht drauf hast, kann es gut sein, dass Du Dich zu einem Ekelpaket entwickelst, mit dem bald keiner mehr etwas zu tun haben will. So wichtig sie auch sind, ohne Humor empfinden andere die geschilderten Techniken auf Dauer als unangenehm. Durch den Humor zeigst Du, dass Hochstatusgebaren und immer „obenauf" sein für Dich **nur ein Spiel** sind. Bereite Dich jetzt schon darauf vor, hin und wieder mit selbstironischen Bemerkungen zu zeigen, dass Du auch **über DICH SELBST lachen kannst!**

Noch etwas: Du wirst merken, dass Du allmählich eine Vorliebe entwickelst, mit gleich starken Person zusammen zu sein, für die solche **Statusgerangel auch nur ein Spiel** sind, das sie jederzeit fallen lassen können. Nur mit denen erlebst Du so etwas wie eine „Statusfreie Zone".

Wir Menschen können aufgrund unseres biologischen Erbes gar nicht anders, als ständig Status-Signale auszusenden. Einem „frei sein von Statusauflagen" kommt am nächsten, dieses ganze Statusgerangel (andere sagen Machtkämpfe dazu) als Spiel zu betrachten. Es gibt mehr Leute, als Du denkst, die so etwas können. Mit solchen Leuten ist es leicht, sich zu geben, wie man ist, mit allen Fehlern und Schwächen, mit allen Fähigkeiten und Stärken. In solchen Beziehungen gibt es dann keinen Neid, keine Konkurrenzkämpfe, keine Eifersucht. **Echte Freunde identifizieren sich mit Dir** – Deine Erfolge sind auch deren Erfolge und deren Erfolge auch Deine.

Bevor wir uns die WUDUH-Formel zu Gemüte führen, die den drei B-Positionen **Farbe und Dynamik** verleihen, machen wir uns noch kurz ein paar allgemeine Gedanken zum zwischenmenschlichen Phänomen EINFLUSS. Hier kommt uns wieder unser Denkmodell von den drei Achsen des Willens zugute.

Richtig kommunizieren heißt Einfluss haben!

Seit wir zivilisiert sind, ist das mit dem Einfluss auf andere immer komplizierter geworden. Wo früher ein Faustschlag half oder, wie im Wilden Westen, ein schnell gezogener Revolver, muss man heute viele unterschiedliche, **subtile Mechanismen** bedienen, um jemanden zu beeinflussen, damit er etwas tut, worauf er spontan nicht gekommen wäre.

Hast Du Dir schon einmal bewusst gemacht, wie viel Druckmotivation dazu gehört, jemanden dazu zu bringen, z.B. jeden Morgen um sechs Uhr aufzustehen, sich eine Stunde durch einen Stau zu quälen, um dann acht Stunden mit Leuten, die man sich nicht ausgesucht hat, zusammen zu sein und Arbeiten zu tun, die er bei freier Entscheidung lieber andere tun lassen würde?

Das müssen **enorme Kräfte** sein, die da am Werk sind: Kräfte, die Menschen dazu bringen, sich versklaven zu lassen, ihre Lebenszeit mit ungeliebten Tätigkeiten zu verbringen und sich mit einer **winzigen Hoffnung auf Befreiung** zufrieden zu geben. Wie viele von ihnen hoffen jedes Wochenende: „Vielleicht hab' ich dieses Mal Glück und gewinne den Lotto-Jackpot." Eine Hoffnung, die eine sehr geringe Wahrscheinlichkeit hat.

Du weisst mittlerweile, wo diese Kräfte ansetzen müssen, um wirksam zu sein: An unserem Willen. Du hast bestimmt nicht vor, irgend jemanden zu versklaven, aber dennoch wirst Du nicht darum herumkommen, Dich mit diesen Methoden vertraut zu machen, wenn Du mehr erreichen willst, als es Deine eigenen Kräfte vermögen.

Zusammenarbeit bedeutet nämlich immer Führung, oder zumindest Koordination. Und dazu brauchst Du Einfluss. Wenn Du ein Haus bauen willst, brauchst Du einen Trupp Arbeiter. Wenn diese Dich als Führer akzeptieren, geht etwas vorwärts mit Deinem Haus. Wenn sie NICHT auf Dich hören, kostet Dich das viel Geld und Arbeitsqualität.

Ohne Einfluss geht es nicht nach Deinem Willen...

Drei Gesetze der Machtausübung

Ein anderes Wort für Einfluss ist Macht. Sie kann im zwischenmenschlichen Austausch drei Formen annehmen:

1. **Die Macht des längeren Hebels**
2. **Die Macht des längeren Arms**
3. **Die Macht des längeren Atems**

Du wirst gleich verstehen, was das bedeutet: Jeglicher Einfluss setzt an den drei Achsen des Willens an.

1. Das Gesetz des längeren Hebels

Auf der ersten Achse zeigt sich, wer AM LÄNGEREN HEBEL sitzt. Das erste Hebelgesetz ist Dir ja schon bekannt:

Wer andere dazu bringen kann, etwas von ihm zu wollen, sitzt am längeren Hebel.

Das ist der Einfluss auf der positiven Neigungsachse. Jeder Dealer (im weitesten Sinne) verwendet diesen Hebel: „Mach‘ jemanden süchtig auf das, was Du zu verkaufen hast, und Du hast Macht über ihn."
Auf der Abneigungsseite ist es genauso: Wenn Du jemandem unangenehm werden kannst, dann will er auch etwas von Dir, nämlich:

Dass Du mit dem unangenehmen (Schmerz- oder Straf-)Reiz **aufhörst!**

Das haben kleine Kinder schon drauf – sie wissen, wenn sie aus Leibeskräften brüllen, schaffen sie Bedingungen, unter denen die Umwelt ihnen gerne jeden Gefallen tut. Strafreize zu setzen ist in unserer Gesellschaft ein sehr beliebtes Mittel zur Einflussnahme geworden. Es ist ja auch eines der wirksamsten. (Warum wohl werden Strom, Wasser, Steuern und Alimente immer bezahlt?) Dieses „Unter Druck setzen" muss keineswegs in Gewalttätigkeit bestehen, sondern kann alle Formen der Drohung, von direkt oder plump bis subtil, annehmen.

2. Das Gesetz des längeren Arms

Auf der zweiten Achse (der Status-Achse) ist es **die höhere Autorität**, die Menschen zur Anpassung an einen anderen Willen bringt. Damit das im Staate flächendeckend funktioniert, muss man damit schon früh anfangen und alle zu dieser Dressur verpflichten: z.B. unser Schulzwang (dessen Wirkung man, wie noch vor ein paar Jahren, durch Einberufung zur Wehrpflicht noch verstärken konnte).

Früher war das, noch weit mehr als heute, die Methode schlechthin, den **angeborenen Unterwerfungsreflex** zugunsten der gesellschaftlichen Ordnung einzusetzen. Wie bei den Wölfen und anderen Rudeltieren hat der Mensch einen Reflex, sich dem höher gestellten Tier zu unterwerfen bzw. anzupassen. Dass das heute nicht mehr so greift wie früher, kann man schon daran sehen, dass sich Knirpse aus der zweiten Klasse trauen, auf dem Gang einen aus der achten Klasse anzurempeln, ohne sich dafür zu entschuldigen. In einer Dokumentarsendung im TV konnte ich noch eine ganz andere Reaktion sehen: Der Kleine drehte sich nach dem Größeren um und beschimpfte ihn mit: „Blödes Arschloch!"

Und doch steckt dieser Unterwerfungsreflex in den meisten von uns noch drin, vor allem, wenn sie älter als 25 sind. Heute, wo die Menschen doch schon um einiges selbstbewusster geworden sind, wird deshalb auf eine andere Art Macht ausgeübt: Auf der Status-Achse gilt (analog zur Hebel-Macht) die Macht des LÄNGEREN ARMS. Wer in höheren Positionen sitzt, hat **mehr einflussreiche Freunde**, meist auch mehr Geld und mehr Rechtsanwälte, die für ihn arbeiten.

Wer mit höherem Status auftreten kann, setzt seinen Willen leichter durch!

So wird also jemand mit höherem Status seinen Willen durchsetzen können, weil er den LÄNGEREN ARM hat (Beziehungen). Wenn Du über solche „connections" nicht verfügst, sieht es mit Deinem Einfluss schlecht aus. Allein schon auf der beruflichen Ebene haben Dir andere etwas voraus, wenn sie **gute Beziehungen zu höheren Führungspersonen** haben.

Das war die schlechte Nachricht. Die gute Nachricht ist, dass Dein Gegenüber nur vermuten muss, Du hättest gute Beziehungen. Deine Ausstrahlung zählt dabei mehr als die Tatsachen.

Menschen, die sich auf dem negativen Pol dieser Achse empfinden, also im Tiefstatus, spüren instinktiv, dass ihr Wille nichts gilt. Wer in unserer Gesellschaft kein Geld hat, keinen Job, kein Auto oder sonstige Zeichen für Prestige, traut sich selten, seinem Willen Geltung und Gehör zu verschaffen.

Gesamtgesellschaftlich sieht es so aus, als würden wir in Zeiten und Verhältnisse zurückrutschen, in denen einige, wenige **Großgrundbesitzer** über unübersehbar viele Leibeigene bestimmen konnten. Sie heissen jetzt nur anders: **Global Players.**

3. Das Gesetz des längeren Atems

Auf der dritten Achse sind es die Normen und Werte, die dazu dienen, auf einen Menschen Einfluss zu nehmen. Hier haben schon immer gern die Religionen angesetzt mit vielen Vorschriften, Verboten, Geboten und Moralkodices, denen sich große Menschengruppen unterwarfen. Zum Beispiel das hehre Gebot der Pflichterfüllung (dem Staat und der Kirche gegenüber) war ein besonders geglückter Handstreich auf dieser Ebene.

Heute macht man das mit Sparappellen, Solidaritäts- und Spendenaufrufen im gesellschaftlichen Bereich, mit Lohnverzichtsappellen im beruflichen und im persönlichen Bereich mit der so sehr beliebten Schuldzuweisung.

Den Gegenpol zum übertriebenen Schuldgefühl, das man durch zeitlichen Druck, Überbelastung mit Arbeit und Verpflichtungen anheizt, bildet die Sorglosigkeit, im Extrem: der Leichtsinn. Vielleicht hast Du schon selber bemerkt, dass der Wunsch nach Befreiung von der Last der erdrückenden Verpflichtungen um so stärker wird, je mehr die Belastung zunimmt. Das ist die Chance für professionelle „Einluller". Diesen Drang können sie gut für eigene Zwecke ausschlachten. Das reicht vom dezenten „Leben Sie, wir kümmern uns um die Details!" bis hin zu unlauteren „Anlageberatern", Aktienverkäufern und Glücksrittern, die „die schnelle Mark" versprechen und das „Etwas für nichts (als Gegenleistung) bekommen".

Auf dieser Achse **dominiert, wer weniger Skrupel hat** und die Macht des LÄNGEREN ATEMS nutzt. Wer nämlich andere aushungern und lange genug hinhalten kann, braucht nur zu warten, bis sie in eine Krise kommen und kann deren Besitz dann zum Schnäppchenpreis aufkaufen.

Steter Tropfen höhlt den Stein
Wer länger durchhält, siegt!

Was Du dieser Macht entgegen setzen kannst

Dieser dreifachen Machtausübung, die heute im grossen Stil betrieben wird, kannst Du kaum etwas entgegen setzen. Du bist, im Vergleich zu den Mächten, die die heutige Welt bestimmen, weder am längeren Hebel, noch hast Du den längeren Arm, noch den längeren Atem.

In Deinem beschränkten **Umfeld allerdings hast Du durchaus Einfluss**, wenn Du die Regeln dafür kennst. Du kannst fast immer die Situation so definieren, dass Du weniger willst als andere. Ausserdem kannst Du Dir ein Netzwerk von Unterstützern aufbauen und hauptsächlich solche Menschen zu Deinen Vertrauten und Verbündeten wählen, die Deine Werte in Bezug auf Redlichkeit, Fairness und Rechtschaffenheit mit Dir teilen und danach leben.

Bei dieser Art von Einfluss kann der MagSt Dir immens helfen. Im MagSt förderst Du Eigenschaften an Dir, die Deine Persönlichkeit enorm stärken, so dass Du auf andere eine fast magisch zu nennende Wirkung hast.

Ich schildere Dir im Folgenden die fünf wesentlichen Eigenschaften des MagSt, die Du brauchst, um Deine Persönlichkeit in Richtung faszinierend, dominant und charismatisch zu entwickeln. Das zentrale Stück davon ist die Dominanz, weil die anderen vier Haltungen nur dann ihre volle Wirkung zeigen, wenn Du die Situation definierst.

Warum das so wichtig ist, will ich Dir vorab schon mal kurz verstehbar machen, damit Du die anderen vier Eigenschaften richtig einordnen kannst.

Die Kunst des Definierens

Wenn jemand kritisierend zu Dir sagt: „Sie drücken sich aber ziemlich unverständlich aus!", dann definiert der andere die Situation als eine, in der DU am kürzeren Hebel bist, weil Du Dich zu sehr bemühst, Dich verständlich auszudrücken (und er bewertet diese Bemühung als NICHT erfolgreich). Der andere ist in der Einflussposition des Bewerters und will Dich unter den Druck des „Streng Dich mehr an!"-Antreibers stellen. Er geht davon aus, dass Du bemüht bist, es IHM recht zu machen. Du antwortest jedoch leidenschaftslos (und mit einem kleinen Seufzer): „Ich dachte mir schon, dass ich bei Ihnen weiter ausholen muss."

Schwupps... und die Situation steht wieder zu Deinen Gunsten. Das merkt der andere und alle, die diesen kleinen Austausch miterleben. Warum? Was ist da passiert?

Du hast die **Situation neu definiert:** Erstens bist Du **nicht auf sein Spiel eingegangen** (in welchem Du derjenige wärest, der ihm zu Gefallen sein soll), zweitens bist Du **nicht durch seinen Reifen gesprungen** (indem Du seiner Suggestion entsprichst und Dich noch „perfekter" ausdrückst) und drittens hast Du **IHN subtil bewertet** als jemanden, der ein bisschen langsam von Begriff ist. Dadurch bist jetzt Du der Bewerter und forderst ihn indirekt auf, seinen Grips ein bisschen mehr anzustrengen.

Na, wie findest Du das?

Nehmen wir noch eine Situation:

Du hast gerade eine Frau in einem netten Nachtlokal kennengelernt und sie fragt Dich nach fünf Minuten: „Spendierst Du mir einen Drink?"
Lass Dich nicht täuschen davon, dass sie das in einem verführerischen Ton sagt. Es ist zwar eine Bitte (und es sieht deshalb so aus, als wollte sie mehr von Dir als umgekehrt), aber im Klartext heisst das: „Hüpf' durch den Reifen da (dann bist Du ein braves Bubi)!"

Natürlich fällst Du darauf nicht herein und antwortest: „Wenn eine Frau so gut aussieht, wie Du, wäre das ein Fehler, wenn ich's tun würde. Aber ich traue Dir zu, dass Du heut' mal über Deinen Schatten springst und *mich* zu einem einlädst. Das wäre wirklich mal was Neues. Du wirst es nicht bereuen!" Was glaubst Du, wie sie darauf reagieren wird?

Wenn sie Humor hat, wird sie lachen, weil Du für sie unerwartet reagiert hast, nicht wie der Durchschnitt und Du zeigst Dich mutig und sogar ein bisschen frech. Du hast jetzt wieder die Beweger-Rolle (durch die Aufforderung, Dir einen Drink zu spendieren), kündigst an, dass Du auch

Bewerter bist, der Prinzipien hat („das wär‘ ein Fehler") und legst die Latte höher, indem Du vorschlägst „mal was Neues" zu probieren.

Wenn Du das mit dem Definieren mal verstanden hast und einzusetzen weisst, wirst Du in keiner Situation mehr einknicken und Dich überrollen lassen. Das Definieren ist ein großer Teil dessen, was ich unter sozialer Eloquenz verstehe. Den Verständnisrahmen für eine Situation zu definieren ist in der Kommunikation ein mächtiger Faktor! Dadurch bekommt alles übrige seine Bedeutung!

Im Alltag definieren wir uns ständig gegenseitig und weisen uns dadurch Rollen zu. Wenn Dich ein Polizist anhält und Deinen Ausweis verlangt, definiert er Dich als jemand, der seinen Anweisungen zu folgen hat. Sagst Du aber zu ihm, während Du ihn aushändigst: „Könnten Sie bei der Gelegenheit gleich mal schauen, wie lange er noch gültig ist? Ich habe nämlich keine Brille dabei!“, dann definierst Du ihn als einen freundlichen Menschen, der Dir sicher keinen Gefallen ausschlagen wird.

Siehst Du, wie man damit eine Stimmung steuern kann und eine Beziehung beeinflusst?

Kapitel 5

Das Wuduh des MagSt

Die sanfte Macht des MagSt

Das WUDUH des MagSt ist eine Art Macht, eine „sanfte Macht", die **nicht auf Belohnung oder Bestrafung beruht**. Auch nicht auf intellektueller Beeinflussung, Persuasion genannt (Überzeugen, Überreden). Sie beruht auf **Identifikation und Attraktion** – und ihre Voraussetzungen sind **Stil** (oder „Klasse" wie man auch sagt), **hohe Werte** (wenn sie auch wirklich gelebt werden) und eine **sympathisch-ungewöhnliche Art** mit anderen umzugehen.

Der Ausdruck „Sanfte Macht" (soft power) stammt vom Harvard Professor Joseph Nye (er bezog diesen Ausdruck allerdings auf internationale Beziehungen):

> *„Die Grundidee von Macht ist die Fähigkeit, andere dazu zu bringen etwas zu tun, was Du möchtest. Es gibt drei Hauptwege, das zu erreichen: Einer ist, mit Stöcken zu drohen; der zweite ist, sie mit Mohrrüben zu belohnen; der dritte ist, sie anzuziehen und zu kooptieren, so dass sie wollen, was Du auch möchtest. Wenn Du andere dazu bringst, Dich anziehend zu finden und selbst zu wollen, was Du willst, kostet Dich das wesentlich weniger Mohrrüben und Stöcke."*[31]

Das Kernstück dieser sanften Macht ist das bereits erwähnte Definieren: Mit wenigen Worten und Gesten bestimmst Du, wie eine Situation zu verstehen ist.

Du kennst vielleicht den Joke vom Unterschied zwischen mutig und cool, wo der mutige Typ abends betrunken nach Hause kommt, wo seine

---

31) im Original: „How to get others to do what you want. There are three major ways to do that: one is to threaten them with sticks; the second is to pay them with carrots; the third is to attract them or co-opt them, so that they want what you want. If you can get others to be attracted to want what you want, it costs you much less in carrots and sticks."

Frau mit dem Besen auf ihn wartet und er sie fragt: „Bist Du noch am Saubermachen oder fliegst Du noch irgendwo hin?"

Der coole Typ kommt ebenfalls spätabends heim, angesäuselt, mit Lippenstift auf dem halb offenen Hemd und einer Weinflasche in der Hand. Seine Frau steht mit dem Besen bereit ...

Was macht er? Er gibt ihr einen Klaps auf den Hintern und sagt gut gelaunt: „Und Du bist die Nächste!"

Wenn Du (als Mann) hier lachen konntest, dann hast Du bereits verstanden, worum es beim Definieren geht. Und wenn Du als Frau hier lachen konntest, verdienst Du den goldenen „Drüberstehen-Gürtel".

Die WUDUH-Formel

WUDUH ist ein Akronym, d.h. ein Kunstwort, das aus den Anfangsbuchstaben von fünf Worten gebildet ist. Die Ähnlichkeit mit Voodoo ist gewollt, da die Kombination dieser Eigenschaften eine vergleichbar magische Wirkung auf andere hat.

Die folgenden fünf Eigenschaften sind die wesentlichen, auf die es im Magischen Stil ankommt. Mit ihnen bist Du ...

- **Witzig-Humorvoll**
- **Unvoraussagbar**
- **Dominant**
- **Unmanipulierbar**
- **Herausfordernd**

Wenn Du Dir alle fünf zu Eigen gemacht hast, dürfte Dir keine Situation mehr Schwierigkeiten bereiten, Du bist dann **gewappnet für jede He-**

rausforderung. Dass das Heranzüchten dieser Eigenschaften nicht so leicht ist, liegt daran, weil sie uns in unserer Kindheit systematisch aberzogen wurden. Fast jedes Kind würde sich in diese Richtung entwickeln, wenn es nicht ständig gebremst, gemaßregelt und unterdrückt würde. Es geht also darum, diese Eigenschaften wieder zurück zu erobern.

Das geht am besten in dieser Reihenfolge:

1. Du machst Dir **das Wesentliche jeder Eigenschaft** klar. Dazu stellst Du Dir vor, wie sie an Dir aussehen und wirken würden. Das ist etwa so, wie wenn Du ein neues Kleidungsstück anprobierst. **Sieh Dich mit dieser Eigenschaft ausgestattet**, wie Du damit gehst, stehst, Dich bewegst, redest und anderen begegnest.

2. Such Dir **so viele Beispiele dafür wie möglich**, in Filmen, Geschichten, Anekdoten, Jokes und im Leben. Dadurch, dass Du diese Eigenschaften kennst und benennst, hast Du in Deinem Kopf fünf klar definierte „Fächer" oder Kategorien, in die Du Deine neuen Eindrücke und Erfahrungen einsortieren kannst. Das lässt Dein Repertoire für die entsprechenden Verhaltensweisen von Tag zu Tag steigen. Je mehr Beispiele Du hast, um so leichter fallen Dir auch neue, eigene dazu ein. [32]

3. **Du probierst die neuen Verhaltensweisen im täglichen Leben** der Reihe nach aus, eine nach der anderen. Dabei lernst Du, wann sie an Dir natürlich wirken und wann nicht. Lass' Dich von der Reaktion an-

32) Ich habe eine Sammlung von Video-Clips aus Spielfilmen zusammengestellt, welche die jeweiligen Haltungen und Verhaltensweisen gekonnt demonstrieren. Allein das Studieren und Nachvollziehen dieser Beispiele steigert Deine Fähigkeit, selbst so zu agieren, enorm. Modell-Lernen ist immer noch das schnellste Lernen, vorausgesetzt, man weiß, worauf es ankommt. (Damit ich beim Zur-Verfügung-Stellen dieser Beispiele keine Copyrights verletze, kann ich sie nur unter bestimmten Bedingungen weitergeben. Ich hoffe, Du verstehst das.)

derer nicht gleich abschrecken. Es ist ganz normal, wenn die Leute, die Dich schon lange kennen, Deinen neuen Verhaltensweisen erst einmal Skepsis und Widerstand entgegenbringen. Man kennt Dich eben anders und will Dich in der alten „Schublade" behalten. Dein Verhalten nicht mehr voraussagen zu können, verunsichert die anderen zunächst.

Nach einiger Zeit, vor allem wenn Deine Körpersprache perfekt zu Deinem neuen Verhalten passt, werden sie merken, **dass auch sie davon profitieren können**. Du bist dadurch nämlich eine positive Herausforderung, ein Ansporn und eine Ermunterung für sie, nun auch spontaner, offener, echter und wagemutiger zu sein. Denk' dran: **Ein Mensch, der andere fördert, indem er sie mehr fordert, ist attraktiv.** Tief drinnen spürt jeder Mensch, dass Wohlwollen, gepaart mit Herausforderung ein **Anreiz ist, zu wachsen**. Und das ist doch der Hauptgrund, warum wir auf der Welt sind!

Schauen wir uns diese Haltungen und Fertigkeiten der Reihe nach an. Über manche verfügst Du vielleicht schon und die übrigen wirst Du auch schnell lernen, wenn Du die folgenden Tipps und „Projekte" ausprobierst.

1. *Witzig-humorvoll*

„Lass einen fahren –
Du lachst nicht drüber,
wenn Du alleine lebst!"
Japanisches Haiku

In diesem Haiku[33] sind mehrere wichtige Erkenntnisse versteckt: Erstens ist Lachen ein Phänomen, das vor allem in der Kommunikation mit anderen auftritt und zweitens: Nicht jedes Lachen wird von einem Witz ausgelöst. Im Gegenteil, richtige **Witze sind eher selten der Grund für Lachen**. Lachen hat eine bedeutende soziale Funktion, es ist sozusagen das „Schmiermittel" zwischenmenschlichen Austauschs. **Es fördert Vertrauen und stellt Gemeinsamkeit her.** Echtes **Lachen ist unvereinbar mit Aggression** oder Angst, Lachen vertreibt Ärger und Sorgen.

Wusstest Du, dass wir etwa 10-20 mal mehr lachen, wenn wir in Gesellschaft sind? (Hast Du Dich schon einmal abends allein mit einem Witzbuch hingesetzt?) Lachen verdeckt auch oft Unsicherheit, will besänftigen, soll dem anderen schmeicheln usw. Es gibt so viele Arten des Lachens wie Situationen, in welchen man lachen kann; vom befreiten bis zum gequälten Lachen. Man lacht in unterschiedlicher Stärke, vom angedeuteten Lächeln bis zum explosiven, nichtendenwollenden Lachkrampf.

Uns geht es hier um Lachen, das gute Laune, Erstaunen, Amüsement und vor allem Überraschung signalisiert, also ein Zeichen ist für Sympathie, Achtung, Wohlgefühl und Interesse.

---

33) Haiku ist eine in Japan hochangesehene Gedichtform, die genau festgelegten Regeln folgt.

Im MagSt hat das Lachen zwar einen wichtigen, aber nicht *den* zentralen Stellenwert. Allerdings gilt die Regel: **Wenn Dein Gegenüber nicht hin und wieder lacht, dann hast Du den Pfad des echten MagSt verlassen.**

Aber unser Ziel ist nicht, den anderen in erster Linie zum Lachen zu bringen. Wir setzen Lachen und Humor ein, um die manchmal etwas schockierende Wirkung der Offenheit oder der Herausforderungen abzufedern oder um den anderen zu entwaffnen und **„sozialverträglich" zu provozieren.**
Das erreichst Du vor allem mit Hochstatus-Jokes. Du bist dabei **im Hochstatus und nimmst Dein Gegenüber auf die Schippe.**

Hin und wieder bringst Du zwar auch mal Jokes über Dich, bei denen Du im Tiefstatus bist (bei Woody Allen kannst Du Dir in dieser „Disziplin" viele Anregungen holen) und demonstrierst damit, dass Du genau so leicht auch über Dich selbst lachen kannst, aber im MagSt besteht die überwiegende Mehrzahl aus Hochstatus-Jokes.[34]

Die Haltung *Witzig-Humorvoll* beschreibt zwei Seiten dieser wichtigen Grundeinstellung. Sie hat eine innere und eine nach aussen gerichtete Seite: Der innere Anteil ist nichts anderes als Deine Humitüde, Deine humorvoll-weise Haltung dem Leben (und Dir selbst) gegenüber. Und der nach aussen gerichtete Teil ist Dein Talent, mit anderen so zu kommunizieren, dass auch sie das Leben leichter nehmen und das Drüberstehen lernen – was sich an ihrem Lachen ausdrückt.

Dazu musst Du Deine Anlagen für ***aktiven*** **Humor entwickeln!** Damit ist die Fähigkeit gemeint, andere zum Lachen zu reizen. Passiven Humor

---

34) Warum ich lieber von Jokes statt Witzen spreche? Weil die eigentliche Bedeutung von Witz, nämlich Geist und Schlagfertigkeit, heute einer geringschätzigeren Bedeutung gewichen ist, zumindest im allgemeinen Sprachgebrauch. Die Bedeutung von "Joke" ist weiter gefasst, sie beinhaltet jede Art, sich anderen gegenüber scherzhaft zu verhalten (also nicht nur mit Worten).

brauchst Du nicht zu üben, den hast Du mit Sicherheit, wenn Du schon mal über einen Witz gelacht hast.

Über die Humitüde haben wir im letzten Kapitel schon genug gesagt. Hier möchte ich Dich nur noch einmal erinnern, dass Du konsequent Deine Zoo-Brille aufsetzt, wenn Du unter Leute gehst und, wenn Du mit ihnen in Kontakt trittst, Dein Magier-Vorgehen und die Verbündeten-Haltung nicht vergisst! Diese Einstellungen bewirken eine innere Heiterkeit und Gelassenheit, was Deine Ausstrahlung positiv beeinflusst.

Das genau ist der Boden, auf dem Dein **aktiver Humor** gedeiht. Da Humor so **etwas ganz und gar Persönliches** ist, kann man ihn nicht übertragen, nicht imitieren und nicht „auswendig lernen". Du kannst nur die Saat ausbringen und Dich freuen, wenn sie spriesst und wächst. Dazu ist etwas notwendig, was jeder Gärtner und Landwirt braucht: **Geduld!** Du bist ohnehin beneidenswert. Wenn ich vor 25 Jahren schon all das Wissen gehabt hätte, was ich Dir in diesem Buch vermittle, hätte ich den MagSt in einem Bruchteil der Zeit gemeistert und könnte endlich für die Wahl zum Bundespräsidenten kandidieren.

Zunächst geht es darum herauszufinden, auf welchem Feld Du die Saat ausbringen willst oder welche Art von Humor Dir liegt. Die Grundidee dabei ist:

1. Zu welcher Art von Humor hattest Du bisher den stärksten Bezug? Und

2. über welche Art von Humor amüsierst Du Dich am meisten?

Die Antwort auf diese Fragen bringt Dich auf die richtige Fährte. Da liegt auch Deine Stärke, hier lohnt Dein Einsatz am meisten. Um das herauszufinden, schauen wir uns als erstes **die sechs Grundarten des Humors** an.

Als nächstes befassen wir uns mit dem aktiven Humor: „Wie bringe ich andere zum Lachen?" Dabei lernst Du eine Reihe von Techniken, wie man witzige Äusserungen generiert und so rüberbringt, dass sie zünden (mit dem richtigen „Dreigespann": Framing-Timing-Dosierung).

Im letzten Abschnitt geht es dann um die freche Variante des Humors: Der Hochstatus-Humor – die magische Kombination frech/lustig.

Welcher Humor liegt Dir?

Um Humor zu entfalten, braucht man einen **wachen Geist und die richtige Lebenseinstellung**. Den wachen Geist deshalb, weil nur ein reger Fluss von Assoziationen das Material für Wortwitz oder Situationskomik liefert. Und die richtige Lebenseinstellung braucht man, um genügend weit über den Dingen zu stehen, dass man sie aus mindestens zwei Blickwinkeln betrachten kann. Ein gereizter, gestresster oder eingeschüchterter Mensch wird kaum eine Situation scherzhaft auflockern können! Womit wir wieder mal bei der Gelassenheit wären...

Es gibt eine wichtige Regel zu beachten, wenn Du Dich auf die Seite des hilfreichen Humors schlagen willst: Beim guten Humor können immer ***alle* Beteiligten lachen**. Wenn Du das beachtest, ist Dein Humor und Witz konstruktiv. Es gibt nämlich auch destruktiven, wie Hänseln, Spott und Verhöhnen.

Im Folgenden stelle ich Dir sechs Sparten von Reaktionen vor, die bei den meisten Menschen Humorreaktionen auslösen. Das ist keine vollständige Liste und so etwas wird es auch nie geben. Aber ich verwende diese Liste gern, weil sie mir hilft, in verschiedenen Situationen verschiedene Blickwinkel einzunehmen. Das wiederum **hilft**, **lustige Bemerkungen** zu finden.

Wenn Du diese Liste durchgehst, wirst Du Dich von manchen Punkten mehr angesprochen fühlen als von anderen. Mir zum Beispiel liegt Sarkasmus und Witz am meisten, mit Clowneskem und Schwarzem Humor tu' ich mir schwerer.

Noch etwas vorweg: Es lohnt weit mehr, Deine Fertigkeiten zu Stärken zu entwickeln, als zu versuchen, Deine Schwächen auszumerzen. Dadurch konzentrierst Du Dich auf das, was Du kannst, nicht auf das, was Du nicht kannst (wie es uns in der Schule beigebracht wurde). Du suchst Dir dazu Deine **zwei Lieblings-Sparten von Humor** heraus und suchst dann, wo Du gehst und stehst, in diesen zwei Bereichen lustige Kommentare auf das momentane Geschehen um Dich.

Vielleicht geht es Dir auch bald so, dass Du als Humorist, Karikaturist, Comedian usw. sozusagen „immer im Dienst" bist, was nicht schwer ist, weil es Spass macht und Deine grauen Zellen fit hält. (Das beugt der Verkalkung vor!) Unsere Gesellschaft und unser tägliches Leben hat eine derartige Überbetonung von Ernsthaftigkeit, dass Du mit Deiner „Spaßerzeugungshaltung" gar nicht übertreiben kannst!

Im Weiteren dann, wenn Du in Deinen Lieblings-Sparten flüssig und einfallsreich geworden bist, nimmst Du Dir sukzessive die anderen Sparten vor, eine nach der anderen. Gute Übungen dazu sind: Spaßige Unterschriften für Bilder finden, lakonische Kommentare zu Zeitungs-Schlagzeilen schreiben, spaßige Emails verfassen und eine neuerdings besonders frequentierte Sparte: PowerPoint-„Präsentationen" mit witzigem Inhalt zu kreieren. (Das Internet ist ein Tummelplatz für so etwas.)

Nun, hier sind sie, die sechs häufigsten Sparten des Humors:

1. Necken, Aufziehen

Beim Necken nimmst Du die **Eigenarten und Schwächen anderer auf's Korn**. Damit das nicht verletzend wirkt, muss Deine Körpersprache deutlich genug Deine Grundhaltung ausdrücken: Wir sind alle menschlich, haben alle Fehler und skurrile Eigenheiten – und sind trotzdem (oder gerade deswegen) **so richtig zum Gernhaben**. Der richtige Blickwinkel ist hier, **gemeinsam** mit dem anderen über Schwächen zu lachen, die allen Menschen zu eigen sind.

Was an dieser Art den anderen zum Lachen reizt, ist die Überraschung, plötzlich im Tiefstatus dazustehen. Wie Du bereits weißt, ist der abrupte Statuswechsel ein Auslöser für Lachen.

Die Kunst beim Necken besteht darin, die **Gratwanderung** hinzubekommen: **So herausfordernd wie möglich, so zahm wie nötig**. Gehst Du zu weit oder trittst in ein Fettnäpfchen des anderen, verlierst Du den „Guten Draht" zu ihm. Bist Du zu zahm, verfehlt Deine Bemerkung ihr Ziel. Der andere lacht nicht.

Beispiele:

> Gespielt bewundernd: „Wie schaffst Du es bloß, Deine blonden Haare nur am Ansatz zwei Millimeter dunkel zu färben?"
>
> Gutmütig versichernd: „Red' nur fröhlich drauf los, irgendwann wird schon etwas Sinnvolles dabei sein."
>
> Scherzhaft frech: „Ich hatte einen sehr schönen Abend. Es war nicht dieser, aber ich möchte nicht klagen."
>
> Anerkennend neugierig: „Schöne Zähne hast Du! Gibt's die auch in Weiß?

Bei diesen Beispielen merkst Du gleich, worauf es hier ankommt: **Du musst dem anderen vertraut sein** und er muss **spüren, dass Du ihn magst.** Solche Neckereien sind auch ein guter **Test für Selbstsicherheit** und Vertrauen. Es ist ein gutes Zeichen für Eure Beziehung, wenn Dein Gegenüber darüber herzhaft lachen kann. Wenn das nicht der Fall ist, wirst Du erst wieder einen „Guten Draht" herstellen müssen.

Jugendliche lieben diese Sparte des Humors besonders, weil sie dabei ihr soziales Geschick und ihre Schlagfertigkeit üben können. Erwachsene setzen das Necken gern im Flirt ein, weil man den anderen dabei sehr schnell kennenlernen kann und herausfindet, ob man in puncto Selbstwert auf der gleichen Stufe steht und über dieselben Dinge lachen kann.

2. Clownesker Humor

Das Gegenteil von Necken ist, **über sich selbst Witze** zu machen, kurz: den Clown zu spielen. Du begibst Dich dabei in den Tiefstatus und stellst Dich ungeschickter und naiver an, als Du bist. Daran sehen die anderen, dass Du Dich als fehlerhaft akzeptierst, kein Problem damit hast, Dich auch lächerlich zu zeigen, was dann bei anderen bewirkt, dass sie selbst auch lockerer werden und damit aufhören, nur ihre Schokoladenseite (oder nur ihre makellose Fassade) herauszukehren.

Gut dosiert, macht Dich das sympathischer und man fühlt sich wohl mit Dir. Attraktiver für das andere Geschlecht wirst Du dabei allerdings nicht, deshalb: Nur in kleinen Portionen verwenden!

Hierzu gehört jede Art von lustiger Verkleidung, ungeschickten Gesten und „dummen" Sprüchen. Probier' mal typisches Clown-Verhalten aus: Wenn Dir jemand am Telefon eine Nummer durchgibt, dann sag' beim Wiederholen wild durcheinander gewürfelt völlig andere Zahlen – Du wirst sehen, der andere stutzt... und lacht!

„Jetzt, wo Essen in meinem Leben den Sex ersetzt hat, komm' ich nicht mal mehr in MEINE Höschen rein!"

Das Typische am Clown ist, dass er alles wortwörtlich nimmt. Dadurch macht er bewusst, welche Vorannahmen wir ständig in unseren Köpfen haben. Insofern ist der clowneske Humor auch oft bewusstheitssteigernd.

Ein Fünfjähriger in der TV-Serie „Dingsda": „Ich brauche keinen Hustensaft, ich kann auch ohne husten!"

3. Sarkasmus und Ironie

Das ist die trockenste Variante von Humor, sehr lustig, läuft aber manchmal Gefahr, nicht verstanden zu werden, vor allem, wenn die Übersteigerung zu subtil ist. Beim Sarkasmus und der Ironie sagst Du zwar, was Deine Meinung ist, aber nie direkt, sondern versteckt oder verschlüsselt. Man muss seinen **Grips bemühen, um Dich zu dekodieren**. Wenn man Deinen Code aber entschlüsseln kann, fühlt man sich Dir näher. Weil man jetzt ein gemeinsames Geheimnis hat („Wir beide wissen, wie das wirklich gemeint war").

Diese Art von Humor zeigt eine gewisse Klasse und einen ausgeprägten Sinn für Verhältnismäßigkeit. Dadurch ist er oft sehr heilsam für andere und zugleich gesichtswahrend. Er besteht darin, das Unverhältnismäßige, Unethische oder Skurrile an einer Sache so pointiert auszudrücken, dass das Unangemessene noch stärker zum Ausdruck kommt und dadurch offenkundig wird. **Sarkasmus ist eine elegante Form etwas anzuprangern**, lächerlich zu machen oder als änderungsbedürftig herauszustellen. Es gehört allerdings, wie gesagt, viel Fingerspitzengefühl dazu, diese Art von Humor so zu dosieren, dass der andere ahnt, dass das Ganze scherzhaft gemeint ist.

„Wie viel kostet es eigentlich, zu heiraten?" „Keine Ahnung, ich bin immer noch am zahlen!"

„Sie gehören auch zu den Menschen, die sich von keinem Kleidungsstück trennen können, nicht wahr?"

„Es gibt so viele Möglichkeiten, einen guten Eindruck zu machen! Warum lässt Du sie alle ungenutzt?"

„Ist heute ein besonderer Tag, oder sind Sie immer so?"

4. Satirischer Humor

Das Leben ist manchmal absurd. Da bemühen wir uns, unser Leben immer komfortabler zu gestalten... und zerstören dabei unsere Umwelt. Je mehr Du einer Frau die Welt zu Füßen legst, um so mehr leidet ihr Respekt vor Dir. Um Frieden zu schaffen, werden reihenweise ganze Länder zerbombt... usw.

Mit Satire entlarvst Du all den Wahnsinn, die Propaganda-Lügen und Widersinnigkeiten in diesem Treiben. Dein Aufzeigen von Absurditäten zeigt anderen Deine scharfe **Beobachtungsgabe**, Deine **Unbeeindruckbarkeit** und Deinen **Durchblick**.

Satire ist eine Form von Hochstatus-Humor (ähnlich wie Ironie und Sarkasmus) und kann Dir viel Achtung einbringen (allerdings nicht unbedingt Sympathie). Um damit zu landen, brauchst Du ein anspruchsvolles Gegenüber, das in etwa auf Deiner Entwicklungsstufe steht.

Beispiele:

„Ich kann über politische Witze nicht mehr lachen. Ich hab schon zu viele erlebt, die gewählt wurden!"

„Kinder sind in Italien nie windelweich geprügelt worden, sondern immer nur al dente." (*Harald Schmidt*)

„Die amerikanische Post hat eine Bill Gates-Briefmarke herausgebracht. Leider hielt diese Briefmarke nicht auf den Briefen. Die Analyse des Problems ergab: Die Briefmarke ist völlig korrekt. Der Kleber ist ebenfalls in Ordnung. Die Kunden spucken nur auf die falsche Seite... "

5. Schwarzer Humor

Es gibt Dinge, die sind für manche Menschen tabu. Aber mit dem schwarzen Humor schaffst Du es, darüber sogar noch Witze zu machen. Dieser Humor ist düster und denen, die ihn praktizieren, ist **kein Thema zu heilig**. Nicht, dass man dazu übergeschnappt sein muss, aber es würde helfen. Die Raben des Schwarzen Humors sind überzeugt davon, dass Lachen **der universelle Heilmacher** ist. Irgendwie richtig, ein kleines Stückchen Stimmungsanhebung geht immer, auch wenn die Situation noch so düster aussieht!

Von gebrochenen Herzen zu gebrochenen Knochen und bis zum Tod selbst: Ein Vertreter des schwarzen Humors traut sich in Gebiete, wo andere sich nicht mehr hinwagen. So werden selbst über so erschütternde Ereignisse (wie z.B. 9/11, Kriege, Hungersnöte, Tsunamis usw.) immer Witze gemacht. Diese Art des Humors dient häufig dazu, mit der Erschütterung und dem Grauen fertig zu werden, das solche Ereignisse auslösen. Für diese Art Humor braucht man eine **Spezialbegabung**, da man sonst leicht die Grenze des guten Geschmacks überschreitet. Humor ist eben, wenn man trotzdem lacht.

Beispiele:

Der Bauführer zu seinen Leuten: „Nehmt euch ein Beispiel an der Konkurrenz, da wird nicht dauernd krankgefeiert - wenn da mal einer Schüttelfrost hat, meldet er sich zum Sandsieben!"

„Sag mal, ist in Deiner Ehe der Sex auch immer seltener geworden?" „Allerdings, wenn meine Frau nicht mit offenem Mund schlafen würde, hätte ich überhaupt keinen Sex mehr!"

„Sie würden toll in etwas Langem, Fließenden aussehen: Rhein, Elbe, Donau..."

6. Witz und Schlagfertigkeit

Was Du hier brauchst, ist **ein gekonnter Umgang mit der Sprache** und einen wachen Geist, der **viele Assoziationen** produziert. Das befähigt Dich zu Wortspielen, klugen Aussprüchen und pointierten Formulierungen, was Dich sehr unterhaltsam und anregend macht. Zu viel davon wirkt aber einschüchternd und bremst andere, also nicht vergessen: Andere wollen auch mal das Gefühl haben, geistreich und schlagfertig zu sein!

Beispiele:

„Nehmt ihr noch Müll mit?", brüllt die Frau im Bademantel und mit Lockenwickler im Haar dem Müllauto zu. „Aber sicher," ruft der Fahrer, „Spring hinten rein!"

„Meine Frau ist ein Engel!" „Da hast Du Glück gehabt, meine lebt noch."

„Sie tragen Ihren Ehering ja an der falschen Hand!" „Ich bin ja auch mit dem falschen Mann verheiratet!"

„Sie kaufen Ihre Weihnachtsgeschenke aber spät ein!" „Wieso, die sind doch für nächstes Jahr!"

Jede der Humor-Sparten hat ihren Einsatzbereich

Ich halte es für eine gute Übung, immer wieder mal auch diejenigen Humor**sparten zu trainieren, die Dir weniger liegen**. Dein Geist wird dadurch flexibler und Du kannst auf sehr unterschiedliche Situationen passend reagieren.

Wie Du herausfindest, welcher Humor Dir liegt

Du weißt jetzt immerhin schon mal, welche Kategorie von Humor Dich (passiv zumindest) am meisten anspricht. Das ist schon mal ein guter Anfang. Deinem aktiven Humor kommst Du auf die Spur, wenn Du Dich erinnerst, wann Du mal **so gut „drauf" warst**, dass Dir lustige, unterhaltsame Bemerkungen und **Spässe eingefallen sind**.

Ich weiß noch sehr gut, wann das bei mir war. Ich hatte die Aufgabe übernommen, eine Anfänger-Rockband unter meine Fittiche zu nehmen (ich hatte schon zehn Jahre eigene Erfahrungen als Rockgitarrist hinter mir und konnte dieser Band musikalisch viel zeigen und helfen). Als wir das erste Mal zusammenkamen, war ich irgendwie sehr gut gelaunt und machte ein paar Späße. Sie kringelten sich vor Lachen.
Durch diese **Resonanz** angestachelt lief ich zur Hochform auf. Das hatte bei den fünf Jungs und ihren „Groupies" anscheinend so einen bleibenden Eindruck hinterlassen, dass sie mich für eine Art Inkarnation eines Entertainers hielten und bei allen Äusserungen von mir erwarteten, dass da wieder ein Knaller kam. Unter solchen Bedingungen fällt es natürlich leicht, eine Humor-Persönlichkeit zu entwickeln. Ich merkte, welche Witze mit welchen Gesten und Körperbewegungen zündeten und welche nicht.
Erinnere Dich an Momente, **wo man Dich lustig fand** und bei welchen Jokes Du am meisten Resonanz gespürt hast. Das ist die Keimzelle Deines aktiven Humors, darauf kannst Du aufbauen.

Die nächste Trainingsaufgabe ist dann: **Suche bei guten Jokes**, die Dir gefallen, **das Prinzip** heraus und erfinde zunächst eine Reihe von ähnlichen Jokes.

> „Was bei Frauen gar nicht ankommt, sind dreckige Fingernägel. Das hab' ich schon sehr früh kapiert, deswegen hab' ich sie mir immer weggebissen." (*Harald Schmidt*)

Prinzip: Man erwartet eine Verbesserung, doch es kommt noch schlimmer!

> „Sag' mal, kannst Du Dir nicht mal schönere Schuhe besorgen?" „Ich hab' lange gesucht, aber in der Caritas-Kleidersammlung hatten sie nichts Besseres!"

Und noch ein weiterer Hinweis: **Gibt es irgendeine Rolle,** in die Du mal geschlüpft bist, in der Du Lachreaktionen ausgelöst hast? Dazu gehören Verkleidungen (z.B. im Fasching), wenn Du Deine Stimme verstellt oder jemanden imitiert hast oder irgendeine Funktion übernommen hast, die Dir Gelegenheit gab, spaßig zu sein (Vorträge, Ansprachen, Toasts usw.). Das sind wertvolle Fingerzeige für Keimlinge des Humors, die Du dann nur noch zu gießen brauchst. Stell' Dir also von Zeit zu Zeit diese drei Fragen, die Dir den Weg zu Deinem aktiven Humor zeigen:

- Welche Jokes gefallen mir am besten?
- Was wirkt bei mir lustig?
- Welche spaßigen Rollen nehme ich manchmal spielerisch ein?

Was erzeugt Lachen?

Wenn Du mal darauf achtest, **worüber Menschen lachen**, wird Dir als häufigster Grund die Überraschung, das Unerwartete ins Auge stechen. Dass Lachen nicht nur durch Worte ausgelöst wird, hat ein Forscher (Wilhelm Ruch) mal bewiesen. Er ließ Versuchspersonen eine Reihe von

Behältern nach Gewicht aufstellen. Das war nicht leicht, weil die Behälter sich nur wenig voneinander unterschieden. Einer der Behälter war aber gleich 20-mal schwerer als alle anderen. Wenn die Versuchspersonen diesen anhoben, zeigten sie durch die Bank humorige Reaktionen.

Das TILT-Modell zum Erzeugen von Jokes

Der **Bauplan für Witze** geht ungefähr so: Du stellst zunächst eine bestimmte Verständnisebene her. Wenn diese etabliert ist, trifft der menschliche Geist Voraussagen, wie es weitergeht. Und genau **diese Prognose durchbrichst Du** dann. Ein guter Witz besteht also aus einer kurzen Skizze, in der ein bestimmtes Verständnis eines Begriffs aufgebaut wird. Dieses Verständnis wird in der Pointe dann überraschend gekippt.

In einem Bild sieht das etwa so aus:

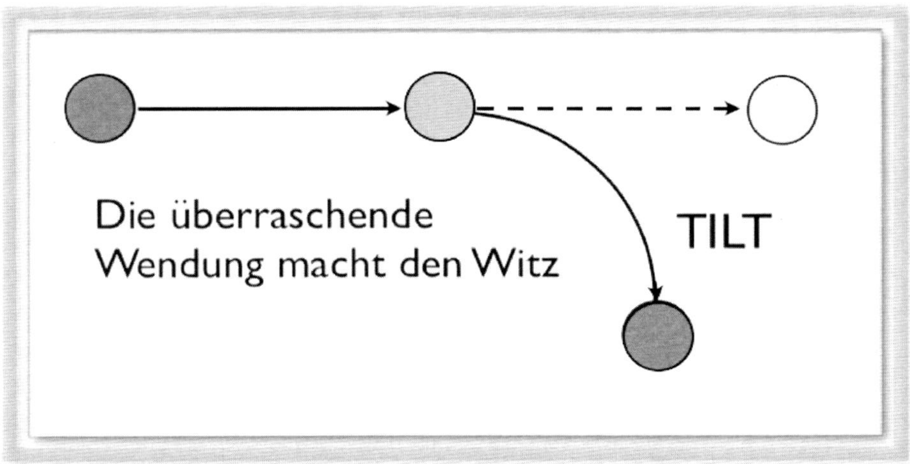

Beispiel: „Ich wusste nie, was wirkliches Glück ist, bis ich verheiratet war. Dann war's allerdings schon zu spät!"

Oder:

> „Wenn ich mal sterbe, dann will ich so sterben wie mein Großvater - friedlich und schlafend. Nicht schreiend und kreischend wie seine Beifahrer!"
>
> Ein Mann im Metzgerladen: „Ich hätte gerne 250g von der Dicken, Groben!" - Antwortet der Fleischer bedauernd: „Tut mir leid, die ist heut' in der Berufsschule."
>
> „Ich bin gerne verheiratet. Es ist einfach wundervoll, die eine, besondere Person zu finden, die Du für den Rest Deines Lebens nervst."

So, das reicht, Du siehst, wie das Prinzip läuft. Du schulst dabei Dein kreatives Denken und hast noch Spass dabei. Erwarte jetzt nicht von Dir, dass Dir gleich von Anfang an so gelungene Beispiele wie die genannten einfallen werden. Dein Gehirn muss dafür **erst geschult** werden und „warmlaufen". Achte in Zukunft bei jedem Witz, den Du hörst, auf das Prinzip dahinter. Du wirst dabei so gut wie immer auf das Tilt-Modell stoßen.

Der Statusklau als Lachzünder

Das zweithäufigste Prinzip, das Du in Witzen finden wirst (und das ist besonders für den MagSt essentiell), ist der Status-Klau. Damit ist ein **Herabsetzen des Status Deines Gegenübers** gemeint, das überraschend kommt und eigentlich eine Frechheit ist. Wegen der positiven Grundstimmung und der (hoffentlich) guten Beziehung wird sie aber nicht als solche gewertet. Der andere sagt (sich) vielleicht: „Das kann doch nicht wahr sein, dass der/die mich so anspricht!" und würde normalerweise empört reagieren. Da Du aber andeutest, dass es scherzhaft gemeint ist, blockierst Du diese Reaktion. Die daraus entstehende Spannung löst sich dann in Lachen. Warum? Weil die meisten Menschen für eine Status-Herabsetzung keine passende Reaktion in ihren Programmen haben.

Selbstsichere Menschen haben das allerdings. Dann kann so ein Statusklau sogar der Auftakt für eine wirklich schöne Beziehung werden.

> Mann: „Also, das eine kann ich jetzt schon sagen: Eine Frau wie Sie käme für mich nicht in Frage!"
> Frau (zupft ihn vertraulich am Ärmel): „Ich finde Sie ja auch sehr attraktiv."

Mach' Dir einen Spass und probier' diesen Schlenker mal selbst aus. Wenn Dir jemand irgendetwas Unfreundliches sagt – **mach' einfach ein dickes Kompliment daraus** und gib es zurück. So etwas ist entwaffnend, auf jeden Fall aber verwirrend.

Den Statusklau erzielst Du mit **wohldosierten Status-Dämpfern**. **Je weniger Du mit jemandem vertraut bist, um so subtiler sollte er sein.**

Zum Beispiel zu einer Dame zu sagen: „Das ist aber ein schickes Kleid. Und hochmodern. Erst gestern habe ich wieder eines davon in der Fußgängerzone herumlaufen sehen." ist ein Schocker für sie, aber so richtig kann sie Dir keinen Vorwurf machen. Du berichtest ja nur und warst dabei nicht rüpelhaft (allerdings auch nicht charmant).

Status-Dämpfer können auch nonverbal sein. Stell' Dir mal vor, Du stehst in einem Aufzug, neben Dir eine Dame. Nach einiger Zeit fängst Du zu schnuppern an, als würdest Du irgendetwas riechen, weißt aber noch nicht, was (oder wer) das ist. Das steigerst Du allmählich. Wenn die Dame dann aussteigt und an Dir vorbei muss, beugst Du Dich von ihr weg nach hinten, wie um einem unangenehmen Geruch auszuweichen und machst das entsprechende „Igitt-Gesicht" dazu.
Du erzielst eine immense Wirkung und hast dabei kein Wort gesagt! Bei dieser Dame hast Du mit Sicherheit einen tiefen Eindruck hinterlassen.

Die Status-Dämpfer besprechen wir noch ausführlich im Herausforderungsabschnitt (wo er auch hingehört).

Ach, sooo ist das?! Das Aha-Kichern

Das dritte Prinzip, das oftmals Lachen (oder mehr ein Kichern) hervorruft, ist die **Aha-Reaktion,** die auftritt, **wenn man etwas erkannt oder begriffen hat**. Das ist die Reaktion des Willens (eine Mixtur aus Freude und Stolz) auf den Umstand, dass sein Diener, der Intellekt, wieder mal ein Stück der Realität „geknackt" und begriffen hat. Diese Art, ein Lachen auszulösen, macht Dich **sympathisch und achtenswert** zugleich. Dazu eignen sich Rätsel und Denksportaufgaben, von denen Du klugerweise immer ein paar auf Lager haben solltest. Das steigert Deinen Unterhaltungswert.

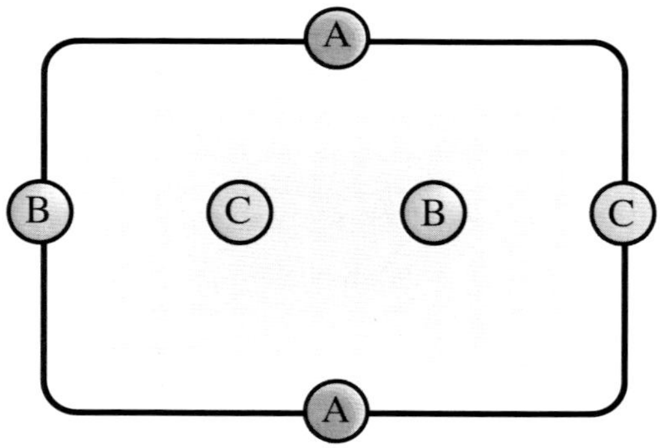

Verbinde A mit A,
B mit B,
und C mit C,
aber ohne
dass sich die
Verbindungslinien
kreuzen!

(Ein Tipp: Verbinde erst einmal B mit B und dann C mit C.
Dann siehst Du gleich, wie's geht.)

Erkenne den Scherzkeks in Dir!

Wenn Du daran gehst, Deine **Scherzkeks-Qualitäten** zu trainieren, brauchst Du **Geduld mit Dir.** Es wird Dir nicht auf Anhieb gelingen, Scherz-Infarkte auszulösen. **Sei nett zu Deinen ersten Einfällen.** Ein guter Witz entwickelt sich oft erst aus einem Witzchen. **Je gnädiger Du mit Deinen ersten „Produktionen"** bist, um so mehr und bessere kommen nach. Ich muss mich auch oft erst mit ein paar Kalauern „warm laufen", bevor mir lustigere Sachen einfallen.

Wenn Du nämlich schon zu Beginn zu harsch zensierst, versiegt der Strom Deiner Assoziationen. Die sind aber Dein Material! Ohne Assoziationen keine Scherze. Du wärest dann stets auf Deine „Konserven" angewiesen. Die sollten aber nur zum Schwung holen eingesetzt werden.

Regel: Schaffe Dir **förderliche Umstände**. Übe zunächst nur mit Personen, die gerne und leicht lachen und Dich als lustige Person sehen. Du wirst merken, dass es Dich beflügelt, wenn Du **Resonanz** bekommst! Am besten geht das in einer Runde von gleichgeschlechtlichen Freunden, in der eine **Atmosphäre von Wohlwollen und Lockerheit** herrscht.

Das Scherzkeks-Rezept

Assoziieren - Differenzieren - Inszenieren

Was ist Dir lieber: Wenn man Deine Witze (Dein Material) lustig findet, oder *Dich* lustig findet?

Ziemlich klar, das letztere natürlich. Jemand kann noch so viele Witze erzählen, deswegen halten ihn andere noch lange nicht für lustig. Das passiert erst, wenn er seinen Stil gefunden hat und Jokes macht, **die zu ihm passen**. Dann wird das Späße machen mit seinem Charakter, seinem Wesen identifiziert und es wird für ihn leichter, andere zum Lachen zu bringen, weil die Erwartung schon da ist, dass von ihm lustige Bemerkungen und Scherze kommen.

Lustig ist nämlich, wie schon erwähnt: Etwas Lustiges, auf lustige Art einem Publikum darbieten, das auf Lachen eingestimmt ist!

Als mein Freund Alex mal herausfand, dass man Mädels zum Lachen bringen muss, um zu landen, hat er sich eine lange Liste von Witzen „draufgeschafft". Rate mal, wie das ankam!

Es war ein Flop. Er hat die Mädels zwar zum Lachen gebracht, aber es hatte nichts mit ihm persönlich zu tun. Im Gegenteil, manchmal lachten sie über ihn und nahmen ihn nicht ernst.

Tja, so ist es nun mal. **Männer müssen unterhaltsam sein, wenn sie eine Frau für sich gewinnen wollen**. Wenn Frauen lustig sind, ist das ein Bonus, keine „unabdingbare Voraussetzung" wie bei einem Mann.

1. Dein Material: Assoziationen

Egal, ob Du Scherze machen oder einfach nur interessant unterhalten willst: Der Fundus, aus dem Du schöpfst, sind Deine Assoziationen. Damit sind alle **Einfälle, Bilder, Erinnerungen, Vorstellungen und Querverbindungen** gemeint, die Dir zu einem Punkt oder Thema einfallen. Wenn Du Deine Ängste und damit auch Deinen inneren Zensor gemeistert hast, dann fließen diese reichlich. Das kannst Du auch **jederzeit üben**, z.B. wann immer Du warten musst, kannst Du Dir die Frage stellen: „Was ist interessant an... ?" Du kannst die Lücke füllen mit Gegenständen, Personen oder Ereignissen. Wenn Du die Person, auf die Du wartest, einfügst, wirst Du hinterher, wenn sie kommt, **jede Menge Gesprächsstoff** haben.

Natürlich braucht Dein Material nicht vollständig von Dir selbst zu stammen, es ist völlig o.k. auch Ideen und **Gags von anderen in Dein Repertoire** aufzunehmen. Wichtig dabei ist, dass Du Dir diese „Bits" zu

Eigen machst und diejenigen aussortierst, die nicht gut zu Dir passen. Es ist ein gutes Gefühl, wenn Du eine Sammlung von „Konserven" dieser Art auf Lager hast, weil Dir das beim Einstieg hilft, solange Du Dich in einer Situation noch nicht ganz zu Hause fühlst.

2. Das Material wird bearbeitet: Differenzieren

Der Veredelungsprozess

Dieses Material, Deine Assoziationen, sind zunächst nur mal Einfälle, wie unbehauene Blöcke, aus denen Du jetzt Deine Skulpturen „herausmeißelst". Sagen wir mal, das Thema wäre ‚Geburtstag'. Was fällt Dir dazu ein?

Das erste, was mir dazu eingefallen ist, war ‚Geburtstag vergessen' (wahrscheinlich, weil das stark mit Emotionen besetzt ist).

Was kommt Dir noch in den Sinn?

Zum Wort ‚vergessen' fiel mir jetzt noch eine andere gefühlsbesetzte Situation ein, nämlich „Wenn ich vergebe, dann vergesse ich..." usw. Jetzt merke ich gerade, dass ‚Fehler vergessen' und 'Geburtstag vergessen' einen Gegensatz beinhaltet, das eine ist erwünscht, das andere unerwünscht.

Wie könnte man das jetzt in einem Satz zusammen bringen, das diesen Gegensatz voll zur Geltung bringt? (Grübel, grübel...)

Ach ja, wir Männer werden bestraft für das Vergessen von Geburtstagen, sollen aber andererseits alte Fehler nicht wieder auftischen!

So, jetzt fehlt nur noch eine knackige Formulierung ...

Wie wär's mit: „Ein Mann sollte alle Fehler einer Frau vergessen, sich aber an alle Geburtstage erinnern!"

Für ein kleines Bonmot reicht's zwar, aber vielleicht kommt noch was Besseres ...

Ahhh, manche Frauen wollen doch ihr Alter geheim halten! Das könnte man jetzt mit einbauen!

Vielleicht so: „Wie soll denn das gehen? Ein Mann soll das genaue Alter seiner Frau vergessen, aber sich gleichzeitig an jeden ihrer Geburtstage erinnern!?"

So, jetzt hat es schon einen gewissen Kick, alles weitere muss die Präsentation bringen.

Hast Du jetzt eine Vorstellung davon, wie Du daran gehen kannst, Dir **eigenes Material einfallen** zu lassen? Du glaubst gar nicht, wie leistungsfähig der Computer in Deinem Kopf ist. Wenn Du ihm nämlich mal den Auftrag gegeben hast, nach Assoziationen zu suchen, schlagkräftige Formulierungen zu finden und lustiges Material zu produzieren, dann tut er das – genau so unermüdlich wie er nach Gründen für Versagen oder drohenden Blamagen sucht, wenn Du ihn darauf ansetzt.

Inszenieren und präsentieren

Wie Du Deinen Einfall zündend rüberbringst

Du hast jetzt zwar einen Satz, der das Potential hat, Deine Zuhörer zum Lachen zu bringen, aber eben nur das Potential. Ohne die Inszenierung ist dieser Satz so beeindruckend wie eine Trauung in einem Nebenzimmer vom Standesamt.

Eine wichtige Regel (die mein Freund Alex meistens vernachlässigt hat) ist: **Ein Joke muss relevant** sein! Er sollte sich **auf das Wertesystem des Gegenübers beziehen** und **sein momentanes Erleben**, seinen **Bezugsrahmen, sein Selbstbild** und **sein spezifisches Verhalten berück-**

sichtigen. Nur dann wird er nicht als Fremdkörper erlebt, dann erst passt er in die momentane Situation.

Du könntest natürlich mit Deinem Joke im Hinterkopf warten, bis das Gespräch irgendwann einmal auf z.B. Geburtstage kommt, weil Du dafür einen Scherz parat hast. Das kann aber lange dauern.

Geschickter ist es, wenn Du es verstehst, Gespräche zu lenken. Das kannst Du üben, im Vorfeld zunächst allein und dann erst mit anderen. Verbinde mal „Schiff" mit „Klavier". Das ist noch leicht (z.B. über den Begriff des Schifferklaviers). Du redest also zuerst über die Romantik, die mit dem Bootsfahren verbunden ist ... Sonnenuntergänge, ... beschauliches auf Deck sitzen, ... man hört förmlich die Musik, ... eine verträumte Ziehharmonika ... Wie kommt es eigentlich, dass man gerade mit diesem Instrument Romantik verbindet und nicht z.B. mit einer Posaune oder Trompete? ... Manche Instrumente haben diese Qualität mehr als andere, wie z.B. die Geige oder das Klavier. Gerade das Klavier ... (womit wir schon angekommen wären).

Diese Fähigkeit, Gespräche zu lenken, ist wirklich nützlich und wichtig, so dass Du sie Dir unbedingt antrainieren solltest. Milton Erickson antwortete mal auf meine Frage, was denn das Wesen der Motivation sei (eins meiner damaligen Lieblingsthemen): „Das Entscheidende beim Motivieren ist **das Lenken von Assoziationen**!" [35]

Da steckt Wahrheit drin: **Wenn Du geschickt darin bist, die Gedanken und Assoziationen eines Menschen zu lenken, hast Du einen grossen Einfluss auf seine Handlungen!** Daran kannst Du sehen, welchen fast magischen Einfluss ein Mensch auf einen anderen haben kann. Darf ich Dich hier noch mal an Dein Versprechen erinnern, dies nur zum Guten einzusetzen?

---

35) Milton Erickson hat sich auf Gesellschaften den Spass gemacht, seine Gesprächspartner durch subtile Anreize dazu zu bringen bestimmte Wörter auszusprechen (die er sich innerlich ‚vorgab'), zum Beispiel „Blumentopf", „Zeitungsannonce" oder „Schnapsidee".

Zur Schulung dieser Fähigkeit gibt es noch ein recht hilfreiches Werkzeug. Ich verwende dazu gern eine Formel, die mir hilft, den richtigen Ablauf von Interventionen oder Jokes zu bewerkstelligen. In Ermangelung treffender deutscher Ausdrücke habe ich sie „neudeutsch" formuliert:

Framing – Timing – Tuning [36]

Framing

Du richtest Dir die Situation so ein, dass Dein Einfall relevant rüberkommt, indem Du zum Beispiel **das Gespräch auf Dein Thema** zu lenken verstehst. Das haben wir gerade besprochen. Das nächste ist das Timing:

Timing

Beim Timing kommt es darauf an, eine **Dynamik zu schaffen**. Du beginnst mit einer Ankündigung. Das ist sozusagen die Überschrift, die das Interesse Deiner Zuhörer weckt. Dann bereitest Du die Plattform des Verständnisses. Allmählich steigerst Du das Tempo und die Emotionalität (mit Gesten, Tonfall und Körpersprache). Und wenn Deine Zuhörer dann gebannt lauschen, feuerst Du die Pointe ab.

Dass vom richtigen Timing eine Menge abhängt, weiss jeder, der mal eine Pointe vergeigt hat. Du kannst den Witz dann nicht mehr retten.

Tuning

Dieser Ausdruck bedeutet etwa „Abstimmen" oder „Dosieren". Ähnlich wie beim Auto der Vergaser und die anderen Teile des Motors so aufeinander abgestimmt werden müssen, dass genau die richtige Menge verdampfter Treibstoff mit der richtigen Menge Luft (bzw. Sauerstoff) zusammenkommt, damit die gesamte Energie, die im Treibstoff steckt, genutzt

---

6) von frame: Rahmen. Timing kennst Du bereits. Tune: stimmen, abstimmen

wird, so stimmen auch wir uns auf das Verständnisvermögen des Gegenübers ab.
Dazu verschlüsselst Du Deine Botschaft („durch die Blume sprechen") exakt so weit, dass der andere sie gerade noch decodieren (oder verkraften) kann. Nicht zu subtil und nicht zu plump. Dazu gehört, den anderen richtig einzuschätzen. Wir dürfen ihn also weder unter- noch überfordern!

Diese drei Schritte unterstützt Du mit Körpersprache. (Du weisst ja – 93% Deiner Wirkung gehen davon aus!) Das kann man schwerlich aus einem Buch lernen, das ist wesentlich leichter in einem Seminar. (Du bist herzlich eingeladen!) Das Wichtigste ist hier – wie Du Dir vermutlich schon gedacht hast – dass Du bei alledem **Wohlwollen und gute Laune ausstrahlst** – Du gibst das Signal: Scherzen ist angesagt!

Zum Schluss noch ein kleines Starter-Kit für angehende Humoristen:

Die Klischee-Verwurstung

Da ich mir zum Ziel gesetzt habe, Dir den MagSt nahe zu bringen, aber nicht, Dich zum Komiker auszubilden (obwohl man damit sicherlich viel Geld verdienen kann), beschränke ich mich hier auf die am schnellsten erlernbare Art, Jokes zu produzieren.[37]

Bist Du jemand, der gut Witze erzählen kann? Nicht? Ich konnte das früher auch nicht. Dabei ist es nicht schwierig. Du musst nur das Vorurteil abschütteln, dass man dazu geboren sein muss.

Noch schwieriger zu überwinden ist das Vorurteil, dass Du keine Jokes erfinden kannst. Dabei ist auch das nicht so schwer. Ich habe es lange nicht gemerkt, dass ich das ja schon immer getan habe und tue. Vielleicht

7) Es gibt dazu ein exzellentes Buch von Melvin Helitzer, das ich für eines der besten „Lehrbücher" für Humor und Witze erfinden halte *"Comedy Writing Secrets"*

ist das bei Dir ähnlich? **Lachen die Menschen um Dich herum** manchmal spontan, wenn Du etwas sagst? Dann musst Du nur einmal darauf achten, welche Seite von Dir da spricht. Und dieser dann mehr Raum geben.

Jedenfalls ist es nie schlecht, wenn Du diese Fähigkeit weiter förderst und schulst. Der grosse Gewinn ist das Gehirn-Jogging, das dabei automatisch stattfindet. Das hält geistig fit, mehr noch als Kreuzworträtsel zu lösen. Und Du kannst das sogar noch auf dem Sterbebett praktizieren. Das haben schon ganz berühmte Leute getan. Du und Dein letzter Joke wird dann hoffentlich allen im Gedächtnis bleiben. Mission accomplished!

Eine meiner Lieblingsdisziplinen auf diesem Gebiet ist das Klischee-Verwursten. Damit kannst Du **jeden Tag mehrere, neue Jokes erfinden**, eigene! Das Material wird Dir zuhauf geliefert: Die Werbung, Zeitungen, Internet, die Menschen um Dich, alle produzieren Klischees in rauen Mengen. Und da Du Dich als MagStler dadurch auszeichnest, überraschend und unvoraussagbar zu sein, sind Klischees für Dich ohnehin tabu – im Rohzustand, versteht sich. Als Ausgangsmaterial für den Verwurstungsprozess sind sie höchst willkommen!

Unter Klischees sind hier gemeint: Alle Sprüche und Ausdrücke, die in der Öffentlichkeit kursieren, wie zum Beispiel Metaphern, Aphorismen, Buch- und Filmtitel, Songs, berühmte Zitate, Werbesprüche und so weiter. Diese Klischees sind meistens bis zur Bedeutungslosigkeit strapaziert worden und ihr Gebrauch ist deshalb meist ein Zeichen für geistige Trägheit und mentalen Bankrott. Schau‘ Dir nur mal die Nachmittagssendungen im TV an!

Diese Klischees verwenden wir als unser Rohmaterial, aus dem wir unsere Witze, Scherze und Späße basteln. Der Grund, warum es so leicht ist, mit Klischees Späße zu fabrizieren, liegt darin, dass jeder sie vervollständigen kann, wenn er sie zur Hälfte gehört hat. Man weiß also, was als nächstes kommt. Deshalb ist es hier so einfach, die wichtigste Zutat eines Scherzes, die Überraschung, zu erzeugen.

Genau dann, wenn der andere sich sicher zu sein glaubt, zu wissen wie's weitergeht, genau dann kommt die Pointe, die überraschende Wendung. Um die Menschen aus ihrer „vernünftigen" Ernsthaftigkeit heraus zu katapultieren, müssen sie überrascht werden.

> „Der mag vielleicht nicht singen können, aber tanzen...? Tanzen kann er mit Sicherheit nicht."
>
> „Meine Frau und ich haben viele Streitigkeiten, aber sie gewinnt nur die Hälfte davon. Die andere Hälfte gewinnt meine Schwiegermutter."

Siehst Du, wie man nach einer Hälfte des Jokes meint, zu wissen, wie es weitergeht? Der unerwartete Schluss löst das Lachen aus.

Die überraschende Wendung

Das Naheliegende andeuten, dann „tilten"

In einem Klischee sind manchmal mehrere Bedeutungen versteckt. Such' Dir eine, die man nicht gleich erkennen kann. Diese Bedeutung verrätst Du dann, aber nur angedeutet, Dein Gegenüber soll ruhig seinen Grips anstrengen! Ausserdem zündet der Witz um so besser, je mehr AHA beigemischt ist.

Das Rezept lautet: Nimm ein gängiges Klischee, das hinreichend bekannt ist. Nimm davon nur so viel, dass es erkennbar ist und schreibe eine **schlaue und überraschende Wendung** als Pointe. Es ist also nicht notwendig, das ganze Klischee zu verwenden. Häufig genügt schon die Einleitung oder die Andeutung eines passenden Klischees...

Zum Üben noch drei Beispiele:

> „Niemand kann sich vorstellen, was ich durchgemacht habe... Aber wenn ich es ihnen oft genug erzähle... ?"

> „Auf diese Frage gibt es nur drei Antworten ... nach denen wir immer noch suchen!"

> „Warum stöhnen die Leute mehr als sie lachen, wenn sie einen völlig verrückten Witz hören? Ich will Dir die Wahrheit sagen: Ich habe keine Ahnung und andere auch nicht!"

Die Zweideutigkeit

Mit double entendre (zweimal verstehen) ist ein Wort oder eine Phrase gemeint, die **mehrdeutig** ist, so dass man sie auf vielfältige Weise interpretieren, mit Bildern verbinden und mit anderen Vorstellungen verknüpfen kann. Statt der vordergründigen Bedeutung wird die hintergründige, unübliche eingesetzt. Die Zuhörer meinen das eine, der Sprecher ganz etwas anderes.

> Ein Vampir wird nachts von der Polizei angehalten: „Haben Sie heute etwas getrunken?

> „Nur zwei kleine Radler!"

Hierher gehört auch das bewusste Falschverstehen:

> „Haben Sie denn gestern Abend gar nicht gehört, dass wir dauernd an Ihre Wand geklopft haben?"

> „Ich bitte Sie, das macht doch nichts. Wir haben doch ohnehin gefeiert!"

Am einfachsten erzielst Du diesen Effekt mit dem Wörtchen ‚es' (Surfer tun ***es*** im Stehen). Als Jugendliche haben wir das oft eingesetzt, um bei den Mädels auf ein bestimmtes Thema hinzulenken.

Ausser dem Klischee-Verwursten gibt es noch ein paar ebenfalls recht einfache Techniken, die es Dir leicht machen, aus dem Stegreif witzig und schlagfertig zu sein. Nimm Dir jeweils **eine Technik pro Tag** vor (oder, wenn Du ein gründlicher Mensch bist: pro Woche) und versuche sie auf möglichst viele Situationen anzuwenden. Dadurch geht sie Dir in Fleisch und Blut über und Du wirst bald selbst merken, dass Dein Computer im Kopf Spass daran findet ganz spontan lustige Bemerkungen, Verbindungen, Verdreher usw. zu produzieren.

Das offensichtlich Negative ins Positive verdrehen

Das ist die **Grundformel für Ironie**. Die Kunst dabei ist die Dosierung. Je unsicherer der andere ist, wie es wirklich gemeint war, um so länger denkt er darüber nach – und das ist doch genau das, was Du wolltest, oder?

> Dein Fahrrad wurde gestohlen. „Endlich komme ich wieder öfter zum Joggen!"
>
> Als ich meinem Nachbarn zum ersten Mal grünen Tee anbot, meinte er nach dem ersten Schluck: „Der muss aber SEHR gesund sein!"

„Frechheiten" durch die Blume gesagt

Wenn Du anderen etwas Abfälliges sagen „musst", weil sie sich unmöglich aufgeführt haben, dann tue es immer „durch die Blume", wie ein feiner englischer Gentleman. Das demonstriert **Klasse und Stil** und zeigt, dass Du Dich im Griff hast.

> „Ich liebe lange Spaziergänge, vor allem wenn sie von Leuten unternommen werden, die sich daneben benehmen."
>
> „Da, wo Sie sitzen, könnte ich mir sehr gut eine Zimmerpflanze vorstellen!"

Jokes über Dich selbst

Selbstironie macht sympathisch. Du erlaubst damit anderen, auch mal über Dich zu lachen. Und es ist eine der **sichersten Arten Humor** einzuführen.

> „Ich bin schon seit einem Jahr in einem Fitness-Club. Hat 400 € gekostet! Hab aber kein Pfund abgenommen. Vermutlich muss man da öfter hingehen..."

> „Ich kann Joggen nicht leiden. Da springt mir immer das Eis aus dem Glas!"

> „Wie viel Geld ich monatlich brauche? Das weiß ich nicht. Soviel hatte ich auch noch nie zur Verfügung!"

Humor, in dem Weisheit steckt

Immer wieder mal hörst Du einen lustigen Spruch, der nicht nur zum Lachen ist, sondern auch noch **nachdenklich macht.** Merk' Dir solche Sätze! Es sind meist welche, in denen die „allzu menschlichen Schwächen" mit einem wohlwollendem Augenzwinkern auf's Korn genommen werden. Ich mag sie deshalb so gern, weil sie uns helfen, sich **mit den Schwächen**, die wir nun einmal haben, **auszusöhnen**. Das ist für mich die edelste Form des Humors.

> „Wenn ein Mann heiratet, erwartet er, dass seine Frau bleibt, wie sie ist. Aber was tut sie? Sie verändert sich!
> Wenn eine Frau heiratet, erwartet sie, dass ihr Mann sich ändert. Aber was tut er? Er bleibt derselbe!"

> „Die Härte der Butter ist direkt proportional zur Weichheit des Brotes."

> „Leih' Dir nur Geld von Pessimisten – sie erwarten es nicht zurück"

„Ehrgeiz ist nur eine lahme Ausrede für den fehlenden Grips, den man braucht, um der Arbeit aus dem Weg zu gehen!" [38]

Semantisch konjugieren

Eine häufige Unart der Menschen ist, dass sie semantisch konjugieren, das heisst, sie machen grosse Unterschiede in der Bewertung von Handlungen, je nachdem wie nahe sie jemandem stehen. Am gnädigsten in der Beurteilung sind sie natürlich bei sich selbst. Ihnen diese Unart manchmal in einem Spiegel zu zeigen, kann recht hilfreich sein für das Zusammenleben.

Das Konjugieren öfter mal selbst zu üben, macht Dich bewusster.

„Ich bin kapriziös,
Du bist launenhaft.
Sie ist eine Zicke!"

Ich bin diplomatisch.
Du schwindelst.
Er ist verlogen.

Die buchstäbliche Bedeutung

Die „buchstäbliche Bedeutung" ist das Gegenteil der Zweideutigkeit. Sie nimmt einfach die ursprüngliche Bedeutung eines Schlüsselwortes in einem Idiom und interpretiert sie buchstäblich.

Gastgeber: „Was würden Sie zu einem Glas Sekt sagen?" „Kommt drauf an, was vorher das Glas zu mir gesagt hat!"

38) Von Steve Wright, einem amerikanischer Komiker.

„Was passiert, wenn man sich zweimal hintereinander halb zu Tode erschreckt?"

„Chirurgen? ... Das sind doch alles Aufschneider!"

Dein tägliches Joke-Fitness-Training

Zum Schluss dieses Abschnitts möchte ich Dir noch zwei wichtige Trainingspunkte mitgeben, die Dir helfen werden

a) genügend Einfälle zu produzieren, aus denen Du dann den Lustigsten aussuchen kannst und

b) diese Einfälle dann so zu verpacken, dass eine „geistige Herausforderung" daraus wird. Jeder Joke, der nicht allzu plump ist, verlangt vom anderen eine geistige Dekodierung und ein bisschen „Durchblick"!

Wie Du Deine Einfälle zum Sprudeln bringst

Eine gute Übung, mit der Du gleich zwei Fliegen mit einer Klappe schlägst, Dir bei jedem aufkeimenden Ärger die Aufgabe zu stellen, welchen Joke Du daraus machen könntest. Stell' Dir die Situation noch mal vor und lass Deine Assoziationen fließen, indem Du sie durch folgende Prozesse schickst:

1. **Konkretisieren**: Statt abstrakter Worte überträgst Du Deine Situationen in sinnliche Eindrücke: Du machst Bilder oder einen Film daraus.
2. **Übertreiben**: Durch Größermachen, Kleinermachen und Verzerren hebst Du das Wesentliche, auf das Du aufmerksam machen willst, hervor.

3. **Verdrehen**: Dabei verwechselst Du Ursachen mit Wirkungen und umgekehrt, nimmst „schräge" Standpunkte ein und wechselst den Blickwinkel.

4. **Verknüpfen**: Du stellst Beziehungen zwischen unverbundenen Dingen her und ziehst etwas „an den Haaren" herbei.

5. **Beschildern**: Du erfindest neue Konzepte und eigene Namen und Etiketten (z.B. Spitznamen).

Erst das Verpacken in Implikationen macht den Joke!

Etwas nur anzudeuten, ungesagt zu lassen und trotzdem in den Raum zu stellen ist eine essentielle Grundfertigkeit, nicht nur beim Jokes-Erfinden. Sie ist deshalb so wichtig, weil Du mit Implikationen den bewussten Zensor Deines Gegenübers umgehen kannst. Damit kannst Du ihm etwas „durch die Blume" sagen, **ohne dass er es so richtig mitbekommt**. Jede suggestive Einflussnahme hat das Implizieren zur Voraussetzung.

Das Üben der Kunst „in Implikationen zu sprechen" schärft Deine Sensibilität für das „zwischen den Zeilen lesen", für diplomatisches Vermitteln, für subtile Beeinflussung und vieles mehr. Es ist einer der Hauptfaktoren sozialer Eloquenz.[39]
Der Kniff beim **Implizieren** ist, einfach eine **andere Aussage in den Vordergrund** zu stellen und die eigentliche Aussage als deren Voraussetzung **„mitschwingen" zu lassen**. Der vordergründige Satz ist sozusagen die „Trägerwelle" und die mitschwingende Implikation ist dann die „Modulation".
Ein recht grobes Beispiel dafür ist „Verprügeln Sie gerne Ihren Hund?" statt der offenkundigen Anschuldigung „Sie verprügeln Ihren Hund", die leicht mit einem Dementi gekontert werden kann.

---

39) Liebe Männer, Kameraden im Leid! Da haben wir noch viel aufzuholen! Da sind uns die Frauen Meilen voraus. In dieser Hinsicht halten sie uns für Analphabeten (und leider nicht ganz zu Unrecht).

Etwas weniger deftig wäre: „Ihr Hund scheint sich recht schnell von Schlägen zu erholen!" oder „Wenn ein Hund nicht regelmäßig gezüchtigt wird, tut er bald, was er will, nicht wahr?" Jedes Mal schwingt mit, dass der Nachbar seinen Hund verprügelt, doch durch die Art des Träger-satzes kann die Akzeptanz der Implikation stark verändert werden.

Es ist dabei nicht von Bedeutung, ob der „Träger" für Deine implizierte Information eine Frage, eine Aussage oder ein Allgemeinplatz ist. Implikationen kannst Du überall unterbringen.

Deine kontinuierliche Übung besteht darin, Dir Aussagen auszudenken, die Du dann in abgestufter Subtilität in Sätze hinein „schmuggelst".

Nehmen wir mal die Frage: „Wann geht ihr endlich?" (Erinnere Dich jetzt einfach an die letzten Besucher in Deinem Zuhause, die partout nicht gehen wollten. Nicht einmal, nachdem Du alle Fenster weit aufgerissen hast, um die kalte Luft hereinzulassen):

„War schön, dass wir mal wieder ausgiebig plaudern konnten." (Es *war* schön...)

„Wann müsst *Ihr* denn morgen aufstehen?" (Implikation: Wenn Ihr nicht bald geht, werdet Ihr nicht genügend Schlaf bekommen.)

„Ich war letztens mal spätabends unterwegs..." (Auch ihr werdet bald „spätabends unterwegs" sein – weckt Assoziationen.)

Natürlich werden Dir gleich noch weitere fünf einfallen, aber für jetzt soll's reichen. Du weisst ja, wie es geht.

Üb' gleich weiter mit folgenden drei Aussagen:

> „Hier riecht es übel!"
> „Ich habe Hunger!"
> „Das ist Ihre letzte Chance!"

Zum Abschluss noch ein besonders gelungenes Beispiel für eine witzige Implikation (aus dem Internet von Unbekannt):

WARNUNG: TRICKBETRÜGERINNEN !

Hallo Freunde, dies ist mir persönlich widerfahren und ich wollte Euch warnen!

So funktioniert der Trick:

Zwei sehr gut aussehende 18-jährige Mädchen kommen auf den Supermarkt-Parkplatz zu deinem Auto, während Du damit beschäftigt bist, Deine Einkäufe in den Kofferraum zu packen.

Beide fangen dann an, mit Fensterspray und Lappen deine Windschutzscheibe zu reinigen, wobei ihnen fast die Titten aus den BHs fallen. Es wird Dir fast unmöglich sein, nicht hinzusehen!

Wenn Du Dich mit einem Trinkgeld bedanken willst, dann weisen sie es ab, bitten Dich aber, sie zu einem anderen Kaufhaus zu fahren. Du willigst ein und beide steigen auf den Rücksitz.

Während der Fahrt fangen Sie an, es miteinander zu treiben. Dann klettert eine von beiden auf den Beifahrersitz und fängt an Dir an die Hose zu fassen, während die andere Deine Brieftasche stiehlt.

Meine Brieftasche wurde letzten Dienstag, Mittwoch, zweimal am Donnerstag, am Samstag und gestern auf diese Art gestohlen!!

Seid also auf der Hut!!!!!

Warum ein Jokes-Repertoire?

Auch wenn Du sehr spontan bist und einen superschnellen Geist hast – Du wirst nicht darum herumkommen, Dir eine **Sammlung von Jokes** zuzulegen. Das kann in Form eines kleinen Büchleins geschehen, eine Datenbank in Deinem Computer, was Dir halt am meisten liegt.

Die Kunst im MagSt ist nämlich das, was die Humor-Profis „*Ad Lib*" nennen: die (scheinbar) spontane Reaktion auf Publikumseinwürfe. Je spontaner Deine lustigen Bemerkungen wirken, um so mehr Pluspunkte bringen sie Dir bei anderen.

Ich will Dir ein Geheimnis verraten: Das Publikum bewundert die Könner für ihre spontanen Einfälle und glauben, diese wären im Moment erfunden worden. Doch **auch der größte Meister adaptiert nur**, drückt Knöpfe in seiner geistigen Datenbank und stimmt das Material auf die vorliegende Situation ab. Wie das mit dem Abstimmen geht, hast Du im Vorangehenden erfahren, Dein Jokes-Repertoire musst Du Dir jetzt selbst zusammen stellen. Dabei nützen Dir ...

Ein Jokes-Büchlein (da kommen Deine Favoriten-Jokes hinein, fein säuberlich nach Sparten getrennt).

Die ***Was ist an diesem Joke witzig?***-Frage. Sie hilft Dir, das Muster zu erkennen und somit neue, eigene Jokes zu kreieren.

Das ***„Art of Delivery"*** -Training: Deine Jokes wirklich gut erzählen zu können, muss geübt werden! Live!

Von der ***„Konkurrenz"*** lernen: Es lohnt, öfter mal ins Kabarett zu gehen, Filme oder Auftritte guter Entertainer zu studieren usw.

Zu guter Letzt bekommst Du noch einen Bonus: Der Hochstatus-Humor. Der ist nämlich typisch für den MagSt. Warum? Das erkläre ich Dir gleich.

Wie Du Hochstatus-Humor kreierst

Da die Menschen im Alltag üblicherweise eher ernst sind, tust Du gut daran, sie darauf vorzubereiten, dass Du einen etwas anderen Kommunikations-Stil verwendest. Die sicherste Art, Humor einzuführen, ist, wie schon oben erwähnt, die Selbstironie. Da Du dabei selbst Zielscheibe Deiner Jokes bist, kann dabei kaum etwas schief laufen. Der Nachteil dabei ist jedoch, dass man Dich leicht als Clown sehen könnte – d.h. Dein Status leidet darunter. Setze **Selbstironie am besten nur sparsam** ein, eigentlich nur, wenn Du anderen unnötige Angst und übertriebenen Respekt vor Dir nehmen willst.

Der überwiegende Teil Deines Humors sollte aber Hochstatus-Humor sein – Du nimmst dabei die anderen aufs Korn. Dabei gibt es allerdings einiges zu beachten. Du schaffst nämlich dabei ein ***Status-Gefälle,*** bei dem Du in der höheren Position bist. Das ist ungewöhnlich und gewöhnungsbedürftig (z.B. sehr gut aussehende Frauen sind gewöhnt, dass man ihnen automatisch einen höheren Status reserviert – und nennen das, was sie dabei einfordern „Gentleman-Verhalten”).

Das ist der Grund, warum Du einige **Vorsichtsmaßregeln** beachten musst, damit der Schuss nicht nach hinten losgeht und Du ungewollt Ablehnung oder Widerstand hervorrufst. Aber zuerst schauen wir uns den Hochstatus-Humor einmal genauer an.

Die Formel für Hochstatus-Humor ist zwar nicht schwierig, die Tücke liegt aber im Detail. Zuerst die Formel:

**Man nehme irgendeine Hochstatus-Äußerung,
verpacke sie in eine Implikation,
so dass sie frech und gleichzeitig lustig ist.**

Die Hochstatus-Äußerung kann eine **Anweisung**, eine **Bewertung** oder einen **Status-Dämpfer** beinhalten.

Als Beispiel dient uns zunächst die Bewerter-Rolle: Nehmen wir an, Dein Gegenüber hat ein nettes Kleid an, das aber nicht gut sitzt. Wenn Du jetzt sagst „Ihr Kleid sitzt aber nicht besonders gut", dann klingt das ziemlich überheblich. Formulierst Du es aber lustig, wird Dein Gegenüber lachen und Dir nicht böse sein:

„Ich mag den Stil, wie sie sich kleiden, aber gab's das Kleid denn nicht in ihrer Größe?" (Eine Push-Pull Äußerung – zu Beginn klingt sie wie ein Kompliment, was den nachfolgenden Dämpfer noch mehr verstärkt. Der Dämpfer wird natürlich in eine Implikation verpackt.)

Weil wir gerade bei der Kleidung sind: Auch Männer lieben es, wenn mal ein neues Teil, das sie anhaben, Anerkennung findet: „Mit Deiner Krawatte würde ich mir nach einem Unfall nicht mal das Bein abbinden!"

Hier kannst Du auch gleich erkennen, dass Du Dir bei Männern sehr viel mehr erlauben kannst, als bei Frauen. Männer sind es gewöhnt, von anderen Männern „verscheissert" zu werden. Das ist ein **Zeichen von Vertrautheit**, Kameradschaft und gegenseitigem Vertrauen. Während man ohne Weiteres zu einem Freund, den man auf der Straße trifft, sagen kann: „Na, Du alte Wursthaut, warst wohl heute auf'm Berg ... Du siehst so heruntergekommen aus!", solltest Du Dich hüten, so etwas jemals zu einer Frau zu sagen. Der Effekt wäre umwerfend!

Falls Du das nicht ohnehin schon weißt: **Es gibt keine geschlechtsneutralen Begegnungen**! Die menschliche Spezies ist nun mal in zwei Geschlechter aufgeteilt. Das kann man nicht ignorieren. Jede Kommunikation muss in Betracht ziehen, dass in unserer Gesellschaft der Austausch zwischen den Geschlechtern geregelt ist. Gleichgeschlechtliche Kommunikation hat völlig andere Regeln als die gegengeschlechtliche (z.B. das Kavaliers-Verhalten). Um diese Regeln zu brechen, solltest Du sie gut kennen und zu benutzen wissen. Du wirst sehen, es macht durchaus Spaß, eine Frau mal wie einen Mann anzureden und umgekehrt – es macht Dir bewusst, wie unterschiedlich die Geschlechter sind!

Um die Einflussmöglichkeiten des MagSt einsetzen zu können, besetzt Du, wie oben geschildert, die drei Einfluss-Positionen Beweger, Bewerter und Bewilliger. Sie sichern Dir die Hochstatus-Position. Mit dem Scherzen **schwächst Du das Statusgefälle ab**, damit Dein Hochstatus nicht als Drohgebärde interpretiert wird (herausfordern, nicht einschüchtern!). Bei Personen, die Dich schon länger kennen, ergibt sich dabei wahrscheinlich kein Problem. Bei neuen Bekanntschaften allerdings musst Du vorsichtig vorgehen, da viele Leute so unsicher sind, dass sie eine Statusverringerung sofort als Angriff werten. Die Regel ist: **Je selbstsicherer jemand ist, um so stärker kannst Du dosieren**.

Ich muss hier noch eine **Warnung** aussprechen: Diese Art von Humor erfordert Mut und Feingefühl. Der Tiefstatus-Humor ist da nicht so prekär. Da kannst Du auch mal „daneben hauen“, es macht nichts. Beim Hochstatus-Humor kann man sich leicht in die Nesseln setzen. Gottlob gibt es Sicherheitsregeln, die ich Dir gleich schildern werde.

Ist Dir schon mal aufgefallen, dass manche Leute mit ziemlich deftigen Sprüchen noch durchkommen und anderen nimmt man schon den Hauch einer Kritik übel? Das **hängt mit den Erwartungen** zusammen. Wenn es Dir gelingt, andere schon früh darauf einzustimmen, dass von Dir ab und zu ein Knaller kommt, dann wird man Dir das nicht übelnehmen.

Darauf musst Du andere aber vorbereiten. Du willst ja, dass man Dir ein **großes Verhaltensspektrum einräumt**... Du weisst schon – den „Bühnenvorhang” weit öffnen.

Je größer das Spektrum, um so mehr kannst Du Dir erlauben. Das muss aber möglichst früh geschehen! Wenn man Dich erst einmal als brav und angepasst eingestuft hat, ist das hinterher sehr schwer zu ändern. Also besser schon im Anfangsstadium scherzen und provozieren. Du führst Dich dann ein als eine Person, die für Überraschungen gut ist. Und das kannst Du gefahrlos, wenn Du beim Hochstatus-Humor, bei dem Du ja den anderen im Status heruntersetzt, deutlich machst, dass alles nur scherzhaft gemeint ist.

Das signalisierst Du, indem Du die „Scherzflagge" schwenkst. Du machst Deinen Joke so deutlich sichtbar, dass eine Fehlinterpretation weitgehend ausgeschlossen ist. Die Scherzflagge („Hallo aufgepasst! Das ist ein Scherz!") schwenkst Du, wenn Du die nun folgenden Regeln beachtest.

Sicherer Hochstatus-Humor

Scherze mit eingebautem „Airbag"

Es gibt drei Sicherheits-Maßnahmen, mit denen Du das Einführen von Humor so sicher gestaltest, dass Dir das wohl selten jemand übel nimmt. Du stattest Deine Scherze mit einem von drei Attributen aus:

„Kann nicht sein"
„Tut nicht (mehr) weh"
„Und wenn schon…!"

„Kann nicht sein"

Mach' zunächst nur Witze über etwas, was **offensichtlich nicht stimmen kann**, also über erfundene Fehler oder Schwächen.

Ich war wieder einmal in einem Seminarhotel, wo mich die Dame an der Rezeption gut kennt. Als ich an ihr vorbeigehe, ruft Sie mir zu, dass ein

Fax für mich da wäre. Ich sage: „Ich habe nicht viel Zeit. Geben Sie mir doch eine kurze Zusammenfassung, was drinsteht!" (Freche Implikation: Sie liest die Faxe der Gäste.) Sie holt gerade tief Luft, um sich zu verteidigen, da sieht sie mein Zwinkern in den Augen, und wir beide lachen herzhaft.

Wenn Du jemanden für etwas verantwortlich machst, das er gar nicht verursacht haben KANN, dann etablierst Du, dass man bei Dir mit Scherzen rechnen muss. Beispiel: Du machst Dein Gegenüber für das bescheidene Wetter verantwortlich: „Wenn Sie gestern Ihr Tellerchen aufgegessen hätten, wäre heute schöneres Wetter!"

Mit solchen Späßen gehst Du auf Nummer Sicher und zeigst, dass Du nicht alles ernst meinst, was Du sagst.

Dieses Einstimmen ist sehr wichtig, wie Du bereits weißt: Lustig ist etwas nur, wenn drei Bedingungen erfüllt sind: Wenn Du

a) etwas Lustiges

b) auf lustige Weise,

c) einer Zuhörerschaft sagst, die auf Lachen eingestimmt ist.

Und diese dritte Voraussetzung schaffst Du mit diesen ungefährlichen Hochstatus-Scherzen.

„Tut nicht (mehr) weh"

Du kannst gefahrlos Scherze machen über Dinge, über denen der andere steht oder selber Witze macht. Wenn Du mich schon mal meine (fehlende) Haartracht als „FKK auf höchster Ebene" bezeichnen gehört hast, dann weißt Du, dass Du in meiner Gegenwart sämtliche Kahlkopf-Witze bringen kannst, ohne dass ich Dir dafür ein Haar krümme!

Du wirst solche Punkte leichter und öfter bei Männern finden. Viele „Großtrommel-Träger" schmunzeln nur, wenn Du einen Witz über ihren dicken Bauch machst. Da die Achillesferse der Frauen auf der Status-Achse liegt, musst Du da **viel mehr aufpassen** als bei den Männern, auch als Frau! Frauen nehmen z.B. den „Vorwurf" mangelnden technischen Know-Hows nicht übel (da sind Männer wiederum empfindlich). Verlass' Dich aber nicht darauf: (Nicht nur) Frauen können jegliches „Auf-die-Schippe-nehmen" krumm nehmen; das hängt von Rahmenbedingungen ab, die Männer oft nicht in Betracht ziehen. Da hilft nur **Feingefühl**.

„No big deal" (Na, und wenn schon?)

Damit sind alle Scherze gemeint über Dinge, die **keine große Bedeutung** haben, z.B. eine Windstoß-Frisur, ein ulkiger Anstecker, skurrile Angewohnheiten oder Vorlieben. Da der Inhalt hierbei fast unwichtig ist, kommt ein anderer Umstand positiv zum Tragen: Deine Aufmerksamkeit! Mit Deinen Bemerkungen zeigst Du dem anderen, dass Du ihn wahrnimmst und beachtest, auch in Kleinigkeiten. Das ist eine derart **dicke „Streichel-Einheit"**, dass Deine leicht geringschätzige Bemerkung über die Anstecknadel im Vergleich dazu nicht ins Gewicht fällt.

Projekt: Leg' Dir am besten **in allen drei Sparten ein paar Jokes** zurecht, Du wirst sie als „Eisbrecher" gut gebrauchen können. Teste sie regelmäßig an Kellnern, Kassiererinnen und anderen, im allgemeinen wenig beachteten Berufsgruppen. Es wird Dir und denen großen Spass machen, weil es den **Alltag bunter** macht.

Solange Du Dich auf diese drei Bereiche beschränkst, bist Du **auf der sicheren Seite**. Du führst Dich ein als jemand, bei dem man lernen muss, zu decodieren – ein weiterer Vorteil für Dich. Dadurch wird die Umwelt sensibel für Zwischentöne und lernt schon auf kleine Hinweise zu reagieren.

Die Zitat-Technik

Das Rückschlag-Ventil für Witze, die „sterben"

Wenn Du nicht weißt, ob ein Joke ankommt, Du aber nicht möchtest, dass durch eine schwache Pointe Deine Performance in Frage gestellt wird (z.B. bei einem Vortrag), hilft Dir die Zitat-Technik, den Hals aus der Schlinge zu ziehen.

1. Du **zitierst einfach jemand anderen**: Du sagst es dann nicht selbst, sondern „mit den Worten anderer". Gags berühmter Vorbilder sind für Dich so gut wie immer ungefährlich, Du zitierst ja nur. Kommt der Gag nicht an, kann keiner sagen, Du wärest „witz"-los – der andere war's. Kommt der Gag aber an, wird gelacht und Du hast einen Treffer gelandet.
2. Du kannst auch aus einem Brief, Buch oder Artikel vorlesen: Zum Beispiel eine komische Passage aus einem Beschwerdebrief, aus Zeitungen oder sogar aus der Literatur? Wenn's zündet, hast Du die Lacher auf Deiner Seite – wenn nicht, macht es auch nichts.
3. Du beschreibst einen Cartoon, ein lustiges Foto oder eine Situation. Vor allem, wenn die Zeitung oder Zeitschrift, aus der das stammt, einen guten Ruf hat, kann Dir nichts passieren, weil es nicht auf Dich zurückfällt, wenn keiner lacht oder wenigstens schmunzelt.

Die Zitat-Technik hilft Dir vor allem dann, wenn Du etwas sagen willst, das für den anderen „starker Tobak" ist, die **Beziehung aber noch nicht so stabil** ist, dass Du Dir „alles leisten kannst". Du legst dann einfach jemand anderem diesen Satz in den Mund. Das kann ein Freund sein, Deine gestrenge Oma, Dein Chef oder der Papst, immer kannst Du Dich darauf berufen, dass Du selbst ja „nie so etwas sagen würdest!"

> Beispiel: Meine Mutter würde sagen: „Mit so einem Nasenring-Piercing sieht man doch aus wie eine Ochse!"

Ist ein gutes Gefühl, zu wissen, wie man pikante Aussagen absichert, oder?

Wozu überhaupt Hochstatus-Scherze?

Du wirst Dich vielleicht schon gefragt haben, warum Du Dir das überhaupt antun sollst, Hochstatus-Scherze zu bringen. Du setzt Dich doch damit der Gefahr aus, in schwierige Situationen zu kommen, wo man Dich als frech oder übergriffig interpretiert. Das ging mir zunächst genau so. Es kostete mich lange Zeit eine große Überwindung gegen die angelernten Regeln des Wohlverhaltens anzugehen. Ich bin auch öfter mal „vom rechten Glauben abgefallen".

Da ich dann aber im Zusammensein mit anderen ein Gefühl bekam, wie wenn man einen **Farbfernseher auf Schwarzweiß** umstellt, hab' ich wieder Mut gefasst und mit dem MagSt weiter gemacht. Die Wirkung und der Nutzen wiegen die Nachteile und „Gefahren" leicht wieder auf.

Falls Du mal in eine ähnliche Krise kommst, dann mach' Dir einfach den Gewinn wieder bewusst: Spannung – Interesse – Attraktivität!

Zusammenfassung

Hochstatus-Humor ist Mut gepaart mit Schalk

Wenn Du Hochstatus-Scherze machst, dann zeigst Du gleichzeitig, dass Du den **Mut hast, heisse Eisen anzufassen**, Dinge beim Namen zu nennen, ohne Ausflüchte oder Beschönigungen, eben auch unangenehme oder heikle Dinge anzusprechen und zum Thema zu machen. Dadurch bringst Du (wieder) Bewegung in den Austausch. Durch Deine **schalkhafte Art**, das zu tun, fällt es anderen leichter, darauf einzugehen, offener und ehrlicher mit sich und anderen umzugehen.

Dass Du bei alledem eine gute Figur abgibst, an Achtung und Attraktivität gewinnst, ist ein erfreuliches Nebenprodukt, gegen das Du sicherlich nichts einzuwenden hast.

Damit ist erst einmal genug vom „Witzig-humorvoll", der ersten Eigenschaft im WUDUH des MagSt. Kommen wir zum zweiten Punkt ...

2. Unvoraussagbar sein

Über diesen Punkt etwas zu sagen, ist mir nicht leicht gefallen. Das liegt daran, dass es gerade bei diesem Punkt darauf ankommt, ihn nicht zu forcieren. Es liegt ein Paradoxon darin, zu versuchen, unvoraussagbar zu sein. Wenn Du das versuchst, dann planst Du es, und wenn Du etwas planst, dann ist es nicht mehr spontan.

Unvoraussagbarkeit ist aber **nichts anderes als Spontaneität.** Du tust, was Dir der Augenblick eingibt. **Das macht Dich interessant für andere** – so, wie es interessant ist, einem Kind zuzusehen, das spielt. In dem Moment, wo ein Kind spürt, dass es mit seinem Tun, sagen wir, Sandkuchen zu „backen", Aufmerksamkeit bekommt und es dann forciert tut, um diese Aufmerksamkeit zu bekommen, wird es zunehmend uninteressanter, „gestelzter", wie man sagt.

Genauso ist es auch mit Deiner Unvoraussagbarkeit. Je mehr Du planst unvoraussagbar zu sein, oder noch extremer, je mehr Du zu beeindrucken suchst durch Unvoraussagbarkeit, um so hölzerner und unattraktiver wirst Du dabei.
Dieses Phänomen ist leicht zu verstehen. Wann immer Du ein Ergebnis anstrebst, bekommt es für Dich eine Wichtigkeit, eine Bedeutung. Du könntest damit Erfolg haben oder Du könntest damit scheitern. Dein Bewertungsmechanismus ist auf den Plan gerufen und Du bist geteilt: In den „Ausführenden" und den „Bewerter".
Diese Zweiteilung aber macht Dich unspontan. Du spielst jetzt nicht mehr einfach so vor Dich hin, eben ganz spontan, sondern Du spielst jetzt für ein Publikum (und wenn das auch nur Dein innerer Bewerter ist).
Wie könntest Du nun dieses Dilemma auflösen? Du hast zwei Möglichkeiten:
Du lernst wieder so zu funktionieren, wie Du das als Kind konntest, oder...
Du lernst Dich auf eine so wohlwollende Art selbst zu betrachten, dass es Dich **fördert und ermuntert**, wenn Du etwas tust.

Damit meine ich, dass Du Dich nicht kritisch und nach Fehler suchend beobachtest, sondern ganz im Gegenteil: „nach bewundernswerten Fähigkeiten Ausschau haltend".

Nur wenigen ist es möglich, sich wieder in den unschuldigen Zustand zu versetzen, den sie als Kind hatten. Wir sind alle durch einen Prozess der Selbstreflexion gegangen, der schwerlich umkehrbar ist. Schließlich hatte dieses ganze Training und die Dressur der Sozialisation ja auch einen Sinn: Wir sind dadurch achtsamer für die Umwelt geworden, nehmen Rücksicht und können die Ergebnisse unserer Taten voraussehen (auch die Gefahren).

Ein Kind lärmt halt drauf los, ohne sich Gedanken zu machen, ob der Schichtarbeiter im Parterre unbedingt schlafen müsste, um wieder einsatzfähig zu sein, wenn er in die nächste Schicht muss. Ein Kind balanciert eben verspielt auf einer Mauer, ohne sich viel Gedanken darüber zu machen, was passiert, wenn es fünf Meter hinunterfällt. Es hat also auch durchaus etwas Gutes, dass wir reflektieren und uns der Folgen unseres Tuns bewusst sind.

Die zweite Möglichkeit steht uns jedoch ohne Weiteres offen. Vielleicht kannst Du Dich noch an Situationen erinnern, in denen Dir jemand mit Wohlwollen, ja, vielleicht sogar mit Stolz zugeschaut hat, wie Du etwas tust, was du gut konntest, so gut, dass es Dir leicht und spielerisch von der Hand ging? Diese Art von Funktionieren meine ich. Sie hat zur Voraussetzung, dass Du Dir sicher genug bist, etwas zu können, dass Du keine Bange mehr hast, zu versagen, sondern Dich voll auf die Tätigkeit konzentrieren kannst, um sie besonders gut auszuführen. Hier sind wir wieder bei einem Thema, das wir schon im zweiten Kapitel mal besprochen haben: Zuversicht und eine positive Erwartungshaltung.

Wenn Du ausgesprochen zuversichtlich bist, etwas gut zu verrichten, bist Du schon sehr nahe an der so faszinierenden Spontaneität eines spielenden Kindes. Deine Aufspaltung in Agierender und Beobachter ist nicht mehr behindernd, sondern sogar förderlich. Hast Du schon einmal erlebt, dass Du **zu Höchstleistungen fähig** warst, eben weil Dir jemand zuschaute; jemand, von dem Du wusstest, dass er Dir viel zutraut und stolz auf Dich ist?

Ich habe zum Beispiel im Schach immer gewonnen gegen meine Frau. Wenn wir aber im Café Münchner Freiheit, mit herumstehenden Zuschauern spielten, gewann sie. Das lag daran, dass sie zur Höchstform auflief, wenn jemand zusah und ich dagegen war im Stress und spielte nicht mehr so gut.

So ungefähr ist der Zustand, oder besser, die Haltung, die Du einnehmen kannst, wenn es Dir darauf ankommt, spontan und einfallsreich zu sein: Du bist selbst **neugierig darauf, was Dir wohl als nächstes einfallen wird**, und freust Dich schon, weil Du „weißt", dass es etwas Interessantes sein wird.

In Bezug auf diese Fähigkeit (oder Haltung) hast Du im MagSt folgende zwei Möglichkeiten des „Trainings":

a) Du **stärkst Dein Selbstvertrauen** und damit Deine Zuversicht, so dass Du einen wohlwollenden, förderlichen Beobachter für Deine Handlungen in Dir hast und

b) Du **bringst Dich möglichst oft in diese Art des Funktionierens**, so dass sie Dir vertraut wird und Du sie jederzeit hervorrufen kannst.

Zur Übung kannst Du fast jede Tätigkeit verwenden. Wenn Du zum Beispiel den Hausputz verrichtest, dann könntest Du das richtig elegant machen, das Staubwedeln, das Fegen, sogar das Bad putzen, so dass es für jeden Beobachter eine Freude wäre, die Eleganz Deiner Bewegungen zu sehen, die Ökonomie Deiner einzelnen Handgriffe und die Mühelosigkeit, die nie vermuten lassen würde, dass dahinter eine Bemühung steckt. Falls Du ein Mann bist, kann ich Dir jetzt schon sagen, dass Deine Partnerin sich daran nicht satt sehen können wird!

Wie so oft, so ist auch hier das richtige Maß einzuhalten. Vielleicht kennst Du einige Personen (des öffentlichen Lebens), die diese Haltung von Zuversicht übertreiben. (Ich spreche jetzt absichtlich nicht von Dieter Bohlen!) Das sind Leute, die mit dieser Haltung großen Erfolg haben, aber durch den Mangel an Reflexion schon fast wieder kindlich(-beschränkt) wirken – unsophisticated wie die Engländer sagen würden. Wie gesagt: das richtige Maß.

Ich will Dir noch eine zweite Methode verraten, wie Du Spontaneität „üben" kannst. Dazu dienen **Trainings, bei denen Du Dich selbst herausforderst.**

Als Student ging ich gerne auf Faschingsbälle – auch mal gern allein. Ich bin dann manchmal zur Übung ein paar Mal am Abend einfach auf eine hübsche Frau zugegangen, die mir gefiel und sagte als Einstiegs-Satz:

„Sie sehen interessant aus..., darf ich Ihnen eine ganz *persönliche* Frage stellen?"

Und dann hab ich abgewartet, wie sie reagiert. Ich hatte keine vorgefertigte „persönliche Frage" auf Lager. Ich ging nach dem Motto vor:

„Let's take it from here!"

Die Reaktionen der Damen waren recht unterschiedlich und so reagierte ich auch jedes Mal anders. Zum Beispiel machte ich ihre Zurückhaltung zum Gesprächsgegenstand oder ihre erschreckte Reaktion. Einmal war ich echt baff und wusste nicht weiter. Das war bei einem recht aufgeweckten Mädchen, das mich ganz offen anlächelte und sagte: „Gern, welche denn?"

Es gehört ein bisschen Mut dazu, sich total auf sein Unbewusstes zu verlassen, dass es einem einen guten Einfall zuspielt, aber der Gewinn ist enorm. Du lernst dabei nämlich, Dich **auf Dein Unbewusstes zu verlassen**, dass es Dir im richtigen Moment das Richtige eingibt. Bring' Dich in Situationen, in denen zu gezwungen bist, aus dem Stegreif zu improvisieren. **Je öfter Du Dich forderst, um so größer Dein Vertrauen zu Dir.**

Die Folge ist: Dein Selbstbewusstsein steigt enorm.[40]

Soviel zum Training Deiner Unvoraussagbarkeit, d.h. wie Du sie bei Dir (wieder-)entdecken kannst. Aus der Position Deiner Umwelt macht Dich diese Eigenschaft nicht nur interessant, sondern auch – ohne dass sie sich dessen bewusst sein muss – heilsam und hilfreich. Du tust anderen damit einen großen Dienst, wirklich! Das liegt an dem Umstand, dass sich der Mensch ja nicht selbst überraschen kann. Wann immer Du planst, Dich selbst zu überraschen, hast Du Dich leider bereits eingeweiht in diesen Plan.

Somit ist es schwer, aus den eigenen Gedankenkreisen auszubrechen und etwas absolut Neues, Überraschendes zu kreieren. Aber für andere kannst Du diese Funktion durchaus erfüllen. Wenn andere sich in bestimmten Routinen und Gedankenkreisen verfranzt haben, bist Du, als jemand der das von aussen sehen kann, förmlich prädestiniert dafür, ihm da herauszuhelfen.

---

40) Sehr zu empfehlen sind da auch Impro-Theater-Kurse. Da geht es ständig darum, dass Du etwas "on the spot" erfindest. Nur der Rahmen ist vorgegeben, aber keine Texte. Es hat mir viel Spass gemacht, da mitzumachen. Vor allem Keith Johnstone kann ich Dir empfehlen, er lebt, was er lehrt. Auch privat hat er mich ständig zum Lachen gebracht mit seiner ungewöhnlichen Art, die Welt zu betrachten. Ich empfehle Dir auch, seine Bücher zu lesen: „Improvisation und Theater" und „Theaterspiele".

Deshalb ist es z.B. in einer effektiven Psychotherapie so essentiell, dass der Therapeut den Klienten immer mal wieder überrascht, verblüfft und in Verwirrung stürzt. Milton Erickson betonte dies gern: **„Die Unvoraussagbarkeit des Therapeuten zwingt den Klienten in neue Denk- und Verhaltensmuster.“**

Und genau das tust Du, wenn Du andere mit Verhaltensweisen überraschst, auf die sie nicht vorbereitet sind und auf die sie keine vorgefertigte Reaktion haben. Damit „zwingst“ Du sie, jetzt selbst kreativ zu werden.

Was löst das aus, wenn Du unerwartet reagierst?

Dein Gegenüber erlebt zunächst einen kurzen Moment des Stockens, einen kleinen „Schock”, der zu einer Neuorientierung führt. Da es auf dem eingefahrenen Gleis nicht mehr weitergeht, keine Routine dafür vorliegt, muss er/sie **etwas Neues ausprobieren**. Im MagSt wirfst Du Deinen Gesprächspartner ständig aus seinen eingefahrenen Bahnen. Wohin er dann geht, ist seine eigene Entscheidung.

Auch im Alltag ist es interessant, unvoraussagbar zu sein. Das macht den Umgang mit Dir frisch und belebend. Man weiß nicht, wie Du als nächstes reagieren wirst, was Du sagen wirst oder womit Du den anderen konfrontierst. Das wirkt attraktiv auf andere und als Mann hast Du dabei einen grossen zusätzlichen Pluspunkt bei Frauen (und bei Kindern!).

Mit unvoraussagbaren Verhaltensweisen hinterlässt Du einen bleibenden Eindruck. Es versteht sich von selbst, dass die Standard-Reaktionen des „artigen, netten Kerls” für Dich nicht in Frage kommen.

Als erstes Ziel Deiner nächsten Fortschritte nimmst Du die Floskeln und Binsenweisheiten aufs Korn: Begrüßungen, z.B. „Wie geht's?“, das Thema Wetter usw.. Ersetze sie mit ungewöhnlicheren Reaktionen:

„Jetzt, wo ich Sie sehe, fällt mir ein ...", oder (scherzhaft): „Ich weiß genau, was Sie im Schilde führen, wenn Sie mir mit dem Thema Wetter kommen!"

Den „Bühnenvorhang" weit aufmachen!

Eine wertvolle Funktion Deiner Unvoraussagbarkeit ist, dass sie Dir einen weiten Verhaltensspielraum schafft. Je größer Deine „Bühne" ist, um so mehr Verhaltensmöglichkeiten gesteht man Dir zu. Du weißt doch, Menschen sind Gewohnheitstiere: Wenn sie Dich mal in eine Schublade gesteckt haben, kommst Du so schnell nicht wieder heraus. Wenn jemand dann mal etwas Ungewöhnliches macht, heißt es gleich „der spinnt heute" oder man fragt ihn, ob er ein aufgewärmtes Pilzgericht gegessen hat.

In diese Schublade kommst Du erst gar nicht, wenn Du Leuten von vorne herein zeigst, dass man bei Dir mit „abweichendem" Verhalten rechnen muss.

Du kennst ja mittlerweile das kybernetische Gesetz, das besagt, dass die Abläufe in einem System immer dasjenige Glied bestimmt, das die meisten „Schaltzustände" hat. Mit anderen Worten: Wer in einer Gemeinschaft die meisten Verhaltensmöglichkeiten hat (und nutzt), führt. Sowie ein Wechselschalter bestimmt, welche Glühlampe brennt und welche nicht.

Wenn Du Dir also von Anfang an einen größeren Verhaltensspielraum schaffst, hast Du einen Platzvorteil.

Eilt Dir der Ruf voraus, dass man nie voraussagen kann, wie Du reagierst, wirst Du mehr Spielraum haben, Dich zu verhalten als jemand, der sich recht eng nach dem sozial vorgegebene Verhaltenskodex richtet.

Solche Leute mag man zwar, aber sie sind nicht attraktiv, weder privat (da findet man sie allenfalls „nett"). Sie tun sich dann auch schwer in Führungspositionen.

In jeder Kommunikation werden schon früh Muster etabliert. Sobald sie gefestigt sind, lässt die Spontaneität (und der Reiz) nach. Lass' das nicht zu, es würde Dich voraussagbar machen. Deshalb wirst Du von Anfang an dafür sorgen, dass sich bestimmte Muster gar nicht erst etablieren.

Beispiel:

> Antrittsbesuch der künftigen Nachbarn. Der Abend verläuft erfreulich und beim Verabschieden sagt der neue Nachbar:
>
> „Ich freue mich schon drauf, bald hier zu wohnen, bei so netter Nachbarschaft!"
>
> „Warten Sie`s ab", antwortet der andere vielsagend, „bis Sie uns näher kennenlernen!"[41]

Nötigung? – Nicht mit Dir!

Mach' es Dir zur Regel (und einen Spass daraus), die **Erwartungen anderer zu durchbrechen**. Wenn Du deutlich spürst (mit Deinem Bauchgefühl), dass Dir Dein Gegenüber jetzt eine ganz bestimmte Reaktion entlocken will, dann überrasche ihn.

Eine häufige Unart von Leuten ist das „robbing strokes", die Nötigung zu einem Kompliment oder einer Versicherung. Wenn Du Diese Muster durchbrichst, gewöhnst Du anderen etwas ab, was ohnehin keiner an ihnen mag. Du bist dabei **im positiven Sinne erzieherisch.**

---

41 Bei allen ungewöhnlichen, provokativen Aussagen ist es notwendig, sich vorher als Person eingeführt zu haben, die gerne Scherze macht! Sonst kann das andere schocken!

Beispiel: (Jemand möchte wiederholte Bestätigungen von Dir haben)

> „Als Du gestern gesagt hast, Du findest mich großartig, hast Du das auch wirklich so gemeint?"
>
> „Natürlich nicht. Das hab ich doch nur gesagt, um Dich zu beruhigen." (Das muss unbedingt **betont inkongruent** gesagt werden!)

Ein besonders schönes Beispiel aus der Therapie stammt von Allen Fay (auch ein provokativer Therapeut).

Ein Klient, der durch falsche sexuelle Aufklärung fehlinformiert war, besprach das Thema Masturbation in einer Sitzung und sagte:

> „Ich onaniere dreimal am Tag. Glauben Sie, dass das zu viel ist? Könnte mir das schaden?"
>
> Wir hatten das Thema schon öfter besprochen, und er wußte gut genug, dass es nicht schaden würde. Ich wiederholte die beruhigenden, korrektiven und informativen Äußerungen, die ich schon früher gebracht hatte, worauf er sagte „Und wie ist es bei viermal?"
>
> Da mir plötzlich klar wurde, dass ich im Begriff war, auf sein Spiel einzugehen, antwortete ich: „Das ist immer noch nicht schlimm, aber ich kann Ihnen jetzt schon versichern, dass bei fünfmal die allerschlimmsten Konsequenzen drohen, wie Blindheit, Wahnsinn, völlige Auflösung der Persönlichkeit..."
> Er fing an zu lachen. Auf diese Weise hatte ich ihn wirksamer beruhigt als durch bloße Wiederholung der schon gegebenen Informationen.[42]

Die unerwartete Antwort geht also folgendermaßen: Wann immer Du merkst, dass sich ein Muster einschleift (in den Treffen, in der Unterhal-

42) Allen Fay, 1980, S. 59, zitiert nach „Was gilt das Wort des Therapeuten?" von Hans-Ulrich Schachtner (in „Hypnose" hrsg. von B. Peter)

tung, in den Themen), dann durchbrich es mit einer **Antwort, die das Gegenteil des Erwarteten darstellt** oder jedenfalls weitab davon ist. So vermeidest Du Sättigung und diese öden Pausen in Gesprächen, die signalisieren, dass die Luft raus ist.

Immer schön am Ball bleiben: Die drei Baffmacher

Du konntest bis jetzt schon recht gut sehen, wie nützlich die Haltung der Unvoraussagbarkeit ist. Jetzt kommt noch ein Knüller:

Ein Trick, wie Du **immer am Ball bleibst,** auch wenn andere sich vordrängeln oder Dir den Rang ablaufen wollen.

Zur Beweger-Rolle und zum Hochstatus gehört nämlich, dass Du das Geschehen bestimmst oder zumindest mitbestimmst. Es wird aber immer mal wieder passieren, dass Dir jemand den Ball abnimmt, weil Du vielleicht gerade mal abgelenkt oder unkonzentriert warst. Dann brauchst Du eine Methode, wie Du wieder an den Ball kommst.

Es passt nicht zum MagSt, Dir über längere Zeit die Initiative abnehmen zulassen. Du gibst dem anderen durchaus Chancen sich einzubringen, aber ihn die Szene dominieren zu lassen, würde Deinen Einfluss empfindlich schmälern. Deshalb, um wieder an den Ball zu kommen, verwendest Du die drei „Baffmacher":

Verblüffen Verwirren Verunsichern

Verblüffen

Zunächst etablierst Du einen Kontext (z.B. ein freundliches Kompliment) und bringst dann eine unerwartete Wendung.

Beispiel: „Ein schickes Auto, was Sie da fahren! Aber seit wann sind Sie denn arbeitslos?"

Eine weitere Verblüffungs-Technik ist **das Non-sequitur** (eine Technik von Milton Erickson). Er entdeckte dieses Prinzip schon als Schüler der Highschool:

> Ein Mitschüler kündigte schon vor dem Chemieunterricht an, dass er die Gruppe für das Experiment A (das interessanter war als B) übernehmen würde (obwohl das Milton zustand). Als es dann soweit war, dass die beiden Gruppenführer (Milton und der andere Junge) ihre Geräte nehmen sollten, um ihre Gruppe in die jeweiligen Räume zu führen, wandte sich Milton an diesen Mitschüler und sagte mit einer wichtigen Miene:
>
> „Und der Vogel flog steil nach oben, dann flog er runter, nach links, dann nach rechts und wo er dann hingeflogen ist, das weiß ich wirklich nicht."
>
> Der Junge guckte ihn verblüfft und verständnislos an. Diese Pause nutzte Milton, um die Geräte für Versuch A zu nehmen und mit seiner Gruppe los zu gehen. Der Junge hatte für den Vorfall eine Amnesie - er wußte hinterher nicht mehr, wie es gekommen war, dass er nun doch das langweiligere Experiment durchführte.

Verwirren

Für diese Technik legst Du Dir am besten ein paar Sätze zurecht. Der Trick dabei ist hier, die **Aufnahme-Kapazität des anderen so sehr zu überfordern**, dass er den Überblick verliert.

Hier passt ein Beispiel, das du schon kennst:

> „Das Interessante an Ihrer Selbst-Einschätzung ist weniger, dass Sie nicht unter einem akuten Mangel an Intelligenzdefiziten zu leiden haben, sondern das sogar als besonderes Privileg verstanden wissen wollen."

Du bringst den anderen mit komplizierten, langen Sätzen und doppelter Verneinung ins Grübeln.

Eine weitere Technik, um andere zu verwirren, ist das **Durchbrechen sozialer Konventionen.**

Jacqui Schiff (eine fähige amerikanische Therapeutin, bei der ich lernte, mit Schizophrenen umzugehen) hatte einen aggressiven, verschlossenen Typen in einer ihrer Therapie-Gruppen, dessen „Mauer" sie bisher nie hatte durchbrechen können, bis sie plötzlich einen guten Einfall hatte. Sie ging zu ihm hin, löste seine verschränkten Arme, legte seinen Kopf in einer unsicheren Geste etwas zur Seite und sagte: „Siehst Du, das ist die richtige Körpersprache für Angst!"

Die soziale Konvention ist, den 50 cm Privat-Raum einer Person zu wahren. Gehst Du näher an ihn ran, löst das zunächst Verwirrung und Schreck aus. Auch **überraschende Berührungen** verwirren. Generell ist überraschende Körpersprache ein gutes Mittel, andere in Verwirrung zu stürzen: Wenn Dich mal jemand anschreit und Du bückst Dich, um Dir den Schnürsenkel zu binden, unterbricht das den anderen in seinem Muster – er müsste ja jetzt ins Leere schreien!

Jetzt verrate ich Dir eine Technik, die Du sofort anwenden kannst:

Der unpassende Weisheits-Spruch!

Leg Dir ein paar Sprüche zurecht (die dürfen ruhig aus einem Zitate-Buch stammen), die Du jederzeit parat hast. Wenn Dir jemand dumm kommt oder Du ihn verwirren willst, dann **zitierst Du einen Deiner Sprüche** mit bedeutungsvoller Stimme. Wohlgemerkt, der Spruch sollte NICHT auf die Situation passen! Nur dann nämlich ist der andere verwirrt und sucht nach einer passenden Interpretation.

> Beim letzten Besuch unseres Ex-Kanzler Schröder bei Bush in den USA fragte der Reporter Bush, ob er glaube, dass Schröder die bevorstehende Wahl gewinnen werde. Bush sagte darauf: „Es ist nicht das erste Rodeo, das er reitet."
>
> Noch besser war die Antwort des (damals noch) Kanzlers auf die Frage, ob er bei den schlechten Umfrage-Ergebnissen noch eine Chance sähe, zu gewinnen: „Hinten werden die Enten fett!"

Köstlich, nicht?

Ja, gut, ich weiß schon, in diese Sprüche kann man Sinn hineinlegen, wenn man sich ein bisschen Mühe gibt. Probier aber mal ruhig auch **völlig unpassende Sprüche** aus. Wie wär's denn mit dem (falls Dich mal ein Stadtstreicher um Geld anbettelt)?

„Das Reh springt hoch, das Reh springt weit,
warum auch nicht, es hat ja Zeit!"

Bis er sich wieder gefangen hat, bist Du ausser Hörweite.

Verunsichern

Bei dieser Technik bringst Du Dein Gegenüber dazu, an sich, seinen Werten oder Überzeugungen zu zweifeln.

Beispiele:

> „Denken Sie nicht, dass Sie gelegentlich mal Ihre Sprüche überprüfen sollten?!"
>
> „Sie essen wohl nicht oft in solchen (feinen) Lokalen, nicht?"

Auch hier wieder eine Alternative für Dich: **Bedeutungsschwanger sprechen!** Es ist fast egal, was Du inhaltlich dabei sagst, wenn Du einen Satz mit tiefer Stimme und eindrucksvoller Mimik sagst, wird der andere immer versuchen, einen tieferen, verborgenen Sinn dahinter zu finden.

Das funktioniert sogar bei ganz banalen Sätzen, wie „Und ich möchte, dass Du nie vergisst: ... bei Tag ist es hell, doch bei Nacht ist es dunkel!!!"

Bei allen drei Techniken, Verblüffen, Verwirren und Verunsichern, erzielst Du beim anderen zunächst eine kleine Schockreaktion. In dieser Schrecksekunde hast Du Zeit, Dich zu sammeln und wieder in Führung zu gehen, indem Du ein neues Thema anschneidest, dem anderen eine knifflige Frage stellst oder Dich anderem zuwendest.

Von allen fünf Haltungen der WUDUH-Formel ist **die Unvoraussagbarkeit die wertvollste für DICH selbst**. Du erfindest Dich dabei neu und belebst Deinen Alltag. Und nicht zuletzt: Dein Selbstvertrauen und Deine Stimmung steigen dabei enorm!

Damit sind wir bei der dritten unserer unverzichtbaren Eigenschaften angekommen, die Du Dir auf dem Weg zum (Kommunikations-)Magier angedeihen lässt.

Die nun Folgende ist für Deine *Wirkung* auf andere die Bedeutsamste...

3. Definierend und souverän[43]

Von allen Fähigkeiten im MagSt ist das Definieren diejenige, auf die Du **am allerwenigsten verzichten** kannst. Erst wenn es Dir gelingt, überzeugend definierend zu agieren, wird Dein Wort etwas gelten und man wird auf Dich hören. Das liegt daran, weil unser gesamtes soziales Leben **durch hierarchische Strukturen geregelt** wird (wer bestimmt wann und was?). Das geschieht durch unauffällige Gesten, Körperhaltungen und Sprechweisen, die fast immer verdeckt und indirekt wirken. Wenn jemand gekonnt Situationen definiert, also zu verstehen gibt, wie die jeweilige Situation zu verstehen ist (z.B. als Scherz oder Ernst), nimmt er eine bestimmende Position ein. Andere richten sich viel eher nach ihm als nach jemanden, der das Definieren dem Zufall oder anderen überlässt. In der großen Mehrzahl der Fälle wird eine Person, die das gekonnt tut, im Hochstatus wahrgenommen, d.h. man respektiert ihren Willen. Betrachten wir mal die Hochstatus-Position genauer.

Diese Position wirkt auf das Unbewusste durch unbemerkte Statussignale. So wird subtil bestimmt, **wessen Wille beachtet wird** und wer zurück zu stehen hat, wer Privilegien geniesst und wer sich anzupassen hat, wen man beachten muss und wen man übersehen kann. Die Status-Signale spielen bis in die kleinsten Reglements des alltäglichen Lebens hinein, wie etwa, wer in einem Gespräch gerade zu reden dran ist, wer auf einem schmalen Gehsteig dem anderen ausweichen muss, wer als erster durch die Tür gehen darf usw. Im MagSt sind Statussignale von zentraler Be-

---

43) Ich habe, seit dem Erscheinen dieses Buches 2006, meine Meinung in diesem Punkte geändert (Ich nannte diesen Punkt früher Dominanz). So wichtig ich es finde, den Hochstatus einnehmen zu *können,* finde ich die Fähigkeit, eine Situation *definieren* zu können, weit wichtiger. Dies kann jedoch sowohl im Hochstatus als auch im Tiefstatus geschehen (das wird in den „Inspektor Columbo"-Filmen von Peter Falk recht schön demonstriert.) Deshalb rede ich in meinen Seminaren heute vom Definieren (können) statt vom Dominant (sein).

deutung: Ohne die Fähigkeit diese Signale bewusst abrufen und aussenden zu können, lässt sich der MagSt nur bedingt einsetzen!

Ich habe z.B. in vielen Seminaren sehen müssen, dass auch die bemühtesten Versuche, Provokative Therapie zu erlernen und einzusetzen, an dieser Klippe scheitern können. Definieren können ist auch dabei eine wichtige Voraussetzung.

Als Organisator begleitete und betreute ich **Frank Farrellys Workshops** von 1982 bis 1993 und war in den Kleingruppen-Übungen aktiv als Berater involviert. Dabei habe ich mich oft gewundert, dass manche die Provokative Therapie sofort erfassen und in ihren Stil integrieren konnten und bei anderen dieselben Techniken aufgesetzt und fehl am Platze wirkten. Nach einiger Zeit bekam ich einen Blick dafür, für wen die *Provocative Therapy* geeignet war und für wen nicht.

Wie schon erwähnt, lehrt Frank Farrelly seinen Therapie-Stil fast ausschließlich mittels **Imitationslernen** – er zeigt als Verhaltensmodell den Teilnehmern, wie *er* es macht. Er verzichtet dabei auf erklärende Theorien und zeigt auch nicht die Voraussetzungen auf, die man für die Provokative Therapie mitbringen sollte. Er zeigt auch selten, was man auf keinen Fall machen darf. Für ihn ist es so natürlich und selbstverständlich definierend aufzutreten, dass es ihm vermutlich nicht in den Sinn kommt, dass jemand das erst lernen müsste. In anderen Therapieformen ist diese Fähigkeit, definierend aufzutreten, zwar sicherlich nützlich, aber nicht eine unabdingbare Voraussetzung.

Wenn jemand subdominant ist, bleiben seine Interventionen meist **auf dem Niveau gut gemeinter Ratschläge**. Definierend zu sein spricht beim anderen eine tiefe, fast archaische Ebene an, die in diesem die Tendenz auslöst, seinen Willen und sein eigenes Urteil hintanzustellen und dem Beispiel und Empfehlungen des definierenden Gegenübers zu folgen. Du wirst dadurch vorübergehend zu einer Art „Leitwolf" für den anderen. Es hat auch noch einen weiteren Vorteil: Bist Du **einmal als Autorität akzeptiert**, ist es für den anderen ökonomischer, sich Deinem Urteil anzuschließen anstatt selbst zu urteilen, abzuwägen und zu entscheiden. Er wird sich Dir gerne anschließen.

Unser (erzieherisches) Ziel im MagSt ist es, diese Tendenz im anderen aber möglichst bald wieder zu frustrieren, so dass ein Pull-Push-Effekt entsteht, der den anderen zu Selbstverantwortung und Eigenständigkeit drängt (zwei Zeichen für Reife und Erwachsensein).

Eine der wichtigsten Fähigkeiten einer definierenden Persönlichkeit ist die **Status-Flexibilität**, d.h. nach Belieben vom Tiefstatus in den Hochstatus wechseln zu können und umgekehrt. Der Hoch-Status bringt Dir Achtung ein, der Tiefstatus hingegen macht Dich sympathisch. Ja, Du hast richtig gelesen, Tiefstatus macht sympathisch, vorausgesetzt, der Abstand ist nicht zu groß! Prüf' Dich mal selbst. Sind Dir nicht auch *die* Leute am sympathischsten, die ein kleines bisschen unter Dir stehen?

Du wirst aber auf beides nicht verzichten wollen und wirst Dich deshalb darin üben, vom einen zum anderen zu wechseln, wie es die Situation gerade erfordert. Das Wesentliche am dominanten Auftreten ist, dass DU entscheidest, welchen Status Du einnimmst und nicht darauf wartest, dass Dir der andere einen Status zuweist![44] Ein paar von den Erkenntnissen zweier scharfsichtiger Forscher über das menschliche Status-Verhalten möchte ich Dir vorstellen:

---

44) Diese wichtige Erkenntnis des menschlichen Statusgeschehens verdanken wir interessanterweise nicht den Psychologen, sondern drei klugen Männern, die aus ganz anderen Bereichen stammen. Der eine ist ein Zoologe, Desmond Morris, der zweite ein Soziologe, Erving Goffman und der dritte ein Theatermann, der schon oben erwähnte Keith Johnstone, dem in seinen Workshops aufgefallen war, dass ganz einfache Rollenspiele oft so hölzern wirkten. Das änderte sich schlagartig als er Status-Positionen einführte. Seine zwei Bücher sind für psychologisch Interessierte eine wahre Fundgrube!

Regeln für den Hochstatus

Desmond Morris hat in seinem Buch „Der Menschenzoo" zehn „goldene Regeln" gegeben für Leute, die Nummer 1 sind. Er schreibt:

„Diese Regeln gelten für alle Ranghöchsten, für den Pavian ebenso wie für den Präsidenten und den Premierminister." Sie lauten:

1. Sie müssen Ihren „Staat" durch Posen und Gesten des Vorranges zeigen.
2. In Augenblicken aktiver Rivalität müssen Sie ihre Untergebenen aggressiv bedrohen.
3. In Augenblicken körperlicher Herausforderung müssen Sie (oder Ihr Beauftragter) imstande sein, Ihre Untergebenen überzeugend zu schlagen.
4. Wenn eine Herausforderung mehr den Einsatz von Verstand nötig macht als den von Muskelkraft, müssen Sie imstande sein, Ihre Untergebenen an Intelligenz auszustechen.
5. Streitigkeiten zwischen Ihren Untergebenen müssen Sie unterdrücken.
6. Sie belohnen die Ihnen unmittelbar Untergebenen dadurch, dass Sie ihnen gestatten, die Privilegien ihres hohen Rangs zu genießen.
7. Sie müssen die rangtiefen Angehörigen der Gruppe vor unnötiger Unterdrückung schützen.
8. Hinsichtlich der sozialen Aktivitäten Ihrer Gruppe müssen Sie die Entscheidungen treffen.
9. Sie müssen sich von Zeit zu Zeit Ihrer rangtiefsten Untergebenen versichern.
10. Sie müssen die Initiative ergreifen, wenn es gilt, Drohungen oder Angriffe zurückzuweisen, die Ihrer Gruppe von außen entstehen.

Und noch ein paar „goldene Nuggets" zu diesem Thema von Keith:[45]

> Im Alltag ist es normalerweise „verboten", Status-Handlungen wahrzunehmen, außer bei Streitigkeiten.
>
> Status ist etwas Dynamisches, etwas, das man tut. Man kann einen tiefen sozialen Status haben, aber einen hohen spielen und umgekehrt.
>
> Zuschauer genießen es, wenn ein Gegensatz besteht zwischen dem gespielten und dem sozialen Status.
>
> Man kann sich niemals neutral verhalten! Status ist immer dabei.
>
> Jedes Heben und Senken der Stimme zeigt Status an. Auch jede Bewegung.
>
> Bad-luck stories sind die Leckerbissen in der Sammlung von Tiefstatus-Spielern zur Unterhaltung und Besänftigung anderer.
>
> „Ich rieche gut" hat dieselbe Wirkung wie „Du stinkst". Das bringt Abwechslung in Dialoge.
>
> Was automatisch getan wird, wirkt lächerlich.
>
> Wird ein Mensch mit sehr hohem Status abgesetzt, freuen sich alle, weil sie das Gefühl haben, selbst eine Stufe höher zu steigen.
>
> Hochstatus-Personen dürfen nie den Eindruck machen, als würden sie eine tiefere Stellung in der Hackordnung akzeptieren, auch wenn ihnen Schreckliches widerfährt. Sie müssen aus der Gruppe ausgestoßen werden. Sonst wirken Tragödien kläglich. In Tragödien sind die Opfer immer von hohem Status.

---

45) Keith Johnstone: „Theaterspiele" Alexanderverlag 2000

> Der hohe Status ist dem Menschen angemessen, doch wir mäßigen ihn, um Konflikte zu vermeiden.
>
> Wer andere ignoriert, hebt damit seinen Status.
>
> Status zeigt sich in der Reaktion auf Angestarrt-Werden.
>
> Kurzes „äh" signalisiert: „Unterbrich mich!" Langes „äh" heisst: „Unterbrich mich nicht, auch wenn ich noch nicht weiß, was ich sagen will."
>
> Offiziere werden darauf gedrillt, den Kopf stillzuhalten, während sie Befehle erteilen.
>
> Hochstatus sagt: „Komm mir nicht näher, ich beiße."
> Tiefstatus sagt: „Beiß mich nicht, ich bin der Mühe nicht wert!"
>
> Wir sind alle Statusspezialisten: Wenn man den „anderen" Status spielt, fühlt man sich ungeschützt.
>
> Geschmeidige Bewegungen: Hochstatus
> Ruckartige Bewegungen: Tiefstatus
>
> Tiefstatus: Sich ständig ins Gesicht und am Kopf anfassen
>
> Bewegungen verlangsamen heißt: Status steigt.

Das soll Dir eine Vorstellung davon geben, was **Hochstatus-Gebaren** ist. Ein Meister dieser Art, sich zu geben, ist Groucho Marx, sowohl verbal als auch non-verbal. Seine Filme sind es wert, mehrmals gesehen zu werden (In meinen Seminaren zeige ich gern Ausschnitte davon.)

So, ich hab jetzt wirklich genug betont, dass definierendes Auftreten im MagSt einen hohen Stellenwert hat. Sobald Du das einigermassen beherrschst, geht das **in jeden Aspekt Deines Agierens** ein, in das Denken, das Fühlen und das Handeln.

Das wollen wir uns jetzt im Einzelnen ansehen...

Definierendes Denken

Den Verständnis-Rahmen definieren

Den wenigsten Menschen ist bewusst, dass sie **ihre eigene Realität definieren** könnten und übernehmen deshalb das Weltbild der Eltern und der Gesellschaft. Sie lassen sich definieren und oft sogar sagen, wer sie sind. Schade, denn das ist eine unglaubliche Macht, mit der man sein Leben bestimmen kann!

Unzählige Motivationsseminare à la Anthony Robbins versuchen ihren Teilnehmern beizubringen, diese Macht zu nutzen. Leider wird sie dabei oft nur eingesetzt, um materielle Güter zu erringen und nicht, wie das im Taoismus gelehrt wird, wahres Glück zu finden, d.h. um Herr über sich und sein Schicksal zu werden.

Im MagSt ist das Ziel, unsere Kommunikation auf eine höhere Ebene zu heben, positiven Einfluss zu gewinnen und **konstruktive Ergebnisse** hervorzubringen, wie etwa gegenseitiges Vertrauen, Attraktion, Spaß und Kooperation. Das ist der große Rahmen des Ganzen, der Meta-Rahmen.

Der situative oder temporäre Rahmen bestimmt, **wie eine gegebene Situation zu verstehen ist.** Wenn Du (als Mann) zum Beispiel im Supermarkt auf eine Frau zugehst und sagst: „Sie haben eine fantastische Figur, ich würde Sie gerne mal zum Abendessen einladen. Geben Sie mir Ihre Handynummer?" dann ist das eindeutig eine Anmache und eine ungeschickte obendrein.

Sagst Du aber statt dessen: „Sie scheinen sich hier auszukennen, wissen Sie, wo hier das Popcorn steht?" dann ist es keine Anmache und sie wird Dir vielleicht einen Tipp geben, wo es steht.

Vielleicht versucht sie aber doch, Dein Auf-sie-Zugehen als Anmache zu definieren und sagt: „Lassen Sie mich gefälligst in Ruhe!"

Jetzt kommt es darauf an: Wer setzt seine Definition der Situation durch? Anmache oder Bitte um Information? Wenn Du es nicht schaffst, Deine Definition durchzusetzen, stehst Du ein bisschen dumm da.

Du sagst also (mit einem freundlichen Blick): „Hui, Sie sind aber geladen heute! Wenn ich Sie jetzt auch noch frage, wo der Orangensaft steht, dann fahren Sie mich wahrscheinlich mit dem Einkaufswagen nieder!"

Jetzt wird sie sich vermutlich ein Lachen verkneifen müssen. Jedenfalls hast Du die Situation wieder so definiert, dass Du eine legitime Frage geäußert hast, auf die sie viel zu ruppig reagiert hat. Sie ist aufgrund dieser Unhöflichkeit ein bisschen in Deiner Schuld. Das kannst Du noch verstärken: „Sie haben mich so erschreckt, dass ich jetzt ein Trauma habe und vermutlich sogar eine Popcorn-Phobie entwickle!"

Wenn sie jetzt lacht, kannst Du ihr ein Kompliment machen: „Ihr erster Eindruck war ja entsetzlich, aber jetzt, wo ich Sie lachen sehe, glaube ich, dass in Ihnen doch ein netter Mensch steckt!". (Lass' Dich zur „Wiedergutmachung" zu einem Glas Tee im Bistro einladen.)

Das reicht erst einmal. Wir wollten ja nur mal sehen, was definieren ist.

Wer eine Situation definiert, bestimmt, wie das Kommunikationsgeschehen zu verstehen ist. Du kannst wahrscheinlich schon ermessen, wie viel Macht da drin steckt!

Dieses „**Rahmen definieren**" geschieht laufend und überall, im Alltag, im Beruf und in der Politik. Wenn ein Präsident einem Volk einen Angriffskrieg als Selbstverteidigung hinstellt, dann definiert er damit sein Vorgehen als moralisch gerechtfertigt. Wenn ein anderer Präsident sich in seinen Büroräumen einen blasen lässt und dann sagt: „Die meisten Männer würden wohl mit mir übereinstimmen, dass das kein Sex war" (Klartext: Ich hab also nicht gelogen), dann versucht er sich mit dieser Definition rein zu waschen. Beiden Definitionen hängt aber ein Makel an: Sie sind nicht überzeugend, die Intelligenteren im Volk kaufen ihm das nicht ab.

Hierzu möchte ich Dir gern eine Regel mitgeben: Bitte **keine Dementis** und keine rechtfertigenden Definitionen im Nachhinein – sie wirken immer schwach und rückgratlos. Die genannten Beispiele sind hoffentlich abschreckend genug.

Okay, das hätten wir. Kommen wir zum Definieren, so wie wir es im MagSt einsetzen. Da dient es nämlich einem ganz bestimmten Zweck: Es soll Dich in eine **starke Einflussposition** bringen (die Du aber nie zum Schaden anderer einsetzen wirst. Du hast es versprochen!).

Drei Dinge werden definiert: Du (und Deine jeweilige Rolle), der andere (und seine momentane Rolle) und die Situation. Gehen wir die drei mal durch.

Deine Persönlichkeits-Definition

Wie willst Du Dich denn definieren? Als was, als wer?

Wenn Du einen interessanten Beruf hast, wäre das schon ein guter Start. Muss aber nicht sein. Hauptsache Du definierst Dich als **jemanden von WERT!**

Egal, wo Du bist und mit wem Du in Kontakt kommst, wenn Du Wert zeigst, wird man Dich gerne kennenlernen und um sich haben wollen. Das ist doch bei Dir genau so! Du checkst auch Leute blitzschnell danach ab, ob sie einen Wert für DICH haben, oder? Alle tun das, es ist genetisch programmiert.

Und was hast Du anzubieten?

grübel ... grübel ...

Ich will Dir ein bisschen helfen. Wenn Du ein Mann bist, fallen Dir ohnehin nur Sachen ein, die Du leider NICHT hast (die drei Y's zum Beispiel: Eine Yacht, einen Yaguar und ganz viel Yeld) und als Frau fallen Dir Sachen ein, die erst nach längerem Kennenlernen von Vorteil sind.

Gut einprägen: Du stellst einen Wert für andere dar **aufgrund Deiner Persönlichkeit!** Zählen wir sie mal auf, die Eigenschaften, die Dich in dieser Hinsicht wertvoll machen:

Was andere an Dir haben (oder hätten, wenn sie mit Dir gemeinsame Sache machen):

1. Du hast **Anführer-Qualitäten,** manche würden sogar sagen, dass Du ein Alpha-Typ bist. Du fällst auf, hast schnell Kontakt und bewegst etwas.

2. Mit Dir zusammen zu sein, macht Spass, weil Du **unterhaltsam und lustig** bist.

3. Du **förderst und forderst** andere, sprichst Emotionen an und bist, wenn angebracht, schonungslos offen. Man lernt was von Dir und durch Dich.

Das sind doch alles Eigenschaften, die weit mehr zählen als die drei Y's, oder? Von einem Pickup-Künstler (*Pick-up artists* nennen sich in England die „Frauen-Aufreißer") weiß ich, dass er am liebsten in die Super-Nobelschuppen geht, um sein Talent zu praktizieren. Dort sind die hübschesten Frauen und langweilen sich mit steinreichen Typen, gähnen verhalten, schauen heimlich auf die Uhr und lachen zwischendrin gekünstelt. Er selbst hat zwar nur ein bescheidenes Auto und ein kleines Appartement, aber er hat etwas, was sie bei Mr. Sugar-Daddy nicht bekommen: **Spass und Spannung, Aufregung und Abenteuer!**

Die drei besonderen Qualitäten Deiner Persönlichkeit

1. Hochstatus-Ausstrahlung:

Deine **Körpersprache** signalisiert, dass Du eine hohe Meinung von Dir hast. Deine Haltung, Kleidung und Gesten zeigen, dass Du Wert auf Dein Äußeres legst und Dich zu bewegen weißt. Hochstatus strahlst Du aus durch Deine gemessenen, bedachten, fließenden Bewegungen.

2. Unterhalter-Qualität:

Du hast eine Sammlung interessanter Geschichten, Anekdoten und Denkspiele und kannst jederzeit, auch in größeren Gruppen etwas **zur Unterhaltung aller beitragen**. Du weißt, was in der Welt gespielt wird und hast eine Meinung dazu. Ausserdem verstehst Du es, andere zum Lachen zu bringen und Scherze zu machen.

3. Fördern/Fordern-Qualität:

Du bist herausfordernd und anspruchsvoll, lässt anderen Vorurteile, Ungereimtes oder **Oberflächliches nicht durchgehen.** Wenn es angebracht ist, kommst Du ohne Umschweife zur Sache, nennst die Dinge beim Namen, sprichst auch das Unausgesprochene, Verheimlichte an und aus und kannst, wenn nötig auch sehr, sehr ernst sein.

Auch wenn Du vielleicht jetzt sagst „Soweit bin ich aber noch nicht", lass' Dich dadurch nicht bremsen. Als Kind warst Du so – voller Ideen, übersprudelnd mit Geschichten und schonungslos offen und ehrlich. Das steckt immer noch in Dir drin. Hochstatus ist, wie schon erwähnt, für uns Menschen die natürliche Art sich zu fühlen.

Weißt Du noch, wie das mentale Training geht? Das kannst Du jetzt brauchen: **Sieh Dich mit diesen Eigenschaften ausgestattet** und Dein Unbewusstes holt sie wieder hervor! Deine Körpersprache weist Dich als Mensch aus, von dem andere lernen und profitieren können.

Das reicht natürlich noch nicht ganz, diese Haltungen müssen auch einer **Prüfung standhalten** können. Andere testen Dich nämlich, ob Du das auch im verbalen Austausch halten kannst. Aber keine Sorge, wie Du verbalen Hochstatus zeigst und behauptest, besprechen wir, wenn wir zu den verbalen Dominanz-Techniken kommen. Vorerst geht es uns noch um die Körpersprache, die bekanntlich 93 % Deiner Ausstrahlung ausmacht (den Tonfall und Deine Stimmqualität mitgerechnet).

Wie Du auch als Zuhörer „im Sattel" bleibst

Über eines musst Du Dir klar sein: Wenn ein anderer Dich in Deiner Realität verunsichert und Du **an Dir zu zweifeln** beginnst oder an Deiner Sicht der Welt, dann schwächt das Deine Wirkung und Ausstrahlung. Du taumelst, führst nicht mehr und der andere bekommt mehr und mehr Einfluss über Dich.

Du siehst von diesem Vorgang ständig Beispiele, im Alltag, in Filmen, in Deiner Beziehung vielleicht und sicher auch im Berufsleben. Jedes gute Verkaufsgespräch zielt auf Deine Definition der Realität ab (und will Dir aufzeigen, wie viel besser Dein Leben ist, wenn Du kaufst). Wenn man Deine Definition aufweichen kann, kaufst Du, auch wenn Du eigentlich sparen wolltest.

Als Umstehender erkennst Du gleich, wenn jemand sich „bequatschen" lässt. Du siehst das an den glasigen Augen, die derjenige bekommt. Er wird dabei auch immer passiver, redet immer weniger und nickt zum Schluss nur noch wie hypnotisiert. Wenn man sich selbst bequatschen lässt, dann merkt man das selbst meist nicht. Das ist so eine Art Trance.

Bei den Zeugen eines solchen Vorgangs (auch beim Partner) verlierst Du dadurch eine Menge Achtung – zu Recht! Jeder Mensch, **der sich was wert ist**, wird sich gründlich Gedanken gemacht haben über seine Überzeugungen, die Grundlagen seiner Welt- und Selbstsicht. Dann geraten diese nämlich nicht so leicht ins Wanken.

Du hast Dir dann Fragen beantwortet wie:

- Woher habe ich diese Überzeugungen?
- Machen sie aus meiner heutigen Sicht noch Sinn?
- Warum habe ich gerade *diese* Überzeugungen?
- Welche will ich behalten, welche verändere ich?[46]

Und wenn Du Sie mal durchdacht hast, kannst Du sie so treffend begründen, dass man Dich nicht mehr aus dem Sattel heben kann.

Vielleicht hast Du bei dem Gesagten bereits geahnt, dass sich die vielgerühmte **Rolle des „guten Zuhörers"** mit dem MagSt nicht gut verträgt. Das Gut-Zuhören ist „nett", und die meisten Menschen sind nette Menschen. Aber Du willst ja nicht nett sein, sondern keck!

46 Wenn Du Dich damit ein bisschen genauer auseinandersetzen möchtest, findest du in meinem Buch „Philosophische Fitness" geeignete Unterstützung.

Spar Dir die Fähigkeit des guten Zuhörens für die wenigen wirklich intimen Stunden auf und zeig in der übrigen Zeit, dass Du ein wacher und belebender Sparrings-Partner bist!

Wie verhindern, dass man Dir „andere Realitäten" verkauft?

Das Naheliegende ist natürlich erst einmal, **wach und achtsam** zu sein. Aber das bist Du ohnehin, solange Du in der Beurteiler-Position bist, da Du als solcher ständig die **Urteile des Gegenübers überprüfst**. Bei manchen Menschen hast Du dabei viel zu tun. Da stecken oft in jedem Satz gleich mehrere Urteile. Hör Dir das folgende Beispiel an:

> „Mein Chef hat mich eindeutig auf dem Kieker, wie der mich immer anschaut! Ich weiß schon, er will das mit mir genauso machen wie mit meiner Vorgängerin. Die hat er auch so ungerecht behandelt. Aber den anderen in der Abteilung ist das ja egal, die sind froh, wenn sie selbst in Ruhe gelassen werden." (Wie viele Urteile, Vermutungen und Annahmen stecken in dieser kurzen Äußerung? Fünf, oder mehr?)

Damit Du merkst, was mit Dir passiert, **wenn Du Dich zutexten lässt**, probier' das selbst mal aus: Du hörst Deinem Gegenüber ein paar Minuten im Tiefstatus zu, das heißt Du „hängst dem Sprecher an den Lippen", und die nächsten fünf Minuten im Hochstatus, „leihst" dem anderen Dein Ohr.

Dominantes Zuhören

Für das dominante Zuhören gibt es ein paar wichtige Regeln:

1. Lass‘ Dich keinesfalls „ohral” vergewaltigen! Also **nicht belehren und unterweisen lassen**! Das versetzt Dich in den Tiefstatus und kostet Dich Achtung. Hast Du so etwas einmal miterlebt, wenn sich jemand belehren hat lassen? Wie hat das auf Dich gewirkt?
2. Es gibt eine simple Methode sogenannten „Klugscheissern” das Wasser abzugraben, eine Art **„Quellen-Technik”**: Du fragst sie einfach, wo sie die Information herhaben. Das bremst sie, da sie dann nicht mehr mit überlegenem Wissen angeben können („Wo haben Sie das gelesen?”, „Wie glaubwürdig ist diese Quelle?”, „Könnten Sie mir diese Stellen kopieren oder beschaffen?“).
3. Wie wär’s, wenn Du Dir angewöhntest, **immer nur „Dein Ohr zu leihen”** (also nicht zum Abknabbern!). Dabei zeigst Du, dass Du ein anspruchsvoller Zuhörer bist, der nicht alles ungeprüft übernimmt. Du brauchst Dir nur vorzustellen, es so zu tun, wie eine Lady (oder ein Gentleman) dem Gegenüber Aufmerksamkeit „schenken” würde.

Welchen Status verleihst Du Deinem Gegenüber?

Egal wie hoch der andere seinen Status definiert, **Dein Status ist immer ein kleines bisschen höher**.

Keith Johnstone erzählte mir mal von einem Freund in Hollywood, der bei den Filmleuten einen Job als Schauspieler suchte. Wo immer er sich anbot (Tiefstatus), wurde er abgelehnt. Dann probierte er es mit der absolut „coolen Nummer” (Hochstatus), bekam aber auch auf diese Weise keinen Job. Erst als er sich mit den Leuten auf deren Parties gleich stellte und sich hin und wieder ein bisschen höher im Status zeigte, klappte es wie geschmiert.

Die Kunst ist dabei, das Welt- und Selbstbild des anderen zu kennen und **in *seinem* Denkrahmen** einen höheren Status einzunehmen.

Ein kleines Beispiel:

> Eine Kollegin kommt wegen einer schwierigen Patientin, bei der sie nicht weiter weiß, in die Supervision. Die Patientin „leidet" unter der Wahnidee, dass sie nächtliche Sexerlebnisse mit Jesus hat und erzählt die ganze Therapiestunde davon, was sie mit Jesus „zwischen den Laken" getrieben hat. An Therapie war nicht zu denken.
>
> In der nächsten Sitzung, bevor die Patientin wieder in ihre „Erlebnisberichte" verfallen konnte, beginnt die Therapeutin mit einem lasziven Unterton: „Raten Sie mal, mit wem ich die letzte Nacht verbracht habe?" Und sie berichtet ihr dann ausführlich davon, dass SIE jetzt die neue Mätresse von Jesus wäre, wie schön es war, mit Jesus zwischen den Laken zu sein und dass er gesagt hätte, dass er ihr, der Patientin, jetzt den Laufpass geben würde, da sie ihm ohnehin zu dick sei ... usw. Nach einer halben Stunde unterbrach die Klientin: „Hören Sie doch auf mit diesem Quatsch, ich hab doch selber schon nicht mehr daran geglaubt!"
> Mission accomplished! [47]

Mit dem Definieren kannst Du Dir auch einen **großen Spaß machen**. Es gibt immer wieder Situationen, wo Bekannte sich mit irgendetwas hervortun, etwas ganz toll finden, was sie machen oder haben. Sich da hinein zu denken, sollte Dir nicht schwer fallen: „In welchem Wertesystem ist das wirklich eine große Sache?" Dann erweiterst Du den Sichtwinkel, so dass diese „tolle Sache" relativiert wird.
Sagen wir, ein Bekannter hat sich ein **schickes Auto** gekauft, mit dem er Eindruck schinden will. Aus der zugedachten Rolle kommst Du ganz

47) berichtet in: Frank Farrelly „Provocative Therapy", Meta Publications

leicht heraus, wenn Du sagst: „Ich könnte so einen Wagen nicht fahren – viel zu auffällig für mich." Dann könntest Du ihm erzählen, dass es jetzt auch bei uns schon nötig geworden ist, wie in den USA, einen möglichst unauffälligen Wagen zu fahren, vor allem, wenn man bekannt ist und man mal incognito und unerkannt ausgehen möchte. Deswegen gehen Leute wie Elton John oder Robbie Williams zu *„Rent a Wreck"* und leihen sich eine Schrottkarre aus. Sie wollen keine Fans und Paparazzi auf ihren Fersen, wenn sie sich amüsieren wollen.

Oder in Deinem **Tennisclub** gibt es Leute, die sich dort immer im schicksten, neuesten Tennisdress zeigen, aber auf dem Tennisplatz dann eine weit weniger gute Figur machen. Du könntest den Dandy mal zu einem Match einladen. Zu diesem Spiel kommst Du dann in ausgebeulten Hosen und einem verblichenen T-Shirt, Sandalen und einer verkehrt herum aufgesetzten Schildmütze. Du spielst aber dann so göttlich, dass Dir die Zuschauer applaudieren. Wenn Du noch eins draufsetzen willst, dann bestell' Dir eine gut aussehende Freundin dazu, der Du dann zwischendrin immer ganz verliebt Kusshändchen zuwirfst.

Erkennst Du das **Prinzip**? Es gibt immer eine Sichtweise, in der eine, in der gängigen Meinung ganz großartige Sache, bescheiden oder sogar beschissen aussieht. Ich habe Leute kennen gelernt, die für eine Geburtstagsfeier mit 300 Leuten auf einem eigens gemieteten Schiff mehr als eine Million Mark haben springen lassen. Das kann man so und so betrachten und nicht immer wirkt es gleich gut.

Wenn Du das Definieren wieder und wieder praktizierst, kriegst Du immer mehr ins Gefühl, **wie austauschbar Betrachtungswinkel** (und damit Definitionen der Realität) sind. Und bald wird Dich nichts mehr beeindrucken und einschüchtern können. Das ist auch ein Stück Reife.

Auch Situationen wollen definiert sein

Am Beispiel der Anmachsituation hast Du gesehen, dass es durchaus einen Unterschied macht, wie die Situation definiert wird. Schon mal vorab: Stell Dich **nie als Bittsteller** hin, egal in welcher Situation – ein Gentleman, eine Lady ist nie Bittsteller! Wenn z.B. Sean Connery in seinen Filmen als Agent 007 um etwas gebeten hat, hat es immer so ausgesehen, dass er dem anderen einen Gefallen damit tat, wenn dieser ihm einen Dienst erweisen durfte (typisch Hochstatus-Spezialist).

So krass brauchst Du das nicht zu machen, geh' aber ab heute davon aus, dass **die Leute Dir gerne einen Gefallen tun** und lass' bitte alle Entschuldigungsfloskeln weg und auch die Einleitungen, die so klingen, als wolltest Du Dich dafür entschuldigen, dass Du geboren wurdest und anderen die Luft wegatmest. Wenn Heidi Klum in ein Lokal geht, dann reissen sich doch die Kellner und der Chef begeistert ein Bein aus, nur um sie zufrieden zu stellen. Leg Dir ein bisschen was von dieser Aura zu und anderen wird es eine Freude sein, Dir zu Diensten zu stehen.

Vielleicht hast Du schon einmal Bücher gelesen, die Dir beibringen wollten, wie Du Leute für Dich gewinnst. Da wird dann auch immer von **Rapport** gesprochen und wie man ihn aufbaut. Um Rapport herzustellen, rät man Dir im allgemeinen, Deinem Gegenüber zuzuhören, Gemeinsamkeiten zu suchen, eine ähnliche Körperhaltung einzunehmen und sogar Deinen Atem mit dem andern zu synchronisieren.

Das ist alles gut und schön, und in manchen Situationen auch angebracht. Beim MagSt wirst Du aber ein anderes Verhalten vorziehen: Du verhältst Dich krass **entgegengesetzt zu jeglichem „Einschmeichel-Verhalten"**, indem Du den anderen **unterbrichst**, wenn er zu lange redet, auf spassige Weise **in Frage stellst** und Dich getraust, dem anderen auch mal „krumme Dinge" oder unlautere **Absichten zu unterstellen**. Die indirekte Botschaft, die bei diesem Verhalten mitschwingt, ist: „Ich habe es nicht nötig, Dir zu imponieren oder zu gefallen. Ich fühle mich auch so wie ich bin schon attraktiv genug!"

Wenn Du das richtig machst, erzeugst Du ein merkwürdiges Phänomen: Da Du demonstrierst, dass Du **auf die gewohnten Maßnahmen,** Rapport herzustellen, **verzichten kannst,** wirkt das, als würdest Du davon ausgehen, dass Ihr euch schon so vertraut seid, dass Ihr auf dieses Beiwerk verzichten könnt. Du verhältst Dich so, wie wenn Du einen alten Freund treffen würdest. Den kannst Du ja auch ohne Weiteres mit einem frechen Spruch begrüßen, ohne dass er Dir das übelnimmt.

Dieses Vorgehen ist **eine indirekte Suggestion für Vertrautheit,** die sehr eindrucksvoll ist. Das ist eine Variante der „Best-friend"-Attitüde, die nur ein anderes Wort für die VERBÜNDETEN-HALTUNG ist, die Du schon kennst.

Als Regel könnte man das folgendermaßen ausdrücken:

Definiere Dich und die Situation so,
dass DU es bist, der vom anderen erwarten kann,
dass dieser einen „guten Draht" zu *Dir* herstellen will!

Männer können das von Frauen lernen, die haben das im Blut. Wenn ein Mann diese Situation auch mal herumdrehen kann, ist das für beide ein Riesenspaß!

Wenn Du die erste Kennenlern-Phase mit allen neuen Bekanntschaften, Mitarbeitern oder Nachbarn **subtil als Bewährungsprobe definierst**, wirst Du wesentlich seltener enttäuscht werden. Dazu gehört lediglich, zu zeigen, dass Du Werte hast und gewisse Ansprüche an Deinen Umgang stellst.

Dieser Abschnitt und das, was Du dabei gelernt hast, ist so zentral für den MagSt, dass Du enorm profitierst, wenn Du ihn öfter als einmal liest. Wenn Du allein **das Definieren verstanden** hast und anzuwenden lernst, hat sich das Buch für Dich schon bezahlt gemacht.

Dominantes Fühlen

So kommst Du an den „Längeren Hebel"

Im vorigen Abschnitt war der Intellekt gefordert. Mit ihm erfasst und interpretierst Du die Welt. Ein starker Intellekt ist auch stark im Definieren.

In diesem Abschnitt geht es um das **Wollen**, d.h. den Willen und seine Regungen, die Emotionen. Das ist eine Stufe tiefer im Gehirn, deshalb schon **weniger bewusst**. Wenn Dein innerer Monitor gut funktioniert, hast Du gegenüber anderen, die darin nicht so geübt sind, einen Vorsprung. Du spürst dann viel deutlicher, wo Du geködert werden sollst und kannst deinerseits **Gefühle beim anderen auslösen** (was dieser dann oft gar nicht bewusst wahrnimmt).

Wie Du bereits weißt: Emotionen bewegen Menschen!

Das Kommunikations-Hebel-Gesetz

Im MagSt nutzt Du das Hebel-Gesetz der Kommunikation: *Wer am längeren Hebel sitzt, bestimmt das Geschehen in einer Situation.* Wenn Du Dich in eine Position zu bringen verstehst, in der Dein Gegenüber **etwas von DIR will**, bist Du am längeren Hebel.

Dass so etwas eine Pole-Position ist, haben seit einiger Zeit schon die Jugendlichen herausgefunden. Sie haben gemerkt, dass man mit einer Null-Bock-Attitüde die Erziehungspersonen ganz schön in Fahrt bringen kann. Auch das heute so wichtige Coolsein hat einen ähnlichen Hintergrund.

Viele Eltern haben das zu spüren bekommen und sind oft hilflos dagegen. Einem „Hebel-Experten" bereitet so eine Attitüde kein Problem. Irgendetwas will jeder, sonst wäre er kein Mensch aus Fleisch und Blut. Man muss das nur ausfindig machen und wissen, wie man es nutzen kann.

> Zu Milton Erickson wurde ein Junge gebracht, der sich weigerte, weiter in die Schule zu gehen. Ein Lehrer hatte ihn vor der Klasse „klein gemacht", was ihn so aufbrachte, dass er sagte: „Zu diesem Idioten gehe ich nicht mehr!"
>
> Milton ließ ihn zunächst seine Wut über diesen Lehrer ventilieren. Dann fragte er den Jungen: „Hättest Du Lust, diesem Lehrer einen Denkzettel zu verpassen?" Worauf der Junge ganz Ohr wurde und er Miltons Plan anhörte: „Ich kann Dir eine Befreiung vom Schulunterricht ausschreiben, so dass Du bis zu den Abschlussprüfungen zu Hause bleiben kannst. In dieser Zeit lernst Du selbst den ganzen Stoff, den Du für die Prüfungen beherrschen musst. Wenn Du diese dann besser abschließt als der Rest der Klasse, dann hast Du's dem Lehrer aber richtig gezeigt!"
>
> Und genau das tat der Junge.

Du siehst, man kann fast **jedes Gefühl als Antrieb zu einem konstruktiven Ziel nutzen**, auch Wut und sogar Rachegefühle.

Dieses Beispiel zeigt deutlich, dass Emotionen Menschen in Bewegung setzen, was wir im nächsten Abschnitt vertiefen werden, wenn es um's Lenken geht. Hier beschäftigen wir uns noch mit der „Pole-Position".

Wie das Hebelgesetz es ganz klar ausdrückt, kommt es auf das Verhältnis des Wollens an. Durch das stärkere Wollen des anderen kommt es zu einem *Energie-Gefälle* und diese Energie kommt Dir zugute, sie strömt Dir zu. Deshalb kann man hier auch von einem BEGEHREN-GEFÄLLE sprechen, in Analogie zum STATUS-GEFÄLLE.

Das Gefälle kann auf zwei Arten zustande kommen:

1. Der/die andere hat ein starkes Begehren
2. Du selbst hast keine Wünsche, kein Begehren.

Das Wollen im Griff haben

Bevor wir den ersten Punkt angehen, lass uns zunächst Deine Rolle in diesem Geschehen anschauen.

Um an den längeren Hebel zu kommen, ist es nötig für Dich, **Dein eigenes Wollen im Griff** zu haben. Wenn jemandem die Bedürftigkeit aus den Augen leuchtet, sieht es mit der Hebelwirkung schlecht aus. Jeder, der schon mal ein gebrauchtes Auto gekauft hat, weiß, dass das Aufleuchten der Augen vor Begeisterung oder Begierde sich direkt in Euro und Cent niederschlägt – als Preiserhöhung!

Du musst somit Dein eigenes Wollen in den Griff bekommen, sonst verrätst Du Dich auf Schritt und Tritt. Frauen erkennen mit einem Blick, sogar im dunklem Kneipenlicht, wie „hungrig" der Typ ist, der sich gerade zu ihr an die Bar gesetzt hat (der Härtetest dafür ist das Dekolleté). Für meine männlichen Leser ein Tipp: Wenn Du schon nicht anders kannst und Dein Blick von den Hügeln magisch angezogen wird, dann tu' es bewusst. Starr hin! So lange bis sie sagt: „Sagen Sie mal, was machen sie da eigentlich?" Ohne den Blick zu heben, sagst Du (mit einer eleganten „Stop-it"-Handbewegung): „Einen Moment noch, ich bin noch nicht fertig!" Dann noch mal etwa 10 Sekunden Starren, abrupt damit aufhören, ihr in die Augen schauen und das Gespräch fortsetzen (oder beginnen), als wäre nichts gewesen. Wenn sie Dich fragt, was das jetzt gewesen sein soll, kannst Du ihr ja irgendeine phantastische Story erzählen (natürlich nicht sofort auf ihre Aufforderung hin! Lass Dich ruhig ein bisschen darum bitten).

Das Problem ist also die eigene **Bedürftigkeit**. Selbst wenn Du Dir keines Bedürfnisses bewusst bist, so gibt es immer noch ein paar unbewusste Wünsche oder Bedürfnisse und die kann ein geschicktes Gegenüber leicht triggern und in Gang setzen. Da hilft eigentlich nur Ehrlichkeit sich selbst gegenüber und offen genug zu sein, um von anderen Rückmeldung und Hinweise anzunehmen.

Wie schwer das ist, kannst Du an **Verliebten** beobachten. Wenn das Verliebtsein mal losgegangen ist, d.h. die besagten Hormone fließen, ist der Neokortex so stark heruntergedreht, dass die bewusste Steuerung kaum noch funktioniert. Hier kannst Du einen wichtigen Mechanismus erkennen: Die tieferen Schichten des Gehirns (das Säugetiergehirn und das Reptiliengehirn) „missbrauchen" die höheren für ihre „Zwecke". In diesem Fall benutzt das Reptiliengehirn, das für die Fortpflanzung zuständig ist, die höheren Schichten, also das Säugetier-Gehirn, das für die Gefühle zuständig ist und das Neuhirn (den Neokortex), das die Realität dann mit einer rosa Brille betrachtet. Die Natur kümmert sich nicht darum, ob Dir das in den Kram passt oder ob Ihr auf Dauer zusammenpasst – es hat nur die Evolution im Sinn ...

Worauf Du achten sollst, sind **verräterische Zeichen für Gefühlsregungen** in Dir und an Dir. Wenn Du stets Deinen inneren Monitor im Auge hast, findest Du nämlich auch sehr schnell heraus, was Dein Gegenüber beabsichtigt! An Deinen eigenen Reaktionen merkst Du, worauf der andere abzielt.

Stell Dir ein Uhrenzifferblatt vor, nur statt der Zahlen sind Gefühle aufgemalt. Der kleine Zeiger ist die Tages-Grundstimmung (von gelassen bis hektisch, von gut drauf bis mies drauf). Auf diesem Hintergrund entstehen die wechselhafteren Gefühle (der Stundenzeiger). Wenn wir nun unser Gegenüber an die Fernbedienung für den großen Zeiger lassen, dann kann es uns „fühlen machen", was ihm beliebt.

Wenn Du mit Dir selbst im Reinen bist, kann Dir das nicht passieren. Falls Du nicht mehr weisst, wie Du Deine **„innere Alarmklingel"** anstellst, dann lies das zweite Kapitel noch einmal, vor allem die Passage „Selbstzweifel und Druckmacher". Wenn Du den Zustand, **in der Mitte zu sein,** gut kennst, wirst Du jede Manipulation des Gegenübers sofort wahrnehmen als ein „aus der Mitte gezogen werden". Somit ist Dein innerer Monitor ein phantastischer Manipulations-Detektor!

Auf der anderen Seite des Begehren-Gefälles steht Dein Gegenüber: Je stärker dieses etwas von Dir will, um so gelassener, dominanter und lässiger kannst Du gefühlsmäßig in dieser Situation sein. Diese Dominanz zeigst Du auf drei Weisen:

Indem Du ...

a) die Stimmung vorgibst oder (mit-)bestimmst,

b) selbst in der Mitte bist, nichts brauchst, musst oder willst, sowie

c) den anderen als „bedürftiger" definierst.

Dominantes Handeln

Initiative und Flexibilität

Du kennst jetzt das Definieren, mit dem Du ein *Status-Gefälle* erzeugst. Mit den Hebel-Techniken erzeugst Du ein *Begehren-Gefälle*, d.h. der andere will mehr von Dir, als Du von ihm (zumindest kannst Du diesen Eindruck erwecken).

Jetzt fehlt Dir zum Dominant-sein-können nur noch, dass Du der **Initiator des Geschehens** bist, der die Situation im Griff hat und den nichts aus dem Konzept bringen kann. Das eine erreichst Du mit der Beweger-Rolle und das andere mit der Bewilliger-Rolle. Mit diesen Rollen schaffst Du ein *Optionen-Gefälle*, was nichts anderes heisst, als dass Du mehr Optionen zu agieren hast, als die anderen, als Deine menschliche Umwelt, Du bist dadurch beweglicher, flexibler im sozialen Kontext.

Wozu ein Optionen-Gefälle? Erinnerst Du Dich noch an das *Kybernetische Gesetz*, das besagt, dass immer dasjenige Stellglied in einem System das bestimmende ist, das die meisten Schaltzustände hat? Das ist der Grund, warum Du Dir mehr Verhaltensmöglichkeiten einräumst als andere. Nur dann bist Du wirklich führend. Und dominantes Handeln heisst eben „in Führung" zu sein.

Exkurs: In Führung sein ist nicht identisch mit Hochstatus

In Führung zu sein, heißt keineswegs, immer im Hochstatus zu agieren, sondern weitgehend das Geschehen in einer Situation zu bestimmen. Dazu kann manchmal der Tiefstatus besser geeignet sein. Die Columbo-Technik zum Beispiel nutzt den Umstand, dass man jemandem, der nicht anders kann, als so zu handeln wie er es tut (oder dazu gezwungen ist), nicht böse sein kann, da er für sein Verhalten nicht verantwortlich ist. Die Macht der Schwachen besteht meistens darin, dass sie anderen sehr lästig fallen können (und diese dabei manipulieren), ohne dass man sie zur Verantwortung ziehen könnte.

Wenn Eltern zu mir kommen, weil sie zu Hause Krieg mit ihren Teenagern haben, rate ich ihnen, nicht aus dem Hochstatus heraus mit ihnen zu sprechen. Also keine Anordnungen, Verbote, Zwang usw.

Viel besser ist es, sie ihr Leben allein meistern zu lassen und nur da, wo das Gemeinschaftsleben beeinträchtigt wird, zu intervenieren – aus dem Tiefstatus heraus. Wenn der Junge z.B. seine Klamotten im ganzen Haus verstreut und alle bisherigen Massnahmen ihm das nicht abgewöhnen konnten, dann empfiehlt sich eine andere Methode. Mutter wird dann seine Lieblings-Jeans irgendwo „aufheben" und dann, wenn er sie dringend braucht und danach fragt, Gedächtnislücken vorschützen „Ich hab sie irgendwo gesehen, kann mich aber im Moment nicht daran erinnern". Der Junge kann zwar jetzt sauer auf seine Mutter sein, aber es gibt keinen Streit. Und – je schusseliger die Eltern werden, um so selbstverantwortlicher werden die Jugendlichen!

Die Beweger-Rolle:

Sie bedeutet:

Zu wissen was gespielt wird,
wo es lang geht,
und den Mut zu haben, voran zu gehen.

Dominantes Handeln ist initiativ und fußt auf **Selbstverantwortung**. Das bedeutet schlicht, dass Du nicht darauf wartest, dass jemand anderes Deine Interessen vertritt, Deine Ziele in Angriff nimmt und sich um Deine Angelegenheiten kümmert. Wenn DU das nicht tust, wer sonst?

Es ist für mich immer wieder erstaunlich, zu sehen, wie viel Zeit ihres Lebens die Menschen mit Warten (auf den „Erlöser") zubringen und ihre Interessen nicht selbst vorwärts treiben.

Was schätzt Du, wie viel Prozent der Menschen sich als fremdbestimmt erleben?

Diese Leute erkennst Du daran, dass sie ständig sagen „ich muss noch dieses, ich muss noch jenes...". Dieses „ich muss, ich werde von anderen (oder von den Umständen) gezwungen" wird als Ausrede eingesetzt und auch akzeptiert. Trotzdem ist es eine Unart und führt letztlich dazu, sich ständig als Opfer zu sehen und zu erleben.

Wenn Du Dich **als eigenbestimmt betrachtest,** dann ersetzt Du alle „ich muss...(noch arbeiten)" mit einem „ich will..." oder noch besser „ich werde ... (jetzt noch etwas arbeiten)". Du spürst sehr schnell, welchen Unterschied das macht. Dann kannst Du auch getrost davon ausgehen, dass Du jemand Besonderes bist. Das bist Du nämlich, wenn Du die Initiative ergreifst. Schau Dich um, Du bist umgeben von Abwartenden. Das gibt Dir einen großen Vorsprung![48]

Im Alltag brauchst Du das Initiativ-Handeln dringend, da die meisten Menschen ziemlich denkfaul sind und Dich mit Klischees langweilen würden, wenn Du ihnen freien Lauf ließest. Leg' Dir also am besten ein paar interessante Fragen und Themen bereit, wenn Du vor hast, Leute zu treffen. Dann wirst Du Deine Zeit mit ihnen wertvoll verbringen – mit bedeutungsvollem Austausch über persönliche Erfahrungen, fundierten Informationen und wohlbegründeten Meinungen.

Das soll keine Aufforderung sein, mit Deinem Wissen zu glänzen, die Absicht dabei ist vielmehr, **dass Du so anregend bist,** dass Dein *Gegenüber* zur Höchstform aufläuft und sich selbst plötzlich kluge und interes-

48) Im Beratungsgespräch wirst Du Deine Verantwortung sogar noch weiter fassen und auf den Anderen ausdehnen. Klienten kommen zu Dir, weil sie nicht weiterwissen. Folglich warten sie darauf, dass Du etwas tust. Wenn Du nun das zögerlich Abwartende im Verhalten des Klienten als Symptom anerkennst (statt es ihm vorzuwerfen!), liegt es eindeutig an Dir, dass in der Beratung etwas vorangeht. Und das kann heissen, dass Du den Klienten nicht stundenlang reden und erzählen lässt, sondern ihn dahin führst, wo „der Hund begraben" liegt und wo er vielleicht am liebsten nicht hingehen oder hinschauen würde. Es ist also Deine Aufgabe, die Initiative zu ergreifen und die neuralgischen Punkte im Leben des Klienten anzusprechen.

sante Sachen sagen hört. **Betrachte Dich einfach als geschickten, lässigen Moderator**, der gerade eine „Celebrity" interviewt und auch einem Hohlkopf noch so viel Interessantes abgewinnen kann, dass die Zuschauer nicht den Kanal wechseln.

Überleg‘ mal: Wen würdest Du mehr schätzen und mögen? Jemand, der Dich mit seinem Wissen und seiner Eloquenz beeindruckt (und vielleicht auch gut unterhält) oder jemand, der Dir zeigt, dass Du selbst viel weisst und unterhaltsam bist?

„So eine langweilige Party, die Leute waren ja zum Einschlafen!" – Du weißt jetzt, dass das nur eine faule Ausrede ist. Es liegt an DIR, wie interessant die Menschen sind. Mit der Zoo-Perspektive (dem Anthropologen-Blick) wirst Du bei allen Menschen etwas Interessantes entdecken.

Manchmal ist es nützlich und unterhaltsam Dir vorzustellen, Du **wärest so ein Anthropologe**. Stell' Dir mal vor, Du wärest ein neuzeitlicher australischer Ureinwohner von der intelligenten Sorte, der Anthropologie studiert und von seinen Stammesbrüdern nach Europa geschickt wird, um die dortigen Sitten und Gebräuche zu studieren. Vielleicht liest Du mal das Buch „Der Papalagi" oder schaust Dir den Film „Die Götter müssen verrückt sein" an. Dann weißt Du, was für ein eigenartiges, verrücktes Volk wir Weißen sind. Es kann sehr interessant sein, sich und seine Umwelt mit einer ganz anderen Brille zu betrachten![49]

Der Beweger ist dominant – aber nicht dominierend!

Diesen Unterschied hab‘ ich schon dargestellt, deshalb reicht eine kurze Zusammenfassung: Dominant sein heißt schlicht, in Führung zu sein, zu

49) Übrigens: Wenn Du im Anthropologen-Modus bist, schaltest Du den Bewerter auf staunen, wundern und amüsieren. Und den Schalk nicht vergessen!

wissen, was zu tun ist und wo's lang geht. Dabei ist Dir auch nicht wichtig, ob andere das gutheissen und Dir zustimmen – Du würdest Dich damit Ihrem Urteil unterwerfen!

Dominierend – im Unterschied zu dominant – wärest Du, wenn Du über den anderen bestimmen wolltest und verlangst, dass er sich Deinen Erwartungen und Deinem Willen unterwirft. Das bringt Widerstand und macht unsympathisch.

Statt dessen bist Du ...

- cool, ruhig und besonnen (nicht schwach und zögerlich)
- entschlussfreudig und beherzt handelnd
- nicht nach der Zustimmung anderer schielend
- unbeeindruckbar, egal wovon
- in Bezug auf Deine Schwächen akzeptierend und humorvoll

d.h. Du versuchst nicht, Schwächen zu vertuschen oder zu entschuldigen!

Überlege mal: In den meisten Fällen brauchst Du Dich für Deine Fehler auch nicht zu entschuldigen: Man nimmt sie Dir nicht übel, wenn Du selbst *drüber*stehst, Scherze darüber machst und Deinem Gegenüber vielleicht sogar (auf lustige Weise) die „Schuld" zuschiebst („Das ist mir nur deshalb passiert, weil Du so sexy bist!"). Jeder Mensch hat ein Recht auf Schwächen und Fehler (und wenn einer keine hätte, wäre er nicht mehr auf diesem Planeten).

Zehn körpersprachliche Zeichen der Dominanz

Über die nonverbalen Zeichen von Hochstatus und Führungsangebot haben wir schon einiges gesagt, hier **noch einmal die wesentlichen Punkte:**

1. Langer, sicherer Augenkontakt (stellt Dominanz her, zeigt Interesse und zieht Interesse an)[50]

2. Selbstsicherer Gang, fester Stand (wohin mit den Händen? Beim Stehen steck' die Daumen in den Gürtel)

3. Kopf gerade halten und wenig bewegen (das macht Deine Worte hypnotisch, vor allem, wenn ohne Lidschlag)

4. Bedachte Bewegungen und Gesten (selbstbewusste Menschen hampeln nicht nervös 'rum)

5. Beim Stehen und Gehen: Fußspitzen leicht nach aussen gewandt (aber nicht übertreiben! Sonst wirkst Du wie Charlie Chaplin)

6. Verlangsamte Bewegungen und fließende Gesten (die Zeichen von hohem Status und Einssein mit sich)

7. Raumgreifende Gebärden (Raum besetzen signalisiert Wert und Selbstbewusstsein)

8. Bedeutungsvoll sprechen (eindrucksvoller Sprachrhythmus, längere Pausen)

9. Voluminöse Stimme (mit viel Resonanz), langsam und artikuliert sprechen

10. Emotional ausdrucksstark, aber immer beherrscht (fesselnde Erzählungen leben davon)

---

50) Mit einem kleinen Trick fällt es Dir nicht mehr schwer, anderen länger in die Augen zu schauen. Du siehst Dir wirklich das Auge an (such Dir eines aus). Du schaust Dir genau die Spiegelungen im Auge an, die weißen Äderchen im Augenwinkel, die Farben, den Bau der Iris, die Wimpern, das Blinzeln usw. Das hilft enorm!

Diese Liste soll als **Orientierung** dienen für diejenigen Situationen, in denen es darauf ankommt, dass Du Dominanz und Führungsbereitschaft signalisierst. Also immer dann, wenn Du Vertrauen gewinnen willst und Kooperationsbereitschaft weckst. Das gilt vor allem für den Beginn einer Beziehung. Wenn Du Dich dann als attraktiv und vertrauenswürdig etabliert hast, kommen noch weitere Phasen, die wieder ganz anderes Verhalten verlangen (z.B. beim Generieren von Loyalität). Der MagSt verlangt **schnellen Rollenwechsel** und nutzt auch manchmal die Vorteile des Tiefstatus. Wenn Du älter als 25 Jahre bist, dann liegt Dein Sozialisierungsdefizit mit großer Wahrscheinlichkeit im Bereich Hochstatus. Da hilft nur: Üben und (diese Haltung) verinnerlichen!

Die Defensiv-Muster

Bevor wir nun die verbale Dominanz besprechen, will ich Dir eine unfehlbare Methode zeigen, **wie Du Dir alles verderben kannst**: Nämlich dadurch, dass Du Dich aus der Offensive drängen lässt und in die Defensive gehst! Im letzten Kapitel hatten wir über die Tests gesprochen, denen Dich andere Menschen immer wieder unterziehen; Tests hinsichtlich Deiner Berechtigung, Führung zu beanspruchen und dominant zu sein.

Nicht, dass man sie Dir streitig machen möchte, nein, es geht nur darum, ob Du wirklich standhältst und nicht einknickst bei der ersten Belastung (bei Frauen ist dieses Testen ohnehin genetisch programmiert. Frauen haben die Aufgabe, auszuwählen und nur die besten Gene weiter zu geben!). Sich in die Defensive drängen zu lassen, heisst leider: „Durchgefallen!"

Es gibt ein paar sichere Zeichen, an denen Du erkennst, wenn Du die Bewerter-Position verlassen hast:

Wenn Du Dich ...

… entschuldigst,

… rechtfertigst, oder

… Erklärungen für Dein Verhalten bringst.

Alle drei Verhaltensweisen zeigen, dass Du Dich nicht wirklich so selbstsicher fühlst, wie Du vorgibst, sondern ängstlich besorgt bist um die gute Meinung der anderen von Dir. Wenn Dir jemand einen Vorwurf macht oder Dich in Frage stellt, und Du versuchst Dich zu rechtfertigen oder dem anderen zu erklären, warum Du etwas so und nicht anders gemacht hast, dann sagst Du praktisch: „Bitte, versteh' doch mein Verhalten und korrigiere Deine (schlechte) Meinung von mir. Dein Urteil ist mir nämlich wichtiger als mein eigenes!"

Ist das nicht eine **subtile Art von Unterwerfung**? Du unterwirfst Dich der Meinung des anderen, eine subtile Art von Sklaventum! Ein Führer tut so etwas nicht. Er hört sich gern die Meinung anderer an, zieht sie in Betracht, aber diese Meinungen sind nur ein kleiner Teil seiner Entscheidungsgrundlagen, mehr nicht. Er stellt nur leidenschaftslos Gegenfragen (die den anderen möglicherweise in seiner geäußerten Meinung verunsichern) und lässt durchblicken, dass ihm die Aussagen des anderen auch eine Menge über den Sprecher sagen, oft sogar mehr als über ihn selbst.

Ich weiß aus eigener Erfahrung, dass die Defensiv-Muster schwer abzuwerfen sind, aber Du wirst nicht drum herum kommen, sie gründlich auszumerzen.

Verbale Dominanz

Wärest Du gern nie mehr verlegen um eine passende Antwort?

In unserer Gesellschaft hat Sprache eine vorrangige Bedeutung. Wortgewandtheit ist eine hoch dotierte Eigenschaft. Von Personen in hohen Ämtern erwartet man verbale Eloquenz und Schlagfertigkeit. Wer das nicht hat, wird belächelt, wie wir an den vielen Witzen über VIPs sehen können (wenn ich die Parodien eines Matthias Richling höre, z.B. über Stoiber, könnt ich mich kringeln vor Lachen).

Ich werde Dir zwar nicht die Schlagfertigkeit und den Witz eines Harald Schmidt oder Thomas Gottschalk vermitteln können, aber immerhin ein paar der **Grundbausteine** dieser Fähigkeit. Es gibt nämlich ein paar grundlegende Muster, die in 80 % der **schlagfertigen Repliken** genutzt werden. Wenn Du diese verstanden hast und benutzen kannst, brauchst Du nie wieder sprachlos oder um eine Antwort verlegen zu sein.

Bei den Defensiv-Mustern war die Rede von Tests, denen wir unterzogen werden. Diese Tests sind meistens Attacken auf Deine Alpha-Position. Man möchte sehen, ob Du die halten kannst. Weichst Du aus oder gehst Du in die Defensive, bist Du als Autorität abgemeldet.

Solche **Attacken** bestehen meist darin, dass jemand Dir gegenüber **eine superiore Haltung** einnimmt, Dich also kritisiert, herumkommandiert oder ungehörig anspricht. Mit den drei „Verbalen Dominanz-Techniken“ sind solche Herausforderungen für Dich kein Problem mehr. Ich konnte unzählige Male beobachten, dass auch Personen, die zuvor noch von Verbal-Attacken mundtot gemacht wurden, sich in solchen Situationen souverän bewährt haben (ein bisschen Übung war natürlich schon nötig, deshalb lege ich Dir noch einmal die „Lehnstuhl”-Methode aus dem zweiten Kapitel ans Herz).

Den Kern der VERBALEN DOMINANZ[51] bilden drei Techniken:

A) Die *Kommando-Technik* (ein Ansinnen an jemanden stellen)

B) Die *Scheinwerfer-Technik* (den anderen zum Gesprächs-Mittelpunkt machen)

C) Die *Hintertreppen-Technik* (etwas gestatten, was der andere ohnehin tun wollte oder nicht lassen kann)

Es gibt dazu noch eine Reihe Kombinationen und Abwandlungen (z.B. die Regisseur-Technik, die Quellen-Technik, die Columbo-Technik usw., die teilweise schon im Vorgänger dieses Buches *„Das wäre doch gelacht"* beschrieben sind), die alle auf diesen Grundtechniken aufbauen.

Aber gehen wir erst einmal die drei Grundtechniken durch.

---

51) Diese Techniken sind auch für solche Personen enorm wichtig, die es nicht auf Führungspositionen abgesehen haben, da sie davor bewahren, in der sozialen „Hackordnung" heruntergestuft zu werden. Ich habe diese Techniken Mitte der 80er Jahre angefangen an meine Kursteilnehmer weiterzugeben und zu meiner Freude haben sie unter meinen Kollegen seither eine große Verbreitung gefunden. Sie sind ein Sprungbrett zu Mündigkeit und Zivilcourage.

A. Kommando-Technik

Jedes Ansinnen, das Du an jemanden stellst, ist eine Art Befehl oder Kommando, Deinem Willen zu entsprechen, was automatisch impliziert, dass er seinen Willen hintan stellen soll. Wenn er Deinem Ansinnen stattgibt, bringt Dich das dem anderen gegenüber in eine dominante Position. Dominanz heißt ja nichts anderes als: „Mein Wille zählt (jetzt) mehr als Deiner!"
Da es in zivilisierten Gesellschaften **als sehr rüde gilt, den Willen eines anderen zurück zu drängen**, müssen bei den unvermeidlichen Anweisungen und Befehlen, die kooperative Unternehmungen in hierarchischen Strukturen nun einmal mit sich bringen, gewisse Vorsichtsmaßnahmen beachtet werden. Dazu gehört das „Bitte" und das „Danke" und alle übrigen Abschwächungen einer dominierenden Intervention.

Die Kommando-Technik kannst Du je nach Situation in Stärke und Direktheit dosieren, vom gebrüllten Anherrschen bis zur angedeuteten Bitte. Die **richtige Dosierung** entscheidet darüber, ob die gewünschte Wirkung dann auch erzielt wird.

Wichtig: **Nur wenn der andere Deinem Wunsch entspricht,** wirst Du in Deiner dominanten Rolle bestätigt. Hier liegt auch der Nachteil der Kommando-Technik: Wenn der andere nicht mitmacht, hast Du ein Problem. Entweder Du gibst nach, wodurch Deine Einflussposition geschmälert wird, oder es gibt einen Machtkampf, bei dem Du möglicherweise Druck oder Zwang anwenden müsstest.

Selbst wenn es Dir dann mit diesen Mitteln gelingt, den anderen zum Nachgeben zu bewegen, hast Du nicht viel gewonnen: Der andere passt sich vielleicht an, aber eine Kooperation ist das nicht mehr.

Die **Kommando-Technik ist die direkteste** der drei. Du tust also gut daran, die Kommando-Technik nur spärlich einzusetzen, am besten in

Form von Bitten, die der andere nur schwerlich ablehnen kann. „Wären Sie so nett, das Fenster aufzumachen?", ist eine Bitte, der man sich schlecht verweigern kann. Kluge Führer fangen fast immer mit solchen, mehr als Bitte, Frage oder Vorschlag formulierten Ansinnen an („Könnten Sie heute noch diesen Brief fertig machen?"), um dann allmählich, wenn es passt oder notwendig ist, zu den direkteren Formen des Befehlens oder Kommandierens überzugehen („Erledigen Sie das bitte sofort, ja?"). Wenn sich nämlich einmal das **Muster der Subordination etabliert** hat, wird die Legitimation des dominanten „Anordners" nicht mehr hinterfragt.

Bei besonders geschickten Anführern allerdings **klingen die Kommandos nie nach Befehlen,** sondern werden in eine Form gekleidet, die das gemeinsame Ziel herausstellen („Was halten Sie davon, wenn wir das Projekt gleich heute schon in Angriff nehmen?", oder „Wir wollen diesen Brief noch heute zur Post geben.") In den folgenden Kapiteln kommen noch einige Beispiele.

Schärfe Deine Wahrnehmung für **Dominanz-Tests:** Wenn jemand **Dir etwas befiehlt** oder anordnet, obwohl eigentlich Du in der dominanteren Position bist (oder sein solltest), dann ist das ein Test für Deine Dominanz!

Du musst jetzt zeigen, ob Du damit umgehen kannst. Dazu verwendest Du eine der drei Techniken, die wir gerade besprechen. Wenn Du dazu die Kommando-Technik verwenden willst, richtest Du einfach eine Frage an den anderen. Deine Standard-Replik ist: „Was sagten Sie gerade?" oder einfach nur „Wie bitte?" (mit einer hochgezogenen Augenbraue), womit Du deutlich machst, dass Du das für einen **Übergriff** hältst. Wenn Du ein feines Gespür für Status entwickelt hast, kannst Du solchen Versuchen **schon im Vorfeld** begegnen. Je länger Du damit wartest, umso schwieriger wird es nämlich. Also in Zukunft kein selbstbeschwichtigendes „Das hat er bestimmt nicht so gemeint" vorbringen!

Wenn der andere weiterhin dominant reagiert, z.B. durch Wiederholen eines Befehls, **entziehst Du ihm Deine Aufmerksamkeit** und ignorierst ihn einfach.

Was tun bei Beschwerden und berechtigten Bitten?

Manchmal stellen andere Bitten an Dich oder fordern Dich zu etwas auf. Das kann durchaus legitim sein. Wenn es aber in einer etwas zu dominanten Art geäussert wird, sind das Angriffe auf Deine Führungsposition. Wenn Du **nicht zu einem Machtgerangel** aufgelegt bist, kannst Du einer solchen Aufforderung gern mal entsprechen, wenn Du dabei Folgendes beachtest: Du tust, was der andere von Dir möchte, mit einem ganz bestimmten Dreh: „Ich tue das (gerne), was Du von mir möchtest, aber **auf *meine* Weise!"** Mit anderen Worten: Du bestimmst MIT!

Das heißt, dass Du entweder ...

a) das WIE (Du es tust) originell ausgestaltest,

b) den Zeitpunkt bestimmst, also WANN Du es tust, oder (und das ist oft das Geschickteste),

c) etwas dafür verlangst, also eine GEGENLEISTUNG einforderst.

Bei all diesen Methoden bist Du wieder der Bestimmer oder zumindest ein Mitbestimmer. Hierfür ein paar **Beispiele:**

> „Machen Sie mal die Tür auf!" – „Wenn mich jemand dermaßen *charmant* um etwas bittet, kann ich ihm die Bitte nicht abschlagen..."
>
> Ein Parkwächter kommt auf Dich zu: „Sagen Sie mal! Was machen Sie denn da?" – „Wenn Sie die Güte haben, sich erst einmal vorzustellen, wie das zivilisierte Menschen tun, dann verrate ich Ihnen das gern!"
>
> „Trag mir doch mal den Müll runter!" „Und welchen Preis hast Du dafür ausgesetzt?"
>
> „Gibst Du mir Deine Handy-Nummer?" „Gern, gib mir ein Stück Papier und ich schreib' sie Dir auf!"
>
> „Ich erwarte Sie morgen um 10 Uhr in meinem Büro!" „Es wird mir ein Vergnügen sein, Sie mit meiner Pünktlichkeit zu überraschen."

B. Die Scheinwerfer-Technik

Während die Kommando-Technik aus dem Repertoire des Bewegers stammt, gehört diese Technik zum **Arsenal des Bewerters**. Die Methode besteht darin, ein bisschen auf Distanz zu gehen (zurückbeugen) und den anderen sozusagen in den „Scheinwerfer-Kegel" zu stellen, um dann eine Bewertung abzugeben oder einen Standard zu setzen.

Auch hier gibt es wieder die Möglichkeit, dies zu **dosieren**, von sanft und positiv bis hin zu deftig und negativ. In jedem Fall aber hast Du Deine Dominanz bekräftigt. Wie das geht, siehst Du am besten an ein paar Beispielen:

„Dieses Kleid sieht sehr gut aus an Ihnen. Drehen Sie sich mal um!" (Die Scheinwerfer-Technik mit der Kommando-Technik zu kombinieren, verstärkt den Effekt.)

„Finden Sie das richtig, was Sie da gemacht haben?" (Implikation: Ich finde das nicht, rechtfertigen Sie sich!)

„Wie würden Sie Ihr Verhalten im heutigen Meeting denn bezeichnen?" (Das Verhalten des anderen steht im Scheinwerfer.)

Du siehst, dass auch hier wieder **die implizierten Aussagen besser** sind, weil sie schwerer zu hinterfragen und zu kontern sind, z.B. „Ich habe mir Gedanken über Ihre Einstellung zu unserer Firma gemacht..."

Angedeutete (Negativ-)Bewertungen lösen bei unsicheren Personen bange Gefühle aus und setzen das Selbstzweifel-Suchgerät in Gang (wenn er/sie eines hat). Dadurch kannst Du eine intendierte Anerkennung von der emotionalen Wirkung her verstärken (die Push-Pull-Technik).

„Ich möchte den Geschäftsführer sprechen!"

„Wieso, mein Herr, ist etwas nicht in Ordnung?"

„Aber nein, ich möchte ihm sagen, wie vorzüglich die Küche und vor allem Ihr Service ist!"

Verhaltens-Projekt: Setze diese beiden Verbal-Dominanz-Techniken jeden Tag bewusst einige Male ein und **achte dabei auf Signale,** die Dir sagen, wie groß die Bereitschaft Deines Gegenübers ist, sich Deiner Führung und Meinung anzuschließen. Man nennt so etwas **Compliance-Tests.**

Übe Dich auch darin, zuerst einmal **bange Gefühle** zu erzeugen, bevor Du eine Anerkennung gibst. Dabei löschst Du auch gleichzeitig Deinen

„Immer nett sein müssen" -Reflex (wirklich „nette" Leute können anderen keine bangen Gefühle bereiten).

Verhalten bei Tests: Natürlich werden auch **andere Leute Dich zu beurteilen** versuchen. Am gefährlichsten sind dabei die **Schmeicheleien**. Wenn sie nämlich nicht ernst gemeint sind und Du fällst darauf herein, zeigst Dich vielleicht auch noch geschmeichelt, dann bist Du bei dem Test durchgefallen und man belächelt Dich. Das wird Dir nicht passieren, wenn Du eine der drei folgenden Methoden anwendest:

1. **Du lobst den anderen** für den guten Geschmack, den er durch sein Kompliment bewiesen hat.

   „Die Krawatte passt wunderbar zu Ihrem Jackett!" – „Respekt ... man sieht, dass Sie sich auskennen!"

   „Wie schön, dass Sie heute Abend gekommen sind!" – „Tja, Sie sind eben ein Glückspilz!"

2. Du nimmst das Kompliment als eine **Einladung oder Privilegien-Verleihung.**

   „Ich bin mit Ihrer Arbeit wirklich recht zufrieden!" – „Wenn Sie damit eine Gehaltserhöhung andeuten wollen ... das hat noch Zeit."

   „Du bist wirklich so ein Schatz!" – „Das klingt doch schon wie eine Einladung zum Essen?!"

3. Du unterstellst dem anderen ein **verdecktes Motiv** für sein Schmeicheln.

   „Ich bewundere Sie, wie Sie das immer so schaffen!" – „Sie verstehen es wirklich, einem Mann zu schmeicheln!"

   „Du bist wirklich ein lustiger Typ!" – „Ist ja nett, dass Du das findest, aber meine Telefonnummer geb' ich so leicht nicht heraus!"

Mit genügend **Ironie und Schalk** in Deiner Stimme wirst Du dabei auch nicht überheblich wirken.

Negativ-Bewertungen, die Du **von anderen** bekommst, sollen Deine Standfestigkeit und Coolness testen. Hier ist die Standard-Reaktion: Du stellst **das Recht oder die Kompetenz des anderen,** sich ein Urteil zu erlauben, in Frage – leidenschaftslos natürlich!

„Das war ja ganz großer Mist, was Sie da fabriziert haben!" - „Ach ja? Und Sie können das tatsächlich beurteilen?"

„Heute Abend haben Sie aber nicht so gut gespielt wie sonst!" - „Ich kann mich gar nicht erinnern, Sie um Ihre Meinung gefragt zu haben?!"

„Sie sind wirklich das Letzte - ich bin froh, wenn ich Sie nicht mehr sehe!" - „Das freut mich ausserordentlich. Von Ihnen abgelehnt zu werden, macht mich in den Augen anderer erst richtig sympathisch!"

Bei den ersten beiden Reaktionen kann es gut sein, dass der andere einen Rückzieher macht und wieder um Dich „wirbt". Da Du von seiner Bemerkung ohnehin nicht berührt warst, fällt es Dir auch nicht schwer, ihm/ihr dann wieder **die Hand zu reichen**.

Wie Du siehst, ist diese Technik nicht schwer zu erlernen. Nur musst Du **im richtigen Augenblick auch daran denken**! Solange kleine und größere Attacken auf Deine Kompetenz und Autorität Dich immer noch verblüffen und verunsichern können, wirst Du mit Deinen alten Reflexen antworten. Deshalb (ich kann es nicht oft genug wiederholen): Merk‘ Dir alle Situationen, in denen Du eingeknickt bist und wiederhole sie in einer ruhigen Minute in Deinem „Inneren Theater". Und dann reagiere aber mit der geeigneten Technik, so dass Du hinterher sagen kannst: „Jawohl, so bin ich wirklich! Das passt zu mir!" (kleine Erinnerung an die immens hilfreiche „Lehnstuhl-Methode", mit der Du jede Schlappe aus Deinem Unbewussten ausradieren kannst und ein neues Bild von Dir verankerst).

Die Scheinwerfer-Technik ist schon ein gutes Stück subtiler einzusetzen als die Kommando-Technik. Die subtilste der drei Techniken aber ist ...

C. Die Hintertreppen-Technik

Die „Lieblings"-Technik der Bewilliger-Rolle ist die **Hintertreppen-Technik**, die ihren Namen davon hat, dass man sich aus einer offenkundigen Tiefstatus-Position im Gespräch „heimlich über die Hintertreppe" in eine höher gestellte Position schleicht und von dort aus die Situation dominiert.

Der entscheidende Kniff bei der Hintertreppen-Technik ist, dass Du Dich sozusagen **in zwei Personen „aufteilst"**: Eine, die von Deinem Gegenüber dominiert wird (die untere Person) und eine, die dem anderen „gestattet", zu dominieren (und dadurch selbst dominiert). Erlaubnis kann ja nur jemand geben, der in einer Situation eine gewisse Macht hat, zum Beispiel auch die, eine Erlaubnis zu widerrufen.

Nehmen wir an, Du hast gerade jemandem einen Parkplatz vor der Nase weggeschnappt und dieser regt sich darüber ganz fürchterlich auf und beginnt Dich anzuschreien. In einer Pause, die er zum Atemholen braucht, sagst Du gelassen: „Ich sehe, dass Sie sich erst einmal Luft machen müssen, bevor wir vernünftig darüber reden können. Sagen Sie mir, wenn Sie soweit sind!". Dann hast Du ihm praktisch die Erlaubnis gegeben, seinen Ärger zu ventilieren.

Milton Erickson hat diese Art, dominant zu sein, bevorzugt verwendet – vermutlich, weil sie **die subtilste der drei** ist. Hier ein kleines Beispiel:

> Ein Patient war von einem Arzt zu ihm geschickt worden. Gleich zu Beginn der ersten Stunde fing er an, über die Ärzte im allgemeinen und Psychiater (wie Milton) im besonderen herzuziehen, mit Ausdrücken wie „Quacksalber" und „Beutelschneider" usw. Milton sah ihn nur ruhig dabei an und sagte nach einer Weile: „Sie haben bestimmt einen **guten Grund**, so wütend zu sein. Und vermutlich haben Sie noch **einiges mehr** auf Lager!"
>
> Diese indirekte Aufforderung, weiter zu machen, bremste den Patienten, so dass er sich beruhigte und vernünftig zu reden begann.

Das ist die Position des Bewilligers, des „Gestatters". Sie ist deshalb so „powerful", weil der andere sehr bewusst sein muss, um überhaupt zu **merken, was da abläuft.** Aber jemand, der sich aufregt oder auf „Automatik" läuft, ist das im Allgemeinen nicht.

Wichtig ist hier, dass Du **einen Grund erkennen lässt**, warum Dir das, was der andere gerade tut oder vorhat, durchaus „in den Kram" passt. Genau dadurch nämlich wirkst Du als Bewilliger überzeugend.

In den Beispielen war das einmal „sich Luft machen müssen, *damit* wir vernünftig reden können", im anderen Beispiel war es der „gute Grund", eine Bewertung, die andeutet, dass man dem anderen zugesteht, seinem

Ärger Luft machen zu „müssen". Du deutest damit auch an, dass Du den anderen im Moment für nicht ganz zurechnungsfähig hältst und deshalb Verständnis hast dafür, dass er sich nicht mehr im Griff hat. Diese **„Tu', was Du nicht lassen kannst, ich kann damit umgehen"**-Attitüde, demonstriert Souveränität (Du selbst hast Dich ja gut im Griff).

Ich weiß, das ist zunächst ein bisschen schwierig nachzuvollziehen, doch wenn Du noch ein paar Beispiele hörst und das selbst ein paar Mal ausprobiert hast, geht Dir das schnell „ins Gefühl" über.

Nehmen wir den Fall an, dass sich Dein Partner über mehrere Stunden hinweg streitsüchtig, uneinsichtig und querulatorisch verhält. Wenn Dich das aufregt und Du Dich zum Widerspruch reizen lässt, wird da schnell ein handfester Streit daraus und der Tag ist gelaufen. „Erlaubst" Du ihm aber, so zu sein, wie er heute nunmal ist, legt sich diese Stimmung viel schneller: „Ich merke schon, heute hast Du einen schlechten Tag. Leb's aus, sei so ekelhaft, wie Du nur sein kannst, dann haben wir's schneller hinter uns!".

Spürst Du den **Unterschied**? Du wirkst dadurch souverän, unbeeindruckt und doch wohlwollend. Du bist nicht mehr in der Opferhaltung („Lass' mich doch bitte mal in Frieden!"), sondern fast wie ein Elternteil, der mit seiner Haltung dem Kind zeigt, dass er Verständnis hat und sein Kind trotz des nervtötenden Verhaltens liebt.

Nehmen wir mal ein Beispiel aus dem **beruflichen Bereich**: Ein Mitarbeiter ist ständig im Verzug mit dem termingerechten Abliefern seiner Abrechnungen. Als Vorgesetzter musst Du intervenieren, wenn Du nicht möchtest, dass ein Schlendrian einreißt, an dem sich dann die anderen bald auch ein Beispiel nehmen. So etwas darfst Du nicht lange schleifen lassen.

> Du bittest ihn zu Dir und sagst: „Ich sehe, dass Sie noch große Schwierigkeiten damit haben, sich an die Termine zu halten. So wie ich Sie kenne, werden Sie das so schnell auch nicht in den Griff bekommen. Deshalb schlage ich vor, dass Sie mit kleinen Schritten anfangen und bis zum nächsten Termin nur mal eine einzige Abrechnung rechtzeitig abliefern. Aber nur eine, nicht mehr! ... Ihr Problem ist nämlich, dass Sie sich mehr vornehmen, als Sie im Moment in der Lage sind zu bringen. Akzeptieren Sie erst mal, dass Sie noch nicht so weit sind!"

Damit nimmst Du den Druck aus der Situation, weckst den Stolz des Mitarbeiters zu beweisen, dass er tüchtiger ist, als Du vermutest hast. Und – Du zeigst, dass Du in dieser Situation oben bleibst und Dich vom anderen weder genervt noch „hilflos gemacht" fühlst; ein Eindruck, der bei Ärgerreaktionen und Zwangsmaßnahmen entstehen würde.

Im Weiteren wirst Du noch einige Beispiele für diese **„Sündige weiter" -Intervention** finden. Sie ist eine typische MagSt-Reaktion, unerwartet und verblüffend wirksam sogar in Situationen, wo jede andere Maßnahme nur in einen Clinch führt.

Verhaltensprojekt:

Zur Übung kannst Du in den Situationen, in denen Dir etwas „gegen den Strich" geht, die Bewilliger-Haltung einnehmen. Sei es, ob sich jemand in einer Schlange vordrängelt, Dich beim Autofahren nötigt abzubremsen, ein Kind ständig mit seinem Ball das Garagentor bearbeitet oder der Nachbar nachts den Fernseher zu laut aufdreht. Bring' Dich bewusst in eine Bewilliger-Haltung, d.h. DU gestattest dem anderen (der noch nicht so weit ist, dass er voll verantwortungs- und rücksichtsvoll handeln würde) das zu tun, was er ohnehin (jetzt) nicht lassen kann. Das ist eine der besten blutdrucksenkenden Methoden, die ich kenne (was den MagSt unleugbar zu einer zertifizierten Wellness-Methode macht).

Das Statustraining

In meinen Seminaren machen wir oft ein Spiel, das junge Männer instinktiv praktizieren, wenn sie in Gruppen unter sich sind, wie z.B. in Sportvereinen.

Bei diesem Spiel geht es darum, das Statusverhalten so einzupegeln, dass man **immer ein kleines Stück über dem anderen** steht.

Einer fängt an, durch eine leicht abfällige Bemerkung dem anderen den Tiefstatus zuzuweisen („Du musst Dir ‘ne Brille zulegen, so oft wie Du heute danebengetroffen hast ..!”).

Der Angesprochene hat jetzt die Aufgabe, seinerseits den Status so zu definieren, dass er wieder „oben” ist („Jedes Mal, wenn ich Dich angeschaut hab’, mit Deinem O-Beinen und den komischen Wadelstrümpfen, musste ich so lachen, dass ich schon froh war, wenn ich den Ball überhaupt getroffen habe!”).

Dieser wiederum lässt sich jetzt wieder etwas einfallen, mit dem er sich im Status höher stellt: „Daran kannst Du sehen, wie leicht Du aus der Fassung zu bringen bist. Da braucht einer nur Strümpfe zu tragen, die Deinen Mode-Verstand überfordern, und schon wirst Du im Spiel zur totalen Niete!”

Das kann in dieser Form mehrere Minuten so weitergehen. Die übrigen Kameraden sind insofern „Schiedsrichter”, als sie gute Repliken mit lautem Lachen quittieren und bei Abflachen der Ideen mit kreativen Einfällen aushelfen: „Mit euch beiden in der Mannschaft braucht man eigentlich keine Gegner mehr. Unser Torwart ist ja mit euch schon voll ausgelastet!”

Dieses Spiel kann auch zwischen Mann und Frau sehr interessant sein, weil beide recht verschieden denken und dadurch wirkliche Knaller herauskommen. Dieses „Kampf der Geschlechter"-Spiel ist oft zum Brüllen komisch.

In der einfachen Form dieses Spiels ist alles erlaubt, was heißt ...

a) sich selbst höher zu stellen wie auch
b) den anderen kleiner zu machen.

Die fortgeschrittene Form dieses Spiels verzichtet auf das Kleinermachen, lässt den andern auf dem Status, den er sich selbst gibt, setzt die eigene Person aber immer ein Stückchen höher als den andern, egal wie hoch der andere sich definiert.

Verhaltensprojekt:

Mach' Dir den Spaß, jemanden **in dieses Spiel einzuweihen** und es öfter mal mit ihm/ihr zu spielen. Es schult den Geist und Du entwickelst ein Gespür für das Definieren und Deine Hochstatus-Tricks. Du übst dabei auch schnelles Reagieren und Schlagfertigkeit. Schlagfertigkeiten sind so gut wie immer überraschende Status-Definitionen, bei denen dem anderen der Tiefstatus zugewiesen wird.

Die drei Verbal-Dominanz-Techniken sind **zu 90 % Übungssache**. Was Du dabei übst, ist die Fähigkeit, in den unterschiedlichsten Situationen souverän und in der Mitte zu bleiben; eine Eigenschaft, die den Ruf hat, angeboren sein zu müssen. Weit gefehlt!

Das Stehaufmännchen-Manöver

Stets souverän und Herr(in) der Lage bleiben

Ein letzter Punkt schließt den Abschnitt „Dominanz" ab; es geht um einen Begriff, der schon öfter gefallen ist: Souveränität oder „Herr der Lage / Herrin der Lage" sein.

Der Trick bei der Souveränität ist, **alles im Griff zu haben**, oder zumindest den Eindruck zu erwecken, dass alles, was passiert, in Deinem Sinne ist. Die Folge ist, dass Du gegen nichts ankämpfen musst, Du kannst alles irgendwie einbauen, nutzen oder utilisieren", wie der Hypno-Fachmann sagt.

Von der Flexibilität unterscheidet sich die Souveränität durch den **Aspekt der Führung**. Sich einer Situation flexibel anzupassen, sie also leichter ertragen zu können, haben wir alle schon als Kinder gelernt. Aber gleichzeitig souverän rüberzukommen ist schon etwas schwieriger; man braucht dazu Schlagfertigkeit und eine Art spaßiges Hochstapler-Verständnis („alles geschieht von meinen Gnaden"). Den Grad der Lustigkeit kannst Du bestimmen.

Das **Stehaufmännchen-Manöver** hast Du unter dem Unterkapitel „Souveränität" schon kennengelernt. Zur Erinnerung noch einmal das Prinzip:

Egal, was der andere tut oder wie sich die Situation entwickelt,

– Du hast es entweder kommen sehen,
– Du hattest es so geplant, oder
– es passt Dir wunderbar ins Konzept.

Nichts wirft Dich um, verwirrt Dich oder macht Dir schwer zu schaffen, nein, Du begrüßt sogar dieses Verhalten oder den Lauf der Dinge! Das hat auf Deine Umwelt eine starke Wirkung. Du wirst dadurch zu einem Anker, einer Art „Fels in der Brandung, kurz: Um Dich herum fühlt man sich sicher und wohl.

Übe Deine Souveränität auch in kleinen Dingen. Dazu gehört auch, dass Du alle Ausrufe der Überraschung („Shit", „Verdammt, so eine...", „Kruzitürken!" usw.) bleiben lässt, es sei denn, Du setzt sie zur Belustigung ein.

Der entscheidende Punkt dabei ist, dass Du allmählich eine innere Einstellung bekommst, dass **alles so, wie es läuft, seine Richtigkeit hat.** Wenn Deine Erwartungen durchkreuzt werden, dann siehst Du das als einen Witz des Universums, das Dich zum Schmunzeln bringen will: Humor + Unerwartetes = Erheiterung. (Denk an das Tilt-Modell von Witzen – so gesehen macht das Schicksal oft „Witze.")

Der nächste Schritt ist, auch kleinere Fehler, auf die man Dich aufmerksam macht, als gewollt hinzustellen: Jemand korrigiert Dich, weil Du ein Fremdwort falsch ausgesprochen hast. Du antwortest: „Wollte nur mal sehen, ob Sie sich damit auskennen!" Auch wenn es klar ist, dass Du damit einen Scherz machst, verfehlt das seine Wirkung nicht.

Der dritte und letzte Schritt ist, **das Verhalten anderer,** egal wie ausgefallen es ist, **erklären oder deuten zu können** und in Deine Pläne einzubauen:

> Du hältst ein Seminar und einer Deiner Teilnehmer ist eingeschlafen. Sein Kopf sinkt stufenweise auf seine Brust und dort angekommen, schnellt er wieder nach oben und der stufenweise Abstieg beginnt von neuem. Die anderen Teilnehmer sehen das und schauen Dich an.
>
> Du legst den Finger an die Lippen und machst leise: „Pssst. Lasst ihn. Das gehört zu einer Wette zwischen uns!"
>
> Auf einer Party rutscht Dir Dein Glas aus der Hand und zerspringt mit lautem Klirren am Steinfussboden. Alle Gäste sind im Moment erstarrt und schauen Dich an. Du schaust fröhlich in die Runde und fragst: „Möchte jemand eine Zugabe?" (und greifst nach einem weiteren Glas).

Auch als Berater kannst Du die Bewilliger-Position gut gebrauchen: Ein Klient, der schon mehrere andere Therapeuten hat auflaufen lassen, will die Honorarrechnung nicht bezahlen und behauptet deshalb, die Sitzungen mit Dir wären völlig wertlos gewesen und er würde das überall herumerzählen, wenn Du auf Deiner Forderung bestehst.

Natürlich bestehst Du auf Deiner Forderung und mit Bezug auf seine Drohung sagst Du: „Wissen Sie, eigentlich tun Sie mir mit dem Herumerzählen einen großen Gefallen. Ich hatte schon lange keinen gescheiterten Fall mehr und ich möchte doch keinesfalls, dass meine Kollegen allzu neidisch werden.".

Ich denke, Du hast jetzt eine ganz gute Vorstellung davon, wie das Stehaufmännchen-Manöver geht und welche innere Einstellung Du dazu brauchst.

Verhaltensprojekt:

Denke Dir für alle Missgeschicke, die Dir oder anderen widerfahren, akzeptierende Sätze aus. Sätze, die andeuten, dass Du mit diesem Vorkommnis gerechnet hast, es vielleicht sogar wolltest oder dass es Dir jedenfalls **nicht ungelegen kommt.**

Mit der Zeit bekommst Du die Ausstrahlung (und den Ruf), dass Du jemand bist, den nichts umwerfen und nichts aus der Ruhe bringen kann. Man bezeichnet Dich dann zu Recht als gelassen, souverän und humorvoll.

4. Unmanipulierbar

Die vierte Eigenschaft im WUDUH des MagSt ist die Unmanipulierbarkeit. Durch das bisher Gesagte wurde bereits deutlich: Du darfst Dich auf keinen Fall manipulieren lassen, jedenfalls nicht im negativen Sinne! Wenn andere Dich durch ihre „Reifen" springen lassen, demonstrieren sie Macht über Dich und belächeln Dich insgeheim. Damit das nicht passiert, brauchst Du **in erster Linie Bewusstheit** (Dein „Bauchmonitor" warnt Dich) – und die Kenntnis von den drei Achsen des Willens.

Da Du weisst, wo Deine **„Klingelknöpfe"** sitzen, merkst Du sehr schnell „von welcher Seite" sich der andere anschleicht. Auf der ersten Achse könnte Dein Gegenüber Dich ködern oder Dir Angst einjagen, auf der zweiten Achse könnte er Dir schmeicheln, Dich „einseifen" und bauchpinseln oder auf dem anderen Achsenarm: Dich einschüchtern oder dominieren. Und auf der dritten Achse würde er versuchen Dir entweder ein Schuldgefühl zu „machen", Verantwortung zuzuschieben oder Dich zu etwas verpflichten. Auf dem anderen Achsenarm, der übersteigerten Sorglosigkeit, würde er Dich in Sicherheit wiegen, Dich einlullen oder Dich zu etwas Leichtsinnigem überreden.

Solange Du das immer im Kopf hast und wachsam bleibst, kann Dir keiner mehr das Fell über die Ohren ziehen. Es wird auch hilfreich sein, zu wissen, wo **Deine bevorzugte Schwäche** sitzt (ein oder zwei „Lieblings" -Klingelknöpfchen), weil Du dann sehr früh schon spürst, wo der andere Dich zu packen versucht und gegensteuern kannst.

Dabei behältst Du stets einen klaren Kopf – Du lässt Dich auf den Achsen nicht auslenken, Du bleibst in der Mitte. Und nur da funktioniert Dein Intellekt wirklich gut.

In der Beweger-Rolle bist Du ohnehin schwer zu manipulieren – da Du den anderen **immer auf Trab** hältst, mit Deinen Angeboten und Vorschlägen beschäftigst, ihn zusätzlich dazwischen auch immer noch ein bisschen verunsicherst, emotional bewegst und nicht viel Zeit zum Reflektieren oder Kritisieren lässt. So hat er meist keine Gelegenheit, sich Spielchen auszudenken, mit denen er Dich 'rumkriegen könnte.

Als Beweger hast Du den anderen **emotional am „Haken"**. Du ziehst ihn an der Leine zu Dir her, lässt kurz ein bisschen locker, ziehst ihn wieder näher usw. Dadurch passiert es immer seltener, dass andere versuchen, Dich zu manipulieren.

Wie gehst Du nun vor, wenn Du die Absicht des anderen erkannt hast? Es reicht ja nicht, sie nur zu erkennen, wenn der andere dann trotzdem ungehindert weitermacht.

Dazu haben wir **einige Abwehrmaßnahmen**, von denen manche recht lustig und entwaffnend sind. Fangen wir mit den weniger lustigen an.

Entwaffnen zeigt Durchblick

Die Grundstrategie beim Entwaffnen ist das **Aufdecken der Methoden** und Ziele des anderen. Dazu hast Du drei Vorgehensweisen, von subtil bis deutlich.

Absicht auf den Tisch legen.

Wenn Du frontal und offensiv vorgehen willst, wirst Du die erkannte Absicht einfach offen aussprechen: „Ich sehe schon, Sie möchten mir etwas verkaufen. Warum haben Sie das nicht gleich gesagt?"

Cialdini, ein gut aussehender, amerikanischer Universitätsprofessor, berichtet von einem Beispiel, das ihm selbst passiert ist.[52]

Bei ihm zu Hause an der Tür klingelt es und eine hübsche junge Frau in Shorts und ausgeschnittener Bluse steht vor ihm und sagt:

„Hallo! Ich mache eine Umfrage über die Verhaltensgewohnheiten von Stadtbewohnern und ich würde gerne wissen, ob Sie mir ein paar Fragen beantworten könnten?"

„Bitte, kommen Sie nur herein!"

„Danke, ich setze mich hier kurz hin und fange gleich an: Wie oft, würden Sie sagen, gehen Sie in der Woche zum Essen aus?"

„Oh, drei-, vielleicht auch viermal die Woche. Eigentlich, wenn ich kann. Ich liebe gute Restaurants."

„Sehr schön, und trinken Sie normalerweise auch Wein zum Essen?"

„Nur, wenn es einen wirklich guten Tropfen gibt!"

Du siehst schon, er lässt sich ködern, zeigt sich als „Mann von Welt", der für anspruchsvolle Unterhaltung eine Menge Geld ausgibt. Ausserdem überlässt er ihr die Initiative und macht den Brav-Antworten-Fehler.

Das ging einige Zeit so weiter und er antwortet immer brav und bietet ihr auch noch an, ihn doch mit dem Vornamen anzusprechen. Zum Schluss dann lässt sie die Katze aus dem Sack:

„Also gut, Bobby. Ich freue mich, dass ich Dir aufgrund dessen, was Du mir gesagt hast, mitteilen kann, dass Du im Jahr bis zu

52) Robert Cialdini „Einfluss"

2000 Dollar sparen kannst, wenn Du dem „Club Cultura" beitrittst. Ein kleiner Mitgliedsbeitrag bringt Dich in den Genuss von Preisnachlässen für fast alle Aktivitäten, die Du genannt hast. Sicher möchte jemand, der gesellschaftlich so aktiv ist wie Du, die enormen Einsparungen nutzen, die unsere Firma bei all den Dingen bieten kann, die Du, wie Du ja sagst, unternimmst."

Jetzt sitzt er in der Falle, der Gute. Vorher den Mann von Welt spielen und jetzt einen Rückzieher machen? Wir Männer haben ein genetisch programmiertes „**Konsistenz-Modul**". Was wir einmal gesagt haben, zu dem müssen wir stehen (unsere damals neunjährige Tochter hatte herausgefunden, dass wir Männer sogar zu dem stehen, was **wir gesagt haben könnten**! Und mein Gedächtnis für versprochene Zoobesuche ist nicht das beste...).

Was könnte er tun? Er könnte auf jeden Fall die *Auf-den-Tisch-legen*-Methode einsetzen (siehe oben: „Warum haben Sie das nicht gleich gesagt?").

Aber der eigentliche Fehler kam schon viel früher – er **überließ ihr die Initiative**, blieb passiv statt in die Beweger-Rolle zu gehen. Er hätte sie fragen sollen, wie lange sie das schon macht, was für ungewöhnliche Dinge ihr dabei schon passiert sind, ob ihr Studium darunter leidet usw.

Nach allem, was Du bisher erfahren hast, wäre Dir das nicht passiert, oder?
Als erstes hättest Du natürlich **ihr Outfit angesprochen** (ein offensichtlicher Köder): „Haben Sie da nicht Angst, wenn Sie herumlaufen wie die fleischgewordene Sünde, dass Sie einem Sex-Molch über den Weg laufen könnten?" (Damit hast Du sie in die Defensive gebracht.)

Als nächstes würdest Du **die Befragung hinterfragen:** „Wozu werden die Daten eigentlich verwendet? Sie könnten ja vom Finanzamt sein und ich rede mich durch meine Antworten in ein Schlamassel!". (Sie müsste jetzt damit herausrücken, wer ihr Arbeitgeber ist. Sie kann diese Unterstellung ja nicht einfach stehen lassen, weil ihre Glaubwürdigkeit auf dem Spiel steht).

Und als letztes würdest Du noch **einen Reziprozitäts-Test** durchführen, weil Du wissen willst, wie es bei ihr mit der Balance des Geben und Nehmen steht: „Sie haben bestimmt bei Ihrer Befragung interessante Erfahrungen gemacht. Ich würde gerne bei einer Tasse Tee etwas über Ihre Erfolge und Misserfolge dabei hören. Ich weiß ein nettes Café um die Ecke!".

Jetzt müsste sie Farbe bekennen. Wenn sie zusagt, fein. Bringt sie aber irgendeine Ausrede, konterst Du mit gleicher Münze: „Wissen Sie was, wenn sie heute keine Zeit haben, dann eben ein anderes Mal. Mir passt es heute ohnehin nicht so gut, ich habe noch zwei Artikel zu schreiben. Rufen Sie mich doch an, wenn Sie mal etwas mehr Zeit haben, ja?"

Damit wäre diese Begegnung beendet – ohne Manipulation Deiner Schwachstellen! Du hast nur zwei Methoden eingesetzt und die Situation zu Deinen Gunsten gewandelt:

- Die **„Absicht-auf-den-Tisch-legen-Methode"** und
- den **„Geben-und-Nehmen-Test"** (oder auch Rollentausch genannt).

Er besteht darin, dass Du ausprobierst, ob der andere auch bereit wäre, die Rolle einzunehmen, die er *Dir* zugedacht hat. Wenn er das nämlich nicht tun möchte, weißt Du, dass wahrscheinlich etwas faul ist.

Die dritte Entwaffnen-Methode ist die **„Vorwegnahme"**. Die wirst Du am besten dann einsetzen, wenn Du aus Erfahrung weisst, dass Dein Gegenüber ganz bestimmte Spielchen treiben wird. Die kannst Du schon im Vorfeld unterbinden, indem Du voraussagst was als nächstes kommen wird:

„Haben Sie Kinder?", fragt der Vertreter an der Tür.

„Ja, hab' ich."

„Und Sie wollen sicher, dass aus Ihren Kindern etwas wird, oder?"

„Ja, sicher - und wenn Sie mir noch ein paar Fragen stellen, auf die ich mit „Ja" antworte, können Sie mir alles in der Welt verkaufen. Wissen Sie, wenn ich mal angefangen habe, „Ja" zu sagen, kann ich damit nicht mehr aufhören!"

So wäre seine Verkäufer-Taktik (eine „Ja-Haltung" zu etablieren) aufgedeckt und damit unwirksam geworden.

Die Kunst bei der Vorwegnahme ist, möglichst früh schon das **Muster zu erkennen**, das der Taktik zugrunde liegt. Für den Anfang nimm erst einmal drei der häufigsten Muster aufs Korn, die beim Verkaufen gern eingesetzt werden:

– „Das sagenhaft günstige Angebot, das es sonst nirgendwo gibt" **(Seltenheit)**

– „Nur heute verfügbar, nur noch wenige Stücke" (oder die Steigerung: „Morgen kostet es das Doppelte" **(Knappheit)**

– „Das zu haben ist ein „MUSS", alle haben es, Arnold Schwarzenegger, Howard Carpendale und der Papst auch!" (**die „IN-Qualität"**),

Du bist „out", wenn Du es nicht hast. Vor allem Kinder und Jugendliche fallen darauf herein und trauen sich nur noch mit einer ganz bestimmten Marken-Jeans in die Schule zu gehen. Um das zu üben, kannst Du Dir Vorwegnahme für Seltenheit, Knappheit und In-Qualität ausdenken. Dann bist Du das nächste Mal vorbereitet.

Ich unterminiere diese Taktiken gerne damit, dass ich das Verkaufsargument selbst zu meiner Ablehnungsbegründung heranziehe:

Seltenheit – „Nein danke! Ich finde, nur wahre Kenner sollten dieses Kleinod bekommen. Für mich ist so etwas zu schade, weil ich es nicht wirklich zu schätzen weiß!"

Knappheit – „Wenn es nur noch wenige Stücke gibt, will ich anderen den Vortritt lassen. Das gebietet die Höflichkeit!"

IN-Qualität – „Schade, wenn es IN ist, dann ist es nichts für mich – ich bin ein „Gegen-den-Strom-Schwimmer!"

Mit solchen Argumentationen können Verkäufer nichts anfangen, es stoppt ihre Strategie. Aber es entwickelt sich dadurch oft ein nettes Gespräch.

Vorurteile erkennen und stoppen

Mit Leuten, die Dir ein Vorurteil entgegenbringen, tust Du Dich im allgemeinen schwer. Menschen klammern sich an ihre Version der „Realität", wie Du bereits weisst. Es ist deshalb sehr nützlich, sich ein kleines **Repertoire an antithetischen Verhaltensweisen** zuzulegen. Das sind Reaktionen, die das Vorurteil des Gegenübers verändern und in eine, für Dich günstigere, Richtung lenken.

Sagen wir ein Vermieter hat ein Vorurteil gegen allein stehende Männer, weil die seiner Meinung nach ständig Frauen mit auf's Zimmer nehmen. So etwas schadet dem Ruf des Hauses, glaubt er.

Nun erzählst Du ihm eine Geschichte, wie Du selbst einmal mit genau derselben „Sippschaft" Deine Schwierigkeiten hattest (zum Beispiel als Hauswart eines Studentenheims). Du wirst sehen, alle Verhandlungen laufen besser, wenn man sie mit einem „**Kameraden im Leid**" führt.

Durch diese Geschichte hast Du Dich von der Kategorie „Männer, die den Ruf des Hauses schädigen" distanziert und bist in die Kategorie „um den Ruf eines Hauses besorgte Männer" (in seine Liga) übergewechselt. Das geschieht subtil und ohne die geringste Rechtfertigung! Elegant, nicht?

Wer springt durch wessen Reifen?

Einengung und Nötigung kontern

Manche Menschen haben ein wohltuendes Machtgefühl, wenn sie andere „durch ihren Reifen" hüpfen lassen können. Oft ist es auch ein unbewusstes Sicherheitsbedürfnis, das sie dazu antreibt, zu versuchen, **Kontrolle über Dich** zu erlangen. Beide Motive veranlassen einen Menschen, sich manchmal sehr geschickte Methoden zuzulegen, um dieses Ziel zu erreichen. Da Dich das Autorität und Einfluss kostet, heißt es also, auf der Hut zu sein.

Eine häufig verwendete Methode ist das ...

„Zeig mir, was Du hast (oder kannst), **imponiere mir**!"

Wenn Dir persönliche Fragen gestellt werden, die sich um Eigenschaften Deiner Person drehen (z.B. Rang, Beruf, Position), soll das meistens dazu dienen, Dich einzuschätzen. Darauf solltest Du nicht eingehen. Du tust Deinem Gesprächspartner dabei nichts Gutes: Anstatt sich ein Urteil zu bilden aufgrund Deines aktuellen Eindrucks, greift er auf **Klischees** zurück und wird versuchen, Dich in **Schubladen** einzusortieren. Und die beruhen fast immer auf Vorurteilen (Beamter = langweilig, Vertreter = Hallodri, Porschefahrer = oberflächlicher Angeber usw.)

Wenn Du spürst, dass Dein Gegenüber das **„Imponier mir!"-Spiel** beabsichtigt, dann gib keinesfalls eine Antwort, die dem anderen gefallen würde. Das würde vom Gegenüber als „ich hab ihn so weit, er will mich beeindrucken und sich anpreisen" interpretiert werden. Das macht den anderen zu Deinem Bewerter – mach' das bloß nicht!

Stattdessen gibst Du **eine falsche oder freche Antwort**, die Du in einen Scherz verpackst, so dass der andere merkt, dass Du das nicht ernst meinst. Dadurch kann man Dich nicht festlegen, einschätzen und auch keine Negativpunkte gegen Dich sammeln.

Beispiele:

> „Was für'n Auto fährst Du?" - „Ich fahr leidenschaftlich Mofa. Das hat aber nur einen Sitz - ich kann Dich also nicht heimfahren!"

> „Was machst Du beruflich?" - „Ich arbeite bei der Müllverwertung. Also wenn Du mal ein Paar Schuhe brauchst oder Klamotten...?"

> „Wo warst Du in Urlaub?" - „In der Fußgängerzone - mit den richtigen Klamotten und einem Hut vor sich auf dem Boden kann man sich da eine goldene Nase verdienen!"

Wie man Dich einengt (und wie Du konterst)

Dieses Phänomen hast Du bestimmt schon öfter erlebt: Du lernst neue Leute kennen und fühlst Dich mehr eingeengt, als Dir gut tut. Du traust Dich keinen Scherz zu machen, geschweige denn aus Dir herauszugehen, offen zu sein und über alles zu sprechen. Statt dessen bewegst Du Dich vorsichtig, wie auf dünnem Eis, verhältst Dich „wie es sich gehört" und hältst Dich zurück im Anschneiden heikler Themen. Das ist bis zu einem gewissen Grade ganz normal, vor allem, wenn man noch nicht weiß, wie die Spielregeln in einem neuen Umfeld sind.

Wenn das aber immer wieder bei be stimmten Leuten vorkommt, besonders wenn man die schon öfter gesehen hat, dann läuft da etwas anderes: **Subtile Kontrolle und Einengung**. Diese Wirkung haben auf Dich nicht immer nur ältere Damen, die Dich an Deine gestrenge Lehrerin erinnern ...

Wie bringen diese Leute das fertig, dass sich andere in ihrer Anwesenheit so sehr in ihren Lebensäußerungen einschränken lassen?

Aus den vorigen Kapiteln weißt Du, dass dies mit **subtiler Definition der Situation** und durch **Vorgeben einer emotionalen Stimmung** geschieht.

Das kann auf recht verschiedene Weisen ablaufen:

- Jemand gibt sich den Anschein von **Überlegenheit** (Ich bin – im Gegensatz zu Ihnen – jemand Besonderes!)
- Jemand signalisiert „**Fragen stelle immer nur ich**" (und antwortet sofort mit Gegenfragen „Warum wollen Sie das wissen?")
- Jemand gibt zu verstehen: „Passen Sie bloß auf, **ich könnte Ihnen das Leben schwer machen!**" (oft Uniformierte)
- Jemand **eskaliert sofort**, wenn man ihm widerspricht: „Was Sie da sagen, ist eine Unverschämtheit! Ich erwarte eine Entschuldigung!"

- Jemand **definiert Dich als „die Neue"**, das „Greenhorn", „der Anfänger" und sich selbst als erfahrenen Könner und Kenner.
- Jemand **verbreitet eine so erhabene, erleuchtete Aura**, dass man sich in seiner Gegenwart nur gedämpftes Sprechen erlaubt.

Du kennst solche Situationen vermutlich recht gut und weißt, wie man sich dabei fühlt.

Wenn Du **solche Einengungen durchbrechen** willst, wäre es gut, erst einmal herauszufinden, ob Dein Gegenüber das unbewusst oder bewusst, also mit Absicht macht. Du verwendest dann nämlich verschiedene Strategien.

Bei **unbewusster, absichtsloser Einengung** ist die Methode der Wahl das „Bewusst machen", am besten sogar mit ein bisschen Schalk:

> „Sie bringen es fertig, dass man sich in Ihrer Gegenwart wie ein kleines Schulmädchen fühlt. Ich würde das gerne lernen. Wie machen Sie das?"

Dein Gegenüber wird überrascht reagieren (es war ihm ja nicht bewusst) und die Situation wird entspannter.

> „Ist Ihnen schon aufgefallen, dass sich niemand mehr getraut, Ihnen zu widersprechen?"

Das wird ihn hoffentlich nachdenklich machen. Vielleicht fragt er Dich sogar, ob Du eine Idee hast, warum das so ist. Dann darfst Du mit ihm offen reden: „Sie regen sich dann dermaßen auf, dass jeder gleich einen Rückzieher macht und beschließt, in Zukunft lieber still zu sein und nichts mehr zu sagen. Das ist ein großer Nachteil für Sie!"

Wenn jemand sich an Erfahrung überlegen gibt:

> „Bei Ihnen hat man den Eindruck, Sie wären mit diesem Wissen und dem Geschick schon geboren worden. Gab es wirklich mal eine Zeit, wo Sie genau so unwissend und ein Neuling waren wie ich heute?"

Das sollte eine kleine Erinnerung daran sein, dass er auch mal klein angefangen hat und nicht dermaßen überlegen zu tun braucht.

Absichtliches Einengen kontern

Eine ganz andere Situation hast Du vor Dir bei **absichtlicher, bewusster Einengung**. Solche „Machenschaften" durchkreuzt Du besser schon im Ansatz, weil sie Deine **Manövrierfähigkeit stark behindern** können. Je mehr Du Dich festlegen lässt, um so mehr hat der andere freie Hand. Du würdest ja auch nicht gerne mit einem Gegner ringen, wenn man Dir die Turnschuhe am Boden festnagelt und der andere um Dich herumtänzeln kann!

Die meisten dieser Nötigungs-Situationen kannst Du mit einer Standard-Reaktion kontern, welche die Situation als Nötigung kennzeichnet, gleichzeitig aber de-eskaliert. (Normalerweise wird nämlich fast immer ein Machtkampf daraus) Die Reaktion besteht in einem **Nachgeben deinerseits mit einer Erklärung, die dem anderen den Triumph nimmt**, gesiegt zu haben.

Ein Beispiel aus der Therapie:

> Während einer psychotherapeutischen Sitzung, die auch konfrontative Elemente beinhaltet, droht der Patient, ein zwangseingewiesener Bauarbeiter mit kräftiger Statur dem Therapeuten: „Wenn Sie nicht sofort aufhören, so zu reden, dann ...!" Worauf der Therapeut mit gespielt ängstlicher Miene sagt: „Wissen Sie, ich bin ein schrecklicher Angsthase, und mein Honorar ist nicht groß genug, ein blaues Auge dafür zu riskieren. Deshalb sagen Sie mir einfach, worüber Sie reden wollen und wir reden dann nur davon und über nichts anderes!" Da es dem Patienten dann dämmerte, dass so ein Gespräch nutzlos für ihn wäre, machte er einen Rückzieher.

Nehmen wir als Beispiel mal jemanden, der damit **droht, Dir zu schaden**, wenn Du nicht seinem Willen entsprichst:

> „Ich war zuerst da! Wenn Sie nicht sofort diesen Parkplatz freigeben, hole ich die Polizei!"
>
> Du antwortest ganz ruhig: „Sie machen auf mich den Eindruck, dass Sie das wirklich fertig bringen würden: Zwei Polizisten aus ihrer gemütlichen Amtsstube aufscheuchen und hierher zu beordern, nur um Ihnen ein kleines Privileg zu sichern ... Ich könnte so was gar nicht – für so wichtig halte ich mich nicht. Und da sich nun herausgestellt hat, dass Sie die wichtigere Person von uns beiden sind (galante Verbeugung), werde ich natürlich den Parkplatz sofort für Sie freimachen!"

Wichtig bei dieser Intervention: Keine spürbare Ironie hineinlegen! Die Ehrerbietung muss überzeugend sein, nur dann fühlt sich der andere beschämt und wird den Vorfall so leicht nicht wieder vergessen. In den meisten Fällen beruhigt sich der andere schnell und ist bereit einzulenken.

Die Formel für Entwaffnen

Sie lautet:

Die Überlegenheit des anderen konstatieren + mehr nachgeben, als der andere erwartet hat = Beschämung + Entwaffnung

Die subtileren Mechanismen der Einengung

Häufig sind die Methoden, die andere in ihrem Verhaltensspielraum einengen sollen, viel weniger direkt als die obigen Beispiele. Sie triggern unsere anerzogenen Reflexe, die uns oft nicht bewusst sind. Du merkst das zuerst nur an dem „komischen" Gefühl, das Du in der Anwesenheit von manipulativen Menschen hast.

Betrachte diese Menschen als **Deine Zen-Meister!** Sie verhelfen Dir, Bewusstheit und eines Tages vielleicht sogar Erleuchtung zu erlangen. Sie machen Dich auf Deine Konditionierungen aufmerksam und dank ihnen lernst Du diese allmählich zu überwinden.

Ich greife hier mal vier der beliebtesten **Kategorien sozialer Einengung** heraus:

- „Das tut man nicht!"
- „Du musst mir helfen!"
- „Das bist Du mir schuldig!"
- „Halt Dich zurück! Ich bin geladen!"

Die „Das tut man (hier) nicht"-Tour ist sehr verbreitet und vom Aspekt der sozialen Ordnung her auch wichtig. Jeder Ort hat seine „Hausordnung", seine Gepflogenheiten. Du bringst in die Kirche keinen Döner mit, um ihn dort zu verzehren und Du wirst in der Oper nicht mitsingen, auch wenn Du Text und Melodie auswendig kennst. Beides ist auf dem Fußballplatz zum Beispiel willkommen.

Hier geht es mir mehr um die **Ausgrenzung**, die mit solchen Regeln verbunden wird. Wenn man Dich z.B. auf Einladungen subtil spüren lässt, dass Du ein Aussenseiter bist, weil Du kein schickes Auto fährst, man Dir auf dem Golfplatz zeigt, dass Du mit den anderen nicht auf gleicher Stufe stehst oder Du vom Türsteher an der Nobeldisco abgewiesen wirst, zeigt man Dir damit, dass Du **nicht „dazugehörst"**. Besonders unangenehm wäre es, wenn Dir diese Situationen in Begleitung passieren. Da wäre es doch gut, wenn Du ein paar Reaktionen auf Lager hättest, die Deinen Status wiederherstellten, oder?

Die Standard-Reaktion ist in diesen Fällen, die Bewerter-Position einzunehmen und die jeweilige Gruppe, um die es sich handelt, als eine Sorte **interessanter, bunter Vögel** zu betrachten, die Du mit Deinem Forscherauge wohlwollend studierst.

Auf der Einladung sagst Du zu Deinem Begleiter/Deiner Begleiterin (nachdem euch gerade ein Gast mit hochgezogenen Brauen gemustert hat): „Du brauchst keine Angst zu haben, Schatz, die Leute hier sind zwar sehr eigenartig, aber im Großen und Ganzen gutartig und harmlos!" (laut genug, dass es der besagte Gast auch hört). Mit dieser Haltung könnt ihr den ganzen Abend noch viel Spaß haben, wenn ihr euch gegenseitig auf die besonders ausgefallenen Exemplare aufmerksam macht.

Von Matthias Pöhm[53] stammt eine schöne Konter:

> Ein Türsteher mustert ihn geringschätzig und fragt ihn: „Was bist Du überhaupt von Beruf?", worauf er schlagfertig antwortet: „Türsteher!"

---

53) „Nicht auf den Mund gefallen", MVG-Verlag Januar 2001

> Auf dem Golfplatz verlangt einer der Spieler stets absolute Stille, wenn er am Ball ist. Da er ziemlich lange braucht, um sich in die richtige Schlag-Position zu bringen, wird das von den Umstehenden als Wichtigtuerei empfunden, da dies die Gespräche unterbricht. Nach einigen Löchern wird das Treiben dieses Spielers einem der Mitspieler zu bunt. Er sagt aber nichts, sondern wartet ab, bis er an der Reihe ist. Er steckt seinen Golftee in den Boden, faltet die Hände, verbeugt sich in alle Himmelsrichtungen, murmelt ein paar Mal „Om mani padme hum" und „Heiliger Andreas, bitt' für uns", kniet sich dann nieder und küsst den Boden. Erst dann schlägt er den Ball.

Dieses „Ritual" brauchte er nur zweimal vorzuführen (zur Erheiterung der anderen, die mitbekommen hatten, warum er das tat) und der betuliche Spieler hörte mit seiner „Verpflichtung zur Andacht" auf.

Bei **moralisierenden Bemerkungen oder Klischees** wie etwa „Männer denken nur an das Eine" oder „Ich mag keine sexuellen Anspielungen. Dafür ist mir Sex zu heilig!" leistet die Scheinwerfer-Technik gute Dienste: „Klingt ein bisschen frustriert. Schon länger kein Glück mehr gehabt, mhm?".

Da sich beim „Das tut man nicht" der andere als Bewerter aufspielt, ist die Gegenstrategie, selbst **mit besseren (oder treffenden) Argumenten** in die Bewerter-Rolle zu gehen. Dazu muss Dir natürlich das Definieren der „Dominanten Realität" geläufig sein.

So, damit bist Du gewappnet gegen die „Das tut man nicht"-Masche.

Die „Du musst mir helfen"-Tour

Du kennst sicher das beengende Gefühl, wenn Dich auf der Straße ein verwahrloster Typ um „'n bisschen Kleingeld" anspricht. Während Du das mittlerweile locker konterst („Tut mir leid, Kumpel, ich gebe nur sonntags!") sind es die subtileren „Hilferufe", die Dich hilflos machen können.

> Du sitzt in einem feinen Café, da bittet Dich eine Dame vom Nebentisch: „Ach, mir ist gerade mein Stift auf den Boden gefallen, er liegt unter ihrem Stuhl!"

Sollst Du jetzt wirklich vor allen Leuten zu Boden gehen und den Stift suchen? Ein Kavalier würde es tun! Und würde lächerlich dabei wirken. Also sagst Du höflich, aber bestimmt: „Für Fundsachen ist der Geschäftsführer zuständig. Rufen Sie doch den!"

Ich weiß, ich weiß ... Das geht ganz und gar gegen Deine Konditionierungen, aber da musst Du durch. Du musst einfach lernen, auch einmal unfreundlich und zurückweisend zu sein, sonst wirst Du auf Dauer nicht ernst genommen. Du kennst vielleicht den berühmten Ausspruch von Konrad Adenauer: „Mach Dich erst mal unbeliebt, dann wirst Du auch ernst genommen!" (Warum? Weil Du dadurch zeigst, dass Du Dir aus der Meinung anderer nicht viel machst!)

> Ein Bettler geht auf eine wohlsituierte Dame zu: „Schöne Frau, ich habe schon drei Tage nichts gegessen!" Sie antwortet mit einem Seufzer: „Ihre Selbstdisziplin möchte ich haben!" und geht weiter.

O.k., das Beispiel ist ein bisschen makaber (ist ja auch nur ein Witz), aber es zeigt ganz gut das Muster einer Entgegnung: Du weigerst Dich einfach, in der Äußerung des anderen eine Bitte zu sehen. Versteh' mich jetzt nicht falsch, ich gebe selbst gern einem Bettler etwas, vor allem, wenn er eine Ecke der Fußgängerzone mit seiner Ziehharmonika-Musik verzaubert, aber wenn es in Richtung einer Nötigung geht, wehre ich mich dagegen.

Der 18-jährige Sohn, der gerade seinen Führerschein gemacht hat, sagt zum Vater: „Wir haben morgen eine Fete im Jagdhaus von Peters Eltern

... und wir haben kein Auto, um die Getränke dort hin zu schaffen...?" Wenn der Vater jetzt etwas sagt, wie: „Dann müsst Ihr es halt mit dem Bus transportieren" oder „Irgendjemand von der Clique wird doch ein Auto auftreiben können!" usw., ist er schon reingefallen. Der Sohn braucht jetzt nur noch jeden Lösungsvorschlag des Vaters zu „Ja, abern", dann wird der sich am Ende des Gesprächs genötigt fühlen, seine Autoschlüssel rauszurücken.

Besser wäre es, er **interpretiert die Andeutung nicht als Aufforderung**, und statt sich Lösungen für die Situation seines Sohnes auszudenken, gibt er das Problem an ihn zurück: „Tja, eine schwierige Situation, Junge. Bin schon gespannt, wie Du sie lösen wirst" und wendet sich wieder seiner Zeitung zu.

Besonders schwierig ist eine Ablehnung, wenn die Bitte von einem Bekannten oder einem Freund gestellt wird: „Ich habe da eine Superchance an ziemlich viel Geld zu kommen, aber ich habe momentan das Geld nicht dazu. Du könntest aus 2000 € locker in ein paar Monaten das Dreifache machen und ich auch! Für Dich sind doch 2000 € nicht viel – und mir würde das ein gutes Stück weiterhelfen. Also, wie sieht's aus?"

„Das klingt nicht schlecht. Sei doch so nett und schreib' mir ein bisschen was über die Details zusammen: Was das für ein Geschäft ist, wie viel Zeit es braucht, bis es abgeschlossen ist, wer daran alles beteiligt ist usw. Ich brauche immer etwas Schriftliches, wenn ich so etwas mache."

Du wirst Dich fragen, **wo hier der Trick liegt**, stimmt's? Es sieht ja aus wie eine Zustimmung. Aber es sieht nur so aus. Ich habe die Erfahrung gemacht, dass Leute mit „Superchancen Geld zu machen" den Aufwand scheuen, etwas schriftlich auszuarbeiten. Probier' es selbst aus. Ich wette, dass Du in 99 % der Fälle nichts mehr davon hörst. Du kannst ihn sogar darauf ansprechen, Du wirst sehen, dass ihm immer etwas dazwischen gekommen ist, und er leider noch nicht dazu kam.

Die „Das bist Du mir schuldig!"-Tour

Es gibt Menschen, ich nenne sie die „**Verpflichtungskünstler**", die in ihrem Kopf eine Soll-Haben-Liste führen und diese immer so hindrehen können, dass ihnen andere etwas schuldig sind. Sie sind oft auch großzügig und geben gerne, erwarten dafür aber stets etwas zurück.

Das wäre ganz in Ordnung, wenn nicht diese **Aufrechnung** wäre und die mehr oder weniger deutliche Manipulation über Schuld- oder Verpflichtungsgefühle. Wenn Du nämlich auf eine Bitte von ihnen „Nein" sagst, akzeptieren sie das nicht, sondern werden manipulativ. Das geht dann vom Aufzählen, was sie schon alles für Dich getan haben, bis zur charakterlichen Abwertung. Wenn Du dann nachgibst, belohnst Du dieses Muster und förderst eine Untugend.

Ich habe viele Männer in meiner Praxis erlebt, die das Spiel so lange zugelassen hatten, dass sie nicht mehr wussten, wie sie es abstellen konnten. Beide Partner waren damit nicht glücklich, weil es viele unschöne Gefühle heraufbeschwört. (Der Mann fühlt sich genötigt und schuldig, und die Frau enttäuscht und ausgenutzt.)

Lass' nicht zu, dass sich ein solches Muster etabliert. Du **stoppst das Spiel**, indem Du zwei Dinge klarstellst:

1. Du willst nur dann ein Geschenk oder einen Gefallen, wenn der andere **aus ganzem Herzen und gerne gibt**. Dann ist das Schenken „rein" und in sich selbst so belohnend, dass dadurch keine Rechnung offen bleibt. Der Liebe Gott lässt sich auch nicht nötigen durch Gebete: „Also, lieber Gott, ich hab jetzt schon 30 Vaterunser gebetet und in der Kirche drei Kerzen gestiftet. Jetzt bist Du dran!"

2. Wenn man Dir **nur dann das Recht auf ein „Nein" zugesteht**, wenn Du absolut **stichhaltige Gründe** dafür vorbringen kannst, dann bist Du

nicht mehr in einer Partnerbeziehung, sondern in einer Sklaverei. (Das ist heutzutage verboten und Ihr macht euch strafbar!)

Ist Dir eigentlich schon aufgefallen, dass Frauen als Begründung für ihr „Nein" **ein lapidares „Mir ist eben nicht danach"** für eine durchweg ausreichende Begründung halten und wir Männer uns immer superlogische Begründungen ausdenken (zu müssen glauben)? Wo bleibt denn da die Emanzipation?

Die subtilen **Hinweise** auf „was ich schon alles für Dich getan habe" beantwortest Du dann mit einem: „Ich hoffe, Du hast das gern getan, sonst will ich solche Gefälligkeiten nicht. Ich kann das Gefühl, zu etwas verpflichtet zu sein, nicht ausstehen! Falls ich Dir für vergangene Dienste noch etwas schulde, dann sag es mir bitte gleich!".

Wenn Du dann auch noch die nächsten drei Wochen bei allen Gefälligkeiten und Nettigkeiten, die Dir entgegen gebracht werden, fragst, ob und wozu Dich das verpflichtet, löscht Du dieses Muster. Dein Partner wird das Verpflichtungsspiel fallen lassen – es sieht eben nicht schön aus, wenn etwas so **offengelegt** wird.

Wenn ein „Nein" von Dir die „heilige Inquisition" auf den Plan ruft, d.h. endlose Fragereien nach Begründungen (die ohnehin nicht akzeptiert werden): „Warum sagst Du ausgerechnet jetzt Nein?", „Was hast Du gegen den Vorschlag einzuwenden?", „Wer hat Dich gegen mich aufgehetzt?" usw., dann hast Du leider schon etwas falsch gemacht.

Zu Anfang ist ein solches Muster noch relativ leicht zu stoppen. Du ignorierst also die Rückfragen und gehst in die Bewerter-Rolle:

„Du scheinst Probleme zu haben, ein „Nein" stehen zu lassen und zu akzeptieren. Das ist aber eine wesentliche Eigenschaft eines erwachsenen Menschen. Ich bin gerne bereit, das mit Dir zu üben."

Es kann zwar sein, dass Du mit einer solchen Reaktion nächtliches Zähneknirschen auslöst, aber es muss sein.

Was tun, wenn das Muster bereits etabliert ist?

Dann musst Du es leider darauf ankommen lassen. Stell' Dich darauf ein, dass das ein schmerzensreicher Weg sein wird. Es lässt sich nämlich keiner kampflos etwas wegnehmen, worauf er sich ein Recht einbildet (und der andere *hat* ein Recht darauf: nämlich das Gewohnheitsrecht!).

Du wirst viel **Disharmonie-Toleranz** entwickeln müssen, bis das Muster gelöscht ist. Mit anderen Worten: Es wird viel Stunk und Liebesentzug geben, da Dein/e Partner/in ohnehin schon unter Selbstunsicherheit leidet und diese nur durch die Kontrolle über Dich bisher in Schach gehalten wurde. Wenn Du ihm/ihr diese Kontrolle jetzt wegnimmst, kommt er/sie in eine Krise und Deine Beziehung auch. Wenn Du ihm/ihr auf anderem Wege Sicherheit gibst (durch die Beweger- und die Bewilliger-Rolle) und sein/ihr Selbstbewusstsein stärkst, kannst Du die Krise abkürzen. Ein nicht zu überschätzender Vorteil ist der **Langzeit-Gewinn**, der sich einstellt, wenn beide Partner selbstsicher und gleichwertig sind.

Damit kommen wir zur nächsten Masche, mit der man Dich einzuengen versucht:

Die „Halt Dich zurück! Ich bin geladen!"-Tour

Diese Einengung gibt es im privaten und beruflichen Bereich gleichermaßen. Das kann ein Vorgesetzter sein, der glaubt sich Respekt zu verschaffen, wenn er „geladen" und misslaunig durch seine Abteilung stürmt oder ein Kollege gibt sich ungnädig und „knatschig", der Partner zeigt sich reizbar und schnell aufbrausend und sogar Kinder haben das drauf: „Jetzt mag ich die Mammi nicht mehr!".

Während wir eine gelegentliche, miese Laune ohne Weiteres tolerieren, ist dieses Verhalten **als Muster schädlich** und inakzeptabel. Es tritt in zwei Varianten auf: Die „Fettnäpfchen-Meile" und das „Tretminenfeld".

Beim ersten verlierst Du jegliche Spontaneität, weil Du Dich dauernd fragst: „Was hab ich denn jetzt schon wieder falsch gemacht?" und beim anderen wirst Du von völlig überraschenden Explosionen förmlich hinweggefegt. Beide Muster sind Gift für Beziehungen jeder Art und Du tust dem anderen einen großen Dienst, wenn Du ihm hilfst, davon loszukommen.

Die Fettnäpfchen-Meile

Wenn Du Dich wieder mal auf der Fettnäpfchen-Meile wiederfindest (Du bist ahnungslos in eines hineingetappt) und Dein **Gegenüber gibt sich zutiefst verletzt** (da gibt es die schmollende und die kreischende Variante), dann überprüfe erstmal Deine Haltung: Hast Du das, was der andere als Verletzung, Vernachlässigung, Verrat usw. interpretiert aus unschuldigem Herzen getan? Also ohne zu wissen, dass es den anderen verletzt? Das ist wichtig, denn wenn Deine Motive nicht sauber und rein waren, wäre eine Wiedergutmachung angebracht.

Im anderen Falle reicht es leider meistens **nicht**, Deine **Unschuld zu beteuern**. Versuche es erst gar nicht. Das ist eine Reaktion, die die Fettnäpfchen-Setzer kennen und die ihnen sehr gelegen kommt! Das ist dann oft so, als hättest Du ein Schleusentor geöffnet und wirst in Vorwürfen schier ertränkt. Aber Du hast das vermutlich ohnehin oft genug probiert, um zu wissen, dass es nicht funktioniert.

Der Grund für die **Wirkungslosigkeit des Beteuerns** ist, dass Du nicht der Problemträger bist. Von Dir zu reden ist jetzt völlig fehl am Platz, weil dort nicht das Problem liegt. Das Problem ist ja die Interpretation des anderen, der einer Aussage oder Handlung von Dir eine Bedeutung unterlegt, die schlicht daneben ist. Solange die nicht aufgeklärt ist, nützt Deine Beteuerung guter Absichten nichts.

Du musst also **die Interpretation in Frage stellen**. In der kreischenden Variante geht das zunächst nicht, weil Du ja nicht zu Wort kommst. Es gibt allerdings auch die schweigende oder schmollende Variante (man verschanzt sich im Badezimmer). In beiden Fällen vertagst Du:

> „Ich sehe, wir haben ein Riesenproblem, das geklärt werden sollte, aber im Moment sind wir beide noch zu aufgebracht, so dass wir noch etwas Zeit verstreichen lassen müssen!"

Du hast dabei netterweise das Problem nicht verniedlicht, der andere sieht das nämlich wirklich als riesig an. Jede **andere Sicht würde als Schönreden gebrandmarkt** und verschärft die Krise nur.

Der zweite gute Punkt an Deiner Intervention: Du hast **per „Wir" gesprochen**, so dass Du nicht überheblich wirkst. Da der andere Dir gerne widersprechen möchte, hast Du ihm elegant eine Möglichkeit geliefert: Er kann sich jetzt gegen Deine Aussage stellen „Zeit verstreichen zu lassen". Wenn Du dann „nachgibst" und bereit bist, jetzt gleich darüber zu reden, dann

> **„Nur wenn Du garantieren kannst, sachlich zu bleiben"**

Diese Absicherung ist nötig, damit Du bei eventuellen Eskalationen wieder „vertagen" kannst.

Der nächste Schritt ist, dem anderen zu helfen, seine Interpretation zu verbalisieren:

> „Als ich ... sagte, hast Du doch gemeint, ich wollte Dir damit eins auswischen, sozusagen eine primitive Racheaktion, nicht wahr?"

Du verbalisierst also Deine Vermutungen über die Gedanken des anderen. **Je verabscheuungswürdiger** Du sie formulierst, **um so besser.** Das hat zwei Vorteile: Es ist das Gegenteil von Beschönigen (was der Fettnäpfchen-Setzer hasst) und fast unbemerkt schlüpfst Du damit aus der „Sünder-Rolle" in die Beobachter/Bewerter-Rolle (z.B. „Ich fände solche Beweggründe genauso abscheulich wie Du!").

Von hier aus wird es leichter. Je mehr Du solche „Beweggründe" als verwerflich kennzeichnest, um so eher dämmert Deinem Gegenüber, dass Du Dich davon distanzierst. Du wirst Dich etwas später sogar verwundert darüber zeigen, dass der andere Dir **solche Beweggründe überhaupt zutraut.** Und Du fragst Dich, ob das nicht auf einen eklatanten Vertrauensmangel hinweist oder gar eine Projektion ist (nur zart andeuten!). Vielleicht handelt es sich auch nur eine vorübergehende Wahrnehmungseintrübung. (Damit könnte der andere sein Gesicht wahren, falls er schon bereit ist, sich abzuregen.)

In jedem Fall wird klar, dass das Problem in der *Fehlinterpretation Deines Verhaltens* liegt und nicht im Verhalten selbst. Und jetzt erst kann das Übel an der Wurzel bekämpft werden:

> „Wie können wir sicher stellen, dass Du nicht vorschnell mein Verhalten in so gravierender Weise misinterpretierst?"

Die Abhilfe ist so simpel wie wirksam: Nachfragen: „Wie hast Du das gemeint?"

Nun zu den „Tretminen"

Das sind häufig Männer, die eigentlich zutiefst unsicher sind, sich aber sofort **aggressiv aufplustern**, wenn sie sich angegriffen fühlen. Bei Kindern heißt das "temper tantrum" (Wutanfälle) und bei Erwachsenen: „Der (Chef) spinnt mal wieder". Wenn man weiß, dass Unsicherheit die

Triebfeder ist, fühlt man sich nicht persönlich attackiert und kann adäquat reagieren.

Du sagst in ähnlichem Tonfall, wie Dein Gegenüber gerade „gebrüllredet" hat: „Das, was Sie da sagen, ist ein eminent wichtiger Punkt! Wir sollten das unbedingt gleich klären!". Und etwas ruhiger: Wenn Sie sich für einen Moment hinsetzen, hole ich gleich was zum Schreiben (oder Tee, oder Du musst vorher noch auf die Toilette usw.) und wir klären das!".

Der Grund, warum Du eine Pause einlegst, nachdem Du die Wichtigkeit des Auslösers bekräftigt hast, ist, weil Du einer „Tretmine" Zeit geben musst, etwas abzukühlen. Dazu ist auch eine Veränderung der Körperhaltung (sitzen statt stehen) oder besser noch, ein Ortswechsel, sehr hilfreich. Das weitere Vorgehen ist dann ähnlich wie bei den Fettnäpfchen – das Problem liegt auch hier in der Interpretation (Nur die Reaktion darauf ist anders.)

Das war's erstmal: Mit diesen Methoden bist Du **gerüstet** für die äußerst interessanten und lehrreichen Begegnungen mit einengenden Menschen. Meistens wollen sie Dir nichts Böses, aber ihr Verhalten ist dominant – und Du bist doch auch der Meinung, dass die Führung in der jeweiligen Situation derjenige haben sollte, der einen **klaren Kopf behält** und nicht jemand, den emotionale Turbulenzen verwirren oder jemand, der Scheuklappen trägt.

Unmanipulierbarkeit ist **Dein wichtigstes Schutzschild** beim Magischen Stil! Sie reift mit der Erfahrung heran. Je mehr Spielchen Du kennst, um so schneller kannst Du sie stoppen. Aber auch, wenn Du sie noch nicht alle kennst: Dein Bauchgefühl sagt Dir ja, wenn Dich jemand zu manipulieren versucht!

Und damit kommen wir zur letzten Eigenschaft unseres WUDUH:

5. Herausfordernd/keck

Der letzte Buchstabe im WUDUH-Akronym ist das „H". Es steht für Herausforderung. Damit ist eine Haltung gemeint, die alle bisher genannten Haltungen zur Voraussetzung hat, sie wirkt nur in Kombination mit diesen. Das hat seine Gründe:

- Wenn Du nicht witzig bist, ist die Herausforderung einschüchternd.
- Wenn Du voraussagbar bist, wirkt die Herausforderung lahm und verfehlt seinen Zweck.
- Die definierende Dominanz brauchst Du, damit die Herausforderung einen gewissen „Biss" hat, ohne sie bist Du ein „zahnloser Tiger".
- Und die Unmanipulierbarkeit zeigt dem anderen, dass Du SEINE Herausforderungen kontern kannst.

Wenn Du das nicht könntest, wärest Du kein „**würdiger Gegenspieler**".

Gewöhnlich tasten sich die Menschen beim ersten Kennenlernen recht vorsichtig ab. Dazu verwenden Sie Smalltalk und unverfängliche Themen. Dabei versandet dann allerdings das Gespräch sehr leicht und man bekommt oft nur die glatte Fassade des anderen zu sehen oder seine PR-Schokoladenseite.

Um möglichst rasch zum **Kern der Persönlichkeit** des anderen vorzustoßen, setzen wir Herausforderungen ein. Erst wenn der andere sich herausgefordert fühlt, emotional reagiert und den starken Drang verspürt, sich besser darzustellen und sich zu beweisen, sehen wir etwas mehr von ihm. Was wir dabei tun, ist nichts anderes, als winzig kleine Krisen zu provozieren, der Erkenntnis folgend, dass sich erst in Krisen zeigt, wer der andere wirklich ist. Mit der Herausforderung gelingt es Dir *„die Fassade vom wahren Menschen zu trennen"*.

Ein weiterer **Nutzen der Herausforderung** ist ihre **enorm wirksame Motivierungskraft**. Durch Herausforderungen überwinden Menschen ihre „inneren Schweinehunde" und schaffen oft Dinge, die sie sich selbst nicht zugetraut hätten. **Dadurch wächst ihre Selbstachtung** und – Deine Attraktivität! Wer ist nicht gerne mit jemandem zusammen, der nicht nur unterhaltsam ist, sondern bei dem man emotional gefordert ist, sich beweisen möchte und dafür authentische Anerkennung erntet?

Jetzt machen wir uns erst einmal vertraut mit dem Stellenwert, den Zielen und Konsequenzen der Herausforderung und danach mit den Techniken, die dabei zum Einsatz kommen.

Alltägliche und höhere Ebenen der Einflussnahme

Im Leben dreht sich alles um Einflussnahme. Von klein auf misst sich der Grad Deines Erfolgs an Deinen Fähigkeiten zur Einflussnahme. Je besser Du das kannst, um so eher werden Deine Wünsche erfüllt. Mit dem ersten Schreien und dem ersten Lächeln hast Du angefangen, Deine Umwelt in Deinem Sinne zu „manipulieren". Auch heute bist Du oft den ganzen Tag damit beschäftigt, andere in Deinem Sinne zu beeinflussen; sie dazu zu bringen, das zu tun, was *Du* für richtig und angemessen hältst (vor allem, wenn Du in leitender Position bist).

Ich habe mir viel Gedanken gemacht über dieses Phänomen und herausgefunden, dass Einflussnahme auf **ganz unterschiedlichen Ebenen**, mit ebenso unterschiedlichen Techniken praktiziert wird. Diese Ebenen habe ich dann genauer untersucht und habe schließlich vier unterschiedliche

Ebenen definieren können, deren Vorgehensweisen sich radikal unterscheiden. Ich habe diese Ebenen nach dem Grad der Subtilität geordnet, von unten nach oben.

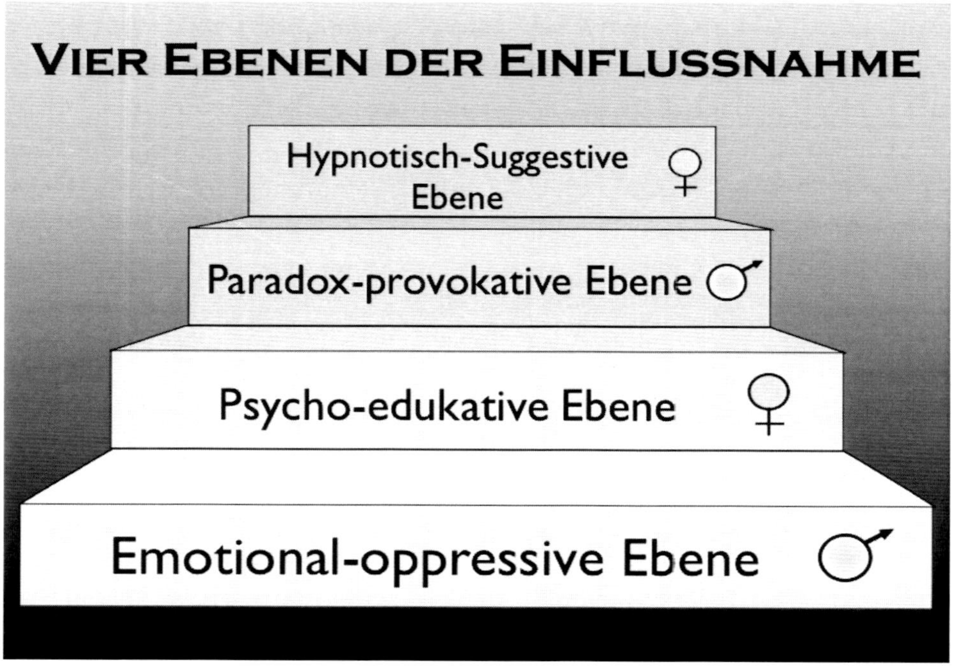

1. Die emotional-oppressive Ebene der Einflussnahme

Die primitivste Form der Einflussnahme ist Zuckerbrot und Peitsche. Sie wird gerne von einfallslosen Machthabern eingesetzt, hat aber in fast jeder Art von Erziehung seinen Stellenwert.

Diese Methode der Einflussnahme hat viele Nachteile, unter anderem den, dass sie entmündigt. Dabei wird jemand gedrängt, etwas zu tun, was er nicht selbst, sondern ein anderer entschieden hat. Sie verwendet ausser Belohnung und Bestrafung noch eine Reihe anderer Praktiken:

Das ABC der Alltagsbeeinflussung: [54]

- **A**ppellieren, („Das kannst Du doch nicht machen!“)
- **B**elohnung in Aussicht stellen,
- **C**onsequenzen androhen,
- **D**iskriminieren (alles andere schlecht machen),
- **E**galisieren (auf Norm-Verhalten pochen),
- **F**remdautoritäten zitieren und
- **G**ehorsam einfordern.

Für eine wirklich wohlwollende Einflussnahme eignen sich **diese Methoden nicht gut**, zum einen, weil zu einigen von ihnen eine gewisse Macht über die Lebensbedingungen des anderen nötig ist (um Konsequenzen folgen zu lassen) und zum anderen, weil die meisten Menschen, vor allem junge, auf diese Methoden mit Widerstand und widerwillig reagieren.. Der Hauptgrund, warum wir sie ungern im MagSt einsetzen, ist die Schwächung des Selbstwerts und der Selbstverantwortung des anderen.

2. Die psycho-edukative Ebene der Einflussnahme

Die zweite Ebene der Einflussnahme ist die psycho-edukative Ebene, die beim Gegenüber ein gewisses Maß an **Bereitschaft und Wohlwollen** voraussetzt („Ich bin bereit, von Dir etwas anzunehmen”) – sonst wirkt sie nicht. Dazu ist ein guter Draht zum anderen die absolute Voraussetzung und zudem, dass dieser die Autorität und Fachkompetenz des anderen wertschätzt. Diese Methoden setzen im positiven Falle bei den **drei angeborenen intrinsischen** (von innen kommenden) **Motivationen** an, mit denen jeder Mensch ausgestattet ist.

---

54 Beitrag auf dem Heidelberger Kongress für Hypnotherapie (1986): Die vier Ebenen der Einflussnahme

Die intrinsischen Motivationen

1. **Neugier** oder Wissensdurst
2. **Streben nach Kompetenz** in einem od. mehreren Bereichen
3. **Zugehörigkeit** zu einer Gruppe, die etwas Sinnvolles schafft

Dass man diese drei Motivationen **nicht immer voraussetzen** kann, davon hat mich mal ein Berufsschullehrer überzeugt, der Klassen mit hohem Ausländeranteil hatte. Früher, als er ausgebildet wurde, reichte ja schon die **Missbilligung einer geachteten Person, um Disziplin und Ordnung** herzustellen. Diese Einstellung kann man heute nicht mehr voraussetzen (O-Ton: „Dann geben Sie mir halt einen Verweis, ist mir doch egal. Den unterschreibe ich sowieso selber! Außerdem brauch' ich den Scheiß, den Sie lehren, später sowieso nicht!").

Weil diese Methode **an das Gute im Menschen appelliert,** bleibt sie oft wirkungslos. Sie setzt nämlich Menschen voraus, die weitgehend frei sind von unterdrückter Angst und Aggressionen. Beide führen oft dazu, dass ein Mensch **selbstschädigende Tendenzen** hat – er tut nicht das, was ihm weiterhilft (z.B. Hilfe anzunehmen), sondern das Gegenteil. Es macht nicht viel Sinn, jemandem helfen zu wollen, der sich dagegen stemmt.

Solch einem Menschen muss man **erst helfen, sich und andere anzunehmen**. Erst dann kommt das Gute und Lernbegierige in ihm zum Tragen. Die Methoden dieser Ebene der Einflussnahme werden erst dann sinnvoll, wenn die negativen Effekte der Einengungen der ersten Ebene abgebaut sind. (Das geht zum Beispiel sehr gut in einer Selbsterfahrungsgruppe, in der persönliche Aussöhnungsarbeit geleistet wird.)

3. Die paradox-provokative Ebene der Einflussnahme

Die dritte Ebene habe ich „die paradox-provokative Ebene" genannt, weil man hier oft **Herausforderungen und eine etwas merkwürdige Art von Logik** einsetzt. Diese Methoden setzen an zwei psychologisch wichtigen Stellen in der Psyche des Menschen an:

1. Am **Weltbild des Menschen**, also den Vorstellungen, die er sich von der Welt macht. Solange die nicht einigermaßen mit der (gesellschaftlichen) Realität übereinstimmen, wird dieser Mensch keinen Erfolg haben. Genauso wenig, wie man mit einer falschen Landkarte nicht ans Ziel findet. Eine Entscheidung kann immer nur so gut sein, wie die Fakten, auf denen sie beruht. In Computerkreisen heisst das: garbage in –> garbage out.

Du tust dem anderen einen Freundschaftsdienst (bezahlt oder als Benefizveranstaltung), wenn Du ihn auf **Unstimmigkeiten in seinem Weltbild** aufmerksam machst, schon bei Kleinigkeiten. Nehmen wir mal an, Du gehst mit einem schon ziemlich beleibten Freund in ein ganz bestimmtes Lokal und er bestellt sich einen BigMac mit einer großen Portion Pommes und dann eine Cola light(!) dazu. Das passt nicht zusammen, er macht sich etwas vor (dass er an Kalorien spart). Das verdient eine Bewusstmachung.

Im MagSt tun wir das allerdings **nicht mit dem erhobenen Zeigefinger,** sondern indem wir die Unlogik oder Unstimmigkeiten noch mehr verzerren oder übertreiben, so dass der andere anfängt, das Ganze noch einmal zu überdenken (und zu korrigieren). Gute Freunde tun das für einander, auch wenn es manchmal nicht leicht fällt, so offen und ehrlich zu sein. Nun, Ermahnungen hat er bestimmt schon so viele gehört, dass er an dieser Stelle ein dickes Fell hat. Also kommst Du von der anderen Seite.

> Du (anerkennend): „Das nenne ich Abhärtung! Schwächere Typen würden bei dieser hochkalorigen Vergiftung ins Gras beißen. Du musst eine Konstitution wie Rasputin haben. Der konnte auch Gift trinken, ohne dass es ihm was ausmachte! Jetzt fehlt eigentlich nur noch ein tüchtiger Schuss von dieser öligen Mayonnaise über diese hübsche Pommes-frites-Landschaft!"

Der häufigste Ansatzpunkt beim Weltbild, das, was wir „aufs Korn nehmen", ist **das vereinfachte Urteilen**, die sogenannten Vorurteile. Man erkennt es am Schwarz-Weiss-Denken, welches das Leben so praktisch vereinfacht: Gut oder böse, richtig oder falsch, dafür oder dagegen – alles Entscheidungen, die sogar eine Münze fällen kann. Hier kommt die Trägheit des Geistes zum Ausdruck, es vereinfacht das Denken sehr. Der Grund dafür ist manchmal Dummheit, manchmal Bequemlichkeit, manchmal Eitelkeit. Dummheit muss einfach alles auf das Einfachste reduzieren. Und was ist das Einfachste? Für einen simpel gestrickten Menschen ist das der Nützlichkeitsaspekt: „Nützt es mir?" (dann bin ich dafür) oder „schadet es oder bringt es mir einfach nichts?" (dann bin ich dagegen. Davon sind wir alle nicht ganz frei, oder?

Der eitle Mensch hingegen hat ein anderes Problem: Er muss immer Recht haben. Er kann es nicht ertragen, wenn andere ein stimmigeres Bild von der Welt haben und klügere Urteile treffen. Er klammert sich an seine Weltsicht wie Ertrinkende an ein Floß und ist durch Logik nicht zu bewegen, von seiner Meinung abzugehen. Jeder, der mit dieser Art Sturheit zu tun hatte (die auch störrischen Eseln Bewunderung abverlangt), weiß, dass man besonders trickreich vorgehen muss, um bei diesen Menschen etwas zu bewirken. Sie ändern ihre Ansichten auch nur dann, wenn Du sie dabei das Gesicht wahren lässt (solche Gesichtswahrungs-Techniken besprechen wir noch).

Du kannst Dich darin üben, dem Denken des anderen wieder Farbe zu verleihen, indem Du das Schwarz-Weisse übertreibst.

Sehen wir uns das in einem Beispiel an.

Vorurteil: „Man kann den Leuten einfach nicht trauen. Das bewahrheitet sich immer wieder!"

Wenn Du ihm jetzt rätst, nur noch per Rechtsanwalt mit anderen zu kommunizieren, immer zwei Taxis gleichzeitig zu bestellen, seine Frau beschatten zu lassen, sich nur noch mit Tieren abzugeben und den Frisörsalon auf Abhörwanzen zu untersuchen, dann wird er merken, dass man sich das Leben zur Hölle macht, wenn man kein Vertrauen aufbringt. Mit etwas Glück wird er bald die Mitte anstreben zwischen „allen vertrauen" und „niemandem vertrauen". Das heisst, er wird klug auswählen, wem er vertrauen kann und wem nicht (Dazu braucht er ein paar Nachhilfestunden in Menschenkenntnis.)

Eine andere Methode wäre, ihn nach seinem Vorurteils-Satz misstrauisch von der Seite anzuschauen: „Ich hab's mir schon manchmal gedacht – aber danke für die Warnung!" Du wendest einfach seinen Satz auf ihn selbst an, was ihm zeigt, dass dieser Satz Grenzen hat. Sein globales Urteil wird relativiert (und er denkt hoffentlich wieder differenzierter).

Verhaltensprojekt:

Mach' Dir den Spaß, in Zukunft nicht mehr zu widersprechen, wenn Du unzulässige Verallgemeinerungen hörst (ein anderes Wort für „Stuss"), sondern mach' es Dir zur Regel, blitzschnell eine Reihe von Konsequenzen zu dieser Verallgemeinerung zu finden, die absurd genug sind, um dem anderen die Unsinnigkeit solcher Äußerungen zu demonstrieren.

Der zweite Punkt, an dem die Paradox-Provokative Methode ansetzt (nach dem verzerrten Weltbild des anderen), ist das Selbstbild des Menschen, beziehungsweise an den drei Selbst-Bildern, die ein Mensch von sich entwirft.

Im Einzelnen sind das ...

- seine PR-Maske (so sollen mich die anderen sehen)
- sein geschöntes Selbstbild (so bin ich, wenn ich in Höchstform bin)
- sein ungeschminktes Selbstbild (so mag ich mich zwar nicht, aber so bin ich nunmal)

Es kommt gar nicht so selten vor, dass jemand **sein ungeschminktes Selbstbild nicht ansehen** mag oder es schon lange nicht angesehen hat. Nur wenige akzeptieren ihren „Schatten", die dunklere Seite ihrer Persönlichkeit. Die Folge ist, dass sich fast alle Menschen um Dich herum etwas vormachen (was bei uns beiden natürlich nie vorkommt, oder?).

Durch das Aufdecken von Ungereimtheiten im Weltbild und durch provozierende Bemerkungen über die drei Selbstbilder wird das Gegenüber herausgefordert ...

a) **sein Weltbild zu korrigieren** (da, wo es offensichtlich fehlerhaft ist und Scheitern verursacht) und

b) **zu einem stimmigen Selbstbild zu finden**, bei dem die drei Selbstbilder (fast) deckungsgleich werden.

Erst dann wirkt ein Mensch überzeugend.

Das **Selbst- und Weltbild in Frage zu stellen** ist für das Gegenüber sehr verunsichernd. Dazu muss ein gute Beziehung bestehen, bei dem das Gegenüber stark Dein Wohlwollen und ein gewisses „Über-den-Dingen-stehen" an Dir spüren muss, sonst könnte der provokative „Schuss" nach hinten losgehen und der andere versperrt sich Dir ganz und gar, ist beleidigt, attackiert Dich usw. Du willst ja nicht eines Tages sagen müssen: „Ich bin unheimlich gut im Diskutieren und Provozieren ... Frag meine Freunde – die noch übrig geblieben sind!".

Du hast drei Helfer: Humor, Gewissen und Stolz (Würde)

Diese Art zu kommunizieren (oder zu therapieren) würde schnell abgelehnt werden oder von vornherein unwirksam sein, wenn wir dabei nicht **drei starke Verbündete in der Psyche** unseres Gegenübers hätten: Seinen *Humor*, sein *Gewissen* und seinen *Stolz*.

Der ***Humor*** hilft ihm, auch mal über seine eigenen Schwächen zu lachen und sich als menschlich-fehlerbehaftet zu akzeptieren. Wenn Du den Humor beim anderen ansprechen kannst, wirst Du Dich viel leichter tun,

ihm ehrliche Rückmeldung zu geben und auf Mißstände aufmerksam zu machen, weil es dadurch schneller gelingt, so etwas zu verdauen und wieder „über den Dingen zu stehen.

Der **zweite Helfer** im anderen ist sein **Gewissen**. Fast jeder Mensch hat ein Gewissen (genauer: 98,5 % der Bevölkerung). Dieses Gewissen ist wie ein objektiver Beurteiler, der ständig Noten über das Tun und Streben der Persönlichkeit abgibt.

Diesem objektiven Beurteiler **kann man nichts vormachen**: Wenn jemand seine eigenen Werte verraten hat, sich selbst nicht treu geblieben ist oder sich weit unter seinen Möglichkeiten zufrieden gibt, bekommt er von seinem Gewissen schlechte Noten und fühlt sich entsprechend miserabel. Das Gewissen ist so eine Art „Wächter der Evolution", eine Instanz in jedem von uns, die dafür sorgt, dass wir nicht stehen bleiben. Die dramatischsten Veränderungen im Verhalten eines Menschen gehen auf diese Kraft zurück. Wenn es Dir gelingt, das Gewissen eines Menschen zu aktivieren, sind auch „Saulus zu Paulus"-Verwandlungen möglich.

Der dritte Helfer, den wir in der Psyche unseres Gegenübers ansprechen, ist sein ***Stolz***. Das ist nichts anderes als der starke Wunsch, eine gute Meinung von sich selbst bei sich und bei anderen aufrecht zu erhalten. Bei selbstunsicheren Personen ist diese Meinung sehr leicht von außen zu erschüttern. Aber auch selbstsichere Personen haben neuralgische oder empfindliche Punkte, bei denen ihr Stolz heftig reagiert. Im MagSt

werden vor allem diese **neuralgischen Punkte attackiert**, in der Absicht, sie durch Training und Gegenwehr zu stärken.

Welche motivierende Kraft der Stolz entwickeln kann, weißt Du sicher aus eigener Erfahrung. Um anderen etwas zu beweisen, hast Du in Deiner Jugendzeit sicher die verrücktesten Dinge getan, über die Du heute nur noch den Kopf schütteln kannst (vor allem, wenn Du, lieber Leser, ein Mann bist). Der Stolz kann auch leicht krankhafte Formen annehmen, aber wenn ich hier von Stolz spreche, meine ich immer den **gesunden Stolz** des Menschen, **seine Würde und Integrität** zu behaupten.[55]

Wenn man einen Menschen als stur und unbeeinflussbar bezeichnet („wir haben schon alles probiert, im Guten wie im Bösen"), dann heisst das

---

55) Der vierte "Helfer", der Menschen Dinge tun lässt, die er ohne Anstoß von außen nicht tun würde, ist Angst. Auf die Bedrohung der körperlichen Unversehrtheit reagiert jeder Mensch, auch wenn er kein Gewissen, keinen Humor und keinen Stolz hat. Da dies jedoch die primitivste Art ist, auf einen Menschen einzuwirken, lassen wir sie hier weg.

lediglich, dass er gegen die erste und zweite Ebene der Einflussnahme resistent ist, nicht aber, dass er generell nicht beeinflusst werden kann. Hier ist eben der Könner gefragt, der die höheren Register der Einflussnahme ziehen kann, eben die *Paradox-provokativen* und die *Hypnotisch-suggestiven* Methoden, welche vor allem diese unglaublich starken inneren Kräfte des Menschen nutzen. Wo Druck und oftmals sogar Gewalt versagen, wirken diese Methoden immer noch.

Warum sind diese drei Helfer so wirksam?

Wenn Du Dich an unser **Gesetz der Einflussnahme** erinnerst, bist Du der Antwort schon sehr nahe. Es besagt doch, dass Du einen Menschen dazu bringen musst, etwas SELBST zu wollen, dann erst tut er es aus eigenem Antrieb. Mit anderen Worten:

Nachhaltiger Einfluss beruht immer auf intrinsischer Motivation.

Wenn Du die beim anderen in Gang setzen kannst, ändert er sich aus sich selbst heraus, aufgrund seines inneren Antriebs. Und das ist weit wirksamer und dauerhafter als eine Motivation von außen (Geld oder Bestrafung).

Du zielst mit den **provokativ-humorvollen** oder **hypnotisch-suggestiven** Methoden darauf ab, dass Dein Gegenüber ...

- vor sich selbst oder anderen gegenüber gut dastehen möchte (Stolz, Würde),
- sich seinen Ansprüchen an sich selbst und seinen Werten entsprechend verhält (Gewissen),
- sich über die Widrigkeiten des Alltags erhebt, „drübersteht" und sich und die Welt so nimmt, wie er/sie nunmal ist (Humor),

Das machst Du natürlich nicht mit plumpen Appellen („Was werden die Leute sagen!", „Das hätte ich nicht von Dir gedacht!", „Jetzt nimm's doch mal mit Humor!"), sondern mit der typischen MagSt-Haltung des Nicht-dagegen-gehens oder besser ausgedrückt, des Mitgehens.

Du „rätst" dann, bei den **provokativ-humorvollen Methoden** zum „**Fassaden-Kitten**", zum „**Sündigen**" und zum „**Tragisch-nehmen**" (um nur mal einige der Methoden zu nennen). Das sind für das Gegenüber völlig unerwartete Reaktionen, die es einerseits zum Lachen reizen (wenn richtig eingesetzt) und andererseits enorm motivieren und zum Umdenken veranlassen.

Der Mensch wächst an Herausforderungen. Paradoxerweise lieben wir aber die Gewohnheit und das Gemütliche so sehr, dass wir dazu tendieren, Herausforderungen auszuweichen und tun oft nicht einmal die

Dinge, die wir längst als richtig erkannt haben. Und manchmal nicht einmal die, die dringend und wichtig wären!

Und da setzt Dein Einfluss an: **Durch Herausforderungen, Witz und Konfrontation schaffst Du ein Klima von Veränderungsbereitschaft**. Das Gegenüber sieht sich durch Deine Worte in einem Zerrspiegel, der das Absurde der Situation noch mehr zum Vorschein bringt. Weil das Spiegelbild so verzerrt ist, kann es das als „maßlos übertrieben" zurückweisen und darüber lachen. Dieses Zurückweisen-können erfüllt eine wichtige Funktion: Das Gegenüber kann sein Gesicht wahren! Andererseits spürt es aber doch, dass an dem Dargestellten auch etwas Wahres dran ist ...

Und das wirkt wie ein **Gehirn-Implantat**, ein Gedanke ist gesät und es keimt ein zunehmend bohrendes Gefühl, an etwas Verkehrtem festzuhalten oder sich unter seinem Wert zu verhalten. Wenn diese Saat aufgeht, trifft der andere oft eine recht **selbstwertfördernde Entscheidung**: Den Entschluss, das zu tun, was längst nötig ist – den eigenen Überzeugungen zu folgen und zu tun, was richtig und wichtig ist!

Vielleicht sagst Du jetzt: „Ich bin aber kein Berater, dann brauche ich doch diese Fähigkeit nicht!"

Damit hast Du auch recht. Du brauchst keine der fünf Haltungen des MagSt, Du kommst auch ohne Humor, ohne Autorität und ohne herausfordernden Mut durchs Leben, genauso wie Du auch zu Fuß (fast) überall hinkommst – aber mit einem Fahrrad, Auto oder Flugzeug geht es bequemer, schneller und viel weiter.

Und noch etwas: Bist Du nicht täglich mehrere Male beraterisch tätig? Bei Kollegen, Deinem Partner oder einem Kind, wenn Du eines hast oder betreust. Und vergiss Deine Freunde nicht! Gerade die hätten es oft nötig. Wozu sind Freunde denn da?

Was Du tun kannst, um emotionale Reaktionen zu provozieren

Die Herausforderung nutzt **zwei Eigenarten des Menschen**:

1. Er lässt sich **nicht gerne etwas wegnehmen**, was er glaubt, dass ihm zusteht. (Da gehört auch sein PR-Selbstbild dazu.)
2. Er lässt sich **nicht gern festlegen** und seiner Wahlfreiheit berauben.

Auf beides reagieren die meisten Menschen stark emotional.
Genau das wollen wir. Wir **drängen ihn aus seiner „coolen" -Haltung**, indem wir sein Selbstbild in Frage stellen, ihm Tugenden absprechen, schlechte Gewohnheiten und unlogisches Verhalten andichten, wir legen ihn auf seinen Status quo fest und „drängen" ihn förmlich, sich mit seiner Beschränktheit abzufinden. Das ist hochbrisant für die meisten Menschen, deshalb brauchst Du unbedingt noch den Humor dazu, um das Ganze zu entschärfen.

Das **produziert natürlich Gegenwehr**. Oftmals sehr vehement, auf jeden Fall emotional. Und wogegen richtet sich diese Gegenwehr? Gegen das, was Du (scherzhaft) „vertrittst": Unlogik, Unvernunft und Realitätsverleugnung einerseits und „Kneifen" und Trägheit andererseits (die „inneren Schweinehunde").

Das ist **der „Dreh"** beim paradox-provokativen Motivieren: Du forderst Widerstand heraus, übernimmst aber die verdrehten und ungesunden Haltungen des anderen. Somit richtet sich der Widerstand gegen das selbstschädigende Verhalten, das dadurch abgebaut wird. Je stärker der Widerstand (das *Etwas-beweisen-wollen*) um so gründlicher die Veränderung.

Und damit diese Gegenwehr erstarkt, darf sie **nicht gleich „totgelobt"** werden, sondern sollte zunächst einmal frustriert werden. Sie kann dann

an Deinem Widerstand wachsen, so lange, bis sie Versuchungen standhält.
Bevor wir daran gehen, andere heilsam zu provozieren, brauchen wir erst einmal Hinweise darüber, **wo Dein Gegenüber empfindlich ist**. Dazu setzen wir „**Testballons**” ein, kleine irritierende Bemerkungen, die uns zeigen, wo der andere empfindliche Stellen hat. Du willst ja an den Schwachpunkten ansetzen, oder? Da liegt schließlich der größte Nutzen für beide: Für Dein Gegenüber ist es eine **Gelegenheit zu erstarken** und für Dich ist es eine **Chance der größeren Nähe** zum anderen und vielleicht sogar, um einen weiteren Kooperationspartner zu gewinnen (vielleicht sogar einen „Fan”?). Wenn Du für andere von Wert bist, kommt das auf irgendeinem Weg wieder zu Dir zurück.

Eine Hürde und wie Du sie nimmst!

Das **Geheimnis beim Herausfordern** ist, eine Stimmung herzustellen, die man am besten als „erotische” Spannung bezeichnen kann. Das gibt es auch zwischen gleichgeschlechtlichen Gesprächspartnern, es ist so eine Art Faszination ohne sexuelle Untertöne.

Du weißt sicher, wie die **Anfangsstadien des Verliebtsein** beginnen. Das sind ja nicht nur angenehme Gefühle. Das ist mehr so eine Mixtur aus hochgespannter Erwartung oder Erregung mit einem Schuss von Angst oder Nervenkitzel, mit einem Schimmer von Unbehagen und Spannung und einem etwas mulmigen Gefühl.

Dies ist ein Aspekt des MagSt, der eindeutig **kontra-instinktiv** ist und Du wehrst Dich zunächst dagegen. Wir haben nämlich alle gelernt, vermutlich auch Du, andere stets bei guter Laune zu halten und unter allen Umständen zu vermeiden, dass sie irgendwelche unguten Gefühle haben. Andere ein bisschen „leiden” zu lassen, widerstrebt Dir zunächst, es geht gegen diese Programmierung, geht Dir sozusagen „gegen den Strich”.

Aber da musst Du durch. Das ist wie beim Motorradfahren. Wenn die Kurve kommt, weißt Du vom Kopf zwar, dass Du Dich *in* die Kurve legen musst, aber Deine unbewusste Programmierung sträubt sich mit aller Macht dagegen. Erst wenn Du Dich kontra-instinktiv in die Kurve legst, schaffst Du es bald, dass Du elegant um die Kurven fegst.

Damit Dir das leichter fällt, stellen wir mal eine kurze Überlegung an:

Welche Mutter verhält sich klüger (und hilfreicher für ihr Kind) – die, die es nicht mit ansehen kann, dass ihr Kind sich abplagt mit dem Zuknöpfen seines Hemdchens und zu Hilfe eilt, um seinem „Leiden" ein Ende zu bereiten oder die Mutter, die es weinen lässt und ermunternd sagt: „Das lernst Du schon, probier‘ nur weiter!"

Das letztere ist, was man in der englischen Sprache **„tough love"** nennt, Liebe, die es sich nicht leicht macht (und dem anderen auch nicht). Langfristig gesehen ist das die wahre Liebe, weil sie nicht verzärtelt, wie die „soft love", die für das Leben untauglich macht.

Du siehst also, das mit dem „Immer-nett-sein" ist ungesund für beide in der Beziehung. Und ausserdem: Ist nicht eine Anerkennung von jemandem, der auch „gemein" sein kann, viel mehr wert als eine von jemandem, der immer nett ist?

Diese Überlegungen können Dir helfen, Dich „in die Kurve zu legen" und kontra-instinktiv zu handeln. Du musst Dich nämlich richtig reinlegen, nicht nur so halb. Dafür gibt es einen guten Grund: Wenn Du nämlich bei Deinen Übertreibungen zu realitätsnah bist, fallen Deine Äußerungen in die Rubrik „Ermahnungen, Ermunterungen" und werden allzu leicht abgelehnt. Entweder **Du traust Dich frech zu sein**, und bleibst dabei im Hochstatus (denn nur damit kommst Du mit Frechheiten durch), oder Du schlägst einen ganz anderen Weg ein, im Tiefstatus, nach dem Motto: „Wenn ich's Dir immer recht mache, liebst Du mich dann?"

Der Sparrings-Partner kriegt manchmal „eine rein"

Wenn Du anfängst, solche Herausforderungen einzusetzen, dann stell' Dir einfach vor, Du wärest ein Sparrings-Partner. Das ist jemand, der einem im spielerischen Kampf Gelegenheit gibt, die eigenen Reflexe und Wehrhaftigkeit zu stärken. Auch wenn Du so etwas vorher nicht ankündigst, wird der andere über kurz oder lang merken, dass dies nur ein Spiel ist. Es ist zwar nicht gefährlich, jedenfalls nicht so gefährlich wie das Fahrradfahren in der Fußgängerzone am Faschingsdienstag, aber es ist immerhin **eine Gratwanderung** zwischen zu dezent und zu deftig. Hier ist Deine Fähigkeit zu dosieren gefordert.

Es kann natürlich auch einmal passieren, dass Du **ein Echo** zurückbekommst, das Dich trifft. Du fühlst Dich einen Moment lang missverstanden, **zu Unrecht angegriffen**, vielleicht sogar verletzt. Das sind dann die Tests für Deine Gelassenheit und Deine Fähigkeit die *Dominante Realität* zu definieren.

> „Also, was Sie da gerade gesagt haben, ist ja eine UNVERSCHÄMTHEIT! Nehmen Sie das sofort zurück!"

Antwort (mit Bedauern in der Stimme): „Das ist aber jetzt leider nicht die richtige Reaktion! Schade – das klingt ein bisschen wie *Ernsthaftigkeit im Endstadium!* Sowas hat eine schlechte Prognose, wissen Sie!?" ... und gleich darauf, in aufmunterndem Tonfall:

> „Aber vielleicht sind Sie heute einfach nur nicht so gut drauf. Kann ja mal vorkommen. Was könnte Sie denn wieder gut gelaunt stimmen?"

Wenn Dein Gegenüber jetzt nicht einlenkt, vergeudest Du nur Deine Zeit. Verabschiede Dich dann wie Groucho Marx mit einem fröhlich-charmanten „Es war sehr interessant Sie kennen zu lernen – aber daran bin ich ja selbst schuld!" (und geh jetzt, als hättest Du noch Wichtiges zu erledigen).

Geh‘ das Ganze mal geistig und bildhaft durch: Du bist von Deiner Realität nicht abgewichen. Für Dich ist es klar, dass Du guter Absicht warst und weit davon entfernt bist, den anderen verletzen zu wollen.

Der/die andere ist nur leider unfähig, das wahrzunehmen. Dein grundsätzliches Wohlwollen findet im anderen anscheinend keine Resonanz. Diese mangelnde Resonanz für das Wohlwollend-Spielerische deutet auf ein Problem hin, das der/die andere hat (Du siehst hier auch deutlich: Wenn Du Dich rechtfertigen würdest, wäre das nur ein Nebenschauplatz – Du bist ja nicht der Problemträger). Also ist es nur sinnvoll, den Themenmittelpunkt beim Gegenüber zu lassen. Das ist genau so wie mit der Eifersucht. Da macht es auch nicht viel Sinn, zu beteuern, dass Du treu bist.

Wichtig ist, in jedem Fall Deine gute Stimmung beizubehalten. Lass‘ Deine Realität und Deine Gefühle nicht von anderen definieren bzw. bestimmen. Du brauchst Dir dabei nur **Deiner positiven Absichten sicher zu sein** und vermeidest so jede Eskalation.

Die verborgene Magie der MagSt-Herausforderung

Das Besondere der Herausforderungs-Technik ist, dass wir uns **mit dem Willen des Gegenübers verbünden**. Der Wille ist, wie Du längst weisst, *der* Teil der Persönlichkeit, der das Sagen hat. Ein Großteil der Probleme entstehen, wenn ein Mensch gegen seine eigene Vernunft handelt. Der logisch denkende Intellekt wüsste zwar, welches Verhalten das vernünftigste wäre, aber der Wille, das eigentliche Zentrum der Persönlichkeit, folgt seinen Vorgaben nicht.

Auf den unteren zwei Ebenen der Einflussnahme versucht die Umwelt, eine Person durch Druck oder Überreden („im Guten wie im Bösen") zum „richtigen" Verhalten zu bewegen. Da das nunmal nichts anderes ist, als was der eigene Intellekt auch schon vergeblich versucht hat, sträubt sich der Wille weiterhin. Im MagSt wird dieser Druck aufgehoben. Statt dagegen zu gehen, wird dem Willen Recht gegeben, ja, er wird sogar noch in seiner Tendenz zu „sündigen" bestärkt.

Wir verbünden uns also (scherzhaft) mit dem „unvernünftigen" Willen und machen gemeinsam den mahnenden Intellekt klein. Bald merkt aber der Wille, dass er sich in uns einen schlechten Berater angelacht hat und verlässt sich dann doch lieber wieder auf seinen Diener, den Intellekt. Diese Vorgehensweise **fördert stark die Integrität** Deines Gegenübers, weil Wille und Intellekt wieder kooperieren, der andere wieder eins mit sich selbst ist.

Der Humor kommt dadurch ins Spiel, dass diese „Ratschläge" **im Gewand einer vernünftigen (oder pseudo-vernünftigen) Argumentation** dargeboten werden. Aus dieser Diskrepanz kommt auch die Überraschung, die sich oft in Lachen auflöst.

Von Frank Farrelly stammt ein köstliches Beispiel:[56]

> Ein erwachsener Mann kam in Therapie, der schon sechs Therapeuten aufgearbeitet und eine Reihe von Zwangseinweisungen hinter sich hatte. Außer dass er mittlerweile ein „berufsmäßiger" Patient geworden war, war er auch noch offenkundig homosexuell und häufig suizidgefährdet. Er war nun an mich überwiesen worden mit dem Kommentar „Probier's mal mit Farrelly – er hat eine raue Schale, aber er könnte Dir helfen."

---

56) Aus Frank Farrelly's Buch »Provocative Therapy« Meta Publications 1974, Seiten 72 - 78, „A New Theory of Homosexuality". (Die Übersetzung ist von mir, da in der deutschen Übersetzung der Witz manchmal nicht rüberkommt). Zitiert mit freundlicher Genehmigung des Autors.

Im ersten Interview wurde klar, dass er wollte, dass ich in die Psychogenese seiner Konflikte einsteigen sollte, ihre Psychodynamik erläutern sollte, um ihm dann schließlich eine Einsicht zu liefern, in 25 Worten oder kürzer, die ihn mühelos und sanft für immer in das Reich mentaler Gesundheit wehen würde, ihn zu einem fanatischen Heterosexuellen verwandeln würde, seine Selbstmordtendenzen auslöschen würde und ihn fortan glücklich und zufrieden leben ließe.

Th.: (In weinerlichem Ton): „Mein Gott, das kann ich doch nicht, ich bin doch nur ein Sozialarbeiter!"

Ich erklärte auch, dass ich nicht sicher wäre, ob die Dinge so laufen würden und fragte ihn, was sein Problem wäre. Er antwortete: „Ich bin schwul!"

Dann fing er an, lang und breit von all den Leuten zu erzählen, mit denen er Oralsex hatte. Währenddessen saß ich mit gespreizten Beinen und den Händen hinter meinem Kopf da und hörte seinem „Sündenregister" so geduldig zu, wie ich nur konnte. Zum Schluss sagte ich „Ich weiß nicht so recht ... ich glaube nicht, dass Ihr Hauptproblem der Oralsex ist."

Pat.: (sofort protestierend) „Ist es aber. Wenn ich die Straße entlang gehe, schaue ich ständig Männern in den Schritt."

Th.: (Hebt ängstlich die Augenbrauen) „Ach ja?" (Klemmt eilig die Beine zusammen und legt die Hände verschreckt und schützend vor seinen Hosenschritt.)

Pat.: (lachend) „Sie Strolch, Sie! Das mag ich nicht!"

Th.: „Was gefällt Ihnen daran nicht?"

Pat.: Ich weiß nicht, was Sie als nächstes tun oder sagen werden, aber was noch schlimmer ist, ich weiß auch nicht, was ICH als nächstes sagen werde."

Th.: (Zu sich selbst): „Ok. Operation gelungen – ich habe sein Erwartungsschema durchbrochen. Jetzt probieren wir es mal mit meiner Version."

Die nächsten 10 Sitzungen ließ ich mich darüber aus, was wohl die theoretischen Gründe dafür sein könnten, dass er homosexuell geworden war (auf eine parodisierende Art) und ermutigte ihn, auf diese Weise weiterzumachen. Beispiele:

Th.: Sie haben vermutlich einen unaufgelösten Ödipuskomplex – Hat Ihre Mutter versucht Sie zu verführen?

Pat.: „Also, wenn Plätzchen backen für meine Pfadfinderausflüge von symbolisch verführerischer Bedeutung ist...?"

Th.: „Ich denke, ich kann zustimmen, dass Plätzchen und Geschlechtsverkehr nicht ganz dasselbe sind. Vielleicht hat Ihr Vater Sie höllisch eingeschüchtert?"

Es stellte sich heraus, dass sein Vater warm und liebevoll mit ihm umgegangen war, seinen Sohn zum Fischen und Jagen mitnahm und ihn dabei trotzdem nicht wie einen gleichaltrigen Kumpel behandelte. Es gab keinerlei Hinweise auf eine chaotische oder pathologische Familienkonstellation, die seine Probleme hätte erklären können.

Th.: (In der Defensive, einen „anthropologischen Ansatz" probierend) „Naja, die Griechen machten doch sowas!"

Pat.: "Zur Hölle mit den Griechen. Was hat das jetzt und hier mit mir zu tun?"

In einer anderen Sitzung trug ich den Gedanken vor, dass ja jeder irgendwie latent homosexuell wäre, ein Argument, das er schlicht ablehnte. Ich führte an, dass die Homosexuellen erlesene Mitglieder eines dritten Geschlechts wären, eine Gattung für sich, und dass sie besonders kreativ wären und sensibel für vieles, das wir groben Klötze überhaupt nicht wahrnehmen würden. Auch das akzeptierte er nicht.

Ich erforschte die Hypothese mit ihm, dass er vielleicht nur einfach ehrlicher mit seinen Gefühlen war als der Rest von uns Lügnern und unsicheren Leuten. Das jedoch lehnte er nicht nur ab, sondern erzählte mir auch noch weitschweifig, was für ein Lügner *er* wäre, einer, der andere bewusst auf eine falsche Fährte führe, auch Menschen, die ein Recht darauf hätten, die Wahrheit zu erfahren, wie zum Beispiel seine Ex-Frau.

Th.: „Naja, vielleicht gab es andere Auslöser - z.B. vielleicht sind Sie mal von einem älteren Mann verführt worden?"

Pat.: „Nein, ich hab das von selbst angefangen und andere verführt."

Eine Hypothese nach der anderen wurde auf diese Weise verworfen. Einige Zeit später erzählte er mir, dass er sich wieder verlobt hätte.

Th.: (gespielt beunruhigt) „Du lieber Himmel, was stimmt denn mit dieser Frau nicht? Die muss ja verzweifelt oder krank sein, wenn sie eine Schwuchtel wie Sie heiraten will!"

Pat.: „Genau das hab ich mir auch gedacht!"

Th.: „Um Gottes willen, Sie müssen ihr das sagen!" (nach einer Pause) „Natürlich ist das ein Dilemma. Einerseits sollten Sie es ihr sagen, weil es nicht angeht, dass Sie sich einer Person wie ihr zumuten. Andererseits, wenn Sie ihr das sagen, lässt sie Sie sofort fallen!"

Pat.: „Genau das hab ich auch gedacht, aber ich wollte es wissen. Also hab ich's ihr gesagt."

Th.: (triumphierend) „Und dann hat sie Sie stehen gelassen!"

Pat.: „Nein!"

Th.: (verblüfft) „Die ist doch krank!"

Pat.: (lachend): „Das hab ich auch gedacht, aber sie will mich immer noch heiraten."

Th.: „Das ist der Beweis – sie braucht dringend Hilfe!"

Das Seltsame war, dass dieser Mann eine ganze Menge liebenswerter und sogar bewundernswerter Qualitäten hatte, die er anscheinend selbst nicht sah (Das zeigt, dass das Therapeuten-Dogma „Der Patient kennt sich selbst am besten" nicht zutrifft.) Seine Verlobte wusste offenbar seine guten Qualitäten zu schätzen und liebte ihn.
Schließlich hatten wir alle Hypothesen für Oralsex untersucht.

Th.: (vor sich hinmurmelnd) „Wir haben alle Möglichkeiten untersucht. Dann kann es nur noch einen einzigen Grund geben, warum er homosexuell wurde und Oralsex mit so vielen Typen hatte."

Pat.: „Was? Was für einen? So reden Sie doch!"

Th.: (selbstvergessen weiter vor sich hinmurmelnd): „Tja, etwas anderes kann es nicht sein, wir haben alles andere ausgeschlossen."

Pat.: (protestiert verärgert) „Verdammt noch mal, Frank, sagen Sie es doch jetzt endlich!?"

Th.: (mit einer „wissenschaftlich rätselnden", grüblerischen Miene) „Haben Sie jemals die Möglichkeit in Betracht gezogen, dass Sie vielleicht unter einem Nahrungsmittel-Defizit leiden?"

Pat.: (total überrascht) „Was? Wie bitte?"

Th.: (beginnt sich begeistert für diese Erklärung zu erwärmen) „Nun, abgesehen von der Prostataflüssigkeit ist es doch reines Protein!"

Endlich verstand der Patient (nämlich: „Zum Teufel mit der ganzen Psychogenese, kümmern wir uns um die Fakten") und begann mit einer Reihe von Veränderungen. Er konfrontierte seinen Chef und verlangte eine wohlverdiente Gehaltserhöhung. Sein Vorgesetzter sagte: „Sie hätten schon vor Monaten eine verdient, aber ich sagte mir: „Wenn er nicht selbst darum bittet, bekommt er auch keine!" Sein Gehalt wurde fast verdoppelt, er beendete seine homosexuelle Affäre auf eine angemessene und konstruktive Weise und setzte zuversichtlich seinen Plan um, seine Verlobte zu heiraten.

In der zwölften und letzten Sitzung brachte er die Rede noch einmal auf die Nahrungsmittel-Defizit-Erklärung und lachte, während er den Kopf schüttelte und meinte, dass sich das förmlich in sein Gehirn „eingebrannt" hätte. Er sagte auch, dass er die Therapie jetzt beenden könne, weil er genügend Fortschritte gemacht habe.

Seine abschließende Bemerkung war: „Sie treffen hart und Sie treffen unter die Gürtellinie. Aber wenn Sie ein Weichei gewesen wären, hätten wir, so wie am Anfang, ewig weitermachen können, jahrelang. Aber ich werde niemals vergessen, was Sie gesagt haben, sie Teufelskerl" (und während er lachend den Kopf schüttelt): „Nahrungsmittel-Defizit!"

An diesem Beispiel kannst Du recht gut sehen, dass **Unlogik und „idiotische Erklärungen"** das Gegenüber viel schneller **wieder zur Vernunft** bringt, als ihm das Denken abzunehmen, gute Ratschläge zu geben und „hilfreich" zu sein.

Die Herausforderung zielt auf zwei Punkte

1. Auf der Beziehungsebene wird unser Gegenüber herausgefordert, **um sein gutes Image** zu kämpfen, weil wir einen höheren Status einnehmen, die Situation definieren, und

2. weil unser Gegenüber sich unsere **Achtung „verdienen"** muss. Dadurch, dass Du Dich von Anfang an in die Beurteiler-Position manövrierst und dem anderen die Latte hoch legst, wird der andere genötigt, seine Leistungen zu steigern. Das funktioniert aber nur, wenn er Dich als Beurteiler akzeptiert hat!

Den stärksten **Sog zur Veränderung** erzeugst Du also, wenn Du den persönlichen Stolz des anderen dadurch herausforderst, dass Du sein Selbstbild in Frage stellst.

Wo und wie Du Herausforderung einsetzen kannst

Du wirst die Technik der Herausforderung immer dann brauchen, wenn Deine Interventionen, die über den Intellekt laufen, nichts gefruchtet haben. Egal, ob Du jemanden überzeugen, beim anderen Geschlecht Attraktion hervorrufen, etwas verkaufen oder erzieherisch wirken willst: Du wirst **Emotionen ansprechen** müssen, um Veränderungen zu bewirken.

Da, wie gesagt, Emotionen nichts anderes als Willensbewegungen sind, wirkst Du über die Emotionen direkt auf das „Entscheidungszentrum" Deines Gegenübers ein.

Wie könntest Du hier geschickt Dein Wissen über die drei Achsen des Willens einsetzen?

Lust und Angst als Motivatoren (die erste Achse)

Dies ist die Achse, auf der die Belohnungs-/Bestrafungs-Methode am besten anzuwenden ist (richtig angewandt, wirkt sie fast immer, vor allem bei recht einfach gestrickten Menschen). Man kann einen Menschen mit Druck und Bedrohung, mit Belohnung und Versprechungen, zu Handlungen bewegen, die er sonst nicht tun würde. Der Nachteil bei all dieser extrinsischen Motivation ist, dass sie **nicht vorhält**. Der andere will das Gewünschte ja nicht von sich aus! Auf jeden Fall nicht stark genug, sonst hätte er ja schon auch ohne Dich losgelegt. Außerdem spüren Menschen bei diesen Methoden, dass sie beeinflusst werden sollen und gehen oft in den Widerstand.

Da wir als Berater in Bezug auf Belohnungs- und Bestrafungsmacht ohnehin nur zahnlose Tiger sind (Wo sind die Zeiten der Daumenschrauben und Stromschläge geblieben?), müssen wir uns etwas anderes einfallen lassen. Und das ist der **Kniff** bei der Herausforderungs-Technik:

Wir dramatisieren (scherzhaft) das, worum es geht! Wir übersteigern und übertreiben das Verlockende an einer Sache. Im anderen Fall übertreiben wir die Bedrohung! Statt dagegen zu gehen, verbünden wir uns mit dem (vom Intellekt und der Vernunft bedrängten) Willen!

Im Alltag versucht die Umwelt meist, das Verhalten des Einzelnen auf einen bestimmten **Durchschnittswert** hin zu beeinflussen. Hat jemand Angst, spricht man ihm Mut zu; übertreibt er den Wert einer Sache, versucht man ihm das auszureden.

Irgendwo tief drinnen aber liebt jeder seine Marotten und lässt sie sich nicht einfach ausreden. Erst wenn er ihnen **genügend frönen durfte** (das geht auch in der Fantasie), kann er plötzlich wieder die andere Seite sehen und findet dadurch seine Balance, seine Mitte wieder. Und genau dazu verhelfen wir ihm mit unserer Provokation.

Wenn jemand zum Beispiel Angst vor **Spinnen** hat, dann malen wir ihm aus, wie bedrohlich diese Welt ist, und woher überall Spinnen kommen könnten – aus der Toilettenschüssel, aus jedem Ausguss, jedem Spalt. Wichtig ist nur, dass man dabei den **Schalk in Deinen Augen** sehen kann.

Bei **Verlockungen, Süchten und Verliebtheit** gehen wir ähnlich vor: Wir übersteigern hier die Vorzüge des ersehnten Zieles, **spielen eventuelle Nachteile herunter**, und stellen die ewige Glückseligkeit, die totale Selbstverwirklichung, das Nirwana und den siebten Himmel in Aussicht. Achte dabei auf die Reaktionen Deines Gegenübers und merk' Dir, bei welchen Themen und welchen Worten beim anderen Emotionen geweckt werden! Höhere **Gefühlsbeteiligung** bringt tiefergehende Wirkungen!

Und vergiss nicht: Es muss erkennbar sein, dass Du faule Äpfel verkaufst!

Statusgewinn versus Statusverlust (zweite Achse)

Auf der zweiten Achse des Willens sind die Endpunkte **Stolz bzw. Scham**.

Ein hohes Ansehen (Ruhm) bringt Anerkennung und Sonderbehandlung, ein Hochgefühl, das sogar süchtig machen kann – geltungssüchtig! Im Status ganz unten zu sein, erzeugt ein Sich-Schämen und wird von manchen Menschen als so schlimm empfunden, dass es ihnen lieber wäre, vor einem Erschießungskommando zu stehen, als eine kleine Ansprache zu halten und sich zu blamieren. (Das hat man tatsächlich in Fragebogentests herausgefunden!)

Es ist ausgesprochen ungesund für einen Menschen, **dauernd im Tiefstatus** zu sein, wie Mobbingopfer und „Minoritäten am Rande der Gesellschaft" bestätigen werden. Deshalb strebt jeder Mensch nach einer Statusposition, die ihm in seiner Umwelt **Schutz und Akzeptanz** verleiht. Um diese Position muss man oft kämpfen. Nicht alle Menschen halten sich im optimalen Maß an die Regeln von Takt und Höflichkeit („der Lendenschurz unseres Egoismus" wie man sagt). Durch die dosierten „Attacken" eines wohlgesinnten Menschen wie Dich, wird Dein Gegenüber gestärkt und lernt sich angemessen zu verteidigen.

Auf der anderen Seite der zweiten Achse steht **Überheblichkeit** oder Arroganz. Hier reicht unser Gegenstrategien-Arsenal vom **Übertrumpfen im Status** (Du gibst Dich besser, größer, einflussreicher als der andere) bis zum **beschämenden Tief-Tief-Status.** (Du stellst Dich scherzhaft weit unter den anderen)
Eine dritte Methode: Du stellst ihn so hoch auf ein Podest, dass ihm schwindlig und blümerant zumute wird. Diese Übertreibungen führen beim Gegenüber zu Mäßigung und Abschwächen seines Hochstatus.

Schauen wir uns die ersten beiden Achsen noch einmal an: In welchem Bereich zwischen Angenehm/Unangenehm bzw. Hoch- und Tiefstatus haben wir am meisten Einfluss?

Wir versuchen bei der Beziehungs-Gestaltung unsere Rolle stets so zu definieren, dass sie in dem **schraffiert eingezeichneten Bereich** bleibt. Wir wollen nicht allzu viel Achtung – das bewirkt große Distanz, Neid und die Gefahr, vom Sockel gestoßen zu werden. Außerdem erlauben wir uns, hin und wieder auch mal ein bisschen unsympathisch zu sein. Wir stehen nicht unter dem Zwang, immer nett sein zu müssen.

Da wir auch **über uns selbst lachen** können, stellen wir uns im Status manchmal unter den anderen, was der **Sympathie** zugutekommt.

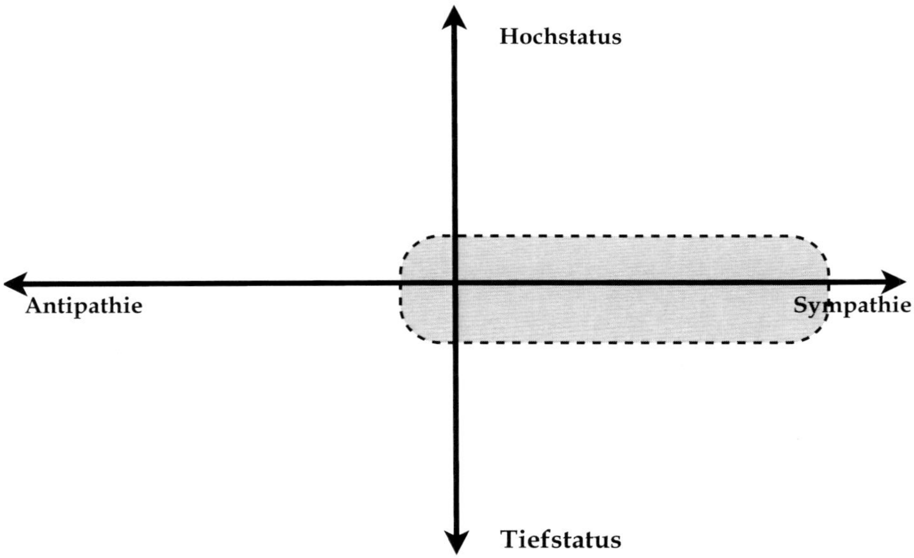

Falls Du Dich bisher bemüht hast, immer im rechten oberen Quadranten zu bleiben, dann lass Dir sagen, dass das ungefähr so attraktiv ist, wie zu jeder Mahlzeit Kuchen anzubieten. Das Unsympathische, das Lustig-arrogante und das Unernste ist wie das Salz und die **Gewürze** in einem Gericht. Ohne diese schmeckt es fad.

Dieses Prinzip, nämlich Hunger nach Abwechslung, Faszination durch das Unerwartete und Unvoraussagbare ist tief in uns verwurzelt, und zwar auf der tiefsten Ebene unseres Gehirns, auf der Ebene des Reptiliengehirns, welches u. a. für die **instinktive Attraktion** zuständig ist. Das veranschaulicht Dir die folgende Anekdote:

Eine Geruchsforscherin, die für einen Parfum-Hersteller arbeitet, zeigt einem Reporter ihr Labor mit den verschiedenen Gerüchen, und lässt ihn hin und wieder an einem Reagenzgläschen schnuppern. Als er wieder mal an einem Röhrchen riecht, schreckt er angewidert zurück und sagt:

„Das stinkt ja entsetzlich, wie Erbrochenes!" Die Forscherin klärt ihn auf: „So schrecklich das auch riechen mag, in ganz geringer Menge dazu gemischt, setzt es einem Parfum das **Glanzlicht** auf."

Ist das beim Charakter eines Menschen nicht genauso? Gerade das, was an ihm „zum Kotzen" ist, macht ihn manchmal erst interessant! Aber: Auf die Dosierung kommt es an!

Wichtig: Setz' Dich nicht unter den Druck, beim anderen nur gute Gefühle auslösen zu wollen. Erstens schaffst Du das sowieso nicht (und wenn, bist Du zum Dackel mutiert), und zweitens: Eine **feine Dosis Verunsicherung**, Schreck und Empörung bringt den andern mehr in den „Gefühls-Modus".

Dadurch wird er **spontaner**, zeigt sich ungeschminkt und mehr von seiner Kern-Persönlichkeit. Erst solche Herausforderungen trennen die „Fassade" vom wahren Menschen.

Wie sieht die Herausforderung auf der zweiten Achse aus?

Unser Ziel ist, das Gegenüber zu stärken in der wichtigen Fähigkeit, sich einen guten Platz in der Rangreihe seiner Umwelt zu erkämpfen. Damit es das üben kann, stellen wir uns als Sparringspartner zur Verfügung. Deine Aufgabe ist dabei, Deinem Gegenüber „Ehrenbezeugungen" zu versagen, seinen Status niedrig einzuschätzen und ihn entsprechend diesem niedrigen Status zu behandeln. Das **schult das Lesen der Statussignale** und trainiert seine Fähigkeiten sich Respekt zu verschaffen, Grenzen zu setzen und einen Standpunkt zu vertreten. Da diese „Übung" in einem wohlwollenden Umfeld stattfindet, entsteht kein (oder nur wenig) Stress!

Verpflichtung, Verantwortung versus naive Sorglosigkeit

Die Extreme der dritten Achse sind **Leichtsinn und Verantwortungslosigkeit** auf der einen Seite und auf der anderen **Schuldgefühle, Stress und Überlastung**, also dann, wenn sich jemand zu viel Verantwortung aufgebürdet hat (oder hat aufbürden lassen).

Auch hier übertreiben wir wieder die bereits vorhandenen Emotionen statt jemandem „ins Gewissen zu reden". Das nutzt bei Leichtsinn und Verantwortungslosigkeit nämlich meist gar nichts. Und bei übertriebenen Schuldgefühlen und Überlastung „gut zuzureden" hilft nicht viel mehr, als eine versalzene Suppe zu zuckern.

Wenn also jemand verantwortungslos und leichtsinnig ist, malen wir zwar die Folgen seines Tuns plastisch und dreidimensional aus, stellen sie aber als vernachlässigbar hin und **spielen ihre Gefahren herunter** („Was soll an zwei Kästen Bier täglich schon gefährlich sein? Bier ist doch flüssiges Brot! Und Brot hat noch niemandem geschadet!"). Das **sensibilisiert** Dein Gegenüber für die Folgen, es nimmt Dich dabei aber nicht ermahnend war. Das auffällige **Fehlen von Warnungen** macht den anderen misstrauisch und wachsamer (und damit auch verantwortungsbewusster).

Viel häufiger noch sind Menschen heute auf der anderen Seite der dritten Achse, wo sich jemand überbeansprucht fühlt und zu viel Verantwortung auf sich lasten spürt. Das kann eingebildet sein, aber bei der heutigen Arbeitslage entspricht es auch häufig den Tatsachen. In beiden Fällen bestärken wir unser Gegenüber in seiner Tendenz: „In einer Zeit, wo es so viele Menschen gibt, die Verantwortung ablehnen, braucht es dringend Leute, die stellvertretend zusätzlich Verantwortung auf sich nehmen. Sie, mit Ihrem Einsatz, gleichen mindestens fünf verantwortungslose Menschen aus. Ein undankbarer Job, da haben Sie Recht, aber irgendjemand muss ihn ja tun."

Fast immer wehrt sich das Gegenüber, damit weiter zu machen. Und je mehr wir seine **Situation als verpflichtend hinstellen**, um so stärker wird seine Tendenz nach Möglichkeiten der Entlastung zu suchen.

Wunde Punkte

Und wo, an welchen empfindlichen Stellen fordern wir unser Gegenüber heraus? An seinen wunden Punkten natürlich, da, wo er gerne wegschauen und verdrängen würde! Das sind u. a.

Selbstbild,
Disziplin,
Zielstrebigkeit,
die Leuchtturmprinzipien sowie
sein kultureller Schliff.

Und natürlich auch an seinen **Wachstumsbremsen**, den „inneren Schweinehunden". Das sind, wie Du weisst: Feigheit, Faulheit und Eitelkeit. Oder etwas dezenter formuliert: Die allzu menschlichen Tendenzen Unangenehmem auszuweichen, seiner Bequemlichkeit zu frönen und das PR-Image zu pflegen (d.h. vor anderen gut dazustehen).

Wie könntest Du nun bei den einzelnen Punkten ansetzen?

Der empfindliche Punkt: **Selbstbild**:

Du kannst fast immer davon ausgehen, dass das PR-Bild Deines Gegenübers in krassem Gegensatz zu seinem ungeschminkten Selbstbild steht. Du wirfst also einen Blick hinter seine Fassade und beschreibst augenzwinkernd, was Du da „siehst". Wir wissen aus Erfahrung, dass fast alle Menschen einen imposanten „Pappkameraden" vor sich hertragen, der wahre Träger dieses Plakats aber viel kleiner und weniger einschüchternd aussieht.

Der zweite empfindliche Punkt: (Selbst-)Disziplin

Fast jeder Mensch nimmt sich (zeitweise) mehr vor, als er wirklich leisten kann. Zum Teil ist das ganz gut, weil das **Antrieb** schafft. Andererseits zieht das auch oft Selbstzweifel und Selbstvorwürfe nach sich. Indem wir die Diskrepanz zwischen dem Soll und dem Ist ansprechen, schaffen wir dabei positive Resultate (nicht zuletzt, weil dabei stets unsere wohlwollend-verständnisvolle Grundhaltung durchschimmert):

Entweder stärkt das die Motivation und der andere handelt disziplinierter, oder er merkt, wie unvernünftig es ist, sich zu viel vorzunehmen und **lernt sich zu akzeptieren**, auch wenn er weniger leistet als geplant.

Ein weiterer Grund für mangelnde Disziplin ist die mangelnde Kooperation zwischen Intellekt und Wille. Der MagSt ist ein hervorragendes Werkzeug, um die beiden wieder zusammen zu bringen, weil wir uns **auf die Seite des (unterdrückten) Willens schlagen**, dadurch den „Clinch" zwischen den beiden beenden, so dass sich ein neues Gleichgewicht einpegeln kann.

Der nächste Punkt: Zielstrebigkeit

Die größten Feinde der Selbstverwirklichung sind Bequemlichkeit und Angst. Die Folgen davon sind Spießertum und Kleinmut.

Dadurch kommt jemand nicht weiter im Leben, sondern bleibt stehen. Das wurmt ihn zwar, aber oft gesteht er es sich gar nicht ein, dass er Größeres leisten könnte. Du erinnerst ihn daran („Was wolltest Du denn als Jugendlicher in der Gesellschaft ändern?", „Welche Fehler Deiner Eltern wolltest Du auf keinen Fall wiederholen?", „Was war Dein letzter, wirklich großer beruflicher Erfolg?").

Durch das bloße Anschneiden solcher Themen wird der andere an seine Ambitionen und Ziele erinnert und vielleicht auch daran, wie diese **im Alltag untergegangen** sind. Wenn ein Mensch die wichtigen Dinge im Leben nicht systematisch plant und verfolgt, werden sie unweigerlich im Alltagskram verschüttet. Und die Wochen und Jahre vergehen...

Moral und die Leuchtturm-Prinzipien

Diese Prinzipien sind Ideale, die ein Mensch **nur selten perfekt lebt**: Redlichkeit, Fairness und Rechtschaffenheit. Wenn Du das nicht glauben kannst, dann prüfe Dich selbst mal einen Tag lang:

- Jeder lügt hin und wieder mal oder steht nicht zu seinem Wort (verstößt gegen die Redlichkeit),
- Jeder verschafft sich mal egoistisch einseitige Vorteile und verurteilt andere, die dasselbe machen (verstößt damit gegen die Fairness) oder
- Jeder lässt mal andere die Arbeit tun, die er selbst tun müsste und nimmt mehr als er gibt (verstößt gegen die Rechtschaffenheit).

Diese drei „Sünden wider das (reibungslose) Zusammenleben" kannst Du aufs Korn nehmen, indem Du dem Gegenüber unterstellst, dass es flunkert, unfair handelt und gern auf Kosten anderer lebt oder leben würde. An der Reaktion auf diese „Testballons" kannst Du erkennen, ob du einen Treffer gelandet hast oder nicht.

Gottlob gibt es auch Gegenbeispiele. Als ich einem Patienten, der zur Sitzung zu spät kam, weil er auf der Herfahrt einen (unverschuldeten) Unfall hatte, scherzhaft unterstellte, er hätte beim Aussteigen aus dem

Auto schon mal präventiv gehumpelt (um bei der gegnerischen Versicherung etwas herauszuschlagen), entgegnete er nur ruhig: „Ich will nichts, was mir nicht zusteht!" Was wäre das für eine Welt, wenn jeder so eingestellt wäre!?

Was fast immer „zieht": Die Wachstums-Bremsen

Da Du die „inneren Schweinehunde" (scheinbar) unterstützt, entkräftest Du automatisch sämtliche Ausreden des Gegenübers. Wozu sich rechtfertigen, wenn Du keinen Vorwurf machst, sondern sogar noch mehr zum „Sündigen" rätst?

Die Ausreden des anderen sollten ja dazu dienen, dass auch andere bestätigen, dass man nur aufgrund äusserer Hindernisse „nicht dazu kam", etwas Wichtiges oder Richtiges zu tun. Diese Bestätigung bleibt also aus und der Rechtfertiger ist auf sich selbst und seine Selbstvorwürfe zurückgeworfen. **Je mehr Du also „einlullst"**, beschönigst und bagatellisierst, um so ehrlicher wird der andere sich selbst gegenüber werden.

Das ist also das „Futter" für Deine Herausforderungen. Ausgehend von dem Leitsatz, dass sich Menschen immer in polaren Gegensätzen organisieren, vertrittst Du die „Sünde", rätst zu Unsinn und Unvernunft und lässt dadurch dem Gegenüber nur die Gegen-Position übrig, so dass es sich bald selbst den Standpunkt der Tugend, der Logik und der Vernunft vertreten hört.

Das ist so wie bei einem Badefloß, das jeder aus der Kindheit kennt. Wenn einer an einer Ecke steht, muss der andere auf der Gegenecke stehen, weil es sonst abtaucht. Im normalen zwischenmenschlichen Umgang ist das auch so: Man gleicht Extrempositionen durch Vernunft aus und versucht, den anderen mehr in die Mitte zu bewegen, weg von der Extremposition.

Das bestärkt aber manche nun erst recht darin, auf ihrer Position zu beharren. Deshalb stellen wir uns ZU IHM, auf seine Seite, und beschreiben, wie schön das Wasser immer höher steigt und wie gut sich „absaufen" anfühlt. Wir bleiben auf dieser Position, bis der andere die Nerven verliert und zur Mitte springt, um das Abkippen zu verhindern.

Das kann man geschickt und ungeschickt, kann es nüchtern, sachlich oder mit Humor gewürzt machen, derb oder subtil, mit oder ohne Takt, je nach Geschmack und eigenem Stil.

So zu reagieren ist ungewöhnlich und deshalb **erfrischend und oft sogar erheiternd**. Es macht anderen ihre manchmal skurrilen Eigenheiten bewusst, ohne mit dem erhobenen Zeigefinger zu drohen. Und Bewusstheit ist der erste Schritt zu einer Veränderung. Du bist Deiner Umwelt also eine Unterstützung bei ihrer Selbstgestaltung. So etwas macht Dich attraktiv und interessant!

Von der dritten Ebene der Einflussnahme wird noch öfter die Rede sein, aber jetzt wollen wir noch die vierte kennenlernen.

4. Die hypnotisch-suggestive Ebene der Einflussnahme

Die subtilste Form der Einflussnahme ist die hypnotisch-suggestive. Auf dieser Ebene nimmst Du ganz und gar Abstand davon, dem anderen Deinen Willen aufzudrücken. Du verwendest Deine Kommunikation nur dazu, dem anderen bestimmte, bereits in ihm vorhandene Verhaltensweisen zu „entlocken".[57] Das Magische daran ist, dass Du das **ausserhalb des Bewussten** Deines Gegenübers machst, es kriegt davon nichts oder nur wenig mit. Dieses Vorgehen schaltet von vorne herein jeglichen bewussten Widerstand aus. Widerstand wogegen denn? Dein Gegenüber weiß doch nicht einmal, *worauf* Du hinaus willst.

Wie heilsam man diese Methoden einsetzen kann, will ich Dir an einer Fallgeschichte von Milton Erickson zeigen.

> Erickson wird zu einem Patienten, einem Blumenhändler, gerufen, der Krebs im Endstadium hat, aber kein Morphium nehmen will, weil er seine letzten Tage oder Wochen noch bewusst mit seiner Familie erleben möchte. Da er sehr gegen Hypnose eingestellt war, blieb nur noch die Möglichkeit der indirekten Suggestion.
>
> Erickson fängt ein unverfängliches Gespräch mit dem Patienten an, in dem er allgemein über Pflanzen spricht (für den Patienten ein vertrautes Thema), um dann mehr und mehr ausschließlich das Werden und Gedeihen einer Tomatenpflanze zu beschreiben.
>
> In dieser Beschreibung betont er immer wieder Wörter oder Satzteile, die dann, wenn man sie zusammenfügen würde, Entspannung und Schmerzfreiheit suggerieren. Zum Beispiel in einem Satz, wie: „... dieser Keimling kann sich in der Erde *richtig wohl fühlen*, weil er dort *gut aufgehoben und sicher* ist,..." spricht er die

57) Milton Erickson sprach immer von „eliciting behaviour".

schräg gedruckten Wörter ein bisschen leiser als die anderen. In einer Stunde pausenlosen Sprachflusses sind also -zig Suggestionen für Entspannung, Wohlgefühl und Schmerzfreiheit eingebettet.

Diese etwas ungewöhnliche „Behandlung" bewirkte beim Patienten eine fast völlige Schmerzfreiheit und brauchte nur zweimal wiederholt werden, um ihm mehrere Wochen ungetrübten und bewussten Abschiednehmens im Kreise seiner Familie zu bescheren.

Wichtig dabei ist auch folgendes: Milton hatte ein großes Talent, selbst bei völlig banalen Sätzen die Aufmerksamkeit seiner Zuhörer zu fesseln. Irgendwie klang bei ihm alles so bedeutungsvoll, dass ich mich beim Zuhören ständig dabei ertappte, bei jeder Bemerkung nach einer tieferen Bedeutung seiner Worte zu suchen.

Es gibt eine große Anzahl hypnotisch-suggestiver Techniken, und viele werden ganz instinktiv von den Menschen auch im gewöhnlichen Alltag verwendet.

Wenn z.B. jemand qualmt wie ein Schlot und Du fragst ihn: „Wann, glaubst Du, wirst Du so weit sein, das Rauchen aufzugeben?", dann war das schon eine Suggestion. Und eine perfide obendrein, weil sie die Tatsache nutzt, dass wir einen Antworten-Computer im Kopf haben, der zwanghaft antwortet, sobald er eine Frage gestellt bekommt. Deswegen ist es auch schädlich, sich ständig negative Fragen zu stellen wie: „Warum mache ich immer so einen Mist?" – Dein Computer im Kopf findet garantiert darauf Antworten – oft mehr als Dir lieb sind!

Du siehst bereits: Für die hypnotisch-suggestive Ebene brauchst Du eine intime Kenntnis der Natur des Menschen im allgemeinen und ein präzises Verstehen der aktuellen Beweggründe Deines Gegenübers. Das erstere hast Du ja schon in den vorgehenden Kapiteln erfahren und beim zweiten hilft Dir die Erkenntnis von den drei Achsen des Willens.

Du nutzt hier ...

a) den **Wunsch** des anderen **nach Selbstachtung**,
b) seinen inneren Beurteiler (sein Gewissen) und vor allem
c) seine erworbenen Reaktionstendenzen, d.h. seine Gewohnheiten,

um ihn zu einem Verhalten zu bewegen, das in Deinem (und seinem unbewussten) Sinne ist. Im Unterschied zur dritten, der paradox-provokativen Ebene, sind Deine Methoden dabei aber wesentlich subtiler. Sie lassen sich in drei Gruppen einteilen:

- Methoden, die das *Denken* verändern: Umdeuten und Definieren,
- Methoden, die das *Fühlen* ansprechen: Lenken von emotions-besetzten Assoziationen, sowie
- Methoden, die über das *Handeln* wirken: Verhaltensverschreibungen und Utilisieren von Gewohnheiten.

Gehen wir sie nacheinander durch:

1. Methoden, die das Denken verändern

Der menschliche Geist erfasst die Welt im Wesentlichen durch Kontraste, durch Messen und Vergleichen, sprich: durch Urteilen. Da das einigen Aufwand verursacht (man muss aufpassen, sich konzentrieren, genau wahrnehmen und Vergleiche nach mehreren Richtungen ausführen), vereinfachen wir uns das oft, d.h. wir geben uns **mit vorschnellen Urteilen zufrieden**, mit so genannten „Vorurteilen". Wenn Vorurteile aber dazu führen, dass wir uns einengen, begrenzen, der Situation oder anderen nicht gerecht werden, wäre deren Korrektur angebracht.

Im hypnotisch-suggestiven Vorgehen geschieht das meistens durch Definieren und Umdeuten. Beim Definieren, das Du ja schon kennst, gibst *Du* einer Sache oder Situation **eine bestimmte Bedeutung**, und beim Umdeuten wird der bisherigen Sichtweise unseres Gegenübers **eine *neue, andere* Bedeutung** gegeben.

Definieren

Das Definieren im hypnotisch-suggestiven Stil ist nicht direkt, wie z.B. „diese Wand ist blau" oder „deine Bluse hat Flecken", sondern indirekt als Implikation: „Wie gefällt Ihnen diese blaue Wand?" oder „Hast Du den Flecken auf Deiner Bluse schon bemerkt?"

Du kannst so etwas am Besten bei Komplimenten üben, das hat einen großen Vorteil, wie Du gleich sehen wirst.

Beispiele:

„Ich bin bestimmt nicht die Erste, der Ihr Klavierspiel bewundert!"

„Wie schaffen Sie es, trotz der Hektik in diesem Büro so ruhig und gelassen zu wirken?"

Du siehst an diesen Beispielen, dass die Aussage (das, was Du als bewundernswert definierst) als Voraussetzung im Satz „versteckt" ist, wie wenn es gar nicht darum ginge. Im Vordergrund steht etwas anderes, das von der eigentlichen Aussage ablenkt. Diese Beispiele zeigen Dir, wie Du „nicht-zurückweisbare" Komplimente machen kannst: Du versteckst das Kompliment in einer Aussage oder Frage, die Dein Gegenüber leicht beantworten kann.[58]

Wir definieren ständig, wenn wir sprechen, da Sätze nur immer in einem bestimmten Kontext verständlich sind. Dieser **Kontext ist die meist unausgesprochene Definition** der Situation. Du musst Dir nur dessen bewusst werden! Wenn Du z.B. Dein altes Auto verkaufen willst und Du gehst davon aus, dass der Käufer sich glücklich schätzen darf, so ein gepflegtes Teil zu bekommen, ist Deine Verkaufsposition wesentlich besser, als wenn Du davon ausgehst, dass Du froh sein kannst, es los zu werden.

Ich weiß, in diesem Beispiel ist Dir das vollkommen klar. Aber wie sieht's denn bei der **„Partnergewinnung"** aus? Männer bieten sich manchmal an wie Sauerbier und wundern sich, dass sie dann abblitzen. Wenn Du Dich in Gesprächen mit anderen als einen Menschen zeigst, der **hohe Ansprüche** hat, was die Themen und das Niveau einer Unterhaltung angeht, dann definierst Du Dich selbst indirekt als hochwertig.

---

58) Du hast vermutlich selbst schon erfahren, wie schwer man sich tut, auf direkte Komplimente zu antworten. Was soll eine Frau schon darauf sagen, wenn ihr 17 mal am Tag gesagt wird, dass sie schöne Augen hat? Viel natürlicher kann sie reagieren, wenn Du das einpackst, z.B. „Ich kann mir vorstellen, dass es für Sie schon kein Kompliment mehr ist, wenn jemand Sie auf Ihre faszinierenden Augen anspricht!"

Du kennst doch den Ausdruck *„durch die Blume sprechen",* oder? Genau das ist es, was Du brauchst, weil es Dir ermöglicht, auf andere einzuwirken, ohne dass es dem anderen richtig bewusst wird. Du gibst dabei den **Interpretationsrahmen** vor, d.h. den Rahmen, in dem Dein Gegenüber Dich und die Situation verstehen soll.

Wenn Du in ein Geschäft gehst, um ein Hemd umzutauschen, das Dir nicht richtig passt, dann wäre es nicht so geschickt, zu fragen, *ob* Du das Hemd umtauschen kannst, sondern **aussichtsreicher** wäre: „Glauben Sie, dass Sie noch ein ähnliches Hemd finden können, das mir *wirklich* passt?"

Es ist **viel schwieriger, sich einer unausgesprochenen Definition zu widersetzen** als einer ausgesprochenen. Dazu muss man sich der Definition erst bewusst sein – und das erfordert Wachheit und Nachdenken (was Deinem Gegenüber oft einfach zu anstrengend ist).

Verhaltensprojekt:

Übe Deine **direkten Aussagen und Fragen in indirekte zu übersetzen**. Das kannst Du jeden Tag 100-fach üben. Vor allem nackte Befehle und Anweisungen verdienen es, verpackt zu werden. Statt „Stell' doch Dein Fahrrad in der Garage ab, das verrostet doch im Regen!", sagst Du: „Als ich Dein Fahrrad letztes Mal in der Garage sah, dachte ich mir: „Gut, da steht es sicher und wird nicht vom Regen nass."

Umdeuten

Diese Methode dient dazu, eingefahrenes Denken zu erweitern. Dabei bringst Du einen neuen Gedanken oder Sichtwinkel ein, der die **bisherige Betrachtungsweise** Deines Gegenübers **sprengt.**

> Einer Mutter, die sich schwer tut, ihrem 5-jährigen Sohn einen Wunsch abzuschlagen, weil sie „ihm das nicht antun möchte", erkläre ich den Begriff der „tough love": Durch gelegentliche Härte würde sie das Durchhaltevermögen ihres Sohnes stärken und fördere dadurch seine Chancen, als Erwachsener im Konkurrenzkampf zu bestehen. Somit ist diese Härte letztlich „liebevoller" als ihre Nachgiebigkeit.

Das Umdeuten ist **ein neuer *Sichtwinkel*** (in diesem Fall die *Langzeitwirkung* ihres Verhaltens), **eine *übersehene Folge*** oder schlicht **ein *anderes Verständnis*** der Sachlage. Auch dies ist eine Methode, die im Alltag oft vorkommt, nur wird sie selten systematisch (und zu guten Zwecken) eingesetzt, sondern meist sehr primitiv, nämlich als Überreden nach dem Motto: „Sieh' das doch so wie ich, nicht wie Du das siehst"! Wenn Du das also geschickt machen willst, vermeide das Dagegengehen, das „Dem-anderen-seine-Meinung-ausreden-wollen".

Vielmehr nimmst Du sie auf und führst sie weiter.

> Eine Freundin will nicht mit Dir auf die Party gehen, weil da „sowieso nur arrogante Schnösel sind!" Du schließt Dich ihrer Meinung an und sagst: „Genau, und *gerade weil* da lauter Schnösel sind, wirst Du mit Deiner Natürlichkeit wie ein Magnet wirken, dem sich niemand entziehen kann!"

Merk' Dir die hier benutzte **„gerade weil" -Formel**, sie erzieht Dich zu einem „Über-den-Rahmen-hinaus-Denken". Und es verhindert Einwände beim anderen.

Das Umdeuten funktioniert am besten, wenn es den richtigen emotionalen Rahmen hat. Was das ist, siehst Du am besten an einem Beispiel.

> Zu Erickson kommt eine, an sich hübsche, junge Frau, die aber ihr enorm dickes Hinterteil dermaßen unattraktiv findet, dass sie depressiv und hoffnungslos wurde, weil sie keine Chance sieht, mit diesem Attribut jemals einem Mann zu gefallen, der sie heiraten und mit ihr Kinder haben will (was ihr Herzenswunsch ist).
>
> Erickson hört sich ihre Klagen an und, weil er erfahren hat, dass sie sehr gläubig und bibelfest ist, ergreift er die Gelegenheit, sie zu beschuldigen, dass sie wohl „ihre Bibel nicht wirklich gelesen" habe. Sie ist daraufhin sehr betroffen und verteidigt sich. Aber Erickson lässt nicht locker und sagt, dass er diese Behauptung sogar belegen könne. Und er nennt ihr als Beweis das „Hohelied von Salomon", in welchem das Becken der Frau liebevoll beschrieben wird als „die Wiege der Kinder", und wirft ihr zudem vor, dass sie kein Recht habe, einem Mann vorzuschreiben, *was* er an seiner Frau liebe. Und wenn er ihr weibliches Becken liebevoll als die Wiege seiner Kinder sähe, dann dürfe sie ihm da nicht widersprechen!"

Durch den Angriff auf ihre Bibelfestigkeit und die Andeutung, ihre Haltung wäre Arroganz, bringt er die Patientin in starke Emotionen. Für eine Umdeutung die ideale Stimmung. Das kannst Du das nächste Mal auch nutzen: Wenn Du mal vorhast, jemandes fest gefügte Meinung zu verändern, tust Du gut daran, den anderen erst einmal neugierig zu machen und in eine leichte bis mittelstarke emotionale Erregung zu versetzen, indem Du ihn (scheinbar) kritisierst.

Verhaltensprojekt:

Das Umdeuten funktioniert am sichersten, wenn Du beides beherrscht: Das *Vorbereiten durch Neugierigmachen und Emotionalisieren* einerseits und das *Umdenken und von einer völlig anderen Sicht ausgehen* andererseits.

Stell' Dir kleine Aufgaben, z.B. jemandes Vorurteil auszuhebeln, und plane ein kluges Umdeuten mit einer guten Vorbereitung. Wie würdest Du dabei vorgehen, wenn jemand die Meinung vertritt, Prügel täten Kindern gut und als Argument vorbringt: „Mir haben sie ja auch nicht geschadet!"

Wichtig: Du sollst ihn dabei **nicht zu überzeugen versuchen**! Finde eine Sicht, der sich der andere **gerne anschließt** (weil sie ihn gut dastehen lässt, z.B. dass er selbst anscheinend gut im Verkraften von Gewalt ist, seine Kinder aber vielleicht doch eine andere Behandlung brauchen, weil sie mehr musisch veranlagt sind...).

2. Methoden, die das Fühlen ansprechen

Im Gefühlsbereich sind zwar die paradox-provokativen Methoden am wirkungsvollsten, aber auch die hypnotisch-suggestive Ebene hat hier einiges zu bieten. Das Neue hierbei ist das **Lenken der Assoziationen:** Eine subtile Methode Gefühle auszulösen, um sie dann im Interesse einer Verhaltensänderung einzusetzen.

Unser Denken löst Gefühle aus. Wenn Du an eine vergangene Schlappe denkst, fühlst Du dich anders, als wenn Du an Deine Siege denkst. Wenn Du andere dazu bringst, sich an positive oder negative Erlebnisse zu erinnern, weckst Du in ihnen die entsprechenden Gefühle. Das lässt sich nützlich einsetzen, je nachdem, ob Du jemanden anziehen oder Dir vom Leibe halten willst.

Wenn Du erreichen möchtest, dass Dich jemand bestimmt nicht vergisst, dann schick ihn durch ein ***Wechselbad* der Gefühle**. Wenn Du es schaffst, jemanden emotional „in Schwingung" zu versetzen durch ein *Push-Pull-Vorgehen*, dann prägt sich eure Begegnung beim anderen unauslöschlich ein. Wir betrachten uns das noch eingehender, wenn es um die Status-Dämpfer geht.

Assoziationen lenken

Ich fragte Milton Erickson mal in einem Brief, was er für den **Schlüssel zu jeglicher Motivation** halte. Er antwortete, das seien die Assoziationen. Welche Bilder und Emotionen ein Mensch mit etwas verbindet, wird ihn entweder anfeuern oder abschrecken.

Kennst Du Methoden, Assoziationen zu lenken? Garantiert, Du würdest nämlich ziemlich erfolglos sein, wenn Dir das nicht gelänge. Beobachte mal **gute Verkäufer** (oder raffinierte Werbungsclips); die tun nichts anderes, als bestimmte Gefühle in Dir auszulösen. Da werden sämtliche Klingelknöpfe gedrückt (Du erinnerst Dich doch, oder?): Lust und Angst, Stolz und Mindergefühle, der Wunsch sorgenfrei zu sein und das Verantwortungsgefühl, mit allen Mischformen und Zwischentönen natürlich.

Im Alltag wird diese Methode oft instinktiv angewendet. Manche Frauen haben einen Riecher, wenn der Partner „horny" ist und haben eine probates Mittel ihn schnell wieder „abzutörnen", falls sie mal keine Lust auf Sex haben. Während er sich „anschleicht", erinnert sie ihn an seinen chaotischen Schreibtisch, die noch ausstehende Steuererklärung, die Schulden und die längst fälligen Besuche bei der (ungeliebten) Verwandtschaft. Und schon verändert sich seine Gefühlslage und sie hat ihre Ruhe.

Ein kluger Mann lässt sich davon **nicht beirren**. Er wird ihr sanft zu verstehen geben, dass es für alles eine optimale Zeit gibt und bei ihr Erinnerungen an **schöne, erregende Erlebnisse** wecken, die sie in Stimmung bringen. Und wenn er sie auch noch zum Lachen bringen kann, steht die Sache gut für ein gemeinsames, schönes Erlebnis.

Der wichtige Kniff dabei ist, diejenigen Assoziationen zu wecken, die beim Gegenüber die stärksten körperlich spürbaren Gefühle auslösen. Das ist immer dann der Fall, wenn Du **den bevorzugten Sinneskanal** des Gegenübers triffst, also einen Augenmenschen mit Bildern fütterst, einen Ohrenmenschen mit betörenden Worten (am besten im perfekten Versmaß) und einen Fühlmenschen mit stimulierenden Berührungen. Am stärksten wirkt natürlich, **alle drei einzusetzen**.

Die Warm-Kalt-Dusche

Ein ganz wesentlicher Zug an charismatischen Personen ist, dass sie andere durch ein Wechselbad der Gefühle schicken können. Ohne Vorwarnung sind sie mal netter als man erwartet, ein anderes Mal strenger oder härter als erwartet. Warum das so faszinierend auf andere wirkt, kann ich auch nicht genau erklären, ich vermute, dass man durch solch ein Verhalten in eine Kindsposition gerät. Als Kinder waren wir sicher auch oft überrascht von der Reaktion der Mutter, die unvoraussagbar mal lieb, mal frostig war, und um deren konstante Liebeszufuhr wir uns immer bemüht haben (sichert sie doch das Überleben des Kindes!).

Wie schon gesagt, solch ein Verhalten **sichert Dir einen Platz** im Gedächtnis anderer, dadurch brennst Du Dich förmlich in deren „Festplatte" ein. Da wir das ausführlich noch an andere Stelle besprechen werden, reicht es, hier nur eine kurze Skizze davon zu geben.

Sagen wir, Du hast auf einer Party einen gut aussehenden Menschen des anderen Geschlechts kennengelernt und möchtest einen **nachhaltigen Eindruck** hinterlassen. Ein bisschen solltest Du dem Gegenüber natürlich auch optisch gefallen, sonst sind Deine Bemühungen umsonst. Aber keine Sorge, wenn Du gepflegt wirkst und einen guten Zahnarzt hast, ist der Rest nicht mehr allzu wichtig.

Zunächst bringst Du Dein Gegenüber dazu, **von seinem Lieblingsthema** zu reden, **von sich**. Wenn es, durch Dein Nicken und Deine Bestätigung, sich traut, ein bisschen mehr von sich zu erzählen, wechselst Du unvermittelt auf dezente Ablehnung irgendeines Punktes, den es angesprochen hat. Du machst deutlich, dass Du so etwas ganz und gar nicht gut oder richtig findest. Wenn Du es z.B. dazu gebracht hast, über seine Jugendstreiche zu sprechen, empfindest Du einen als zu derb, zu weit gegangen oder auf ein ernstes Charakterdefizit hinweisend. Wenn Du es richtig dosierst, wird sich der andere **um Wiederherstellung Deiner guten Meinung** von ihm bemühen. Mit einer Bestätigung wartest Du aber noch und machst es ihm nicht zu leicht, gibst nach kurzer Zeit aber wieder volle Bestärkung. Bis Du wieder ein Haar in der Suppe findest usw. Du wirst sehen, da kann eine sehr angeregte Unterhaltung daraus werden. Wenn Du Dein Gegenüber dann noch hin und wieder zum Lachen bringst, zwischendurch wieder in Selbstzweifel stürzt, dann in ein Hochgefühl versetzt, dann wieder ganz klein und unbedarft hinstellst usw., wird sich Dein Gegenüber Deiner guten Meinung von ihm nie so ganz sicher sein. Das prägt sich tief ein! Das lässt sie/ihn nicht kalt und unberührt, wie z.B. ein sachliches Gespräch über Kochrezepte.

Eigentlich ist das weniger eine Methode als eine Kunstform der Kommunikation, die sich lohnt, hin und wieder einmal zu üben.

3. Methoden, die über das Handeln wirken

Die wohl durchschlagendsten Wirkungen erzielst Du, wenn Du auf **das Handeln des anderen einwirkst**. Das liegt daran, weil Du hier den eigentlichen Urheber aller Handlungen, den Willen im anderen, direkt ansprichst. Zwei sozialpsychologische Experimente zeigen Dir, wie wirksam es ist, direkt über das Handeln zu beeinflussen.

> Zwei Jungengruppen im Ferienlager wurden zueinander in Konkurrenz gebracht, indem die Versuchsleiter Vergleiche, Wettstreit und Nullsummenspiele anregten (das sind Spiele, wo immer nur einer gewinnen kann). Bald war die gegenseitige Konkurrenz so angewachsen, dass die Gruppenmitglieder sich richtig anfeindeten und sogar prügelten. Die Situation entglitt den Gruppenleitern zusehends. Sie wussten auch nicht mehr, wie sie die zerstrittenen Gruppen wieder versöhnen könnten.
>
> Da geschah etwas Unerwartetes. Die Wasserversorgung brach zusammen und beide Gruppen hatten kein Leitungswasser mehr und waren genötigt, all ihr Wasser aus einem nahegelegenen Bach zu holen. Jetzt waren sie gezwungen zusammen zu helfen, da dies nur zu bewerkstelligen war, wenn sich beide Gruppen daran be-

teiligten. Die Notsituation liess die Gruppen einander wieder näher kommen, bis sie sich am Schluss wieder wunderbar vertrugen.

Was lernen wir daraus? Gemeinsame Not verbindet. Vielleicht schickt deshalb der Himmel den Völkern mehr und mehr Naturkatastrophen. Wir haben sie anscheinend nötig. Eine Notsituation bringt die Menschen einander näher. Im Katastrophenfall zählen keine Statusunterschiede mehr.

Dass anderes Handeln sogar dauerhafte Einstellungsänderungen mit sich bringt, zeigt das Experiment von Festinger (ein Sozialpsychologe).

> Eine Versuchsgruppe wurde einer langweiligen und anstrengenden Testreihe unterworfen. Danach mussten die Teilnehmer auf einem Fragebogen einschätzen, wie interessant sie diesen Versuch fanden.
>
> Bevor sie jedoch entlassen wurden, bat der Versuchsleiter jeden einzelnen noch um einen Gefallen: „Da draussen wartet der nächste Proband. Wären Sie so nett und würden ihm den Versuch so schildern, dass er mitmacht? Für das Experiment brauchen wir noch ein paar Probanden."
>
> Fast alle Versuchspersonen willigten ein.
>
> Nach einer Woche wurde denselben Versuchspersonen der Beurteilungsfragebogen noch einmal vorgelegt, und siehe da – ihre Einschätzung desselben Versuchs war jetzt ganz wesentlich positiver!

Fazit: Wenn Du jemanden dazu bringen kannst, sich in einer bestimmten Weise zu verhalten, dann **verändert sich seine innere Einstellung** in diesem Punkte zum Positiven, auch wenn er zunächst dagegen eingestellt war. Mit anderen Worten: Der Mensch steht mehr zu dem, was er *tut*, als was er mit seinem Verstand *beurteilt*: Sein Handeln ist bedeutsamer für ihn als sein Urteil.

Nur ein einziges Mal!... Bitte!

Auch hier sind die Frauen den Männern voraus. Sie wissen sehr gut, dass sie einen Mann **nur einmal zu einer ungeliebten Tätigkeit** bringen müssen, um seinen Widerstand dagegen zu schwächen. Beim zweiten Mal ist es schon viel leichter, ihn dazu zu bringen.

> Ich kaufe oft Kleider, Jacken oder Hosen für meine Partnerin. Ich habe ein Händchen dafür, wertvolle Stücke zu sensationellen Preisen zu erstehen und weiß recht gut, was ihr steht und worin sie gut aussieht.
>
> Im Allgemeinen freut sie sich über die Stücke und zieht sie auch gleich an. Manche Teile jedoch fallen in irgendeine negative „Schublade" (z.B. „Diese Farbe erinnert mich an Military-Kleidung und die mag ich nicht") und werden von ihr abgelehnt. Doch es ist ganz leicht, dieses Urteil zu unterwandern. Zur passenden Gelegenheit, z.B. wenn sie wieder einmal unter der bedauernswerten Krankheit Textil-Blindheit leidet („Ich habe nichts anzuziehen"), präsentiere ich ihr das Stück und bitte sie: *„Nur einmal* anziehen, mir zuliebe!"
>
> Nicht selten wurde so ein Teil dann zum Lieblingskleidungsstück.

Dieses Beispiel ist harmlos, die Methode ist es nicht. Sie wurde in der Geschichte der Menschheit nämlich oft zu üblen, unethischen Zwecken eingesetzt. Unter dem **Druck zum Gehorsam** hat man Menschen dazu genötigt, auf eine Weise zu handeln, die sie vehement innerlich ablehnten, z.B. andere zu drangsalieren, zu foltern oder gar zu töten. Gegen sein inneres Gefühl zu handeln, vermindert aber den Widerstand gegen dieses Verhalten dramatisch. Dabei werden oft sehr wichtige und gesunde **innere Barrieren** niedergerissen.

Beim zweiten Mal fällt es dieser Person dann schon wesentlich leichter, auf andere zu schießen oder ihnen Leid anzutun. Er „gewöhnt" sich an das Ungeheuerliche, bis er irgendwann **nicht mehr weiter darüber nachdenkt**. Es ist deshalb kein Wunder, dass Soldaten, SS-Schergen und Geheimagenten schwere psychische Störungen entwickelten und oft **für das normale Leben untauglich** wurden. Das gilt in ähnlicher Weise auch für Opfer von sexuellem Missbrauch.

Wir wollen mit diesen Methoden aber etwas ganz anderes erreichen: Wir wollen die Menschen **zum *Guten* „verführen"**, schließlich ist unser Ziel, dass sie durch den Austausch mit uns eine **hohe Meinung** von sich haben und **das Beste** aus sich machen. Nur in der Gesellschaft solcher Menschen kann man sich auf Dauer wohl und sicher fühlen.

Wenn Du weißt, wie es geht, ist es ganz leicht, jemanden dazu zu bringen, etwas „wenigstens einmal" zu tun. Du brauchst ihn nur zu fragen, ob er sich **für einen experimentierfreudigen Menschen hält**. Wenn er das bejaht, schlägst Du ihm das neue Verhalten als Experiment vor. Hat er es dann einmal getan, ist die Schwelle, es ein zweites Mal zu tun, wesentlich niedriger.[59]

Du kannst alles Mögliche einsetzen, um jemanden zu einem ersten Handeln zu veranlassen: Neugier, „nicht feige sein", „mir zuliebe", Mut, Sich-beweisen-wollen usw. Manchmal braucht jemand einen „Schubs" zum ersten Handeln.

Diese Methode kannst Du genauso **für Dich selbst anwenden**. Wenn Du Dich vor etwas scheust, z.B. in eine andere Rolle zu schlüpfen, eine kleine Rede zu halten o. ä., dann erleichterst Du Dir das, wenn Du es von Dir

59) Manche Heilrituale muten zunächst befremdlich an. Wenn das Ganze aber als Experiment bezeichnet wird, und der andere sich zuvor als vorurteilsfrei und experimentierfreudig bezeichnet hat, ist der Anfangs-Widerstand herabgesetzt.

„nur dieses eine Mal" verlangst. Meistens ist es dann auch kein Problem mehr, es ein zweites oder drittes Mal zu tun.

Verhaltensprojekt:

Wenn Du das nächste Mal auf einer Party, Vernissage oder ähnlichem bist, gib Dir das Versprechen, **wenigstens einmal** eine Dir noch unbekannte Person anzusprechen. Du kannst den „einmal nur" -Trick auf alles anwenden, was Du nicht gerne machst oder einen Widerwillen dagegen hast: Joggen, Aufräumen, Planen, früher aufstehen usw.

Du brauchst es nicht zu lieben, nur zu tun

Dieser Trick ist im Grunde eine **Erweiterung** der obigen Methode: Wenn Du in einer Führungsposition bist (das bist Du auch als Vater oder Mutter), dann gib dem anderen, der Deinen Anweisungen nur ungern folgt, dezidiert **die Erlaubnis, innerlich dagegen zu sein**. Wenn ein Kind sich die Zähne putzen muss, dabei aber dagegen schimpfen kann, macht das Putzen viel mehr Spaß.

Deshalb, wenn Du jemanden zu etwas bringen willst, was er nicht gerne tut, **verlange nicht, dass er das gern tut** – gib ihm vielmehr die Erlaubnis, es (erst einmal) widerwillig zu tun. Da Du weißt, dass es schwer ist, seine anfängliche Meinung gegen seine Handlungen aufrecht zu erhalten, brauchst Du nur abzuwarten.[60]

Diese Erkenntnis hilft Dir auch, bei Dir selbst **nützliche Gewohnheiten aufzubauen**. Wenn Du akzeptierst, dass nunmal ein gewisser Prozentsatz der täglichen Arbeit unerfreulich ist, aber eben sein muss, dann macht es

---

60) „Erlaube" Deinem Partner beim Geschirr-Abtrocknen zu murren, ja, ermuntere ihn dazu, wenn er es widerwillig macht. So etwas kann Euch beiden richtig Spaß machen!

die Erlaubnis leichter, es mit Widerwillen tun zu dürfen. Ich weiß noch gut, dass ich als Kind das Eincremen und Putzen meiner Schuhe so sehr „hasste", dass ich sogar darauf spuckte – und gerade davon wurden sie besonders blank!
Das waren erst einmal die wichtigsten hypnotisch-suggestiven Methoden. Im Spezialtraining wirst Du darüber noch mehr erfahren. Zum Abschluss kommen jetzt noch ein paar Leckerbissen, ein Bonus sozusagen: Rollen, Strategien, Taktiken und die Status-Dämpfer.

Rollen, Strategien und Taktiken

Diese drei Verhaltenskomplexe sind ziemlich schwere „Geschütze", die wir auffahren, um Einfluss auf andere zu bekommen. Verschaffen wir uns erst einmal einen Überblick: Was ist mit diesen Begriffen gemeint, und wozu kann man das, was sie bezeichnen, einsetzen?

Die Rollen: Du bist nicht zu fassen

Rollen sind andere „Identitäten", die Du annimmst. Du tust dabei so, als wärest Du jemand anderes oder zumindest in einer ungewöhnlichen Stimmung, aus der heraus Du agierst. So kannst Du z.B. in der U-Bahn mal herumgehen und Dir die Fahrkarten zeigen lassen. (Vorsicht, wenn Du an jemanden gerätst, der keinen Spaß versteht, kann er Dich anzeigen!) Oder Du spielst Dich mal auf wie ein verwöhntes Model (das wirkt sogar von Männern gespielt überraschend gut!) – oder Du spielst mal einen Charakterzug, der an Dir fremd und überraschend wirkt (z.B. sexuell verklemmt und übertrieben moralisch eingestellt zu sein).

In andere Rollen zu schlüpfen, bringt Dir eine immense Zunahme an Interventionsmöglichkeiten.

Wenn Du z.B. die Rolle des Charmeurs, der Mimose oder des Brummbärs einnimmst, hast Du für jede eine ganze Palette von Reaktionen zur Verfügung, die Dein Gesamtrepertoire an Reaktionsmöglichkeiten stark bereichern, da sie meist für eine ganze Reihe von Gelegenheiten passen. Je mehr Rollen Du zur Verfügung hast, um so vielseitiger kannst Du agieren. Sie sind ein hervorragendes Werkzeug, um eine Situation zu bestimmen und zu bewegen.

Die Strategien: Du bist nicht zu durchschauen

Die Strategien sind **Vorgehenspläne**, die auf ein bestimmtes Ziel hinarbeiten und oft Rollen, Interventionen und Taktiken beinhalten. Mit ihnen verfolgst Du ein bestimmtes, vorher festgelegtes Ziel. Solche Ziele sind etwa: Attraktion auslösen, Widerspruchsgeist und Selbstverantwortung stärken, Unstimmigkeiten aufdecken oder den Selbstwert stärken, um nur mal einige zu nennen.

Die Strategien sind immer aus mehreren **unterschiedlichen Interventionen zusammengesetzt**. So kann z.B. die Selbstwertstärkung mal aufdeckende Unterstellungen benutzen, dann wieder bagatellisierende Aussagen verwenden, staunende Anerkennung einsetzen usw.

Prinzipiell ist Strategie ein Vorgehen ...

a) bei dem Du nicht alles transparent machst, was Du tust und vorhast und

b) bei dem spätere Interventionen auf früheren aufbauen (z.B. Gedanken säen, Zweifel wecken, konfrontieren, herausfordern).

Mit komplexeren Strategien **bewirkst Du oft mehr** als mit Einzelinterventionen, weil Du damit die häufig auftretenden Widerstände der Reihe nach abbauen kannst, was dem Gegenüber hilft, neue Entscheidungen zu treffen.

Hier ein kurzes Beispiel einer strategischen Vorgehensweise.

> Milton Erickson kurierte einen alleinstehenden, jungen Mann von seiner Schüchternheit, indem er ihn zu einem Abendessen in einem schicken Restaurant einlud und zwar in Gesellschaft seiner Gattin und einer jungen geschiedenen Frau.
>
> Während des Essens brachte er ihn verschiedentlich in peinliche Situationen. Sie unterhielten sich z.B. über seinen Kopf hinweg über Themen, zu denen er nichts zu sagen wusste: Man erklärte ihm, wie man die Speisen richtig essen müsse; die junge Frau schnitt das Fleisch für ihn zurecht; nötigte ihn, doch noch ein bisschen mehr zu essen und bevormundete ihn ständig.
>
> Der Gipfel der Peinlichkeit war, als Milton sich bei der Bedienung rüde über das Essen beschwerte und verlangte, die Küche zu inspizieren. Dort klärte er die Bedienung über sein Vorhaben auf und die Angestellten machten den Spaß mit und klapperten lautstark mit Geschirr und Besteck, als wäre ein Riesentumult ausgebrochen.
>
> Nach diesem katastrophalen Abend war der junge Mann geheilt: Schlimmer konnte es nicht werden. Und er lud am darauf folgenden Tag eine junge Dame seiner Wahl zum Essen in dasselbe Restaurant ein.

Die **übergreifende Strategie** war, den jungen Mann in eine Situation zu bringen, aus der er sich nicht befreien konnte und in der er seine schlimmsten Angstphantasien „live" erleben durfte. Dabei konnte er die Erfahrung machen, dass man Blamagen und Peinlichkeiten locker überleben kann. Im Rahmen dieser Strategie wurden viele kleine Taktiken eingesetzt: Kleine Demütigungen unter dem Deckmantel der Hilfsbereitschaft, der öffentlichen Beachtung ausgesetzt zu sein, peinliche Eskalationen zu erleben usw.

Die Taktiken: Du bist nicht vorauszuberechnen

Taktiken sind **kleine Verhaltenssequenzen**, die auf eine bestimmte Reaktion des Gegenübers abzielen. Taktiken sind wichtige Bausteine von Strategien. Zu solchen Kurzinterventionen gehört zum Beispiel die Taktik *Bewusstes Missverstehen*:

> Jemand beschimpft Dich: „Sie haben doch keine Ahnung von Tuten und Blasen!"
> Du entgegnest: (gespielt naiv fürsorglich) „Bluten? Nasen? Da sollten Sie was gegen tun! Nasenbluten ist ein Zeichen von Überdruck im Kopf!"

Es gibt eine Unzahl von **rhetorischen Taktiken**, die vor allem in der modernen Manager- und Verkäuferliteratur besprochen und gelehrt werden.[61] Allerdings sind manche davon ethisch zweifelhaft. Da musst Du auswählen.

Die richtige Rolle – und Du stehst nie ohne Text da!

Die Herausforderungs-Technik des Rollenwechsels ist eine der potentesten Mittel des MagSt. Dabei nimmst Du vorübergehend die Haltung und **das Gebaren einer anderen Persönlichkeit** an, schlüpfst praktisch in eine andere Rolle, mit allen Manierismen, dem Tonfall, den Gesten und den verbalen Äußerungen.

---

61) Wenn Dir so etwas Spaß macht, empfehle ich Dir den TaschenGuide von R. Nöllke mit dem Titel „Schlagfertig" aus dem auch das obige Beispiel stammt. Wir beschränken uns auf Taktiken, die für den MagSt typisch sind.

Häufiger **Rollenwechsel ist typisch für den MagSt**. Diese Technik wird selten gelehrt. Warum das so ist, kann ich nicht genau beurteilen. Ich habe nur oft bemerkt, dass die meisten Menschen sich schwer tun vorzugeben, jemand anderes zu sein, selbst im Spaß. In der Tat haben viele Erwachsenen verlernt, **unernste Rollen** einzunehmen, etwas, was Kinder ständig tun. Dabei kann das den Alltag bunter machen und oft richtig befreiend wirken.

Das Nützliche daran ist, dass Du damit den anderen aufforderst, nun auch seine **Kommunikation umzustellen**, auf eine für ihn ungewohnte Weise zu reagieren und kreativ zu sein. Sein „zurecht gelegtes" Repertoire für die jeweilige Situation passt auf einmal nicht mehr. Er ist gefordert zu **improvisieren**. Der Austausch mit Dir wird dadurch lockerer, interessanter und bereitet allen Beteiligten mehr Vergnügen.

Indem Du die **Karikatur einer Rolle** spielst, z.B. die einer überfürsorglichen Mutter oder einer anspruchsvollen Diva, definierst Du die Situation neu und hilfst oft sogar dem anderen gleichzeitig, seine schlechten Erfahrungen mit solchen Personen zu löschen und seine Befangenheit im Umgang mit ihnen abzulegen. (Du klopfst kräftig an die Wohnungstür Deines Freundes: „Aufmachen, Steuerfahndung!")

Aber das ist nicht der einzige Nutzen der Rollen. Sie **schärfen Deine Wahrnehmung** für die feinen Nuancen im Verhalten anderer. Nur wenn Du gut beobachtet hast, treten die entscheidenden Eigenheiten deutlich in Deinem Rollenspiel hervor. Du fügst dadurch Deinem „Humor-Arsenal" noch eine wertvolle Variante hinzu: die Charakterkomik.[62]

---

62) Gerhard Polt ist ein Meister dieser Technik; indem er bestimmte Typen charakterisiert und das Wesentliche und Absurde in ihrer Weltsicht deutlich macht, erzielt er schon fast therapeutische Wirkungen bei seinem Publikum. Es fällt schwer, danach noch dieselben gedankenlosen (und oft menschenverachtenden) Phrasen zu benutzen, die er einem vor Augen führt und bewusst macht.

Der dritte Nutzen der Rollen ist die **Wendigkeit und Schlagfertigkeit**, die Du damit erwirbst. Wenn Du vom Gegenüber in eine Ecke gedrängt oder gestellt wirst, hast Du manchmal keine passende Antwort parat. Schlüpfst Du dann aber in eine andere Rolle, hast Du ganz andere Voraussetzungen zu reagieren. Und da der Wechsel von DIR kam, hast Du die Situation wieder im Griff – Du agierst und der andere reagiert.
Nehmen wir mal an, Dir ist ein Fehler unterlaufen und Deine Partnerin schaut Dich mit einem erbosten Gesicht an und legt ihre Stirn in Zornesfalten. Das sieht nicht gut aus und macht alt, deshalb gehst Du (ihr zu zuliebe) in die **„Armer Sünder"-Rolle** und lamentierst selbstanklägerisch „Ich habe gefehlt, ich habe gefehlt!", raufst Dir die Haare (falls vorhanden), fällst auf die Knie und bittest um Bestrafung. (Für solch ein Rollenspiel zahlen hochgestellte Persönlichkeiten bei einer Domina ein kleines Vermögen!) Es wird Deiner Partnerin schwer fallen, Dir noch weiter zu zürnen.

Oder: Du stehst in der U-Bahn und in einiger Entfernung sitzen Jugendliche, die sich auf den Sitzen breit machen und die Füße auf die gegenüberliegende Bank legen. Du nimmst eine Hochstatus-Haltung an, hältst den Kopf gerade und unbeweglich, während Du mit lauter Stimme in den Wagen rufst: **„Fahrscheinkontrolle!"** Du musst Dir aber das Grinsen verkneifen, wenn Du dann siehst, wie schnell die Burschen sich ordentlich hinsetzen!

An den Beispielen siehst Du auch gleich, dass sich die Rollen in Hochstatus- und Tiefstatus-Position aufteilen lassen. Mit Hochstatus-Rollen nutzt Du **die andressierten (Gehorsams-)Reflexe**, die fast jeder Mensch im Laufe seiner Sozialisation erworben hat. Und in der Tiefstatus-Rolle **ziehst Du Sympathien an** bzw. nutzt Du den angeborenen Reflex der Beißhemmung bei Unterwerfungsgesten (die Macht der Schwachen).

Wichtig: Halte die Rolle durch, bis der andere darauf reagiert hat, also keinesfalls vorher zu erkennen geben, dass alles nur ein Scherz ist! Erst, wenn der andere/die anderen darauf entsprechend reagiert haben, kannst Du mit einer **„Scherzerkennungsgeste"** (oft nur ein Augenzwinkern) die Situation als unernst enttarnen. Um eine Vorstellung zu bekommen, wie diese Rollen inszeniert werden, zeige ich (zusätzlich zu meinen eigenen Demonstrationen) in meinen Seminaren **Filme** von solchen Beispielen.

Falls Du keine Gelegenheit hast, sie dort einmal zu sehen zu bekommen, dann leih' Dir wenigstens mal ein paar Filme von den Marx Brothers aus (z.B. Die Marx Brothers auf See) oder von Belmondo den Film „Der Unverbesserliche" oder die köstliche Komödie mit Anthony Quinn und Adriano Celentano „Der Bluff". Da siehst Du wahre Meister im raschen Rollenwechsel (z.B. Belmondo, wie er vom geistig Behinderten zum ausgekochten Waffenhändler wechselt).

Verhaltensprojekt:

Leg Dir mindestens **drei ganz unterschiedliche Hochstatus-Rollen** zurecht (z.B. Feldwebel auf dem Kasernenhof, schnippische Politesse, patzige Bedienung, die „heilige" Inquisition) und drei Tiefstatus-Rollen (z.B. der neurotische Roboter aus „Per Anhalter durch die Galaxis", der immer depressiv vor sich hin murmelt: „Ein Gehirn von der Größe eines Planeten und man schickt mich zum Semmelholen...", das hilflos-naive Kind, z.B. der „kleine Nils", ein geistig Minderbemittelter usw.).

Manchen Personen fallen die Hochstatus-Rollen schwerer, anderen wieder die Tiefstatus-Rollen. Daran kannst Du erkennen, ob Du **normalerweise Hochstatus-** oder Tiefstatus-Spezialist bist. (Ich hatte in meinen Gruppen manchmal Hochstatus-Spezialisten, die „ums Verrecken" keine überzeugende Tiefstatus-Rolle hin bekamen.)

Weil wir gerade dabei sind: Hier ist eine gute Gelegenheit, **Deine drei B-Positionen aufzuforsten**. Es gibt nämlich Rollen, die typisch für den Beweger oder typisch für den Bewerter oder den Bewilliger sind.

Beweger-Rollen sind z.B. „der Macher", „ der Visionär" und „der Guru" (eine von Frank Farrellys Lieblingsrollen ist: „Moses vom Berge Sinai").

Als *Bewerter-Rollen* eignen sich „der verkopfte Intellektuelle", „der neugierige Celebrity-Interviewer" und „die neurotische Zicke".

Und *Bewilliger-Rollen* wären z.B. „der joviale Gönner", „der betuliche Seelsorger" oder meinetwegen auch „der mitfühlende Therapeut".

Wie Du Dir Rollen „drauf schaffst"

In der **ersten Stufe** spielst Du solche Rollen **erst einmal im Geist** durch. Du nimmst eine Situation des Tages, mit deren Ergebnis Du nicht zufrieden warst und probierst, mit welcher Rolle Du sie besser hinbekommen könntest. Dann spielst Du das bildhaft einige Male durch und fühlst Dich richtig ein. Dein Unbewusstes speichert das, als hättest Du das so erlebt. Die Rolle wird dadurch **Teil Deiner Persönlichkeit**. Die Wahrheit ist, dass Du das alles ohnehin bist, Du hast es nur (noch) nicht verwirklicht. Dein „kollektives Unbewusste", wie C. G. Jung es genannt hat, ist Deine Quelle tiefen Wissens über die Eigenarten der Menschen.

In der **zweiten Stufe** nimmst Du Dir **eine dieser fantasierten Rollen** vor (pro Woche sind das dann sieben) und achtest im Alltag darauf, wann sie passen würde. Wenn Du mal ein Repertoire von einem halben Dutzend Rollen hast, wirst Du merken, wie oft Du die Rollen-Herausforderung einsetzen kannst.

In der **dritten Stufe tauchst Du in die Rolle ein**. Das machst Du am besten zunächst mit Menschen, die Dich kennen und mögen. In dieser

Phase lernst Du, **welche Rollen zu Dir passen** und welche aufgesetzt wirken. Für manche wirst Du von anderen bestärkt, für andere nicht. Das ist aber nicht der höchste Gradmesser! Andere werden nämlich aus verständlichen Gründen versuchen, Dich aus Hochstatus-Rollen zu drängen („Jetzt sei wieder ernst! Was soll das!?”).

Das sicherste Zeichen für eine zu Dir passende Rolle ist, wenn die Nichtbetroffenen, die „innocent bystanders”, sich das Lachen verbeissen müssen!

Zum Abschluss dieses Kapitels bekommst Du noch ein besonderes Bonbon des MagSt, den Status-Dämpfer.

Der Status-Dämpfer, das „Freche" am MagSt

Der Status-Dämpfer wird nicht zu Unrecht das „Workhorse” des MagSt genannt. Von ihm geht **eine enorme Wirkkraft** aus. Aus meiner therapeutischen Arbeit weiß ich, dass selbst da, wo Kollegen schon aufgegeben hatten, damit immer noch **ein heilsamer Motivationsschub** loszutreten war. Der Mensch tut eben alles, um sein Selbstbild zu verteidigen. (Wie Du weisst, haben hochgestellte Japaner schon zum Hara-Kiri-Schwert gegriffen, um ihre Ehre wieder herzustellen.) Sein „Gesicht zu wahren” ist einer der stärksten Motivatoren, nicht nur in Asien!

Durch Status-Dämpfer stellst Du die Prämissen der (Wohlverhalten-) Kommunikation auf den Kopf und, wenn Du es geschickt machst, sogar ohne die Beziehung zum anderen zu gefährden! Nehmen wir mal die **Nettigkeits-Prämisse**. Wir tun im zwischenmenschlichen Umgang (vor allem, wenn wir jemanden neu kennenlernen) so, als hätten wir die Einstellung: „Ich denke nur das Beste von Dir!”

Wenn Du dieses unausgesprochene „Gesetz” brichst, rufst Du fast immer eine starke emotionale Reaktion hervor. Dadurch lässt Du das oberflächliche Geplauder schnell hinter Dir und kommst tiefer, näher **an die Kernpersönlichkeit** Deines Gegenübers. Bildlich gesprochen fasst Du mit unsichtbaren Fingern in die Psyche des anderen und drückst Auslöser-Knöpfe, an die andere Menschen (mit Smalltalk) nicht hinkommen!

Status-Dämpfer (SD)

Das „Selbstzweifel-Suchgerät" in Gang setzen!

Der Status-Dämpfer (SD) ist meist **eine „unschuldige Bemerkung"**, die beim anderen eine Art „Selbstzweifel-Suchgerät" in Gang setzt. Nicht Du setzt den anderen herab, sondern er tut es selbst, indem er Deine Bemerkung als Statusherabsetzung **interpretiert**.

Du spürst durch den SD Unsicherheiten des anderen auf. Da Du aber prinzipiell wohlwollend bist, richtest Du damit keinen Schaden an, sondern hilfst dem anderen, sich **seiner Unsicherheiten bewusst** zu werden. Erst was man erkannt hat und nicht mehr verleugnet oder verdrängt, kann man bearbeiten!

Geschickt eingesetzt hat der SD **heilsame Wirkungen**. Zum einen ist er ein Spiegel, in dem das Gegenüber sich ungeschminkt sehen kann. Das, was einem **andere normalerweise verheimlichen**, verrät einem der SD, mal durch die Blume, mal unverblümt.

Zum anderen ist der SD eine **Herausforderung, sich zu behaupten** und zur Wehr zu setzen, so dass man den SD auch als einen Impfstoff betrachten kann, der die Abwehrkräfte stärkt.

Vor allem bei aufgeblähtem Ego ist der SD ein probater **„Luftablasser"**. Und da Leute gerade auf Parties gerne aufdrehen und ihr Image aufpolieren, bist Du mit den SD ein willkommener Beitrag: Der Austausch wird ehrlicher und natürlicher.

Für Dich hat der SD auch **eine diagnostische Funktion**. Du kannst damit wunderbar wunde Punkte des Gegenübers aufspüren und einen Blick hinter die Fassade des anderen tun. Er ist praktisch ein Testballon, Du klopfst auf den Busch und schaust, ob ein Hase herausläuft.

Wenn der andere auf den SD nicht mehr scherzhaft und locker reagieren kann, dann hat er da wohl eine **Schwachstelle** in seinem Selbstbild. Solche Schwachstellen nennen wir *Claims* (in Analogie zu den Goldgräber-Claims, den Schürfplätzen, die die Goldgräber mit Pfosten absteckten und aufs Erbittertste verteidigten, siehe zweites Kapitel). Claims sind Areale im Selbstbild, mit denen sich jemand zu sehr identifiziert hat, um diesbezüglich noch Spaß zu verstehen oder gar über sich lachen zu können. Jedes „Fettnäpfchen" z.B. ist ein Hinweis auf Claims.

Claims machen verwundbar!

Du selbst solltest natürlich so wenig Claims wie möglich haben, da man Dich bei diesen leicht packen und manipulieren kann. Wenn Du Dir z.B. auf Deine Muskeln was einbildest, braucht eine Frau nur zu sagen: „Ich glaube, das ist zu schwer für Sie!", und schon trägst Du ihr das Klavier in den vierten Stock.

Kleiner Hinweis für Dich: Immer wenn Du Dich aufregst über etwas, immer wenn Du Deinen Humor verlierst und etwas gar nicht mehr lustig findest, ist wahrscheinlich einer Deiner Claims angesprochen worden. Wenn Du das merkst, ist es das Beste, Du beendest geschwind die Situation, ziehst Dich zurück, leckst Deine Wunden und überlegst mal, warum du Dich so sehr mit etwas identifizierst, dass Du dermaßen empfindlich reagierst.
Ich empfehle Dir das zu bearbeiten – nichts ist wirklich so wichtig, dass Du darüber aus dem Häuschen geraten solltest. Nutze Deine **Macht der Sinngebung**, um diesen Claim aufzugeben. Du wirst sehen, Deine Ge-

lassenheit steigt mit jedem abgelegten Claim (und wenn Du das konsequent durchziehst, bekommst Du auch bald den ZEN-Meisterbrief).

Wie und wo Du Status-Dämpfer einsetzen kannst

Die SD können **bei allen Klingelknöpfen** eingesetzt werden. Auf der ersten Achse (des Willens) setzt Du ihn z.B. als die „Drohung" ein, gleich das Gespräch zu beenden (subtil natürlich, indem Du aufstehst, und sei es nur, um Tee zu machen; oder im Stehen, indem Du wippst, als wärest Du drauf und dran zu gehen). Auf dem positiven Arm der Achse (Ködern) kratzt Du ein bisschen an der Attraktivität des Gegenübers („Haben Sie gemerkt, dass mehrere Personen während Ihrer Präsentation den Raum verlassen haben?").

Auf der **zweiten Achse** bringst Du Dein Gegenüber in den Tiefstatus, indem Du joviales Lob aussprichst, belehrende Ratschläge erteilst, oder etwas Unattraktives an ihm entdeckst („Oh Gott, sind das Schuppen, was Sie da auf der Schulter haben?"). Und freu' Dich, wenn Du in ein Fettnäpfchen trittst, ein sicheres Zeichen für eine Schwachstelle! Fettnäpfchen ziehen den MagSt-Anwender so magisch an, wie Pfützen Kinder.

Kehrt der andere seinen Hochstatus zu sehr heraus, zeigst Du gespielte (auch mal spöttische) Ehrerbietung. Am gelungensten ist das, wenn derjenige es selbst *nicht* merkt, die Umstehenden aber sich das Lachen verkneifen müssen.

Auf der **dritten Achse** sprichst Du die Tendenz des anderen an, sich selbst Vorwürfe oder Schuldgefühle zu machen. Eine subtile Variante wäre z.B. (wenn Dein Gegenüber sich gerade sozial ungeschickt verhalten hat) zu sagen: „Sie kommen nicht viel unter Leute, nicht wahr?" Die deftigere Variante: „Hoffentlich sieht keiner meiner Kollegen, dass ich mit IHNEN da bin!"

Die Status-Dämpfer triggern also entweder

- Verlustängste
- ein Gefühl von Unterlegenheit und Beschämung, oder
- Schuld- bzw. Betroffenheitsgefühle,

aber nur bei Menschen, die unsicher sind und das hinter einer Fassade verbergen wollen. Wenn Du dem anderen gleichzeitig eine wohlwollende Grundhaltung entgegen bringst, wirken die Statusdämpfer letztendlich sogar therapeutisch. Vorerst bringen sie Dich an den längeren Hebel (das Gegenüber will sich rehabilitieren) und verschaffen Dir einen höheren Status, weil sie Dich in die Bewerter-Rolle bringen.

Deftig oder lieber subtil?

Die **SD variieren in der Stärke und in der Direktheit**. Ein starker SD ist z.B. (wenn SIE zum dritten Mal fragt, was Du beruflich machst), ihre daneben stehende Freundin zu fragen: „Ist SIE immer so penetrant? Wie halten Sie das nur mit ihr aus?!"

Ein schwacher wäre etwa (wenn Dich jemand zum dritten Mal fragt, ob Dir die Musik gefallen hat): „Ich sag's Ihnen noch mal ganz langsam... zum Mitschreiben!"

Für manche Menschen darf der SD sehr subtil sein, bei anderen wiederum braucht es einen deftig-direkten SD. Der **subtilere ist für Dich besser** – er macht Dich unangreifbarer. Manchmal bekommst Du nämlich ein starkes Echo auf einen SD. Darauf solltest Du vorbereitet sein.

Am subtilsten sind die „scheinheiligen SD", wenn Du **scheinbar ahnungslos** bist, dass so eine Aussage dämpfen könnte (nach einem längeren Blick auf ihre Fingernägel): „Sind die echt?" Das reicht oft schon, denn generell ist jedes Ins-Licht-stellen der Bemühungen einer Frau, möglichst attraktiv zu erscheinen, ein SD. Sie fühlt sich dann irgendwie ertappt.

So etwas ahnen Männer oft gar nicht, weil sie in dieser Beziehung ziemlich unempfindlich sind – beim Mann ist die Attraktivität ja zu ca. 80 % von seinem **Überlebenswert** für die Partnerin abhängig (Ernährer und Beschützer), nicht wie bei der Frau von ihren **„Züchtungs"-Qualitäten** (wie Gesundheit, Schönheit und Jugendlichkeit).

Wohlgemerkt, das gilt auf der **unbewussten Ebene**, wo die Hormone gesteuert werden. Der Kopf mag dazu eine ganz andere Meinung haben.

Verhaltensprojekt:

Leg' Dir am besten eine **Kartei von Status-Dämpfern** an. Sei dabei nicht wählerisch und nimm erst einmal alles auf, von ruppig bis charmant. Mit der Zeit wird sich herauskristallisieren, welche zu Dir **passen** und welche nicht. Dein eigenes Gefühl muss dabei entscheiden, nicht Dein Gegenüber, denn dafür wirst Du mit Sicherheit keine Küsschen ernten, eher Knuffen.

Dafür aber löst Du beim anderen **starke Gefühle** aus und verschaffst Dir Respekt, weil Du zeigst, dass Du nicht so bist wie all die anderen (Angepassten). Denk' an den oben erwähnten Spruch von Adenauer: „Mach Dich erst einmal unbeliebt, dann wirst Du auch ernst genommen!". (Mit dem Unterschied, dass Du Dich damit nicht wirklich unbeliebt machst, im Gegenteil, Du steigst ja dadurch im Wert!).

Erinnerst Du Dich noch an das **Beispiel vom teuren Parfüm**, dem ein bisschen von einem Geruchsstoff beigemischt ist, der nach Erbrochenem riecht, damit es ein „Glanzlicht" bekommt? Die SD sind das „Glanzlicht".

Da die SD im MagSt so wichtig sind, schlage ich Dir ein paar Kategorien vor, sozusagen als Leitfaden für Dein Repertoire:

1. Mängel am Äusseren (bevorzugt bei Frauen)
2. Unfähigkeit und Unmännlichkeit (Du weisst bei wem)

3. Mangelnde „Klasse" (wirkt auf beide Geschlechter)
4. Verschrobenheit (meint: nicht auf dem Laufenden zu sein)
5. Schwer von Begriff sein (beschränkt, konfus oder unlogisch)
6. Zweifelhafte Charakterzüge (andichten)
7. Testballons: „Scheinheilige Frechheiten" und Unterstellungen

Bei allen SD muss unbedingt **Dein prinzipielles Wohlwollen** zu spüren sein. Sei dabei spielerisch neckend, locker und einfach nur neugierig, wie der andere reagieren wird.

Noch etwas: Zeig' mit keinem Wimpernzucken, dass Du auf eine Reaktion wartest, im Gegenteil, zeig Dich nach einem SD eher ein bisschen abgelenkt; auch **im peripheren Gesichtsfeld** bekommst Du die Reaktion des anderen mit.

Es ist nämlich weit besser, **wenn der andere nicht merkt**, dass Du ihn auf die Probe stellst. Trotzdem wird sich Dein Gesprächspartner irgendwie herausgefordert fühlen, zeigt mehr von sich und bringt sich mehr ein. Er will ja sein Image wieder herstellen, um in Deiner Meinung wieder gut dazustehen – Mission accomplished! Du hast an Einfluss gewonnen! Der andere will in Deinen Augen wieder gut dastehen.

Du kennst jetzt die wesentlichen Eigenschaften, die den MagSt ausmachen. Lass' Dir Zeit, sie zu entwickeln. Es reicht, wenn Du den Tag über öfter daran denkst und Dir abends die Tagessituationen noch einmal vor Augen führst.

Dabei kannst Du Dir vorstellen, wie Du mit den WUDUH-Eigenschaften die Situationen anders hättest meistern können. Erinnere Dich an das mentale Training. **Je öfter Du Dich mit diesen Eigenschaften ausgestattet siehst, um so mehr werden sie Dir zu eigen.**

Epilog

Meinen Glückwunsch!

Zunächst möchte ich Dir ein dickes Lob aussprechen! So ein umfangreiches Buch zu kaufen, ist schon eine Leistung. Und es dann auch noch zu lesen! Respekt, Respekt ...

Was Du jetzt weisst, ist mehr als die meisten Psychologen draufhaben. Das ist das Wissen, das ich mir zu erfahren gewünscht hatte, als ich Psychologie studierte. Leider war ich dazu an den falschen Ort gegangen.

Ich bin 37 Jahre in mehreren Ländern dieser Welt „herumgezogen", um von den Besten zu lernen, ihr Wissen zu sammeln, zu erproben und mit meinen eigenen Ideen und Konzepten für die heutige Zeit „aufzubereiten". Es macht mir große Freude, es weiterzugeben. Du bist damit für den Umgang mit anderen besser ausgerüstet als ein Uni-Professor oder die vielen (selbsternannten) Gurus im Coaching-, Wellness- und Selfness-Bereich. Wenn Du dieses Wissen richtig und verantwortlich nutzt, wirst Du nicht nur Dich selbst besser behandeln und erkennen, sondern auch andere werden viel von Dir profitieren. Der Umgang mit Dir ist anregend, kurzweilig und lohnend, schon deswegen, weil es mit Dir zusammen immer unterhaltsam, bedeutsam, lustig und herausfordernd ist.

Das ist vielleicht noch ein bisschen Zukunftsmusik – Du hast ja das Buch jetzt erst einmal gelesen und erst angefangen, es umzusetzen. Du wirst sehen, dass es sich gelohnt hat. Wie ich schon sagte, wir leben in legendären Zeiten. Du gehörst vielleicht mit zu den Menschen, die eine neue Ära begründen ...

Kannst Du Dir unsere Welt vorstellen, wenn sie mal nicht mehr vom Geld bestimmt wird? Wenn nicht automatisch, nur weil jemand immens viel Geld hat, der rote Teppich ausgerollt wird, die Menschen sich tief verbeugen und bemüht sind, alles zu tun, damit der Hohepriester des Mammon gnädig gestimmt wird?

Wenn es so weitergeht, wie die Ansätze, die es jetzt schon gibt, erkennen lassen, dann werden solche Menschen einfach nur als Spezialisten gesehen, die sich mit einem Teil der Welt gut auskennen: Menschen, die man auch braucht und schätzt, nur werden sie nicht mehr die Geschicke der Welt bestimmen. Das werden andere tun, Menschen mit Authentizität und Charisma, Menschen, auf die die Bevölkerung hört, weil sie Hochachtung vor ihnen haben aufgrund ihres Lebenswandels und ihrer tiefen Kenntnis von den Mysterien und Gesetzen der Schöpfung.

Und weil die Menschen dann allgemein intuitiver sind und auf die Weisheit ihrer inneren Stimme hören, gehen sie den Sprücheklopfern und Wortverdrehern nicht mehr auf den Leim. Sie schmunzeln über deren Versuche und wissen sie mit ein paar Sätzen zu entwaffnen und vielleicht sogar zu Verbündeten zu gewinnen.

Erst wenn das Bewusstsein der Allgemeinheit soweit ist, dass es die wahren Bedingungen eines erfüllten Lebens erkennt, werden wir, als Menschheit, das Wissen und die Geräte nutzen dürfen (die es jetzt bereits gibt!), die uns instand setzen, die Früchte der Erde zu ernten und zu genießen, ohne sie, die Erde, dabei auszubeuten und zu schädigen. Und Geld wird wieder lediglich ein Tauschmittel-Ersatz sein, keine Handelsware mehr und auch kein, in die Irre führendes, Symbol für Glück.

Der Magische Kommunikations-Stil, mit den ihm eigenen Verhaltensweisen von Verständnis, Einfühlung, Aufrichtigkeit, Verantwortung, Vertrauen, Mut und Humor, wird zum Allgemeingut. Je mehr Menschen von Herzen wollen, dass jeder zwischenmenschliche Austausch das Gegenüber gestärkt und froher hinterlässt, um so mehr entdeckt jeder seine guten und starken Seiten und wird zum gern gesehenen Kooperationspartner. Welch ein Zuwachs an Produktivität und Gewinn für die Welt, wenn jeder das tut (und tun darf, ja soll!) was er am besten kann und am liebsten tut! Wenn jeder gern arbeitet, weil es ihn tief befriedigt! Dass er gut davon leben kann, ist dann nur ein erfreuliches Beiprodukt.

Vielleicht gibt uns das Schicksal eines Tages Gelegenheit, dass ich Dir über die vielen Details und Bestätigungen dieser Vision ausführlich berichten kann, wer weiß? Jedenfalls **bist Du mit dabei** und das freut mich. Wieder eine Person mehr, von der Wohlwollen, Spaß, Ehrlichkeit und Liebe ausgeht. Jeden Tag wird all das ausgesät und die Saat gepflegt. **Das wäre doch gelacht**, wenn wir das nicht hinbekämen, oder?

In Freundschaft

Eine Anmerkung noch:
Es drängt mich, zum Schluss noch meinen tiefen Dank den drei besonderen Menschen auszudrücken, die ich als meine Herzensfreunde empfinde. Alle drei sind längst verstorben, und nur einen durfte ich zu Lebzeiten persönlich kennenlernen.

In Büchern und überlieferten Texten haben wir die unschätzbare Gelegenheit, **Freunde aus früheren Zeiten** (wieder) zu finden: Menschen, die uns von ihrer Gesinnung her so nahe stehen, dass wir zu ihnen eine tiefe Verbundenheit verspüren. Ihre Worte machen uns tiefen Sinn und ihre **Lehren nehmen wir dankbar und freudig auf**.

Der erste von den dreien ist **Lao-Tse**, von dessen Leben wir wenig wissen, aber dessen Werk, das „Tao Te Ging“ als unschätzbare Kostbarkeit aus dem 5. Jahrhundert v. Chr. erhalten blieb. Er schrieb es, so erzählt die Sage, als er von einem Grenzwächter angehalten wurde, als er sein Land verlies. Das war in einer Zeit, als das Böse und Dumme so viel Einfluss bekommen hatte, dass es aussichtslos erschien, dass die Ordnung in ab-

sehbarer Zeit wiederhergestellt werden könnte. Wie gut, dass wir heute **seine „Anleitung" studieren** können, wie so etwas zu verhindern ist. (Wir werden sie brauchen!)

Was ich an seinem Werk so bedeutsam finde, ist die **Höhe seines Betrachtungswinkels**, die seiner Weltsicht eine Leichtigkeit verleiht, die den Ernst und die Schwere des Lebens relativiert. Sein **feinsinniger Humor** (der auch den anderen beiden Männer zu eigen ist) lässt uns ahnen, dass man **diese Welt viel leichter nehmen** könnte, als wir, die Menschheit, es in unserer Selbstüberschätzung oftmals tun.

Der zweite große Mensch ist der Philosoph **Arthur Schopenhauer** (1788-1860), der sein ganzes Leben der **Zusammenschau alles bisherigen Wissens** der Menschheit widmete und in seiner Genialität tiefsinnige Schlüsse daraus zog und Erkenntnisse fand, von denen wir gerade heute immens viel profitieren können. Den **vollen Gewinn** aus seinen Lehren werden wir wohl erst dann ziehen, wenn unsere momentane Verblendung mit den „Weisheiten", die über den großen Teich kommen, abgeklungen ist, uns auf die **fundierten Weisheiten** unserer Vorväter besinnen und gegen die immer raffinierter werdenden Marketingstrategien resistenter geworden sind.

Es ist unglaublich, wie viel seiner intuitiven Erkenntnisse heute von der Wissenschaft (Neurophysiologie, Quantenphysik) bestätigt werden (z.B. über das Zusammenwirken von Intellekt und Wille). Sein Bemühen, auch okkulte Phänomene mit einem klaren Geist anzugehen, dürfte ihn als **Vordenker der modernen Spiritualität** etablieren. Wenn ein Mensch derart große Gedanken hervorbringen konnte, sollte man sich nicht zu sehr an manchen „Ausrutschern" stören (z.B. in punkto Frauen). Von ihm stammen wohl die meisten, heute noch gebräuchlichen geistvollen Aus-

sprüche und Aphorismen (nach Goethe natürlich) des deutschen Sprachschatzes. Er wird wohl erst dann wieder der deutschen Jugend nahe gebracht werden, wenn wir (als Volk) unsere übertriebene „political correctness"-Phase überwunden haben.

Der dritte große Mensch, von dem ich viel lernen durfte ist **Milton H. Erickson** (1901 - 1980), ein Arzt und Psychotherapeut, der in den USA wirkte. Ich lernte ihn vier Jahre von seinem Tod kennen und konnte ihn noch „live" in seiner Arbeit mit Patienten erleben. Was mich an ihm beeindruckte, war seine Kombination von **fachlicher Genialität, menschlicher Größe** und **Bescheidenheit**. Obwohl ihm bewusst war, welchen revolutionären Beitrag er zu verschiedenen Fachbereichen geliefert hatte, wie z.B. Hypnose, Psychiatrie, Behandlung und Umgang mit Menschen und deren Störungen (viele berühmte Kollegen hatten ihm das bestätigt), war er glücklich und zufrieden mit einem unauffälligen Leben im Kreise seiner Familie und Freunde. Er wollte kein großes Aufhebens von sich machen und gründete deshalb auch **keine Schule.** (Schulen errichten immer Zäune) In dieser Hinsicht lebte er die Weisheiten des Taoismus mehr und überzeugender als so manche Gurus und Schamanen heute.

Ich kann Dir nur ans Herz legen, die Schriften dieser großen Menschen selbst zu lesen und zu erleben, was sie bei Dir auslösen. Sie sind der Schlüssel und die Brücke zu den drei wichtigsten Schätzen dieses Lebens, die es zu erobern gilt: **Weisheit, Stärke und Liebe.**

Wie gehts's weiter?

Da Du das Buch bis hierher gelesen hast, nehme ich an, dass Dir längst klar ist, dass Du Dir keinen besseren Gefallen tun kannst, als Deine Fähigkeit zu schulen, mit anderen artgerecht und gewandt umzugehen. Schließlich ist alles, was Du in diesem Leben erreichen kannst, untrennbar mit dieser Fähigkeit verbunden. Deine strahlende Gesundheit, Deine „gesunden" Finanzen und Deine besondere Art Beziehungen erfüllend zu gestalten, das alles sind die Ergebnisse klugen, reifen und humorvollen Umgangs mit anderen.

Dieses Buch hat Dir die Grundlagen gezeigt, auf denen diese „magische" Fähigkeit aufbaut. Jetzt geht es ans Üben und Verfeinern. Auch dabei möchte ich Dich begleiten und alles tun, um die Zunahme dieser Eigenschaften zu **fördern. (**Schließlich kommen sie uns allen zugute.)

Ich stelle Dir dafür drei Möglichkeiten bereit:

1. Verschiedene Magst-Kurse (siehe S. 520)
2. MagSt-Tage in München (siehe www.MagSt.info)
3. Einzel- und Gruppensupervision (über Email-Kontakt)

Eine Einschränkung muss ich allerdings machen. Da diese Methoden nur in die richtigen Hände kommen sollen, möchte ich jeden Teilnehmer vorher in einem eintägigen Gruppen-Treffen (Screening-Tag) kennen lernen. Wir werden dabei die wichtigsten Konzepte des Buches zusammenfassend wiederholen und einige Verhaltensabenteuer ausprobieren. Du wirst dabei auch viel Spaß haben können, vorausgesetzt, dass Du zu den Menschen gehörst, die die Menschen lieben und Dinge benutzen, nicht umgekehrt. (Bei allzu langer Anreise geht das auch mal telefonisch.)
In den MagSt-Kursen bekommst Du ganz konkrete Anleitung, wie Du sukzessive Deine magischen Skills aufbaust, angefangen von Deiner Fähigkeit gute Laune zu verbreiten und andere zum Lachen zu bringen bis

zum Lösen von verhärteten Konflikten und dem Meistern von Ausnahmesituationen. Hier werden wir auch die drei Bereiche des menschlichen Lebens intensiv angehen:

A) Die Situationen des Alltags, in denen wir hin und wieder mit schwierigen Personen konfrontiert werden, vom unkooperativen Nachbar, zu respektlosen Jugendlichen bis zu bockigen Bürokraten oder misstrauischen Ordnungshütern.

B) Der zweite Bereich ist der berufliche, wo wir uns mit den Problemen auseinandersetzen, die in jeder Hierarchie auftreten. Wie gewinnt man Verbündete (die beste Absicherung gegen starken „Gegenwind" oder gar Mobbing), wodurch verbessert man seine Chancen von „Oben" gefördert zu werden (was oft mehr zählt als Expertise und Können), und wie bekommt man ein Team dazu, mit Spaß und Begeisterung optimal an einer guten Sache zusammenzuarbeiten.

C) Der dritte Bereich ist für manche der schwierigste: Die Beziehung zu einem Partner so zu gestalten, dass die gegenseitige Achtung erhalten bleibt, sowie auf den drei Ebenen: der mentalen, emotionalen und körperlichen, lebendig bleibt. Da uns dabei oftmals die Schatten der Vergangenheit einholen, Bilder aus der Kindheit von misslungenen Partnerbeziehungen (vielleicht auch die der Eltern) und all die schlechten Beispiele und Vorerfahrungen, wird manchmal die ein oder andere Coaching-Sitzung gut tun, um diese Blockaden zu überwinden.

Du siehst vermutlich schon, dass die Reise in ein erfülltes Dasein einiges an Engagement verlangt, sowohl finanziell als auch zeitmäßig. Aber was ist die Alternative? Du könntest genauso weitermachen wie bisher und immer dann., wenn die Partnerschaft nur noch nervt, das Surfen, Salsa tanzen oder Golfen anfangen. Das kostet zwar auch eine Stange Geld, aber Du vergisst wenigstens für eine gewisse Zeit, dass Deine Beziehung alles andere als beglückend ist.

Du gehörst vermutlich nicht zu den Menschen, die mit solch einem Leben zufrieden wären. Lebenslügen, sich selbst etwas vorzumachen und anderen eine heile Fassade vorzuspielen, das alles hast Du längst hinter Dir gelassen. Trotzdem ist es nicht leicht auf Kurs zu bleiben.

Um das sicher zu stellen, gibt es die telefonischen Besprechungsrunden, wo wir uns mit Skype oder einem anderen Chat-Programm in kleinen Zirkeln zusammenschalten, um die aktuellen Situationen und Hürden zu besprechen. Man bleibt auf diese Weise viel eher am Ball, als wenn man ganz allein dahinwurstelt.

Zusätzlich gibt es hin und wieder auch Live-Übungstage, in denen praktische Erfahrungen gesammelt werden können. Wenn man sich in neue Situationen begibt, andere bei ihren Versuchen beobachten kann und gekonnten Umgang mit anderen vorgeführt bekommt, nutzt man die schnellste Art zu lernen: das Lernen am Modell. Hier bieten sich auch Gelegenheiten, die eigenen, spezifischen Blocks zu erkennen und zu überwinden.
Eine wichtige Unterstützung habe ich noch nicht erwähnt: Die Aussöhnungs-Woche. Lass' mich das kurz erklären:

Wir tragen alle eine Reihe von alten Verletzungen mit uns herum, die immer dann unsere emotionalen Reaktionen verfälschen, wenn wir durch äußere Umstände daran erinnert werden. Wir reagieren dann nur noch eingeschränkt nur auf das, was gerade vorliegt. Was nämlich dann bei uns ausgelöst wird, sind sogenannte Flashbacks, d.h. reflexhaft ablaufende Verhaltensweisen, mit denen wir jedoch der aktuellen Situation nicht gerecht werden. Mit anderen Worten: sie läuft schief. So etwas kann sich zum Automatismus auswachsen: Wir fallen immer wieder auf dieselben Trickser herein, verbeißen uns in Kompetenz- und Konkurrenz-Gerangel oder enden in beruflichen oder partnerschaftlichen Sackgassen.

Um diese unerfreulichen Routinen loszuwerden, hilft nur eins: Eine umfassende Aussöhnung mit der Vergangenheit, mit allen verletzenden Erlebnissen, sogar mit dem lieben Gott (oder Deinem Schicksal, wenn das angemessener für Dich klingt).

Genau das geschieht in einer Aussöhnungs-Woche (die für Ärzte und Psychotherapeuten im Rahmen ihrer Ausbildung obligatorisch ist). Ich führe solche Selbsterfahrungen, wie sie dort genannt werden, seit 20 Jahren durch. Sie sollen sicherstellen, dass die Arbeit dieser Personen frei von deren eigenen Problemen ist. Dass ich dabei aus 40 Jahren Erfahrung als Psychotherapeut und Coach schöpfen kann und dass dabei die sichersten, neuesten und effizientesten Methoden zum Einsatz kommen, wird Dir helfen, Deine verborgenen Stolperfallen auszumerzen.

Die Aussöhnungs-Woche ist Deine freie Entscheidung – wenn Du so etwas nicht brauchst, kannst Du Dich glücklich schätzen. Nur wenige Menschen können von sich sagen, eine glückliche, unbelastete Kindheit gehabt zu haben. Für die anderen gibt es gottlob eine gute Nachricht: Es ist nie zu spät für eine glückliche Kindheit!

Jetzt kennst Du mein Unterstützungsangebot. Es liegt nun an Dir, eine Entscheidung zu treffen. Wenn es Dir ernst mit Deinem Leben ist, Du erkannt hast, dass es keine Vorbereitung für „später“ ist, wo Du dann erst richtig zu leben anfangen wirst und all das tust, was Du Dir Schönes ausgedacht hast (die „Erst, wenn...“-Falle), dann wirst Du JETZT handeln (z.B. Dich für ein MagSt-Seminar anmelden).

Ich freue mich über Dich und jeden Einzelnen, der entschlossen ist, sein Leben zu etwas Besonderem zu machen.

Dann wünsche ich Dir erst einmal schöne, befriedigende Begegnungen und hoffe, dass wir uns bald mal kennenlernen werden.

Lesenswerte Literatur

Stephen Covey »7 Wege zur Effektivität« GABAL Verlag GmbH, Offenbach 2005

Milton H. Erickson, Ernest und Sheila Rossi »Hypnose – psychotherapeutische Anwendung – Beispiele« (aus dem Amerikanischen übersetzt von Hans-Ulrich Schachtner und Peter J. Randl) Pfeiffer Verlag, München 1978

Milton H. Erickson, Ernest Rossi »Hypnotherapie – Aufbau – Beispiele – Forschungen« Pfeiffer Verlag, München 1981

Frank Farrelly »Provocative Therapy« Meta Publications, Cupertino, Cal., USA 1974

Allen Fay, »Making things better by making them worse« Hawthorn Books Inc,, New York 1980, S. 59 ff

Erving Goffman »Wir alle spielen Theater – Die Selbstdarstellung im Alltag« Verlag Piper & Co, München 1969

Jay Haley »The Collected Papers of Milton H. Erickson«, Grune & Stratton Inc., New York 1967

Jay Haley »Die Psychotherapie Milton H. Ericksons« Pfeiffer Verlag, München 1978

Jay Haley »Die Jesus Strategie« Beltz Verlag, Weinheim 1990

Eleonore Höfner/Hans-Ulrich Schachtner »Das wäre doch gelacht!« Rowohlt Verlag, Reinbek bei Hamburg 1. Auflage 1994/ 7. Auflage 2010

Melvin Helitzer »Comedy Writing Secrets« Writers Digest Books, 2006

Benjamin Hoff »Das Tao des Puh – Das Buch vom Tao und von Puh dem Bären« Synthesis Verlag 1984

Keith Johnstone »Improvisation und Theater« Alexander Verlag, Berlin 2004

Keith Johnstone »Theaterspiele – Spontaneität, Improvisation und Theaterspiele« Alexander Verlag, Berlin 2006

Anthony De Mello »Eine Minute Weisheit« Herder Verlag, Freiburg 1986

Desmond Morris »Der Menschenzoo« Knaur Verlag 1969

Nöllke, Matthias »Schlagfertig – Das Trainingsbuch« (Taschen Guide), Haufe Verlag 2002

Vera M. Robinson »Praxishandbuch Therapeutischer Humor« Verlag Huber, Bern 2002

Ernest Rossi (Hrsg) »The collected Papers of Milton H. Erickson on Hypnosis« Irvington Publishers, New York 1981

Hans-Ulrich Schachtner »Philosophische Fitness« Verlag Harmony Balance Edition, München November 2012

Arthur Schopenhauer Werke in fünf Bänden, Haffmans Verlag AG, Zürich 1988

Arthur Schopenhauer »Aphorismen zur Lebensweisheit« Wilhelm Goldmann Verlag 1974 (Goldmann Klassiker)

Anhang

Eine Tankstelle für Deine Humor-Batterien

Diese Sammlung von Jokes soll Dich anregen, Deine eigenen zu entwerfen und Dich inspirieren. Wenn Dir einer besonders gut gefällt, dann finde das Prinzip heraus, das ihn so lustig macht und schau Dich um, worauf Du es anwenden könntest, um einen eigenen Joke zu schneidern.[63]

1. Komische Aufzählung:

Schiebe einen komischen Punkt in eine ansonsten ernsthafte Reihe hinein.

- „Schrecklich, so viel Leid! Die Arbeitslosigkeit, der Hunger und das Wies'nbier kostet jetzt 12 Euro!“

- „Auf dem Land ist einfach die Familie noch intakt! Hab´ ich recht? Da ist dabei bei der Geburt: Der Ehemann, der Onkel, der Cousin, der Bruder – und alles in einer Person!´ – *Harald Schmidt*

- „Immer mehr unserer Bundeswehrsoldaten leiden unter Fettleibigkeit! Es gibt dafür viele Ursachen: Warsteiner, Erdinger, Weihenstephaner, Paulaner,...“ – *Harald Schmidt*

- Ich glaube, das war der Anfang von Chikago. Ein paar Leute in New York sagten: „Mensch, ich mag die Kriminalität hier und die Armut, aber es ist hier einfach nicht kalt genug. Lasst uns nach Westen ziehen.” – *Richard Jeni*

2. Übertreibung:

Übersteigere eine Tatsache so sehr, dass sie absurd wird

- „Ich würde Tropenholzmöbel nie kaufen - sie passen einfach nicht zu meinem Elfenbeinparkett!“ – *Harald Schmidt*

---

63 Die Kategorien sind Vorschläge von Vera M. Robinson (Praxishandbuch Therapeutischer Humor).

- „Luciano Pavarotti hat ein neue Hüfte. Sechs Stunden Operation. Fünf Stunden haben die Ärzte schon gebraucht um die alte Hüfte zu finden. Und dann musste erst noch ein Spender-Elefant gefunden werden ..." – *Harald Schmidt*

- „In manchen Innenstädten bei uns in Deutschland liegt der Schnee so hoch – die Indios kriegen nur noch Luft durch die Flöten..." – *Harald Schmidt*

- Warum hat Seaworld ein Seafood Restaurant? Ich war gerade halb fertig mit meinem FischBurger, da schießt es mir durch den Kopf: „Vielleicht esse ich gerade einen Lernbehinderten!" –*Lynda Montgomery*

- „Ein indonesischer Frauenstamm im Dschungel frisst den Mann nach dem Geschlechtsverkehr. Wie viele Jumbos da leer zurückkommen ... Die Männer dieser Frauen rollen sich nach dem Sex nicht mehr zur Seite, sondern gleich ins Paniermehl!" – *Harald Schmidt*

- „Die Polizisten in der Oberpfalz und Franken sind zu alt! Im Schnitt schon über 48. Die Polizisten dort sind so alt, neulich hat man ein 80-jähriges Mütterchen gesehen, die einem Polizisten über die Straße geholfen hat." – *Harald Schmidt*

- Menschen über vierzig werden immer häufiger von Türstehern an der Disco abgewiesen. Was mich sehr traurig gemacht hat, ist der Satz: „Oh Gott, jetzt kommen die schon zum Sterben hierher!" – *Harald Schmidt*

3. Überraschung durch idiotische Querschläger:

Vernünftige Gedankengänge mit einem diskrepanten kreuzen

- Friseur: „Ihr Haar wird langsam grau!" Kunde: „Kein Wunder bei ihrem Arbeitstempo!"

- 75 Jahre Rama - eine Art Vaseline mit Geschmack!´ ´Wir hatten früher bei uns gute Butter - und Rama, falls Besuch kam. – *Harald Schmidt*

- Tipp des Tages: Wenn Sie unter Verspannungen und Kopfschmerz leiden, machen Sie, was auf der Aspirinverpackung steht: „Nehmen sie 2 Aspirin ein" und „Von Kindern fernhalten!" – *H. Schmidt*

- Das einzige, was mich an mir selber stört, ist eigentlich nur, dass ich nicht jemand anderes bin! – *Woody Allen*

- „Immer mehr Medikamentenreste in unserem Trinkwasser! In den Klärwerken sind Rückstände nicht mehr filterbar. Schmerzmittel, Entzündungshemmer, Mittel zur Senkung der Blutfettwerte - alles in unserem Trinkwasser. Mich würd´ nicht wundern, wenn bei der nächsten Wasserrechnung gleich´n Beipackzettel dabei läge!" – *Harald Schmidt*

- Man hat jetzt festgestellt: Es gibt Eis und Wasser auf dem Mond. Und ich hab mir gedacht: Es gibt Eis auf dem Mond, es gibt Berge auf dem Mond, man bewegt sich ganz langsam – ist ja wie in der Schweiz! – *Harald Schmidt*

4. Antiklimax:

Beende eine ernste oder wichtige Passage mit einem Satz, der in seiner Qualität oder Intensität weit hinter der Einleitung zurückbleibt.

- „Unseren nächsten Referenten brauche ich Ihnen nicht vorzustellen. Er ist nicht erschienen."

- „Dieses Zitat stammt von einer anerkannten Kinderpsychologin.: Unserer 16-jährigen Babysitterin."

5. Affront (Beleidigung):

Vorsicht: Nur wenn Du sicher sein kannst, dass Dein Gag beim Publikum ankommt!

- „Bei vielen Fasnachtssitzungen – ich weiß nicht, ob´s Ihnen auch so ging – die man gesehen hat, wußte man nicht: Ist das noch Dialekt oder wird einfach nur noch gelallt?!" – *Harald Schmidt*

- „Sagen wir mal, Du wärest ein Idiot ... und nehmen wir mal an, dass Du im Bundestag wärest ... Aber ich wiederhole mich." – *Mark Twain*

- „Italiener können zum Beispiel Frauen nicht in die Augen schauen. Aber nicht, weil sie schüchtern sind, sondern nur eins-fünf-und-fünfzig!" – *Harald Schmidt*

- „Weisst Du, warum man das PMS nennt? Weil Rinderwahnsinn schon besetzt war." –*Unbekannt, vermutlich verstorben*

- Groucho Marx zur Einleitung eines Filmes: „Alle Schaltjahre kommt einmal ein wirklich guter Film aus Hollywood. Dieser gehört leider nicht dazu."

6. Nonsens, Phantasie, Realitätsflucht:

Benutze völlig irrationale, phantastische und alberne Gags

- Was sucht ein Einarmiger in der Einkaufs-Straße? Einen Second-Hand-Shop

- Norwegische Berufsfische?.... Profi?....Lachs?... Prophylaxe!

- Was ist schlimmer: Alzheimer oder Parkinson? Parkinson, denn lieber ein Bier vergessen als verschütten.

- Patient: „Doktor, sagen sie mir ganz offen und direkt, wie lange habe ich noch zu leben?" Arzt: „Zehn." Patient: Zehn was? Monate, Wochen, Tage?" Arzt: „Neun."

- Arzt: „Sie haben Krebs, und Sie haben Alzheimer."

„Na, Gott sei Dank kein Krebs."

7. Understatement: Absurde Unterteibungen

- Trapezkünstler:„Hoppla, tut mir leid!"

- Herbert kommt abends nach Hause und geht sofort ins Schlafzimmer. Da richtet sich ein fremder Mann im Ehebett auf und flüstert: „Pssst, Ihre Frau schläft schon. Sie hat ein paar anstrengende Stunden hinter sich!"

8. Respektlosigkeit:

Mach Dich über Pompösität, Autoritäten und Wichtigtuer lustig.

- „Ich bin froh, dass wir so viele Apotheken haben - sonst hätten doch die meisten Lehrerfrauen gar keine Chance, ihre Aquarelle auszustellen!“ – *Harald Schmidt*

- „Ich habe festgestellt, dass viele meiner Altersgenossen – viele Senioren wissen nicht, dass ihre Dackel selber laufen können! – *Harald Schmidt*

- „Acht von zehn Blondinen sind unecht – wobei neun von zehn Blondinen nicht wussten, was ´acht von zehn´ sind.“ – *H. Schmidt*

- Der nette Psychiater: „Wenn man’s genau nimmt, dürfte ich nicht mal mit ihnen auf der Couch liegen!”

- Frau: „In der Küche passieren die meisten Unfälle!” Mann: „ Ja, und ich muss sie immer essen!”

- Sagt die Feministin zu Otto: „Otto, tu mir einen Gefallen und gebrauche statt des Wortes ‘Weib‘ das Wort ‘Dame‘.” „Ganz wie Du wünscht. Aber dabei ist das Wort doch wirklich so schön. Man sagt ja auch ‘das weibliche Geschlecht‘ und nicht das ‘dämliche‘...”

9. Schlagzeilen: Erfinde Zeitungsmeldungen oder Zitate

- „US-Wissenschaftler haben herausgefunden: Schwangerschaft macht Frauen schlauer! Ich kenne das Phänomen. Dass schwangere Frauen plötzlich sich wieder an den Namen erinnern, die Adresse, Telefonnummer, Autokennzeichen,...” -- *Harald Schmidt*

- „Amerikanische Wissenschaftler haben festgestellt: Herzinfarkt durch Sex! Die Symptome für Herzinfarkt sind ja Schwindel, Schweißausbrüche und vor allem Schmerzen im linken Arm. Und ich muss Sie bitten: Prüfen Sie genau! Sollten Sie nach dem Sex Schmerzen im linken Arm bekommen, liegt es vielleicht daran, da Sie wieder mal keine Partnerin hatten!“

- „Die ´Bildwoche´ hat herausgefunden, dass die Ernährung, Ausbildung usw. eines Kindes insgesamt 500.000 Mark kostet! 500.000 Mark – da muss ein Kind woanders auf der Welt lange dafür nähen!´ – *Harald Schmidt*

- Evolutionsbiologen behaupten: „Frauen gehen von Natur aus fremd!" Das heißt, wir Männer müssen umdenken. Viele Männer fragen jetzt bereits nach dem Sex nicht mehr „Und, wie war ich?", sondern „Na, wer bin ich?" – *Harald Schmidt*

- „Die Evolutionsbiologen nennen dies ´Genetischer Einkaufsbummel´. Und es ist wirklich wie beim Einkaufen: Es wird angekuckt, es wird mitgenommen – und der Mann zahlt!" – *Harald Schmidt*

- „Die Wissenschaft hat herausgefunden, dass auch Frauen nur an das Eine denken: 53 Prozent der 16- bis 29-Jährigen denken einmal pro Tag mindestens an Sex! Männer denken übrigens 53 Prozent des Tages an Sex mit 16- bis 29-Jährigen ..." – *Harald Schmidt*

10. Humoristische Definitionen

- „Der Hygienequotient im Krankenhaus errechnet sich so: ´Wie häufig werden die Betten gemacht?´ geteilt durch ´Wie häufig wird in die Betten gemacht?´" – *Harald Schmidt*

- „Nur 45 Prozent der Deutschen können sich Sex in der Badewanne vorstellen. Dabei können sich nur 70 Prozent der Ostdeutschen eine Wanne vorstellen!" – *Harald Schmidt*

- „Wie heißt das häufigste Psycho-Problem bei Putzfrauen? ... Ja, Mobbing!" – *Harald Schmidt*

- Was ist der Unterschied zwischen einer Dame und einem Diplomaten? -- Sagt ein Diplomat 'ja', meint er 'vielleicht', sagt er 'vielleicht', meint er 'nein', und sagt er 'nein', ist er kein Diplomat. -- Sagt eine Dame 'nein', meint sie 'vielleicht', sagt sie 'vielleicht', meint sie 'ja', und sagt sie 'ja', ist sie keine Dame." – Charles Maurice de Talleyrand

- ‚Pubertät': Wenn die Eltern anfangen, schwierig zu werden.
- Was ist ein Cowboy ohne Pferd? Ein Sattelschlepper.
- Wenn zwei dumm rumstehen, hat der eine Viagra genommen.

11. 'Sichtbare' Komik:

Unterstreiche Gags durch Gesten und Körpersprache.

- ´Wann baut man endlich mal – liebe Rasierapparatindustrie – einen Nassrasierer mit langem Arm, damit ich auf den Rücken komme?" – *Harald Schmidt*

- Barmädchen in Thailand zu vorübergehenden Gast: „Have a seat" Gast: „Oh, thank you" (tut so als würde er den Barhocker wegtragen) Barmädchen protestiert lachend.

12. Absichtlich falsche Betonung, Wortspiele, Abkürzungen, bewusstes Falschverstehen:

- „Sie betonen die falsche Sil-bee."

- „Gestern habe ich 500 Fliesen verlegt!" „ Na, hoffentlich finden Sie die bald wieder."

- Stehen ist verboten! Es wurde jemand verurteilt, weil er gestanden hat!

- Hochschwangere Frauen beim Bäcker: „Ich bekomme ein Schwarzbrot". Bäcker: „Also wirklich, Sachen gibt's!"

- „Was ist das Gegenteil von Frühlingserwachen? Abends rechts einschlafen."

- Gast: „Herr Ober, ich will dinieren."
  Ober: „Die Nieren sind aus!"

Verhaltens-Abenteuer: Korsetts ablegen

Jeden Tag dreimal etwas Neues tun, etwas Ungewohntes oder das Gewohnte auf eine neue Art tun.

Es gibt drei Arten von Korsetts Alltagstrott – „Was sagen die Leute" – Rollenerwartungen

1. Alltagstrott:

Dadurch kommst Du aus alten, zähen Gewohnheiten heraus und entdeckst Neues. Du machst vielleicht mal einen Nachtspaziergang, legst Dich verkehrt herum ins Bett oder machst am Morgen ein Picknick auf dem Wohnzimmer-Teppich. Du kannst auch mal einen Tag lang alles mit der linken Hand verrichten: Essen, schreiben, Händeschütteln oder ähnliches. Auch ein verändertes Tempo hilft Dir bewusster zu werden z.B.: Abwaschen in Zeitlupe, wie der Blitz aufräumen, als wäre die Schwiegermutter vor der Tür usw.

Entdecke wieder Neues: In ein unbekanntes Restaurant gehen, einen anderen Weg zur Arbeit nehmen, mal im Freien übernachten (Balkon), an einen Ort fahren, an dem Du noch nie warst usw.

2. Die verbreitetste Sklaverei: „Was sagen denn die Leute?!"

Das Ablegen dieses Korsetts soll Dir helfen, unabhängiger von der Meinung anderer zu werden. Tu irgendetwas, was sich andere nicht gleich erklären können und setze Dich dabei öffentlicher Beachtung aus. Du wirst merken: Wir sind in dieser Beziehung (durch die Erziehung) unglaublich eingeengt. Vermutlich ist das auch der Grund für mangelnde Zivilcourage. Manchen fällt es schon schwer, sich auf der Straße abrupt umzudrehen ohne eine Geste der Erklärung. Diese Übungen sind eine Vorstufe für öffentliches Engagement und das Einstehen für Gerechtigkeit, gegenseitige Unterstützung und Rücksichtnahme.

<u>Beispiele:</u> Humpelnd in ein Geschäft gehen, flott wieder heraus/ auf dem Pflaster nicht auf die Ritzen treten/ mal besonders schick gekleidet zur Arbeit gehen/ mit einem Kussabdruck auf der Stirn zum Einkaufen gehen..... Auch all die Sa-

chen, die Du als Kind gerne gemacht hast um den Nachhauseweg von der Schule interessanter zu gestalten, eignen sich hier vorzüglich.

3. Die Rollenerwartungen anderer

Ist Dir schon mal aufgefallen, dass Du mit bestimmten Personen immer über dieselben Themen redest? Dass Du Dich beim Besuch der Eltern plötzlich kindlicher fühlst und verhältst? Dass Du vor uniformierten Personen ein eingeschränktes Verhaltensrepertoire hast? Das ist weit verbreitet und normal. Aber ist das auch sinnvoll? Warum solltest Du Dich beschränken und auf die breite Palette Deiner Möglichkeiten verzichten? Weil andere das von Dir erwarten?

Wenn Du Dich von diesem Korsett befreist, lernst Du Mitmenschen von einer anderen Seite kennenzulernen. Manchmal lockst Du sie dann sogar hinter ihrer Fassade hervor. Das gelingt Dir am besten dann, wenn Du andere überraschst, d.h. deren Erwartungen durchbrichst.

Zum Beispiel: Der Bäckersfrau was Nettes sagen/ einen Nachbarn, den Du sonst nur grüßt, in ein Gespräch verwickeln/ beim Small-talk auch mal persönliche, nahegehendere Themen anschneiden... Spiel‘ doch mal selbst *Versteckte Kamera*, z.B. im Kaufhaus. Was meinst Du, wie die Leute erschrecken, wenn Du Dich zwischen den Mänteln versteckst und vorbeigehenden Kunden leise zuflüsterst: „Kauf mich! Kauf mich!"

Oder: Wie wär's, wenn Du Deinen Partner mal mit einem unerwarteten Geschenk überraschst ... einen Abend romantisch gestaltest?

Gerade im letzten Vorschlag steckt etwas Wichtiges: Vergiss nicht die Romantik! Sie ist für Erwachsene, was für Kinder das Fantasie-Spiel ist. Das bringt den Zauber, die Magie wieder ins Leben! Es gibt doch nichts Schöneres, als in Dein Leben wieder den Zauber des Besonderen und Aufregenden zurückzuholen, oder?

Magie ist eben mehr als nur Suppenwürze!

Zum Autor

Hans-Ulrich Schachtner arbeitet in München als Diplom-Psychologe, Coach und approbierter Psychotherapeut. Seit 1981 ist er einer von Ärzte- und Psychotherapeutenkammern anerkannter Ausbilder und Supervisor.

In 40 Jahren Psychotherapie in privater Praxis in München-Schwabing hat er sich auf humorvoll-hypnotische Kommunikation zur Lösung besonders verfahrener Situationen spezialisiert. Er ist einer der Begründer der Milton-Erickson-Gesellschaft, des Deutschen Instituts für Provokative Therapie und setzte sich seit Anfang der 80er Jahre engagiert für die Verbreitung der Hypnotherapie und einer Provokativ-humorvollen Therapie in Deutschland ein.

Darüber hinaus ist unser Autor auch der Entwickler der Kommunikations-Stile „ProSt" (Provokativer Stil) und des „MagSt" (Magischer UmgangsStil). Den männlich orientierten Kommunikations-Stil „ProSt" lehrt er seit Mitte der 80er Jahre. Der ProSt ist im deutschsprachigen Raum mittlerweile wohl bekannt und wird von vielen innovativen und mutigen Therapeuten geschätzt und praktiziert.

Die Weiterentwicklung des „ProSt" ist der ausgewogen weiblich/männlich orientierte „magische" Umgangs-Stil, der „MagSt". Dieser Umgangsstil ist eine innovative Ergänzung der verbreiteten Kommunikationstechniken NLP und GfK[64] und bereichert deren Anwender um wertvolle Aspekte wie Humor, Spontaneität, einer grundlegenden Philosophie und einem, auf die heutige Zeit abgestimmten, humanistischen Menschenbild.

Hans-Ulrich Schachtner hält Vorträge über den *Magischen UmgangsStil* auf Kongressen, Messen und in Firmen und Institutionen im gesamten deutschsprachigen Raum. Seit mehreren Jahren bildet er mit seiner Partnerin zsammen MagSt-Botschafter aus.

Die Teilhabe am MagSt-Netzwerk ist unentgeltlich. Wer sich für einen konstruktiven Umgang mit anderen, mehr Nähe, Vertrauen, Zusammenhalt und gegenseitiges Wohlwollen einsetzen möchte, ist herzlich willkommen.

www.MagSt.info **info@MagSt.info**

Praxis: Occamstr. 2, 80802 München-Schwabing, Tel. 089-34 11 75

---

64 Neurolinguistisches Programmieren (NLP), Gewaltfreie Kommunikation (GfK)

Weiterführende Veranstaltungen zum MagSt

Nach langem Überlegen, wie der MagSt, dieses wertvolle Werkzeug um Beziehungen mit anderen harmonisch und produktiv zu gestalten, verantwortungsbewusst weitergegeben werden sollte, hat sich unser Autor dazu entschlossen, ihn zunächst nur im direkten persönlichen Kontakt zu vermitteln.

Dazu wurden im letzten Jahr eine Reihe von Vorträgen, Erlebnis-Seminaren und Supervisions-Tagen abgehalten, auf die ausnahmslos begeisterte und bestätigende Rückmeldungen erfolgten.

Dieses Format wird so lange beibehalten, bis eine genügend große Anzahl talentierter Botschafter und Ausbilder zusammen gekommen ist, die dann ihrerseits MagSt-Veranstaltungen anbieten können.

Wenn Sie, liebe Leserin, lieber Leser, die Tragweite der Einführung dieser neuen Kommunikations- und Umgangsform erkannt haben und selbst daran teilhaben wollen, dann können Sie auf der Homepage unseres Autors (www.MagSt.info) Termine finden, an denen der MagSt bzw. Ausschnitte davon, vermitteln werden.

Auf der gegenüberliegenden Seite finden Sie einen Überblick über die Lerneinheiten, die im Rahmen dieser Fortbildung Thema sind.

www.MagSt.info

Bausteine der MagSt-Fortbildungen

MagSt-Botschafter	Fehlen der Eigenschaft führt zu
1. Jemanden für sich gewinnen	Isolierung und Einzelgängertum
2. Sich kennen und zu sich stehen	Unsicherheit und „Fähnchen im Wind“
3. Achtung und Respekt sichern	Geringschätzung u. dominiert werden
4. Umgang mit schwierigen Menschen I	Konfrontationen, Streit, Niederlagen
5. Umgang mit schwierigen Menschen II	Rückzug, Verbitterung und Groll
6. Soziales Netz aufbauen und pflegen	Sich „draussen“ und ungeliebt fühlen

MagSt-Berater	Fehlen der Eigenschaft führt zu
7. Andere durchschauen	Enttäuschungen u. Fehlinvestitionen
8. Eigenes Urteil bilden und äußern	Fehlen v. Orientierung & Verantwortung
9. Hinter der Fassade hervorlocken	Distanz zu anderen, „Ins-Leere-laufen“
10. Diplomatisch „NEIN“ sagen	Über-Anpassung, Verpflichtungsgefühl
11. Klare Grenzen setzen	Revierverlust u. Sündenbock-Rolle
12. Zugedachte Rollen zurückweisen	Ausgenützt, Übern-Tisch-gezogen werd.

MagSt-Trainer	Fehlen der Eigenschaft führt zu
13. Zu sich, s. Meinung u. Fehlern stehen	Verlust der Selbstachtung
14. Initiative ergreifen: Beweger-Posit.	Passivität, Mitläufer-Haltung
15. Andere überzeugen u. begeistern	Frust, Scheitern u. ins Leere laufen
16. Verhandeln und schlichten	„Gegenwind“, Konkurrenz, „Brotneid“
17. Brücken bauen und aussöhnen	Unversöhnlichkeit und Trennungen
18. Geschickt Einfluss ausüben	Scheitern als Führer, Ohnmacht

Dr. Milton Erickson "LIVE"!

(Text von H.U. Schachtner)

Ich habe noch ein besonderes Kleinod für Sie. Wenn man mich fragen würde, was der stärkste Impuls war, der mich zum MagSt geführt hat, dann würde ich sagen, dass es die hypnotherapeutischen Interventionen waren, eine Art magischer Sätze, mit denen Milton Erickson das Problem eines Patienten im Nu zum Besten aller Beteiligten auflöste.

Eine Geschichte, die er mir erzählte, ist mir dabei besonders intensiv im Gedächtnis geblieben. Es handelte sich dabei um einen Patienten, einem jungen Mann, der zum Militär eingezogen werden sollte. Dieser junge Mann hatte fürchterlich Angst davor, sich mit den Kameraden zu duschen, da er aufgrund einer körperlichen Abnormität (seine Brüste waren entwickelt wie bei einer Frau) voraussah, dass er damit zum Gespött seiner Kameraden würde und sich deshalb in der Gruppe nicht mehr wohl fühlen könnte.
Anstatt ihm diese Angst auszureden, gab ihm Erickson einen Satz mit, den er im entscheidenden Augenblick sagen sollte. Und es traf genau das ein, was Milton Erickson vorausgesagt hatte. Der Satz veränderte die Situation schlagartig zu seinen Gunsten. Als es so weit war und er mit den Kameraden zum Duschen ging, dauerte es nicht lange, bis einer seiner Kameraden seine Brüste entdeckte, auf ihn zeigte und ausrief: „Hey, seht mal, der hat ja Brüste wie eine Frau!“ Alle Kameraden starrten ihn an und fingen lauthals an zu lachen. Er wartete ab, bis das Lachen verklungen war und meinte dann verschmitzt: „Jungs, die habe ich doch eigens mitgebracht für die Burschen, die Heimweh haben!“ Jetzt bogen sich die Kameraden vor Lachen, klopften ihm auf die Schulter und umarmten ihn. Er war in ihrer Mitte akzeptiert und sogar besonders geachtet.

Damals erkannte ich, dass es magische Sätze gibt, die eine Situation in völlig neuem Licht erscheinen lassen und alle Gefühle der beteiligten Personen verändern. Es sollte allerdings noch über 25 Jahre dauern, bis ich das Geheimnis solcher Sätze entschlüsseln würde. Das Ergebnis halten sie in Händen.

Für diejenigen unter Ihnen, liebe Leser, die täglich als Berater, Arzt, Coach oder Psychotherapeuten tätig werden, sind solche anschaulichen Beispiele aus der Praxis eines genialen Psychotherapeuten von besonderem Nutzen. Nachdem ich 1976 zum ersten Male bei Milton Erickson 14 Tage lang seinen Therapien beiwohnen konnte, war mir klar: Dieser einmalige Mensch sollte auch meinen Kollegen (und wie ich später noch erkannte, auch der Nachwelt) verfügbar gemacht werden und erhalten bleiben. So kam ich also im nächsten Winter mit meiner damals noch recht primitiven Ausrüstung zu ihm, entschlossen, jede wertvolle Minute in Film und Ton festzuhalten. Das Ergebnis waren 15 Stunden Filmmaterial von seinen interessantesten Lehrgeschichten.

Es dauerte noch etwa zehn Jahre, bis die eminente Bedeutung dieses Jahrhundertmenschen für die Zunft der Psychotherapie und aller Berater weltweit anerkannt wurde. Vielleicht war das der Grund, dass dieses Filmmaterial in meinem Tresorschrank im Keller vor sich hinschlummerte und ich mich zunächst auf die Übersetzung seines Buches, auf hypnotherapeutische Lehrveranstaltungen und eine generelle Verbreitung seines Wissens konzentrierte. Dass allerdings 34 Jahre bis zu seiner endgültigen Veröffentlichung verstreichen würden, hätte ich selbst nicht gedacht. Ohne mir dessen bewusst zu sein, war ich vorgegangen wie ein Sammler guten Weines, der ein paar Kisten kostbaren Jahrgangs eingekauft und diese erst mal 20 Jahre reifen lässt, bevor er daran denkt, eine davon zu öffnen.

Jetzt kennen Sie die ganze Geschichte, lieber Leser. Sie haben jetzt die Gelegenheit, dieselben Anregungen, die mir beim Entwickeln eines neuen Kommunikationsstils wertvolle Inspiration waren, selbst auf sich einwirken zu lassen, um zu sehen, was ihre eigene Kreativität daraus macht.

Lassen Sie sich inspirieren von der Weisheit eines alten Meisters, der eine Woche lang eine kleine Gruppe von Psychotherapeuten in die Geheimnisse seiner magischen Vorgehensweise einweiht.

Diese Aufzeichnungen sind in Schwarzweiß gefilmt, die Tonqualität ist ausgezeichnet, die Bildqualität entsprechend der damaligen Zeit..

Die 10 DVDs inklusive einer Bonus-DVD von mir bekommst Du direkt beim Verlag Harmony Balance Edition (www.Harmonybalance.de).

Frank Farrelly „LIVE“!

(Text von H.U. Schachtner)

Wenn Sie viel mit Menschen zu tun haben, zum Beispiel als Berater, Coach, Lehrer, Vorgesetzter, Arzt oder Psychotherapeut, dann werden sie immer wieder auf Menschen treffen, die sie nerven. Manchmal sind das die Unbelehrbaren, die Besserwisser, die Aussitzer, die Tretminen, die Dampfwalzen, die Vielredner, Dampfplauderer, die Mimosen und die vielen anderen, zu denen sie irgendwie nicht den richtigen Draht bekommen konnten.

Ihnen allen ist gemeinsam, dass es nicht leicht ist, Einfluss auf sie zu nehmen. In meiner Rolle als Psychotherapeut waren es immer eben diese Klienten, die mir am meisten Kopfzerbrechen bereiteten, von denen ich aber auch am meisten lernte. Mit den ersten beiden Ebenen der Einflussnahme, der Alltagsbeeinflussung und auch der psychoedukativen, ist da wenig bis nichts zu erreichen. Ich lernte nur sehr langsam auch mit diesen „schwierigen“ Menschen einigermaßen gut zurecht zu kommen. So richtig Spaß und Freude im Umgang machten sie mir aber erst dann, als ich das Glück hatte, von Frank Farrelly die provokativen Methoden für den Umgang mit schwierigen Menschen zu erlernen.

Anfangs hatte ich nur sein Buch als Lernhilfe gehabt und musste dabei bald feststellen, dass der nonverbale Anteil, die Körpersprache, dabei so wichtig ist, dass man ohne visuelle Starthilfe zu lange brauchen würde, um diesen Stil zu erlernen. Wer also diesen Kommunikations-Stil (den ich den ProSt, den provokativen Stil getauft habe) erlernen möchte, wird wohl nicht darum herum kommen, sich einen unmittelbaren Eindruck davon zu machen, am besten in Bild und Ton.

Zu diesem Zweck habe ich aus dem vielen Material, das ich im Rahmen der zahlreichen Workshops – die ich seit 1982 für Frank Farrelly in Deutschland organisierte – aufzeichnen konnte, die besten Beispiele zusammengestellt, die einem helfen, ein Gespür für dieses ungewöhnlich wirksame Instrument zu entwickeln.

Auf dieser DVD »Frank Farrelly LIVE« zeigt Frank die große Bandbreite seiner Interventionen an den schwierigsten psychotherapeutischen Fällen (die von den Workshop-Teilnehmern gespielt werden). Franks Anweisung dazu war: „Role play your most difficult client.“

Diese Fälle sind ein wahres Feuerwerk von (einem gegen den Strich gehenden) Interventionen, die schon für viele zu Augenöffnern wurden für die selbstauferlegten Limitationen, die den althergebrachten Psychotherapien anhaften.

Wenn Sie bereit sind für die dritte Ebene, die paradox-provokative Ebene der kommunikativen Einflussnahme, dann werden Sie an dieser DVD ihre Freude haben. Kenner dieses Stils wie auch Teilnehmer an Franks Workshops waren begeistert von der Dichte des Materials. Hier sind die Highlights von vielen Workshops komprimiert auf einer einzigen DVD.

Zu empfehlen ist die DVD nur dann, wenn Sie schon Grundkenntnisse in der Anwendung dieser Vorgehensweise haben. Der DVD liegt ein Wort-für-Wort Transskript bei (auch in deutscher Sprache).

Anmerkung des Verlags: Diese Aufzeichnungen von Franks Arbeit wurden während der Jahre 1983-1992 gemacht, auf der Höhe seines Schaffens.

DVD „Frank Farrelly live" bestellbar beim Verlag Harmony Balance Edition. Diese DVD und das Foto (1993) erstellte Hans-Ulrich Schachtner.

DVDs und CD

Es gibt auch eine Reihe von Aufzeichnungen, die den MagSt in seinen unterschiedlichen Anwendungsbereichen zeigen. Da Kommunikation unser Leben bestimmt und es wohl keinen Bereich gibt, in dem Kommunikation nicht eine entscheidende Rolle spielt, ist der Magische Kommunikationsstil, als eine höhere und subtile Form des Einwirkens auf andere, überall einsetzbar und harmoniefördernd. Während das vorliegende Buch die theoretischen Grundlagen dazu liefert, zeigen diese Aufzeichnungen kleine Ausschnitte und Beispiele seiner vielseitigen Anwendung.

Es brauchte einiges an Überredungskunst, mich zur Veröffentlichung dieser Aufzeichnungen zu überreden, da ich nach jedem Auftritt der Meinung war, man hätte es noch viel besser sagen können. Da aber die Akzeptanz meines Publikums von dankbar positiv bis begeistert reichte, sagte ich dann schließlich doch zu. Diese Aufzeichnungen sind eine weitere Möglichkeit, die Stimmung und Haltung des MagSt zu erspüren. Dadurch sind sie eine wertvolle Hilfe, den Geist dieses Ansatzes zu verstehen.

Vorträge auf DVD und auf CD:

Das Geheimnis heilsamer Kommunikation mit MagSt
(Magischer Kommunikations-Stil)!

Die Kraft der bewussten Kommunikation

Und was kommt nach der Psychotherapie?
Soziales Geschick als Therapiekonsolidierung

Was bringt der Magische KommunikationsStil in der Arbeitswelt?
Führungskompetenz, soziales Klima und Mitarbeiterzufriedenheit

„Was ich von Milton H. Erickson und anderen lernte“ – Ein „Fossil“ berichtet

„Wann sind Emotionen gefährlich?“

COACHING mit MagSt im Alltag, Beruf, in der Partnerschaft

CD: Selbstheilungsfördernde Kommunikation zwischen Arzt und Patient

WAS GILT DAS WORT des Beraters?

Glaubwürdigkeit – Am Steuer bleiben – Unvoraussagbarkeit

Ein kleiner Ratgeber für Berater, Coaches und Therapeuten und allen, für deren Arbeit es wichtig ist, gehört, geachtet und ernst genommen zu werden.

Die besten Tipps bringen nichts, wenn sie beim Gegenüber auf ein „Kenn ich schon“, „Hab‘ ich schon probiert“ oder gar offene Ablehnung stoßen. Dieser Ratgeber zeigt Ihnen, wie Sie sich in eine Position bringen, die den anderen geneigt macht, Ihnen Aufmerksamkeit zu schenken, Ihren Worten zu glauben und Ihre Hilfestellung anzunehmen.

Dr. Milton Erickson live 1977

In the years of 1976 to 1979 (one year before his passing over) I visited Milton H. Erickson in his house in Phoenix, Arizona. In the first year '76 I could live with him and had the privilege to be present in each of his therapy sessions, to get to know his family, and every other day having private talks with him in his garden. This was the last year in which he kept treating private patients.

Then, 1977 I came with my, at the time very simple, video equipment and asked him, if I could record his sessions. Back then, I probably sensed that one day he would be a legend in the history of psychotherapy.

DVD-Set „Dr. Milton Erickson live".

15 hours plus Bonus DVD plus Bonus CD

DIE ROTE KARTE: Der magische Schlüssel, um souverän und in-der-Mitte zu bleiben!

Die **„ROTE KARTE“** zeigt die von Hans-Ulrich Schachtner entwickelten sechs „Klingelknöpfe“, wie sie in der Partnerschaft, im Beruf und im Alltag eingesetzt werden. Durch *Ködern*, *Ängstigen*, *Einwickeln*, *Einschüchtern*, *Einlullen* und *Schuld zuweisen* wirst Du aus Deiner inneren Mitte gezogen und irregeführt. Durch negative Beeinflussung wirst Du mehr und mehr fremdbestimmt und kannst Dein Leben nicht mehr so führen, wie es für Dich am besten wäre.

Die **„ROTE KARTE“** ist eine Erkenntnis- und Erinnerungshilfe. Sie hilft Dir, Deine Bewusstheit und Dein klares Denken zu aktivieren, bevor es zu spät ist. Sobald Du mit diesem Hilfsmittel vertraut bist, erkennst Du Manipulationsversuche schon im Ansatz und lernst souverän darauf zu reagieren, ohne Dich in nervenaufreibende Machtkämpfe zu verstricken.

Auf dieser Hörbuch-CD findest Du eine ausführliche Beschreibung der sechs „Klingelknöpfe“ und der verschiedenen Methoden, mit denen andere Dich von Deinem Weg abbringen. Du erfährst Gesetze der Kommunikation, die Dir dabei helfen werden, Dich selbst besser zu verstehen, andere zu entschlüsseln und die verdeckten Absichten anderer, die Deinen Zielen zuwider laufen, schnell zu durchschauen.

Natürlich bekommst Du auch viele wertvolle Anregungen, wie Du unerwünschte Beeinflussung auf lockere, manchmal auch humorvolle, Art so beantwortest, dass die Beteiligten bewusster werden und, zum Vorteil aller, ehrlicher und fairer mit Dir und anderen umgehen.

Wenn Dich der Partner schafft, ... dann ist es Partnerschaft!

Wenn Du wissen möchtest, wie Du Deine(n) Partner(in) bestmöglich „schaffst", damit aus ihm/ihr was wird, dann ist diese Partnerschafts-Theater-Kabarett-DVD ideal für Dich.

Der erfahrene Partnerschafts-Coach, Hans-Ulrich Schachtner und seine Partnerin schrieben dieses Stück im Jahr 2003 und führten es bis 2009 in namhaften Häusern im deutschsprachigen Raum mit großem Erfolg auf. Zuschauer berichteten, dass sie ihren Partner/ihre Partnerin wieder mehr wertschätzten und mit mehr Dankbarkeit begegneten. Der therapeutische Effekt dieses Kabarett-Theater-Events zeigte sich durch humorvollerem Umgang miteinander, weniger Zwist und Streit und einem generell achtsameren Umgang mit der Familie.

Weitere Informationen findest Du auf www.HarmonyBalance.de (Seite „Shop").

30 GEHEIMNISSE weiblicher Macht

Wie SIE ihn rumbekommt,
hochbekommt und wieder kleinbekommt

Dieses Buch mit 12 aussagekräftigen Cartoon-Bildern verrät dem Leser praxiserprobte „Tricks", mit denen sie IHN zum Wohle beider besser beeinflussen kann. Dieser Ratgeber ist nicht nur für Frauen, sondern notfalls auch für Männer gedacht und lädt nicht nur zum Schmunzeln ein, sondern auch zum Dazulernen.

Männer wie Frauen erfahren hier, mit welchen Verhaltensweisen Frauen die Richtung der Beziehung lenken und führen, wie sie Männer fordern und fördern können. Dieses Buch möchte aufklären und einen Beitrag zur Partnerschaftsoptimierung leisten.

Autoren: Elisabeth Eberhard
Hans-Ulrich Schachtner

„Männer sind die Jäger –
und Frauen sind die Beute –
die dem Jäger auflauert!"

ISBN: 978-3-939924-82-1

30 GEHEIMNISSE DES BEGEHRENSWERTEN MANNES

Wie er SIE für sich gewinnt,
an sich gewöhnt,
und trotz allem genießt!

Dieses praxisnahe Buch weiht den Leser in all das ein, was er braucht, um ein auf Dauer begehrenswerter Mann zu sein. Es geht dabei nicht nur darum, für das schönere Geschlecht attraktiv zu sein, sondern auch, wie er eine Beziehung von Anfang an so gestalten kann, dass sie eine Chance auf Dauerhaftigkeit hat.

Diese „Weichenstellung“ entscheidet darüber, ob der Übergang von der Verliebtheit zum Alltag harmonisch und erfolgreich verläuft.

Im dritten Teil des Buches zeigt der Autor, wie „man(n)“ die Beziehung zum „unbekannten Wesen Frau“ so einrichtet, dass sie auch auf lange Sicht lebendig und „genießbar“ bleibt, indem er die Attraktion, die gegenseitige Achtung und die Harmonie in der Beziehung dauerhaft aufrecht erhält.

Autoren: Hans-Ulrich Schachtner
Elisabeth Eberhard

Die Frau bemüht sich,
den Mann zu kontrollieren.
Die Aufgabe des Mannes ist,
dies zu verhindern.“

ISBN 978-3-939924-30-2

ProSt = Provokativer Stil
ProSt 1x1 von A-Z

A wie „Absichtliches Mißverstehen“ bis Z wie „Zuversicht“. Dieses ProSt-Lexikon ist ein wertvolles Nachschlagewerk für Personen, die beruflich oder privat mit schwierigen Menschen zu tun haben. Mit diesem Taschenbuch-Lexikon haben Sie die wesentlichen Kunstgriffe des Provokativen Stils (ProSt) jederzeit zur Hand. Es ist vor allem für Menschen gedacht, die mehr Spaß, Lockerheit und Pep in ihren Umgang mit anderen bringen wollen. Und ganz nebenbei lockern Sie damit auch die „Wachstumsbremsen“: Faulheit, Feigheit und Festgefahrenheit im Denken, Fühlen und Handeln - nicht nur bei sich, auch bei den Leuten in Ihrem Umfeld, die das schon längst mal nötig hatten!

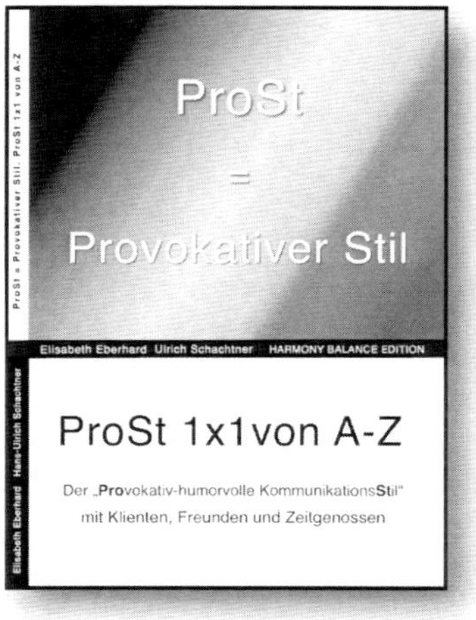

ISBN: 978-3939924197

Erfolgreiches Klopfen für Selbstanwender leicht gemacht!

Mit EE-Klopfen in 3 Min. Ruhe, Gelassenheit und Wohlgefühl
Emotionale und körperliche Schmerzen erfolgreich behandeln
Entscheidende Erkenntnisse im Selbstheilungsbereich

Dieses Buch enthält das wesentliche Wissen zur erfolgreichen eigenständigen Behandlung emotionaler oder körperlicher Schmerzen. Mit der äusserst einfachen EE-Klopfweise werden Sie in ca. 3 Minuten ruhiger, gelassener und fühlen sich wohler. Die schnell wirksame Entspannung ist die Basis zur Aktivierung Ihrer Selbstheilungskräfte. Auf einfache Art – und in der Regel in wenigen Minuten – können Sie sich von alltäglich auftretenden stressbedingten emotionalen (z.B. Ärger, Energielosigkeit, innere Unruhe, Ängste etc.) sowie körperlichen Beschwerden (z.B. Nackenverspannung, Rückenschmerzen, Kopfschmerz, Migräne, Knieschmerzen etc.) befreien (oder sie spürbar lindern).

Das von Elisabeth Eberhard entwickelte - auf das Wesentliche reduzierte - EE-Klopfverfahren ist sowohl leicht erlern- und anwendbar als auch höchst wirkungsvoll. In diesem Selbsthilfebuch finden Sie viele hilfreiche Anregungen zum Experimentieren und auch ein paar aufschlussreiche Hintergrundinformationen aus dem Klopfbereich. Sie erfahren worauf es beim Klopfen wirklich ankommt, um sich selbst wirksam behandeln zu können. Ein Klopf-Kurs zum günstigen Preis von 5,70 €

(**ISBN: 978-3939924982**).

Sehr geehrte Leserin, sehr geehrter Leser,

unser Verlagsautor, Hans-Ulrich Schachtner, erkannte bereits zu Beginn seiner psychotherapeutischen Tätigkeit, dass die meisten emotionalen und körperlichen Beschwerden verursacht werden durch lieblose Kommunikation. Er beschäftigt sich seit dieser Zeit mit ungewöhnlichen, effektiven Kommunikationsmethoden und entwickelte den „ProSt“ (Provokativer Stil) und den „ MagSt“ („Magischer Kommunikations-Stil“).

Wenn auch Sie dazu beitragen wollen, dass unser Miteinander förderlicher wird, dann wäre das umfangreiche MagSt-Lebensarbeitsbuch »Frech, aber unwiderstehlich! Der Magische Kommunikations-Stil: Mit Charme, Witz und Weisheit im Alltag, Beruf und in der Liebe« genau richtig für Sie.

Wollen Sie mit MagSt-Wissen das zwischenmenschliche Klima verbessern? Dann laden wir Sie ein zu unseren besonderen MagSt-Veranstaltungen. In den MagSt-Vorträgen von Hans-Ulrich Schachtner erfahren Sie dazu Näheres (Infos auf www.MagSt.info). Wenn Sie tiefer in den Bereich der charmant-persuasiven Kommunikation einsteigen möchten, empfehlen wir Ihnen die erkenntnisreichen und unterhaltsamen Aus-und Fortbildungen zum »**MagSt-Botschafter**«, »**MagSt-Berater**« und »**MagSt-Kursleiter**«.

Wir haben noch zwei besondere Selbstlernmaterialien für Sie. Das aussergewöhnliche DVD-Paket „Dr. Milton Erickson live“ (im Jahre 1977 gefilmt von H.-U. Schachtner, zum ersten Mal veröffentlicht nach 34 Jahren) und unsere Hörbuch-CD „Zeig der Manipulation die ROTE KARTE. Das Geheimnis der sechs Klingelknöpfe“ (wie man sich vor unerwünschter Beeinflussung schützen kann).

Vielleicht schauen Sie mal rein in unsere Homepage www.HarmonyBalance.de und geniessen unsere Leseproben (Seite „Shop). Und vielleicht lernen wir Sie auch persönlich kennen in einer unserer MagSt-Veranstaltungen oder in unserem Gesundheitskongress „NEUE WEGE zu HEILUNG und GESUNDHEIT“ (sh. auch www.HeilungundGesundheit.de).

Wir wünschen Ihnen aufbauende Begegnungen
und wohltuende Kommunikation.